U0119444

蘭臺出版社

中國文化研究叢書第一輯 8

總編纂 党明放

楚文化與秦漢社會

丁家桐題

王勇 著

中國學術研究叢書系列

總編纂　党明放

中國文化研究叢書第一輯

党明放　　鄭茂良、陳　濱　肖愛玲　韋明鏵　許友根

艾永明　　傅紹良　　　王　勇　李憲堂　雷　戈

《中國學術研究叢書》出版總序

党明放

國學，初指國立學校，明置中都國子學，掌國學諸生訓導政令。後改稱中都國子監，國子監設禮、樂、律、射、御、書、數等教學科目。

國學，廣義指中國歷代的文化傳承和學術記載，狹義指以儒學為主的中國傳統學說，根據文獻內容屬性，國學分經、史、子、集四類，各有義理之學、考據之學及辭章之學。

國學是以先秦經典及諸子百家為根基，涵蓋了兩漢經學、魏晉玄學、隋唐佛學、宋明理學、明清實學和同時期的先秦詩賦、漢賦、六朝駢文、唐詩宋詞元曲與明清小說等一脈特有而完整的文化學術體系，並存各派學說。

學術，指系統而專門的學問，是對客觀事物及其規律的學科化。學問，學識和問難，《周易》：「君子學以聚之，問以辯之。」而自成系統的觀點、主張和理論，即為學說，章炳麟《文略》：「學說以啟人思，文辭以增人感。」無論是學術、學問、學說，皆建立在以文化為主體之上。

「文化」一詞源於拉丁文 Colere，本義開發、開化。最早將其作為專門術語加以運用的是英國文化人類學創始人愛德華・泰勒（Edward. B. Tylor 1832—1917），他在《原始文化》書中寫道：「文化或文明是一個複雜的總體，它包括知識、信仰、藝術、道德、法律、風俗以及作為一個社會成員的個人通過學習獲得的任何其他的能力和習慣。」

　　人類社會可劃分為政治部分、文化部分和經濟部分。一個國家，有其政治制度、文化面貌和經濟結構；一個民族，有其政治關係、文化傳統和經濟生活。在人類社會發展進程中，文化是「源」，文明是「流」。文化存異，文明求同。

　　文化是產生於人類自身的一種社會現象。《周易》云：「觀乎天文，以察時變。觀乎人文，以化成天下。」東漢史學家荀悅《申鑒》云：「宣文教以章其化，立武備以秉其威。」南齊文學家王融〈曲水詩序〉云：「設神理以景俗，敷文化以柔遠。」

　　文化是人類的內在精神和這種內在精神的外在表現。文化具有多方的資源、特質、滯距，以及不同的選擇、衝突和創新。

　　文化分為物質文化、精神文化和制度文化。文化不僅在人類學、民族學、社會學、考古學，以及心理學中作為重要內涵，而且在政治學、歷史學、藝術學、經濟學、倫理學、教育學，以及文學、哲學、法學等領域的核心價值。

　　文化資源包括各種文化成果和形態。比如語言、文字、圖畫、概念、遺存、精神，以及組織、習俗等。其特性主要體現在文化資源的精神性、多樣性、層次性、區域性、集群性、共享性、變異性、稀缺性、潛在性以及遞增性。

　　歷史文化資源作為人類文化傳統和精神成就的載體，構成了一個獨立的文化主體，並具有獨特的個性和價值，可分為自然文化資源和社會文化資源，自然文化資源依靠文化提升品味，依靠時間形成魅力；社會文化資源包括人文景觀、歷史文化和民俗風情等。

　　民族文化資源具有獨特性、融合性和創新性，包括有形的文化資源和無形的精神文化資源，諸如：民俗節慶、遊藝文化、生活文化、禮儀文化、制度文化、工藝文化以及信仰文化等。

　　我國是一個多種宗教並存的國家，諸如佛教、道教、基督教、天主教以及伊斯蘭教等，在漫長的歷史發展進程中，各類宗教和宗教派別形成了寶貴的宗教文化資源。宗教文化具有很大的包容性，幾乎囊括了從哲學、思想、文學、藝術到建築、繪畫、雕塑等方面的所有內容，並且具有很大的旅遊需求和開發價值。

　　文化資源具有社會功能和產業功能。社會功能具有明顯的時代性、可變性、

擴張性、商品性、潛在性，以及滯後性，主要體現在促進文化傳播、加強文化積累、展現國民風貌、振奮民族精神、鼓舞民眾士氣和推動文明建設等方面。

文化是一個國家和民族的凝聚力、生命力和影響力的集中體現。人類文化的交往，一種是垂直式的，稱之為文化傳遞；一種是水平式的，稱之為文化傳播。垂直式的文化交往屬於文化積累，或稱文化擴散，能引發「量」的變化；水平式的文化交往屬於文化融合，或稱文化采借，能引發「質」的變化。一切文化最終將積澱為社會人群的內涵與價值觀，群體價值觀建築在利它，厚生，良善上，這族群的意識模式便影響了行為模式，有了利它，厚生為基礎的思維模式，文化出路便往利它，厚生，豐盛溫潤社會便因之形成。這個群體因有了優質文化而有了安定繁盛的社會，生活在其中的人們可以快樂幸福。

東漢王符《潛夫論》云：「天地之所貴者，人也；聖人之所尚者，義也；德義之所成者，智也；明智之所求者，學問也。」歷代學人為了文化進程，著手文獻整理，進行編纂，輯佚，審校，註釋，專研等，「存亡繼絕」整校出版文化傳承工作。

蘭臺出版社擬踵繼前人步伐，為推動時代文化巨輪貢獻禹人之力，對中國傳統文化略盡固本培元，守正創新，傳佈當代學界學人，對構建中國傳統文化研究的成果，將之整理各類叢書出版，除冀望將之藏諸名山，傳諸百代之外，也將為學人努力成果傳佈，影響更多人，建立更好的優質文化內涵。並將此整校編纂出版的重責大任，視其為出版者的神聖使命，期盼學界學人共襄盛舉！

蘭臺出版社社長盧瑞琴君致力於中國文化文獻著作的整理出版，首部擬策劃出版《中國學術研究叢書》，接續按研究主題分類，舉凡國家制度、歷史研究、經濟研究、文學研究、典籍史論，文獻輯佚、文體文論、地理資源、書法繪畫、哲學思想，倫理禮俗，律令監督，以及版本學、考古學、雕塑學、敦煌學、軍事學等領域，將分門別類，逐一出版。邀稿對象多為國內知名大學教授、社科機構研究員，以及相關研究領域裡的專家和學者的專業研究成果為主，或國家社會科學、文化部、教育部，以及省級社科基金項目的代表性科研成果，諸位教授主持國家社科基金重大招標項目，以及擔任部省級哲學、社會科學重大攻關項目首席專家，並且獲得不同層次、不同級別、不同等級的成果獎項為出版目標。

　　中國文化研究首部《中國學術研究叢書》的出版，將以此重要的研究成果，全新的文化視野，深邃厚重的歷史文化積澱和異彩紛呈的傳統文化脈絡為出版稿約。

　　清人張潮《幽夢影》云：「著得一部新書，便是千秋大業；注得一部古書，允為萬世宏功。」人類著述之根本在於人文關懷。叢書所邀作者皆清遠其行，浩博其學；學以辯疑，文以決滯；所邀書稿皆宏富博大，窮源竟委；張弛有度，機辯有序。

　　文搜百代遺漏，嘉惠四方至學。《中國學術研究叢書》開啟宏觀視覺，追溯本紀之源，呈現豐贍有趣的文化圖景。雖非字字典要，然殊多博辯，堪為文軌，必將為世所寶。

　　瑞琴君問序於余，鄙人不才，輒就所知，手此一記，罔顧辭飾淺陋，可資通人借鑒焉。

王寅端月識於問字庵

作者係文化學者、蘭臺出版社駐北京總編輯、中國學術研究叢書總編纂

目　錄

緒　論

　　楚文化是在楚國時期由楚人創造的在精神觀念和物質表像方面均具有自身特徵的地域文化。李學勤指出：「楚文化的擴展，是東周時代的一件大事。春秋時期，楚人北上問鼎中原，楚文化也向北延伸。到了戰國之世，楚文化先是向南大發展，隨後由於楚國政治中心東移，又向東擴張，進入長江下游以至今山東省境。說楚文化影響所及達到半個中國，並非誇張之詞。」[1]張正明認為：「及至春秋戰國時代，華夏文化形成了二元耦合的格局，北方是在黃河流域發育成熟的周文化，南方是在長江流域發育成熟的楚文化。」[2]楚文化誕生於江漢流域。西周初年，周成王封楚酋熊繹居今鄂西北荊山、睢山之間，「號為子男五十里」。楚文化的起點，就在這狹小的天地之中。隨著楚國疆域的不斷拓展，楚文化在春秋戰國時期一直保持著東進與南拓的勢頭，並最終發展成為覆蓋於東周南土半天下的區域文化。

　　據統計，春秋戰國期間，為楚所滅的國家和部族有六七十個之多。《史記‧貨殖列傳》曾將楚全盛時期的版圖一分為三，「自淮北沛、陳、汝南、南郡，此西楚也。……彭城以東，東海、吳、廣陵，此東楚也。……衡山、九江、江南、豫章、長沙，是南楚也。」西楚除了楚國本土外，還包括了陳、蔡、宋等古老的華夏諸國的地盤。其中陳、蔡、杞及泗上等地入楚時間最長，達二百餘年；

1　李學勤，《東周與秦代文明》（增訂本），第 12 頁，文物出版社 1991 年版。
2　張正明，《楚文化流變史‧弁言》，載蔡靖泉，《楚文化流變史》，第 1 頁，湖北人民出版社 2001 年版。

宋地入楚不足四十年；魯入楚二十餘年。東楚以吳、越為主，入楚有百年左右。南楚至西元前 241 年考烈王割青陽以西之地予秦，入楚一百四十餘年。儘管各地入楚時間長短不同，但由於南方許多民族有著與楚大致相同的地理環境，加之長期交往，民俗有很多相近的地方，這一龐大版圖內的居民普遍都認同了楚文化。[3] 尤其是西元前 278 年白起拔郢後，楚國積極在東方發展。其都城先遷於陳（今河南淮陽），再遷鉅陽（一說在今安徽阜陽北，或說距陳不遠），又遷壽春（今安徽壽縣）。楚文化的重心也隨之東移。丁毅華指出：「綜觀戰國後期天下大勢的發展，給人印象最深的，是一『武』一『文』的兩個東進，前者是秦軍東向的凌屬的軍事攻勢，後者是楚文化的東漸，其影響從長江中游擴大到東部沿海地區。僅僅數十年時間，東部近海的鄒魯吳越一線，已是楚文化的天下了，從此以後，以『楚』的標誌冠於這一帶的一切，似乎並沒有遭致當地居民的嚴重反感和強烈抵抗。」[4] 今安徽壽縣及其周圍的考古發現表明，戰國末年的楚文化精華大半集中到了這裡。

　　由於楚文化因楚國和楚人而得名，對楚文化的研究，迄今為止，大多集中於對楚國、楚地、楚人、楚物的研究。然而楚文化的影響並不限於楚國所占的時域和空域。西元前 223 年，秦將王翦攻下壽春，虜楚王負芻，楚國最終滅亡。但楚文化並不是從此就消失了。在秦與漢初，楚文化的創造主體猶在，故楚之地的文化仍然主要是楚文化的餘緒。《史記・高祖本紀》記西漢初年，劉邦改封齊王韓信為楚王時，其所持的理由就是「齊王韓信習楚風俗」。韓信是淮陰（今江蘇淮南市淮陰區）人，他所封的楚國都於下邳（治所在今江蘇睢寧西北）。《史記・季布列傳》記曹丘生曾經對季布說：「僕楚人，足下亦楚人也」，「何足下距僕之深也！」體現出了漢初楚地民間人際情感方面濃厚的地方主義色彩。加之劉邦及其佐命功臣大多起於楚地，漢政權建立後，楚地許多地區性的文化傳統上升為全國共同尊奉的對象。馬王堆三號漢墓出土帛書《五星占》以張楚紀年，司馬遷立〈秦楚之際月表〉而不立〈秦漢之際月表〉，都反映了漢人重楚的觀念。近年來，人們已經注意到了楚制在漢制形成過程中的影響與作用。

3　《史記・貨殖列傳》在論述三楚風俗時提到，南楚「其俗大類西楚」，而東楚「其俗類徐、僮」。徐、僮兩地均位於西楚。《漢書・地理志》亦云：「夫吳粵與楚相比，數相兼併，故民俗略同。」

4　丁毅華，〈秦文化、楚文化和漢文化〉，載《秦俑秦文化研究——秦俑學第五屆學術討論會論文集》，秦始皇兵馬俑博物館編，陝西人民出版社 2000 年版。

直至西漢全盛的武帝時代，楚文化、秦文化和齊魯文化大體完成了合流的歷史過程，自成體系的楚文化方不復存在。但楚文化的某些因素卻與傳統中原文化一樣，成為新的漢文化的組成部分。不僅西漢中期以後社會文化的發展仍然在許多方面與相當程度上是楚文化傳統的演進與嬗變。甚至可以說，楚文化在整個中華文化發展過程中的影響，直到今天亦未影消響沉。因此，釐清楚文化在楚國滅亡後，尤其是在其獨立體系尚未完全喪失的秦漢時期的演化變遷，不僅有助於對秦漢時期政治與社會變遷背景與原因的理解，也將有助於對中華民族文化發展特徵與規律的認識。

第一章　楚文化與秦王朝的統治

第一節　秦楚文化差異的比較分析

　　楚文化與秦文化都是先秦時期富有特色的地域文化，它們既受中原文化影響而有許多相同之點，又因各自不同的發展道路而存在許多不同之處。秦人與楚人在民俗文化、政治文化、價值文化上都存在明顯差異，而且這種文化差異表現出了強烈的對抗性。

一、秦楚對立的民俗文化

　　緣於特定的自然條件及社會環境而長期形成的一些風俗習慣，它們是人類某一群體中被普遍接受的一套多少帶有約定性、模式化的待人處事的標準與方式。秦興起於關中，楚強盛於江漢，西北、東南地區的環境差異，是形成秦、楚民俗文化差別與對立的基礎。

　　就經濟民俗而言，秦人重農，楚人則熱衷商賈。秦最初受封的「岐以西之地」氣候溫和濕潤，土壤肥沃疏鬆，有利於農業生產。秦在進入關中後，很快就接受了周人以農業為主的生活方式。《史記・商君列傳》記商鞅變法從農戰中心論出發，制定了入粟拜爵、提高糧價、抑制商賈等一系列政策，規定「僇力本業，耕織致粟帛多者復其身。事末利及怠而貧者，舉以為收孥」，從而進一步凝固了關中由周人奠定的「好稼穡、務本業」的社會風尚。《呂氏春秋》

中〈上農〉等四篇農家言，對改良土壤、因地制宜、深耕細作、合理種植、中耕除草、防治病蟲等一一論列，既反映了秦國農業技術的先進，也體現了秦人對農業的重視。而楚地自然條件得天獨厚，《史記・貨殖列傳》曰：「楚越之地，地廣人稀，飯稻羹魚，或火耕而水耨，果隋蠃蛤，不待賈而足。地勢饒食，無饑饉之患。」亞熱帶優越的自然條件為楚人帶來了豐裕的生活資料，但也造就了他們缺乏向自然抗爭的強烈要求，楚人的農業技術一直停留在火耕水耨的水準。與此同時，楚地又蘊含著取之不盡的寶藏，《戰國策・楚策三》記楚懷王曾說：「黃金、珠、璣、犀、象出於楚，寡人無求于晉國」。自春秋以來，楚國的木材、礦產、水產和鳥獸等就吸引著各國商人不顧「關梁之難，盜賊之危」，不遠千里前來販運。巨額的商業利益進一步降低了楚人對農耕的倚重，《管子・輕重甲》曾借管仲之口云：「使夷吾得居楚之黃金，吾能令農勿耕而食，女勿織而衣。」與秦國不同，楚國有重商的傳統，並且一直貫徹到了戰國晚期。安徽壽縣出土的鄂君啟節就是前 323 年楚懷王為其弟昭陽進行商業活動所特製的免稅符節。

就信仰民俗而言，秦人重理性，楚人信巫鬼。信奉鬼神、注重祭祀是先秦各國、各民族的共性。秦人也不例外。《史記・封禪書》記載了許多秦國君臣迷信鬼神的事蹟。但在秦統治時期，巫文化已逐漸蛻化、消匿，史文化正起而代之。秦人對鬼神的迷信停留在一定的理性基礎上，冷靜的理智已經取代了原始的宗教狂熱。《左傳・昭公元年》記秦國名醫醫和便曾指出疾病「非鬼非食」，並不是由於鬼神作祟。而楚國與自然密切聯繫及對自然依賴的生活方式，卻使其社會發展比較遲緩，突變性不強。戰國時期楚國巫文化仍然風靡，以歌舞祀神的巫風和事無鉅細動則祭祀的淫祀非常盛行。不論民間，還是宮廷，也不論普通百姓，還是文人作家，莫不「信巫鬼，重淫祀」[1]。楚人將一切希望都寄託於鬼神，不僅「疾病不事醫藥」[2]，甚至在敵軍大舉壓境時亦想通過祭祀鬼神，以獲神助而卻敵。《漢書・郊祀志》記「楚懷王隆祭祀，事鬼神，欲以獲福助，卻秦師，而兵挫地削，身辱國危」。

秦人尚西、尚右，楚人尚東、尚左。秦人尚西，墓葬的頭向大多朝西，在貴族的陵園中，主墓也往往位於西邊或西南邊。這種安排是取以西向或西南向

1　《漢書・地理志》。

2　《七國考・楚雜祀》。

為尊的意思。秦人尚右，在爵制上最為明顯。《漢書‧百官公卿表》載秦二十等爵制，「十左庶長，十一右庶長，十二左更……十四右更」，明言右庶長高於左庶長，右更高於左更。另外，秦以豪富為右，貧弱為閭左；使用兵符右在君王，均是尊右卑左的證明。而楚人尚東、尚左，在外交、職官以及墓葬等方面也有明顯表現。楚人的座位以東向為尊，楚墓葬的頭向以東向為主，有學者認為：「楚人以東向坐為尊的習慣，應與日出東方有關。楚人的日神稱『東君』……對崇日的楚人來說，東向面日而坐自然是上位」。[3] 楚人職官以左為上。楚國以令尹為最高官職，分為左尹、右尹，以左尹為上。同樣的，左司馬與右司馬，以左司馬為上；左領與右領，以左領為上。《左傳‧桓公八年》也明言「楚人上左」。此外，秦人尚黑，楚人尚赤；秦人尊鳳但更崇龍，楚人崇龍但更尊鳳等等，都是秦、楚信仰民俗對立的表現。

在社會民俗方面，秦、楚同樣存在較大差異。比如，秦人的婚姻中有男子入贅女家的習俗，而且入贅的男子在女家受到很刻薄的待遇。《漢書‧賈誼列傳》曰：「秦人家富子壯則出分，家貧子壯則出贅。」贅婿出身貧苦，身分低賤。雲夢秦簡《為吏之道》末尾附抄《魏戶律》中有「贅婿後父，勿令為戶，勿予田宅，三世之後，欲仕，仕之，仍署其籍曰：故某閭贅婿某叟之乃孫」的記載。贅婿完完全全地附著於女方家庭，沒有一點男子所應有的地位。而在楚人的婚姻中則沒有贅婿這一形式，楚國的女子一般都出嫁到男家。又比如，秦人勇於公戰，楚地盛行私鬥。以農為務的秦人在長期與自然的鬥爭過程中，培育出了團結戰鬥的集體主義精神，形成了較強的社會凝聚力。商鞅變法獎勵軍功，實行什伍連坐，更使得秦國「民勇於公戰，怯於私鬥」。而楚國普遍存在個人英雄主義傾向，原始的放任感性仍占主導地位。楚人特別重視面子，在他們看來，死不足惜，而服輸認錯是萬萬不能的，故時常為微不足道的小事拔劍拚命。楚人好鬥是人們公認的事實，《說苑‧指武》記秦昭王曾說：「楚劍利……劍利則士多輕悍」，《漢書‧地理志》亦記「其民至今好用劍，輕死易發」。

在遊藝民俗方面，楚人遠較秦人豐富。楚人對於歌舞技藝十分愛好，蔚然成風，而且造詣甚高。屈原〈招魂〉、〈大招〉對楚宮廷盛行的樂章技藝有過出色描述，僅其中提到的器樂就有編鐘、編磬、大鼓、長竽、清瑟等。中外聞名的曾侯乙編鐘銘文，記錄了曾、楚和華夏各國律名、階名、變化音名的相互

3　張正明，〈楚俗雜論〉，載《楚史論叢（初集）》，湖北人民出版社 1984 年版。

對應關係。其中涉及的音階、調式、律名、階名、變化音名、旋宮法、固定名標音體系、音域術語等方面，反映了先秦楚國樂學的高度發展水準。相反，敲盆、擊缶一直被視為秦樂特色。《史記‧廉頗藺相如列傳》記藺相如曾曰：「趙王竊聞秦王善為秦聲，請奏盆秦王，以相娛樂」；《漢書‧楊惲傳》記其「家本秦也，能為秦聲。婦，趙人也，雅善鼓瑟。奴婢歌者數人，酒後耳熱，仰天附缶而呼嗚嗚。」缶是一種極為儉樸、易得的樂器。《說文解字》曰：「缶，瓦器所以盛酒漿，秦人鼓之以節歌」。儉樸的秦人一直保留了擊缶而歌的習俗，這與楚地發達的鐘鼓、管弦樂器相比顯得十分簡陋。與秦人相比，楚人節日安排更多，祭祀鬼神的儀式更為繁瑣，舟輿和服飾的製作更為精良。如此之類，或許與楚人可用較粗放的農耕漁獵方式獲得衣食，比秦人較少生存之憂與勞作之苦，閒暇時間相對要多有關。

二、秦楚對立的政治文化

政治文化是一個民族在政治方面的群體主觀取向，由它們各自的歷史和當時社會、經濟、政治活動的進程所形成。在戰國時期的秦人與楚人間，流行的是一套完全不同的政治態度、信仰和情感。

一統與多元的分歧。秦文化具有強烈的專一性，這種專一性在地域觀念上的表現就是欲以天下為一家。秦建國之初就不斷進取，欲「子孫飲馬於河」。孝公以後更以東向吞併諸侯為目標。此後的歷代秦王均為此鍥而不捨、奮鬥不怠。除追求江山一統外，秦還要求制度、思想、風俗的統一。《商君書‧墾草》曰：「百縣之治一形，則從，迂者不敢更其制，過而廢者不能匿其舉」。商鞅變法時「燔詩書而明法令」及「平斗桶衡量丈尺」的舉措，[4] 就是這種一元政治觀的表現。相反，楚文化更注重融合，天下一家的構想並非楚人觀點。楚人容易滿足，缺乏進取，《史記‧貨殖列傳》謂楚地「無凍餓之人，亦無千金之家」，「無凍餓之人」是因為自然條件優越，「無千金之家」則是楚人沒有更高要求的體現。受這種文化影響，楚人更希望在和平、優越的環境中守成、發展，而難以樹立掃平六國、一統天下之心。正因為如此，在春秋戰國的動盪時期，代表楚人的老子一派提出的是「小國寡民」的政治理想。《史記‧貨殖列傳》引老子的話：「至治之極，鄰國相望，雞狗之聲相聞，民各甘其食，美其服，安

4　《韓非子‧和氏》、《史記‧商君列傳》。

其俗，樂其業，至老死不相往來」。出於對境內多民族、多地域文化的適應和尊重，楚人一直採用的是多元並存的統治方式。隨、許等在楚境內的附庸諸侯小國長期存而不滅，附庸國君只要從楚不二，對其內政大體可以自行其事。

集權與分治的抵觸。集權主義指統治權力的高度集中，這是秦文化制度層面顯示出的特色。最能說明這一點的是秦統一後所推行的一系列政治制度，主要有皇帝制度、三公九卿制和郡縣制。這些制度自然不會是突然從天上掉下來的，而是秦傳統管理模式的進一步發展與完善。與關東諸國不同，秦國缺少嚴格意義上的宗法制，對地方主要是劃分為縣，由國家直接派員統治。「秦國國君子弟及王族貴族，皆無尺土之封。如宣公有九子，成公有七子，穆公有四十子，均莫立，也未見被封於何地。」[5] 關於這點，古人也曾指出過，馬端臨《文獻通考》卷二六五曰：「蓋秦之法未嘗以土地予人，不待李斯建議而始罷封建也。」秦國的宗族勢力也不強，「秦國沒有能夠和東周時期普遍存在的強宗大族相提並論的異姓宗族。不要說像魯國的三桓、晉國的趙、魏、韓等一流大族，就像齊國的崔、慶、管、鮑等二、三流宗族，秦國也沒有。」[6] 與秦國權力集中於秦王不同，楚國則不僅存在以楚王為核心的中央政權，而且具有相對獨立的封邑政權、郡縣政權，以及強大的宗族勢力。楚國是戰國七雄中實行封君制最早、封君最多和封邑分布地域最廣的國家。據文獻記載和考古資料，已知的楚國封君就有六十多名，其封邑遍布楚國全境，並且相對集中在楚國內地。尤為特殊的是，楚國封君實行世襲制並擁有對其封邑的統治權。[7] 楚國的縣尹很多時候要參與楚國大政方針的決策與制定，他們的勢力也比較大。殺令尹子西、劫持楚惠王的白公勝以及平息了白公勝叛亂的葉公沈諸梁都是縣尹。楚國的宗族也是一股強大的政治勢力，從莊王到悼王之世，楚國的族權與王權曾發生了多次大規模的衝突。「族權與王權又對立又統一，構成了楚國貴族統治集團內部的主要矛盾。」[8]

霸道與王道的矛盾。秦國是在與戎狄你死我活的鬥爭中發展起來的，秦文化是一種霸道文化。商鞅入秦說孝公以帝道、王道均不能打動他，說以霸道則

5　林劍鳴，《秦史稿》，第80頁，上海人民出版社1981年版。

6　錢杭，《周代宗法制度史研究》，第195頁，學林出版社1991年版。

7　何浩，〈論楚國封君制的發展與演變〉，《江漢論壇》1991年第5期。

8　張正明，〈楚國社會性質管窺〉，載《楚史論叢（初集）》，湖北人民出版社1984年版。

大感興趣。商鞅變法的主要內容就是立法定刑、獎勵耕戰，力圖把秦的整個社會完全納入「農戰」的軌道，實現以武力吞併六國的目的。戰國後期秦國的軍功爵制最為典型，其獎勵軍功的性質也最為突出。得一甲首，可以為五十石之官，除庶子一人。結果造成了秦民好戰、樂戰的心態。《韓非子·初見秦》描述秦人「出其父母懷衽之中，生未嘗見寇耳，聞戰，頓足徒裼，犯白刃，蹈爐炭，斷死於前者，皆是也」。秦國把國家的富足與強大，寄望於直接兼併他國之土和掠取他國之物。而楚國的興盛則更多的是依靠長期推行了一條「撫有蠻夷……以屬諸夏」的發展路線。楚國的滅國拓境，既重以兵征服，適應了戰亂之世的發展需要；又重以德威服，發揚了華夏文化的政治傳統。《左傳·宣公十二年》記楚莊王曾攻克鄭都，卻「不泯其社稷」。此舉曾引得晉人稱讚：「楚君討鄭，怒其貳而哀其卑。叛而伐之，服而舍之，德刑成矣。」楚雖為大國，卻素來不用強。《左傳·昭公四年》記楚靈王欲盟諸侯，伍舉曰：「昔夏啟有鈞臺之享，商湯有景亳之命，周武有孟津之誓，成有岐陽之蒐，康有酆宮之朝，穆有塗山之會，齊桓有召陵之師，晉文有踐土之盟。君其何用？宋向戌、鄭公孫僑在，諸侯之良也，君其選焉。」王曰：「吾用齊桓。」足見其行事尚未突破王道傳統。反映在《文子》、《黃帝書》、《鶡冠子》等楚地著作中的政治主張，同樣是尚德而不棄力、隆禮而兼用法。屈原《楚辭·大招》為楚國確定的也是「尚三王只」的目標，並且描繪了「美冒眾流，德澤章只」的社會藍圖。

　　法治與道治的差異。自商鞅奉《法經》入秦，「定變法之令」，法家學說就逐漸在秦國占據了統治地位，法家一斷於法、刑無等級、以刑去刑、重刑輕罪等主張流傳甚廣，日漸形成了崇尚「法治」的社會氛圍。秦國不僅要求百姓守法，而且秦王自身堅守法制的態度也決非其他諸侯國君所能比擬。《韓非子·外儲說右下》記載：「秦昭王有病，百姓里買牛而家為王禱。公孫述出見之，入賀王曰：『百姓乃皆里買牛為王禱。』王使人問之，果有之。王曰：『訾之人二甲。夫非令而擅禱，是愛寡人也。夫愛寡人，寡人亦且改法而心與之相循者，是法不立；法不立，亂亡之道也。不如人罰二甲而復與為治。』」又記載：「秦大饑，應侯請曰：『五苑之草著蔬菜、橡果、棗栗，足以活民，請發之。』昭襄王曰：『吾秦法，使民有功而受賞，有罪而受誅。今發五苑之蔬草者，使民有功與無功俱賞也。夫使民有功與無功俱賞者，此亂之道也。夫發五苑而亂，不如棄棗蔬而治。』」歸結其用意，正是要使國君和百姓不要相愛，而都刻板

地依照法律行事。而《漢書・藝文志》記，盛行於楚地的道家者流「曆記成敗存亡禍福古今之道，然後知秉要執本，清虛以自守、卑弱以自持，此君人南面之術也」。道家理論的基礎在於道的本原和虛無，視萬物由虛無的道而生。對於國家的治理，更強調國君體驗道的這種特性，自處政治本原地位，清淨無為、謙卑自守，以靜制動，無為而無不為。道治主張在楚國頗有市場。湖北荊門郭店一號楚墓主人為太子之師，墓中隨葬有大量儒、道典籍，這是他教育太子的教材。對於太子教育而言，儒家所培養的是君之德，道家所培養的即君之術。

尚功與尊尊的區別。秦國沒有血親關係的分封制，而施行功利性的獎勵軍功封爵制，任賢而不任親的做法比東方各國鮮明。秦人能立足本國，招徠天下英才。《史記・秦本紀》記秦孝公曾發出「賓客群臣有能出奇計強秦者，吾且尊官，與之分土」的求賢令。由於能破格任用人才，「諸侯之士，斐然爭入事秦」。據可見的史料統計，從秦惠文王初置丞相算起，到秦亡止，任秦相的總計二十二人。在這些眾多的丞相中，除樗里疾是秦惠文王異母弟，算秦宗室外，其他都是六國之人。李斯〈諫逐客書〉說，秦國之所以能有富利之實與強大之名，就在於能納客用士。而楚國政局基本上為貴族或公族把持，戰國時期還形成了昭、屈、景三大族為主幹的封君執政，這三族都出自楚世族。吳起變法雖使楚國迅速強盛，但由於其淘汰冗員、廢除遠親公族的授爵，觸犯了貴族利益，執政僅一年就被楚國貴族肢解。貴族壟斷官職，不僅導致異國賢能不能為楚所用，而且使得楚國人才大量外流，以至有「楚才晉用」之說。

此外，在具體的政治制度，如政治機構、職官分設上，秦楚兩國也存在較大差異。楚國最尊貴的爵位是通侯、執珪，最高級的官稱為令尹，就與秦國完全不同。

三、秦楚對立的價值文化

價值取向是文化的核心，一種區域文化能自成體系並且相對穩定，不被其他文化所吞沒，關鍵在於這一區域文化範圍內的多數社會成員能形成共同的行為準則和價值取向。在這一方面，秦楚之間同樣有著明顯並且穩定的差別。秦人注重實際、不善幻想、樸實敦厚，在行為準則和價值取向上講實用、非道德、不浪漫。而楚人則放蕩不羈、我行我素、重情感、守然諾。

秦文化具有濃厚的功利與實用色彩，這是秦文化價值層次具有的特色。林

劍鳴曾撰文說：「在秦人價值觀念中，沒有給道德倫理留下位置，而完全是以世俗的功利為標準，內心修養和道德的反省在這裡是沒有必要的，需要的是對自我以外的實際世界的探求和自身物質世界的索取，所以人們關心的是生產、作戰等與日常生活密切相關的利害，不注重仁義之興廢，禮樂之盛衰以及道德之完備。」[9] 儒家所重視的仁義、禮樂素來為秦統治者所看輕。早在秦穆公時，對於由余非難黃帝而崇尚戎夷、視詩書禮樂為亂政之源的言論，穆公就不但深以為然，而且視由余為聖賢，千方百計留而用之。秦孝公求賢，商鞅說之以帝道、王道都不能打動他，唯有說以霸道則「語數日不厭」。功利主義不僅表現在秦國的君主身上，而且深入到了普通的秦國民眾。無疑，商鞅變法對此是起了決定作用的。商鞅變法把秦的社會完全納入了農戰的軌道，又規定「怠而貧者，舉以為收孥」，這對秦國民眾的精神面貌產生了重大影響。一方面造成了秦的「上首功」之風。所謂「上首功」，就是崇尚斬首之功，亦即崇尚戰功。另一方面也造成了秦「貪狠強力，寡義趨利」的世俗。《漢書・賈誼傳》記其言：「商君遺禮義，棄仁恩，並心於進取，行之二歲，秦俗日敗。故秦人家富子壯則出分，家貧子壯則出贅。借父耰鉏，慮有德色；母取箕帚，立而誶語。抱哺其子，與公並居；婦姑不相說，則反脣而相稽。其慈子耆利，不同禽獸者亡幾耳。」

　　楚文化具有濃厚的浪漫色彩與情感色彩。楚國的統治者，多具有我行我素的特色。楚莊王三年不出號令，日夜為樂，然而「不蜚則已，一蜚沖天；不鳴則已，一鳴驚人」。在中原諸侯看來，這樣的統治方法真是匪夷所思。然而在楚國，卻順乎民情天意。在諸侯爭霸兼併的過程中，莊王的行為充分表現了楚文化的浪漫色彩和情感色彩。《史記・楚世家》記載他已攻克鄭都，但當鄭伯自為臣隸狀「肉袒牽羊以逆」，莊王以為「其君能下人，必能信用其民，庸可絕乎」，又復其國。他「圍宋五月，城中食盡，易子而食，析骨而炊」，但當宋人向莊王坦誠告以城中困境後，莊王便退兵許和。在楚文化中，崇尚個體自由，個性情感支配著社會。《史記・貨殖列傳》把戰國後期楚國的經濟和民風分為三個區域，即東楚、西楚和南楚。西楚即楚故地及其在春秋戰國前期兼併的淮河中游、江漢地區的諸小國，「其俗剽輕，易發怒，地厚，寡於積聚」。江陵地區的楚則「通魚鹽之貨，其民多賈。徐、僮、取慮，則輕刻，矜己諾」。

9　林劍鳴，〈從秦人價值觀念看秦人秦文化的價值特徵〉，《歷史研究》1987 年第 3 期。

《史記・蘇秦列傳》載楚威王在覺察到曾長期結盟的秦國「有舉巴蜀並漢中之心」後，曾不無感傷的說，「秦，虎狼之國，不可親也。」秦人始強即反目為仇，使歷來重情誼、重然諾的楚人，在感情上實在難以接受。

秦人不同於楚人的價值取向，決定了秦文化視理論為迂腐，視道德為羈絆，視幻想為虛無。秦人重視的是與人們切身利益相關的日常生活和社會生產，包括生老病死、農耕畜牧、自然災害、倉庫收入，重耕戰、賞軍功一直是秦文化傳統。與楚人豐富的浪漫想像相比，秦人的理論思維水準顯得低下。而具有濃厚感情色彩的楚人則在思想領域創造了令人炫目的輝煌業績。楚國的哲人往往神馳八荒之外，不受任何時空限制。老莊所尊崇的「道」就是一種玄虛抽象的理想，他們對它的表達也採取了上天入地、放蕩不羈、怪誕幻想的超現實方式。莊子以神話式的幻想、大膽的誇張、離奇的情節、神妙的人物、誇張的語言，將強烈的浪漫精神融進了其作品，成為了我國浪漫主義文學的源頭。屈原創作的《楚辭》反映了作者上下求索的宏大氣魄、追本溯源的執著精神、汪洋恣肆而又無拘無束的思維方式，他所追問追述的不是與國計民生直接相關的現實問題，而多是遙遠的歷史難題、形而上的哲學困惑以及奇異的神話傳說，從中我們能夠體會到楚人那浪漫灑脫、空靈飄逸的氣質和活潑躍動的思想，這與創作於秦地的《詩經》中的〈周頌〉、〈豳風〉、〈秦風〉所體現的現實主義風格形成了鮮明對比。

與此同時，秦人務實功利也為秦地儉樸之風奠定了基礎。戰國晚期思想家荀況入秦，看到了秦人民風質樸，在《荀子・強國篇》中，他概括說：「入（秦）境，觀其風俗，其百姓朴，其聲樂不流汙，其服不挑，甚畏有司而順，古之民也。」而楚國立足於個人的價值取向，則導致了對享樂的追求。屈原〈招魂〉描繪了楚王宮中「娛酒不廢，沈日夜些」的豪奢宴享情景。考古發現戰國時代的一些中小型楚墓中，也往往有大量精美的食器、酒器、樂器或絲織品隨葬，反映了楚人追求享樂、崇尚奢華的侈靡風氣。

第二節　秦對楚地的文化控制

一、「東南有天子氣」

《史記・高祖本紀》載：「秦始皇帝常曰：『東南有天子氣』，於是因

東遊以厭之。」「東南有天子氣」謠言的形成和演變，根源於先秦秦漢時期我國東南與西北區域文化的對立與鬥爭。[10] 這一謠言在秦漢魏晉之際影響社會輿論及政治鬥爭形勢達 500 餘年之久，但其起於秦朝大一統初期，卻反映秦對楚國舊地的統治激化了雙方文化的對立與衝突，而秦始皇為此感到不安也表明了秦王朝在楚國舊地的統治並不穩固。

秦在楚人眼裡，是兇殘暴虐而無信義的。《史記‧屈原賈生列傳》記楚懷王欲入武關與秦昭王相會，屈原勸道：「秦虎狼之國，不可信，不如毋行」。《戰國策‧楚策一》載蘇秦說楚威王：「夫秦，虎狼之國也，有吞天下之心。秦，天下之仇讎也，橫人皆欲割諸侯之地以事秦，此所謂養仇而奉讎者也。夫為人臣而割其主之地，以外交強虎狼之秦以侵天下，卒有秦患，不顧其禍。」楚王回答：「秦有舉巴蜀、並漢中之心。秦，虎狼之國，不可親也。」《戰國策‧西周策》「秦令樗里疾以車百乘入周」條記，游騰對楚王說：「今秦者，虎狼之國也，兼有吞周之意」，亦為楚王所贊同。秦人自商鞅變法獎勵軍功後，對國內刑法之酷烈，對國外征戰之兇殘，東方六國更是有目共睹。根據馬非百《秦集史》中「首功表」所列，從秦獻公二十一年至秦王政十三年（前 241 年—前 234 年）這 107 年裡，有明確數目記載的，經統計，秦軍共斬首敵軍約 1678000 人。[11] 對於文獻記載的戰國晚期秦軍斬首敵軍之數，有學者表示懷疑，以為有誇大之飾，但秦人在戰爭中的殘酷無情和崇尚首功，則是毫無疑問的。《商君書‧賞刑》言秦「民聞戰而相賀也，起居飲食所歌謠者，戰也。」《史記‧項羽本紀》記樊噲在鴻門宴上對項羽所說的「夫秦有虎狼之心，殺人如不能舉，刑人如恐不勝」，在當時應該是多數人普遍的觀念。

對秦國政風民俗的鄙視，表明了楚人對秦敵視的政治態度。在徹底滅楚之前，楚人的不滿情緒就對秦國在所占楚地的統治構成了嚴重威脅。前 278 年，秦將白起拔楚國郢都江陵，置南郡，楚頃襄王「東北保于陳城」。前 241 年，楚、魏、趙、韓、衛五國合縱攻秦失敗，秦兵反攻迫近郢陳，「楚東徙都壽春」，郢陳亦於此時或稍後落入秦人之手。然而，秦在占領地的統治很不穩固。《戰國策‧齊策六》記齊王建欲入朝於秦，雍門司馬勸說到：「鄢、郢大夫不欲為

10　冷鵬飛，〈「東南有天子氣」釋——秦漢區域社會文化史研究〉，《學術研究》1997 年第 1 期。

11　馬非百，《秦集史》，第 1014—1020 頁，中華書局 1982 年版。

秦而在城南下者百數，王收而與之百萬之師，使收楚故地，即武關可以入矣。」
《睡虎地秦墓竹簡‧編年記》：「十九年，□□□□南郡備敬（警）」，亦可
能是由於那裡留下的楚國殘餘力量發動了反秦的叛亂。田余慶詳細考證了秦統
一前夕昌平君反秦的事蹟以及江南的秦楚之戰，並指出：「秦滅六國戰爭，史
籍記載極為簡略，人們的印象是有征無戰，如風掃落葉。……（但）情況並不
完全如此，至少秦滅楚之戰是相當艱難的。」而從其分析看，郢陳楚人勢力並
未被秦消滅，正是後來昌平郡據以反秦，使得秦滅楚之戰進行得異常艱難的重
要原因。[12]

前 223 年，王翦、蒙武率軍攻陷楚都壽春，楚王負芻被俘。第二年，秦軍
又向楚國廣大的江南地區進攻，原來降服於楚的越君也投降了秦國。然而在楚
國故地，一直潛伏著取秦而代之的政治基礎和濃郁的不滿情緒。秦滅楚之後，
楚國舊勢力的政治軍事力量被摧毀，但是他們在楚地仍然有較大的勢力，而且
不甘心楚國的滅亡。楚將項燕的後人項梁、項羽在江東就深得人心，並一直伺
機東山再起。《史記‧項羽本紀》記，「吳中賢士大夫皆出項梁下。每吳中有
大徭役及喪，項梁常為主辦，陰以兵法部勒賓客及子弟」，在秦始皇巡遊至會
稽時，項羽曾發出了「彼可取而代之」的豪言。《史記‧高祖本紀》記劉邦曾
因徭役而入秦都咸陽，「縱觀，觀秦皇帝，喟然太息曰：『嗟乎，大丈夫當如
此也！』」楚地平民所表現出來的也不是安心於秦王朝的統治以及對秦始皇的
敬畏。始皇二十七年（前 220 年）蒼梧郡「利鄉反」，「反盜多」。秦政府出
兵鎮壓，後又增兵，兩次都失敗了，還造成了派遣軍士卒攜帶武器亡「匿山中」
的形勢，政府不得不費力追捕逃兵。第三次又增兵，才將「蒼梧郡反者」鎮壓
下去。[13] 這一事件代表了楚地民間對秦政權的態度。像這種鄉里民間的反抗，在
秦統一之初，在其他地區還未曾出現過。

戰國七雄長期對峙，或盟或戰，其中秦楚兩國爭奪最為激烈。《戰國策‧
楚策一》記蘇秦以合縱之謀遊說楚威王時曾說：「秦之所害于天下莫如楚。楚
強則秦弱，楚弱則秦強，此其勢不兩立。」無獨有偶，對於當時的軍政態勢，
為秦行連橫之策的張儀也有著相同的見解：「凡天下強國，非秦而楚，非楚而

12　田余慶，〈說張楚——關於「亡秦必楚」問題的探討〉，收氏著，《秦漢魏晉史探微》，
　　中華書局 1993 年版。

13　江陵張家山漢簡整理小組，〈江陵張家山漢簡〈奏讞書〉釋文（一）〉，《文物》
　　1995 年第 3 期。

秦，兩國敵侔交爭，其勢不兩立。」戰國晚年，楚國已經開始由盛轉衰，但在關東六國中還是比較強大的。特別是在前 260 年長平之戰後，六國中尚堪與秦為敵的，就只有楚了。儘管秦將白起拔楚國郢都之後，在秦的進攻下，楚人一再退守。楚國的都城先由郢遷到陳，再遷鉅陽，又遷到壽春。但楚國並沒有由於國都再遷而一蹶不振。前 255 年，楚考烈王發兵攻打魯國，遷封魯君於莒（今山東莒縣），占領了魯國土地。前 249 年，楚正式滅魯。在各國衰落之際，楚國能一舉滅掉歷史悠久、文化典籍豐富的魯國，應是戰國後期一件大事，故史家稱之為「楚復強」。而前 241 年，楚、魏、趙、韓、衛五國合縱攻秦，居縱長地位的也是楚國而非其它國家。在秦滅六國的戰爭中，楚國仍是秦國統一天下的主要障礙。秦楚之戰激烈而持久，多有反復，在秦執政集團中留下了十分深刻的印象。

據王國維《秦郡考》，秦滅楚後，在舊楚之地設置了八個郡進行管轄，分別為南郡、九江、泗水、東海、長沙、薛郡、黔中、陳郡。[14] 郡下又設縣、鄉、亭等各級機構。不過，楚地疆域廣大，且大部分地區距離秦都城咸陽遙遠。秦朝建立伊始，以丞相王綰為首的眾多大臣就對郡縣制度能否適應管理這樣一個規模空前龐大的帝國缺乏信心，覺得血緣分封的親情對於鞏固對舊楚之地的統治更值得信賴。《史記‧秦始皇本紀》記，秦始皇二十六年王綰等向秦始皇提出建議：「諸侯初破，燕、齊、趙、荊地遠，不為置王，毋以填之。請立諸子，唯上幸許。」秦始皇雖然同意李斯的意見，認為分封制是戰爭的根源，說：「天下共苦戰鬥不休，以有侯王。賴宗廟，天下初定，又復立國，是樹兵也，而求其寧息，豈不難哉！」但是，在戰爭剛剛結束的時候，中央政府是否的確對距離數千里之遙的陌生領土能進行有效控制，無疑會是壓在秦始皇心頭的一塊陰影。而秦在滅楚之戰中遇到的強烈而持久的抵抗以及不得不傾全國兵力方能滅楚的事實，也必然讓秦始皇對楚國故地潛在的反抗力量多有顧慮。

在秦始皇對東南地區始終是疑神疑鬼的情況下，「東南有天子氣」謠言的出現無疑會使日趨迷信的秦始皇深感不安。秦始皇統一天下後，對於楚國故地的統治相當重視，一直把東南地區作為防範的重點。為了消滅楚國舊貴族的勢力基礎，解除他們對秦朝統治的威脅，秦在滅楚後對他們進行了強制性的移民，

14　近年出土的里耶秦簡中又有「洞庭郡」、「蒼梧郡」的記載，但其具體位置和管轄範圍及與長沙郡、黔中郡的關係仍有待考證。

目的就是要讓他們脫離楚國故地，處於他們不熟悉或便於受到控制的地方。楚王的部分宗族被遷到了嚴道（今四川滎經縣），《太平御覽》卷六十六引〈蜀記〉：「秦滅楚，徙嚴王之族于嚴道。」貴族上官氏被遷至隴西的上邽（今甘肅天水市），《通志·氏族略》記：「楚王子蘭為上官大夫，因以為氏。秦滅楚，徙隴西之上邽。」遷於隴西的還有大姓權氏，《新唐書·宰相世系表》稱權氏，「秦滅楚，遷大姓於隴西，因居天水。」後來成為河東大族的柳氏，據說也是在楚亡後遷去的，《新唐書·宰相世系表》稱柳氏，「楚滅魯，仕楚。秦並天下，柳氏遷於河東。楚末，柳下惠裔孫安始居解縣。」班固在《漢書·敘傳》中也談到其先人是楚國令尹子文之後，「秦之滅楚，遷晉、代之間，因氏焉」。此外，秦始皇二十六年（前221年）下令「徙天下豪富於咸陽十二萬戶」，其中必不乏楚國舊貴族。應該說，我們今天能夠找到的秦代移民事例，只能是極少的一部分。但從這不多的事例中，我們還是不難想像，秦在滅楚後曾經把大量楚國宗室、地方大姓，甚至可能還包括大手工業者、商人遷離了原籍。

　　秦始皇在位期間曾多次巡遊東方，足跡遍布東南各地，其目的之一就是希望借此來壓抑東南地區的天子之氣，並宣揚威德。據《史記·秦始皇本紀》記載，秦始皇二十八年，曾「過彭城……乃西南渡淮水，之衡山、南郡。浮江，至湘山祠……自南郡由武關歸」；三十七年，他又「行至雲夢，望祀虞舜於九疑山。浮江下，觀籍柯，渡海渚。過丹陽，至錢唐。臨浙江，水波惡……上會稽，祭大禹，望於南海……還過吳，從江乘渡」。當時秦始皇招攬了大批神仙方術之士，「侯星氣者至三百人」。秦始皇以這批望氣者為顧問，在東南地區大張旗鼓地進行破壞「天子氣」的活動。近人徐復《秦會要訂補》輯錄了眾多古籍中關於秦始皇在東南地區屢屢大興人力物力，絕地勢以壓「王氣」的記載。如《宋書·符瑞志》載：「始皇東巡濟江，望氣者云：『五百年後，江東有天子氣，出於吳，而金陵之地，有王者之勢。』於是始皇乃改金陵曰秣陵，鑿北山以絕其勢。至吳，又令囚徒十萬人，掘汙其地。表以惡名，故曰囚卷。」《藝文類聚》卷六引〈地理志〉載：「秦望氣者云：『東南有天子氣。』使赭衣徒鑿雲陽北岡，改名曰曲阿。」《晉書·地理志》載：「晉陵郡丹徒，古朱方。秦時望氣者云：『其地有天子氣。』始皇使赭衣三千人鑿城，敗其勢，改曰丹徒。」《廣志》載：「始皇東遊徐州，望氣者云：『有異。』因築壓氣臺，以壓王氣。」

　　秦始皇二十八年還有「伐湘山樹，赭其山」之舉，《史記·秦始皇本紀》

記其：「浮江，至湘山祠。逢大風，幾不得渡。上問博士曰：『湘君何神？』博士對曰：『聞之，堯女，舜之妻，而葬此。』於是始皇大怒，使刑徒三千人皆伐湘山樹，赭其山。」伐樹，是要湘山受髡刑削髮；赭山，是讓湘山穿上罪犯的赭衣。始皇將「逢大風，幾不得渡」的原因歸罪於湘君從中作祟，遂雷霆震怒，而有伐樹、赭山的近乎瘋狂的暴殄之舉。然而不久前秦始皇登封泰山時亦「風雨暴至」，令其狼狽得很。如果秦始皇至高無上的權威是不容藐視和挑釁的，哪怕是超自然的力量，只要與他作對，都要受到最嚴厲的懲罰。那麼按理泰山亦應受到伐樹塗赭的嚴刑。秦始皇伐赭湘山，懲治楚人信仰之神，似乎也與楚人的反抗與不滿情緒在秦始皇心中留下的陰影有關。

然而，秦王朝不可能盡遷楚民，秦始皇也不可能一直待在楚地。只有秦統治的合法性獲得楚人的認同，才能真正消弭楚地的不滿與反抗情緒，保證秦王朝在故楚之地統治的穩固。秦始皇在幾度巡行天下時，在舊時六國境內沿途刻石，宣揚功勞，其中特別津津樂道於其統一中國的事業。《日知錄》卷十三〈秦紀會稽山刻石」〉稱：「秦始皇刻石凡六，皆鋪張其滅六國並天下之意」。其中既有英雄式的自我陶醉，也有向六國示威，向天下宣傳新政權和皇帝權威的用心。而為獲得天下認同，他所採取的最重要的措施就是「匡飭易俗」。為了同化被征服的地區，秦王朝力圖消滅包括楚國在內的六國民眾的固有文化特質，在統一天下前就開始了整齊風俗的做法，統一天下後更令「車同軌、書同文」，意圖使六國文化融入秦人的文化和價值之中，並進而將對秦文化的認同轉移到對秦統治的認同上來。

二、秦人對楚文化的排斥

先秦地域文化的差異不僅體現在秦文化與楚文化的區別上，許慎〈說文解字序〉評述戰國時代的文化形態，說當時是「分為七國，田疇異畝，車涂異軌，律令異法，衣冠異形，言語異聲，文字異形」。李學勤曾把東周時代劃分為七個文化圈：即中原文化圈、北方文化圈、齊魯文化圈、楚文化圈、吳越文化圈、巴蜀滇文化圈和秦文化圈。[15] 面對這種九州異俗的局面，早在統一之前，秦執政集團就已經在探尋可行的文化政策。《呂氏春秋》是秦統一前夕由秦相呂不韋主持編撰的，其目的就在於為即將誕生的統一帝國確定統一的思想文化和萬世

15　李學勤，《東周與秦代文化》（增訂本），第11—12頁，文物出版社1991年版。

的政治法式。從《呂氏春秋》的意旨看，呂不韋是贊同吸收和融合六國文化的，要「上揆之天，下驗之地，中審之人」，以求「是非可不可無所遁」。《漢書·藝文志》將《呂氏春秋》歸入雜家代表作，稱其「兼儒墨，合名法」。高誘〈呂氏春秋序〉也說：「然此書所尚，以道德為標的，以無為為綱紀，以忠義為品式，以公方為檢格，與孟軻、孫卿、淮南、揚雄相表裡也。」高誘的見解受後代儒學影響，儘管有其偏頗之處，可是指出該書綜羅百家的觀點卻是持平的。

在先秦地域文化中，秦文化與三晉文化是比較接近的。三晉是法家文化的產地，而秦自孝公時開始就進入了法家化的階段。通常人們看到的秦文化的一些特徵，如「刻薄寡恩」、「嚴刑峻法」、「尚首功」等等，實際上均是此階段的特徵。與秦文化差異最大的無疑是具有濃厚倫理道德色彩的齊魯文化與具有濃厚浪漫色彩與感情色彩的楚文化，它們在很多方面可謂針鋒相對。楚文化的浪漫色彩與感情色彩，以及所謂的「剽輕，易發怒」，「輕刻，矜己諾」，都反映著崇尚個體自由，而藐視國家秩序。秦國則相反，吏民均謹守秩序，對財富名利的追求必須限制在法律的範圍之內，社會力量處於國家力量的絕對支配之下。如果吸取楚文化的個性至上準則，必然會以重視人的自身價值來取代秦文化所獨有的外在功利價值。又比如，楚人好鬥，齊人重儒，但《韓非子·五蠹》卻痛斥「儒以文亂法，俠以武犯禁」，主張「故明主之國，無書簡之文，以法為教；無先王之語，以吏為師；無私劍之捍，以斬首為功」。一種文化的形成需要深厚的底蘊和一定的時間，同樣，要改變一種文化也非短期所能。呂不韋初為陽翟大商人，深受關東歷史文化薰陶，他對於關東文化沒有排斥心理。但要秦人改變、否定自己的本民族文化，與關東文化相妥協，卻不現實。

秦文化在秦國的發展史上所起的積極作用是客觀存在的。秦人由一個西陲大夫加入到諸侯的行列，成為春秋五霸之一，在戰國群雄割據中又連連挫敗其它六國，其成功大多是通過戰爭實現的，是秦文化成功的有力證明。因此，從歷史因素看，秦文化在秦國國君心目中的地位，顯然在六國文化之上。黃留珠曾將秦文化的特色概括為集權主義、拿來主義與功利主義，並認為拿來主義是秦文化開放性的具體反映，其尤為突出者有兩點，一是對秦以外諸文化的拿來主義，二是秦國對別國人才的拿來主義。[16] 然而，秦吸收外來文化的整個歷程是與春秋戰國時代的爭霸與兼併相始終的，這種環境培育出了秦人在吸收外來文

16　黃留珠，〈秦文化瑣議〉，載氏著《秦漢歷史文化論稿》，三秦出版社 2002 年版。

化時追求實效與急功尚利的性格。對秦以外諸文化的拿來主義只是針對外來的物質文化以及符合其價值觀念的法家思想，秦國對別國人才的拿來主義也是有選擇性的，任職秦國的都是講霸道或有益於其稱霸的人。《史記・禮書》指出：「至秦有天下，悉內六國禮儀，採擇其善，雖不合聖制，其尊君抑臣，朝廷濟濟，依古以來。」秦可以採納六國的音樂，可以使用六國的器物，甚至可以搬來六國的宮殿，但顯然無法接受六國文化中不符合秦人要求的政治原則、行為準則與價值取向。

實際上，為了瓦解楚人的民族意識，泯滅楚人的文化心理，秦從進入楚地開始就對楚文化採取了排斥態度，對郢都的摧毀就是突出表現。郢都是戰國時期最為繁華的都市之一，也是楚文化的中心。《史記・楚世家》記載秦將白起在拔郢後做的最重要的一件事是「燒先王墓夷陵」。念祖重孝是楚文化的重要內容。屈原在〈離騷〉開篇，就曾自述世系生辰，緬懷遠祖近宗，追念皇考大父。郢都失陷後，楚多次遷都，新遷之都大致仍以郢為名，也是出於深切的念祖之情。如河南淮陽，故陳國，楚頃襄王遷都於此，稱為郢陳；安徽壽縣，當時名壽春，楚考烈王遷都於此後，亦名郢。破壞郢都，燒毀楚人先王陵墓，就是要以此摧垮楚人的精神支柱。屈原在〈哀郢〉中哀歎，「曾不知夏之為丘兮，孰兩東門之可蕪！心不怡之長久兮，憂與愁其相接。」

根據現有考古資料，我們仍然可以探尋到當日秦軍對郢都的破壞程度。迄今為止，在紀南城周圍已發掘了三千多座楚墓，但凡是大中型楚墓，多在早年被盜，而且往往是被秦人盜掘。許多被盜楚墓中，殘留有秦人的盜掘工具。在紀南城遺址裡，當年的楚王宮殿、手工作坊、居民區猶可辨認，但是卻沒有發現秦漢地層堆積，而且城內的東南角已成了一片蒿草叢生的秦漢墓地。從紀南城周圍的墓葬來看，楚國墓葬之後也沒有秦漢墓葬。在雨臺山墓地，共發掘了五百多座墓，時代雖有早晚，但卻無一例外是楚墓。張家山墓地也發掘了幾百座墓葬，楚墓占絕大多數，西漢以後的墓葬占少數，秦墓則沒有發現。在別的幾十處墓葬中，除鳳凰山一處外，其它墓地均未發現秦的墓葬。這就是說，「車轂擊，民肩摩，市路相排突，號為朝衣新而暮衣弊」的楚郢都，自從白起拔郢之後，原來非常密集的居住人口陡然減少了。

郢都幾乎成為廢墟，當地的文化成果也遭到毀滅性破壞。郢都附近的製漆業與紡織業在戰國時期是相當發達的，然而到了秦與西漢初年，這一帶卻不能

製漆、紡織了。鳳凰山的幾座西漢墓裡曾經出土了一些漆器，這些漆器雖然風格與楚式漆器有些相似，但上面卻清晰標有「成市草」、「成市泡」之類的字樣，成市應即成都市府簡稱，說明這些漆器根本不是郢都本地產的，而是從較遠的成都市府運來的。而且，在郢都保存較好的秦墓裡，連絲織品的影子都見不到。與郢都相距約五十公里，凝聚了楚人物質和精神財富的大型離宮——「章華之宮」，也未能逃脫秦軍的破壞。章華宮遺址宮殿的臺基上明顯可見焚燒痕跡，燒紅的殘磚碎瓦和焦黑的木炭灰滿目皆是。張正明認為：「西元前278年，郢都被秦軍攻破，章華臺勢必同受其禍。文獻記載秦軍自郢都東至競陵。按，競陵在今潛江、天門一帶，距章華臺甚近。此處對秦軍有吸引力的，唯章華臺而已。秦軍的辦法極為簡單，一是搶光，二是燒光。從此，章華臺就成了廢墟，與荒煙蔓草為伍了。」[17]

三、秦始皇「匡飭楚俗」

琅邪刻石對秦始皇在全國推行法制，移風易俗，實現天下文化統一的功業有詳細描述：「普天之下，摶心揖志。器械一量，同書文字。日月所照，舟輿所載，皆終其命，莫不得意。應時動事，是維皇帝，匡飭異俗，陵水經地。憂恤黔首，朝夕不懈。除疑定法，咸知所辟。方伯分職，諸治經易。舉錯必當，莫不如畫。」秦的文化統一政策涉及到了文字、度量衡、貨幣、律令、官制和思想各個方面。全面考察秦的統一措施，可以看到，秦的文化統一政策是以秦制為基本依據而努力「匡飭異俗」。

秦王朝實現了郡縣與官爵制的統一。秦始皇吞併天下以後，在商鞅所變革制度的基礎上加以損益，建立了以三公九卿為首的一整套政權機制；延續了商鞅變法建立的二十等爵制；又分天下為三十六郡，每郡設守尉監，每縣設令長縣尉。楚國是戰國時期封君制最發達的國家，而且戰國時期各國官制、爵制各個不同，也以楚國最為特出。柱國、令尹、新造尹、連尹、三閭大夫、三旌等官職，執珪、執帛等爵稱均是楚制特色。這些制度在秦王朝統治時期均被廢除。《史記‧秦始皇本紀》記載李斯反對在燕、齊、楚地置王時說：「今海內賴陛下神靈一統，皆為郡縣，諸子功臣以公賦稅重賞賜之，甚足易制。天下無異意，則安寧之術也。置諸侯不便。」秦王朝行政機制的統一，所追求的正是各地對

17　張正明，〈章華臺遺址瑣議〉，收入《楚章華臺學術討論會論文集》，武漢大學出版社1988年版。

秦政的認同，為了做到「天下無異意」。

其次是實現了法律的統一。《唐律疏義》云：「周衰刑重，戰國異制，魏文侯師于李埋，集諸國刑典，造《法經》六篇……商鞅傳授，改法為律。」所謂戰國異制者，如齊有麋鹿之禁，楚有冥室槥棺之置，燕有剖腹之刑，魏有丹巾漆領之刑，各自為法。與李悝《法經》六篇以及承之而來的秦律，抵觸尤盛。秦始皇根據維護統治的實際需要，從以水德主運，「事皆決於法」的思想出發，將商鞅以來的律令加以補充、修訂，形成了統一的內容更為縝密的《秦律》，並頒行於全國。《史記‧李斯列傳》云：「明法度，定律令，皆以始皇起。」又《史記‧秦始皇本紀》琅邪刻石云：「端平法度，萬物之紀」、「除疑定法，咸知所辟」；之罘刻石云：「普施明法，經緯天下，永為儀則」；會稽刻石云：「秦聖臨國，始定刑名，顯陳舊章。初平法式，審別職任，以立恆常。」

早在徹底統一天下前，秦在楚國故地設置的郡、縣、鄉、亭等各級機構，就共同組成了推行秦文化的機器。一般來說，它們採用的都是頒布法令強力推行的做法。《睡虎地秦墓竹簡‧語書》是秦王政二十年，南郡守騰頒發給本郡各縣、道的一篇文告，其中就透露了有關秦政府用秦法去清除楚國故地楚文化特徵的情況。日本學者工縢元男認為：「就《語書》的內容來看，其基調反映了秦統一六國實行集權統治的強烈意志，為此，要徹底清除各地在原有價值體系上存在的風俗習慣，全面施行秦的法律。」[18]《語書》說道：「古者，民各有鄉俗，其所利及好惡不同，或不便於民，害於邦。是以聖王作為法度，以矯端民心，去其邪避（僻），除其惡俗。法律未足，民多詐巧，故後有間令下者。凡法律令者，以教道（導）民，去其淫避（僻），除其惡俗，而使之之於為善毆（也）……故騰為是而脩法律令、田令及為間私方而下之，令吏明布，令吏民皆明智（知）之，毋巨（距）於罪。」周振鶴認為：「《語書》所謂惡俗就是不利於國家穩定、社會安定的習俗與風氣，包括熱衷商賈、不務本業，包括奢靡之風、淫僻通姦，甚至包括剛武、尚氣力等（這一習俗容易引起各種刑事犯罪）。去除惡俗的辦法，是教民遵守法令。」[19]這些所謂的「惡俗」正是楚文化的主要特徵。

18　工縢元男，〈雲夢秦簡《日書》所見法與習俗〉，莫枯譯，《考古與文物》1993 年第 5 期。

19　周振鶴，〈從「九州異俗」到「六合同風」——兩漢風俗區劃的變遷〉，《中國文化研究》1997 年第 4 期。

在分析秦、楚文化的差異時，我們曾提到秦人「勇於公戰，怯於私鬥」，而楚人「士多輕悍」，俠士仗劍行走是其謀生的傳統，這是秦楚民俗文化的區別之一。秦律對民間械鬥、血親復仇有嚴格而具體的規定。《睡虎地秦墓竹簡·法律答問》有多達二十幾項關於鬥毆及傷人的記載，對私鬥傷人，如「擅殺、刑、髡其後子」、「鬥折脊項骨」、「鬥決人耳」、「縛而盡拔其鬚眉」、「拔人髮」、「齧斷人鼻若耳若指若唇」、「拔劍伐，斬人髮結」、「鈹、戟、矛有室者，拔以鬥」、「鬥以針、鉥、錐，若針、鉥、錐傷人」、「決人唇」、「齧人額若顏，其大方一寸，深半寸」、「為人毆也，無疻痏，毆者顧折齒」、「以兵刃、殳梃、拳指傷人」、「以梃賊傷人」等，都有具體的處罰辦法。對父子、祖孫、夫妻、臣主鬥毆，也有分別的規定。秦政府對關於禁止私鬥的法律條文的執行非常嚴格。《漢書·夏侯嬰傳》記載，劉邦任泗水亭長時曾因嬉戲誤傷友人夏侯嬰被人揭發，要從重處罰，幸虧夏侯嬰否認自己受傷，劉邦才免於牢獄之災，後來夏侯嬰還因被揭發作偽證而下獄一年多。

同樣，楚人有重商的傳統。《左傳·宣公十二年》（前597），晉隨武子稱讚楚國道：「昔歲入陳，今茲入鄭，民不罷勞，君無怨讟，政有經矣。荊屍而舉，商農工賈不敗其業，而卒乘輯睦，事不奸矣。」楚人以商為四民之首而又商賈並列，與中原所謂「四民」，從包含的成分到排列的次第，都有不同。「楚人重商，並不限於春秋，實貫徹到戰國以後。終楚國之世，也沒有實行過抑商政策。」[20]而秦始皇在統一前後，所推行的卻仍然一直是商鞅變法確定的重農抑商政策。《史記·秦始皇本紀》記載，他在琅邪刻石中明確提出要「上農除末」；為了補充兵源的不足，曾把「賈人」隨同「諸嘗逋亡人、贅婿」等謫發出去遠征和戍邊。而據《漢書·晁錯傳》，後來「嘗有市籍者」也要去謫戍，再後來「大父母、父母嘗有市籍者」也在此列。令商人服兵役不見於商鞅變法，應該說是對商鞅抑商政策的發展。在秦人眼中，商賈是「難制馭」之人。[21]秦統一以後，有許多工商業者都被剝奪了大部分財產，遷往關中或隴西、巴蜀僻遠之地。

《史記·秦始皇本紀》記秦在實現了對關東六國的軍事征服後，於秦始皇二十六年，「一法度衡石丈尺，車同軌，書同文字。」進一步加大了把秦文

20　郭仁成，《楚國經濟史新論》，第3頁，湖南教育出版社1990年版。

21　《漢書·地理志》云：「秦既滅韓，徙天下不軌之民於南陽，故其俗誇奢，上氣力，好商賈漁獵，藏匿難制馭也。」

化灌輸到關東各地當中去的力度。

戰國時代文字異形，楚系文字也有異於其它地域的特點。黃錫全認為楚文字的特點主要在於文字形體與它系有別，盛行鳥蟲書，銘文多用「之」韻，有別於它系的特殊字，有一些特殊用語，楚文字中以國之大事紀年。[22] 滕壬生對楚文字的特點也進行了具體概括，認為「由於歷史和地域的原因，楚國自春秋以來就形成一種具有獨特風格的文化。戰國時期，簡帛文字……具有濃厚的地域特點。表現在書寫風格方面：字形趨於扁平、欹斜，筆勢圓轉流麗，橫劃多作昂起的弧形，一般落筆重而收筆輕，多有首粗尾細之感；有的簡易草率；有的波勢挑法已具後世隸書之雛形。表現在形體結構方面：結構歧異，筆劃多變，符號繁雜特殊。以結體而言，楚系簡帛文字中有許多特殊形體。」[23] 針對文字的紊亂狀況，秦始皇統一六國後，便接受李斯的建議，立即採取了「書同文字」的措施。對此，東漢著名文字學家許慎〈說文解字序〉曾明確寫道：「秦始皇帝初並天下，丞相李斯乃奏同之，罷其不與秦文合者。斯作〈倉頡篇〉，中車府令趙高作〈爰曆篇〉，太史令胡毋敬作〈博學篇〉，皆取史籀大篆，或頗省改，所謂小篆者也。」這說明，秦始皇統一文字，主要是以秦字為基礎，廢除與「秦文」不同的原六國的異體字，同時簡化字形，斟酌簡省繁雜的史籀大篆，整理為小篆，作為全國規範化的文字。

戰國時期，各國的度量衡制度相當混亂，計量單位存在差異，秦楚之間亦非完全一致。以長度而言，秦國一尺為 23.1 釐米，而楚國一尺在 22.5—23.0 之間。在傳世品中被認為屬於戰國時期的楚國銅尺中，安徽壽縣楚銅尺長 22.5 釐米，長沙兩件楚銅尺分別為 22.7 釐米和 22.3 釐米。在量制方面，秦國一升等於 200 毫升，而楚國一升一般合 225 毫升，大於秦量值 12%。傳世品中有三件出自安徽壽縣和鳳臺的五升量，容積為 1110—1140 毫升，即平均一升為 225 毫升左右。至於衡制，秦國一斤等於 250 克，而根據楚墓出土的砝碼實測，楚制一斤的平均值為 260.798 克。《史記・商君列傳》記載，秦在商鞅變法時，就實行過「平斗桶權衡丈尺」的政策。傳世的商鞅方升（現藏上海博物館），就是由商鞅頒發到重泉地方的標準升。長期以來，由於秦國實行統一度量衡政策，度量衡器比較一致，因而統一六國後，秦始皇便以秦制為基礎，下詔統一全國度量衡。

22　黃錫全，〈楚系文字略論〉，《華夏考古》1990 年第 3 期。

23　滕壬生，《楚系簡帛文字編・序言》，第 16—17 頁，湖北教育出版社 1995 年版。

陳直指出：「始皇權量的統一，是純用商鞅時的成規，不加改變。」[24] 上述商鞅方升和秦高奴銅權都加刻了秦始皇統一度量衡的詔令全文，云：「廿六年皇帝盡並兼天下諸侯，黔首大安，立號皇帝。乃詔丞相狀、綰，法度量則不壹，歉疑者皆明壹之。」這說明秦始皇統一度量衡，實際上就是以秦國原有度量衡器為標準和模式，並把它推行到全國。

戰國時期的貨幣制度同樣十分混亂。由於諸侯割據，各國貨幣制度殊為不一，因而貨幣的形狀、大小、輕重、使用價值以及計算單位，往往各不相同。僅就形制而言，秦、楚之間就存在顯著差異。秦主要流行圓錢；而楚國流行爰金與銅貝。圓錢，形圓，中有孔，分方孔和圓孔兩種；而爰金是一種鑄有「郢爰」、「陳爰」等印文的金餅；銅貝作為郢爰等的輔幣，形似海貝，俗稱「蟻鼻錢」。秦滅六國後，始皇下令統一全國貨幣。《史記‧平准書》記載：「虞夏之幣，金為三品，或黃，或白，或赤；或錢，或布，或刀，或龜貝。及至秦，中一國之幣為二等，黃金以溢名，為上幣；銅錢識曰半兩，重如其文，為下幣。而珠玉、龜貝、銀錫之屬為器飾寶藏，不為幣。」可知秦始皇統一貨幣的主要措施在於由國家統一鑄錢；法定全國通行黃金與銅錢兩種貨幣；廢除包括楚國在內的原六國的布幣、刀幣、郢爰、銅貝等各種貨幣，並不准以龜貝、珠玉、銀錫之類充當貨幣。根據有關考古文獻資料，秦統一後所鑄銅錢，圓形，方孔，有郭，徑寸二分，鑄文「半兩」，每錢重十二銖，這就是通稱的「秦半兩」。

第三節　文化衝突與楚人反秦

移風易俗、統一文化是秦統治者在占領楚地後治民施政的指導思想。然而文化整合的過程中，物質層次的變化較為容易，其次是制度層次，而最難的要數風俗習慣和價值觀念。戰國時期由於商業發達，列國間貿易交往的頻繁，各國間自然會形成趨於相近的制度。譬如，從上面的分析看，秦、楚之間的度量衡標準應該說是相近的。而秦、楚文字的區別也是就局部字體風格和個體的字符形態而言，並非指秦、楚文字總體上有什麼相異的本質性特點。秦王朝在全國統一後，意圖在管轄範圍內實現「書同文、車同軌、度同制」，估計不會引

24　陳直，〈秦始皇六大統一政策的考古資料〉，載秦始皇兵馬俑博物館研究室編，《秦文化論叢》（第 1 輯），西北大學出版社 1993 年版。

起太多的反對。然而儘管秦王朝也制定了統一的法律與制度，但清除各地原有價值體系及建立在此之上的風俗習慣，實現「行同倫」卻不是短期內能達到的目標。

一、抵制同化與楚文化的延續

《語書》透露了楚文化在秦統治時期的生存情況：「今法律令已具矣，而吏民莫用，鄉俗淫失（泆）之民不止，是即法（廢）主之明法也，而長邪避（僻）淫失（泆）之民，甚害於邦，不便於民。故騰為是而脩法律令、田令及為間私方而下之，今吏明布，今吏民皆明智（知）之，毋巨（距）於罪。今法律令已布，聞吏民犯法為間私者不止，私好、鄉俗之心不變，自從令、丞以下智（知）而弗舉論，是即明避主之明法殹（也），而養匿邪避（僻）之民。如此，則為人臣亦不忠矣。」南郡是最早入秦的楚地，秦昭襄王二十九年（前278年）秦將白起攻克楚郢都，置南郡。而《語書》發佈於秦王政二十年（前227年）四月初二，當時秦統治南郡已經過了半個世紀。但據騰所言，當地的楚人仍然不遵守法令，「法律令已具矣，而吏民莫用，鄉俗淫泆之民不止」。騰到南郡後，把法律令、田令及為間私方整理出來，重新公布，但當地楚人仍然「為間私者不止，私好、鄉俗之心不變」。

《語書》所謂「間私」的確切含義不得而知，工滕元男釋「為間私方」為「懲辦奸私的法規」。[25] 然而在秦統治時期，楚地私鬥仍然流行。《史記・項羽本紀》記項梁曾因殺人與項羽「避仇于吳中」；〈留侯世家〉記項伯曾因「殺人」而逃至下邳，藏匿於張良處；〈高祖本紀〉記呂后之父原居單父，也是因「避仇」而遷至沛。任俠之風亦盛行於楚地。《史記・季布列傳》云：「季布者，楚人也。為氣任俠，有名于楚。」秦漢之際，東陽、范陽、豐沛、下邳等地，蔑視法令、愛好交友的「少年」群體紛紛起而反秦。不僅是季布，劉邦、項羽營壘中的楚人項伯、韓信、英布等都出身遊俠，甚至劉邦、項羽本人亦具有濃厚的遊俠色彩。〈高祖本紀〉稱劉邦平時「不事家人生產作業」，「仁而愛人，喜施」，深得「少年豪吏如蕭、曹、樊噲」等人擁戴。他曾以亭長身分押送刑徒前往驪山，因路途多有逃亡而乾脆釋放所有刑徒，從此亡命江湖，當即感動了刑徒中的「壯士十餘人」願追隨於他。這正是《韓非子・八說》中所講的「棄官寵交」的遊

25　工滕元男，〈雲夢秦簡《日書》所見法與習俗〉，莫枯譯，《考古與文物》1993年第5期。

俠品質。

　　《語書》中還特別提到了田令。秦商鞅變法後,「廢井田,開阡陌」,改「步百為畝」為二百四十步為一畝,並且對農田的阡陌、封埒有明確規定。1979 年出土於四川省青川縣的秦《為田律》對農田規劃制度有十分詳細的敘述,「田廣一步,袤八則,為畛,畝二畛,一陌道;百畝為頃,一阡道。道廣三步,封高四尺,大稱其高;埒高尺,下厚二尺」。這裡所說的畛是指一畝田兩頭的小道,因為畛是從畝中劃出寬一步,長八步而修建,畛的長度就是畝的寬度,因此畝的寬度也是八步。而《氾勝之書》區田法規定「以畝為率,今一畝之地,長十八丈,廣四丈八尺」,古時六尺為步,十八丈正合三十步,四丈八尺恰是八步,漢承秦制,因此田律中畝的長度應該也是三十步,畝的面積正是二百四十步。[26] 畝制的擴大需要把原來田地的界限打開,重新加以厘定,這便是開阡陌的由來。楊寬指出:「具體地講,『開阡陌封疆』,就是廢除井田制,把原來『百步為畝』的『阡陌』和每一頃田的『封疆』統統破除,開拓為二百四十步為一畝,重新設置『阡陌』和『封疆』。」[27] 秦在征服楚地後很可能也試圖將這套制度強制推廣到楚地,因而當地出土秦律中有「盜徙封,贖耐」的條文。然而,西漢初年關東仍有一些地區施行小畝制。《鹽鐵論・未通》記御史曰:「先帝哀憐百姓之愁苦,衣食不足,制田二百四十步而一畝,率三十而稅一。」《鹽鐵論》的作者桓寬是漢武帝、昭帝時人,書作於昭帝時,其稱先帝乃指漢武帝言。從南郡守騰重申田令,直到漢武帝時期才普遍實行二百四十步為畝的大畝制來看,楚人違反、抵制秦田律的現象應該也是比較普遍的。

　　秦是具有法治傳統的,法治觀念較強,而南郡之地各殊「鄉俗」,公法觀念差,尤其是對「法令由一統」的傳統難以適應。南郡的情況代表了楚地的普遍形勢。史建群認為,楚越之人好勇輕死,庶民百姓崇信巫鬼而重淫祀與「位於秦嶺淮河以南,屬亞熱帶氣候」有關,是「氣候條件作用於人類自身、作用

26　見楊寬,〈釋青川木牘的田畝制度〉,《文物》1982 年 7 期。關於青川郝家坪木牘中畛、陌、阡的形制,學者們之間存在一定意見分歧,如李學勤則認為畛是畝與畝之間的田埂,畝寬只有一步,長則為 240 步,見李學勤,〈青川郝家坪木牘研究〉,《文物》1982 年 10 期。雖然對《為田律》的適用範圍及畝的具體形制有不同理解,但都認為田律反映的畝的面積就是二百四十步。可參見于豪亮,〈釋青川秦墓木牘〉,李昭和,〈青川出土木牘文字簡考〉,均刊《文物》1982 年 1 期;李零,〈論秦阡陌制度的復原及其形成線索〉,《中華文史論叢》1987 年 1 期。

27　楊寬,《戰國史》,第 189 頁,上海人民出版社 1980 年版。

人類歷史的結果」。[28] 正因為楚人的「私好」、「鄉俗」很多都是緣於其特定的自然條件和社會環境，楚地百姓視其「故俗」為天經地義，是祖宗之法。由於文化傳統的差異，楚人對秦法的規定不單純是個熟悉不熟悉的問題，更重要的是接受與否的問題。

　　南郡楚人無視嚴酷的秦法，一如既往地堅持其「私好鄉俗」，反映出了楚文化在當地的沉澱之厚和影響之強。正因為如此，一些進入該地的秦人，也在無意中受到了楚文化浸染。睡虎地秦墓墓主喜生於秦昭王四十五年（前 262 年），在秦始皇時歷任安陸鄉史、安陸令史、鄢令史及鄢的獄史，是在楚地擔任低級官吏的秦人。喜就深深地受到了楚文化浸染，這從保存在其墓地中的《日書》可以看得非常清楚。《日書》是古代以時日推斷吉凶的占驗書，主要流行於社會基層，而低級官吏似亦精通此道。《睡虎地秦墓竹簡·日書》記載有一則關於「衣」的禁忌，「毋以楚九月己未始被新衣，衣手□必死」。楚九月相當於秦六月，這裡明言「楚九月」，顯然是以秦人的口吻講楚文化的東西。《日書》還開列了兩份秦楚月分對照表，「十月楚冬夕，十一月楚屈夕，十二月楚援夕，正月楚刑夷……七月楚十月，八月楚爨月，九月楚獻馬」，這清楚地表明，秦在南郡的統治始終未能迫使南郡楚人改用秦曆法，秦人反而只能遷就其沿用楚曆法的傳統。整個《日書》可以說是秦楚文化的混血兒。它所反映的重商意識、婚姻習俗、生殖信仰等等，尤其是多神崇拜的觀念和信巫鬼、繁祭祀的風尚，契合了文獻記載及出土文物所反映的楚人的意識和風尚。

　　喜墓中保存的《為吏之道》與楚文化也有密切關係。竹簡第五欄有韻文八首，乃是採用楚地流行的成相篇形式，楚國大儒家荀子曾經採用這種形式寫成〈成相篇〉。荀子在秦昭王時去過秦國，又長期住在楚地，簡牘整理小組在注釋簡文時就曾提出，「《為吏之道》在這一點上與《荀子·成相篇》相似，恐怕不是偶然的。」馬雍也認為：《為吏之道》「不是秦人的撰述，其中犯秦國國諱的例子太多，足以證明這一點……這卷書非秦國的書，也不會是秦王政時期的秦人抄寫的。此卷疑係六國人雜抄之作，以其有關為吏之道，所以被喜收藏珍視，死後遂置於墓中。」[29] 余英時對於《語書》與《為吏之道》的思想屬性有過精彩分析，認為前者乃是秦南郡守對縣道官吏下達的申明法紀、推廣秦法

28　史建群，〈戰國秦漢世風的區域性特徵〉，《中國史研究》1996 年第 2 期。

29　馬雍，〈讀雲夢秦簡《編年記》書後〉，收入《雲夢秦簡研究》，中華書局 1981 年版。

與整頓風俗秩序的文檔。與《語書》相對比，《為吏之道》不是官方文書，而是被墓主人生前所收藏並成為隨葬品。兩者反映了秦朝時存在的兩種吏道的對立，前者更訴諸於法律手段，而後者出現了儒家大傳統的主張與說法。[30]

楚國故地秦墓的葬制與隨葬品直接反映了楚文化對入楚秦人產生了普遍的影響。戰國晚期至秦代的關中典型秦墓，其墓向為東西向，葬式為蜷屈特甚的屈肢葬，隨葬品基本上都是實用器，且漆木器很少。而湖北秦墓「既有東西向的，又有南北向的」；葬式「可分為仰身直肢、仰身屈肢與側身屈肢三種，其中以仰身直肢葬式最多」；隨葬器物往往有鼎、敦、壺、鈁等陶禮器，且陶鼎是不同於關中那種矮蹄足秦式鼎的高蹄足楚式鼎，又有數量較多而製作精美的漆木器。[31] 湖北秦墓與關中秦墓的不同之處，基本上都是沿襲的楚國的葬俗，體現的是楚文化的特徵。

今湖南原為楚國南境。戰國末年，今湖南只有西北的楚黔中地一小部分被秦人占領的時間較長。直到秦始皇二十四年（前223年）項燕失敗，荊王「獻青陽以西」，秦朝正式置長沙郡，對湖南的統治才最後確立。考古資料反映，秦文化在今湖南的傳播與推行十分有限，秦代的故楚南境文化基本上仍是楚文化。湖南境內秦人統治時期的楚人墓葬，基本上都是楚墓風格，以致我們目前還難以將其分辨出來。在可以認定為秦墓的14座墓葬中，其「葬制主要是沿用楚國的葬制……隨葬物品可以分為兩部分，一部分是楚式器物，這是大量的；另一部分是典型的秦式器物，為數不多」，由此看來，「在秦統治湖南地區時期，當地的居民絕大部分仍是楚人，而楚人又頑強地保持著本民族的傳統風俗，他們的墓葬形制和隨葬器物基本上仍是保持著楚人的那一套，墓中很少甚至沒有秦文化因素」。[32] 同樣，在戰國後期楚文化的重心江淮地區，秦人統治的時間不出二十年，秦文化對這些地區的衝擊與影響也非常有限。今安徽東南部、江蘇大部及浙江北部的吳越舊地，乃至山東南部的魯、邾、薛、郯等國舊地，楚文化的遺存大量可見。

實際上，就連秦始皇大張旗鼓而且成效頗佳的度量衡、文字、貨幣統一，

30　余英時，《士與中國文化》，第171—175頁，上海人民出版社1978年版。

31　陳振裕，〈略論湖北秦墓〉，《文博》1986年第4期；〈從湖北發現的秦墓談秦楚關係〉，收入《楚文化新探》，湖北人民出版社1981年版。

32　高至喜，〈論湖南秦墓〉，《文博》1990年第1期。

也經歷了一個過程。比如，楚國貨幣就直到秦亡也沒有完全被秦半兩錢代替。秦都咸陽故城遺址發現的 140 枚戰國錢幣中，有蟻鼻錢 120 枚，且埋葬的年代晚於統一六國之年。山東曲阜董大城村窖藏的貨幣中，有 5978 枚蟻鼻錢，2 枚西漢半兩錢。說明這一地區西漢初年流通的貨幣，主要還是蟻鼻錢。而且直到西漢初期，楚國的金幣仍在流通。湖北宜昌前坪西漢初年墓中「郢爰」與金餅、西漢半兩銅錢同出；湖北隨州城北西漢早期墓出土「郢爰」1 塊，被切割成三角形的金塊 2 塊；河南扶溝古城村出土「郢爰」、「陳爰」，安徽阜南三塔出土「郢爰」時，均與漢代習見的金餅共存。[33] 日本學者大西克也考察了「殹」、「也」在秦漢之際的交替過程，指出：「相對於東方諸國『也』來講，『殹』曾經是秦的方言形式。在秦統一六國的過程眾，『殹』滲透到了舊六國的地域。秦當時在行政上使用隸書，並強制在公文類上使用『殹』字。此時，在書面語水準上，『殹』的方言性已大為淡化。即使在《為吏之道》和《五十二病方》等出於舊六國的文獻中，也出現了使用『殹』的抄本……然而，在秦朝，至遲到了二世皇帝元年時期，將『殹』改定為以『也』來表記。這樣，來自六國地域的『也』字取得了標準語的地位。這項改革在漢代得到了繼承。可見，這種『殹』、『也』的交替，只不過是秦採用的語氣助詞表記法的改變，各地在口頭語言上仍然可能使用各自的方言。也就是說，『殹』、『也』交替是不具有口語變化背景的人為的變化。」[34] 這說明秦的文字統一，不僅局限於書面語，而且在施行的過程中對於六國文化也不得不做出了一定的讓步。

二、秦始皇應對衝突的強硬態度

　　秦始皇統一天下前後，似乎對倫理道德、文治教化的功能曾有所認識，這在秦始皇巡遊各地時留下的刻石銘文中可見一斑。《史記‧秦始皇本紀》記，秦始皇二十八年（前 219 年）泰山刻石辭：「貴賤分明，男女禮順，慎遵職事。昭隔內外，靡不清淨，施於後嗣。」琅琊刻石辭：「以明人事，合同父子。聖智仁義，顯白道理……尊卑貴賤，不逾次行。奸邪不容，皆務貞良……端直敦忠，事業有常。」秦始皇三十二年（前 215 年）復於碣石刻辭：「地勢既定，黎庶無繇，天下咸撫。男樂其疇，女修其業，事各有序。」直到西元前 210 年，

33　趙德馨，《楚國的貨幣》，第 419 頁，湖北教育出版社 1996 年版。

34　大西克也，〈「殹」、「也」之交替——六國統一前後書面語言的一個側面〉，載李學勤、謝桂華主編，《簡帛研究二〇〇一》（下冊），廣西師範大學出版社 2001 年版。

他還讓人在會稽刻石中寫道：「飾省宣義，有子而嫁，倍死不貞。防隔內外，禁止淫泆，男女潔誠。夫為寄豭，殺之無罪，男秉義程。妻為逃嫁，子不得母，咸化廉清。大治濯浴，天下承風，蒙被休經。皆遵度軌，和安敦勉，莫不順令。黔首修潔，人樂同則，嘉保太平。」這表明秦始皇可能希望造就一種共同的良風美俗，作為社會的行為規範，或者說他也有意在用道德緣飾政治。所以顧炎武在論及「秦紀會稽山刻石」時特別指出：「然則秦之任刑雖過，而其坊民正俗之意固未始異于三王也。」[35]

　　然而，某種文化價值體系一旦形成為傳統，就會沉澱為該民族的一種思維定式，就會對所有成員的行為取向產生影響。在功利主義價值觀的支配下，秦國國君歷來片面強調法令、法規的強制作用，而無視宗教、倫理等意識形態的規範、調節作用。秦昭王接見荀子時，曾發問：「儒無益于人之國？」這很能反映當時秦統治者的基本心態。秦始皇也始終擺脫了秦文化傳統的影響，「事皆決於法」一直是他施政的主旋律。在他看來，法律與暴力不僅可以規範人的社會行為，而且可以規範人的社會意識與價值判斷。儘管秦政吸納了某些倫理調節因素，但真正起主導作用的仍然是其根深蒂固的事功傳統。在會稽刻石中，秦始皇宣導良風美俗，「飾省宣義，有子而嫁，倍死不貞。防隔內外，禁止淫泆，男女絜誠。夫為寄豭，殺之無罪，男秉義程。妻為逃嫁，子不得母，咸化廉清。大治濯俗，天下承風，蒙被休經。」雖然秦始皇本義在於宣導貞節，希望「咸化廉清，大治濯俗」，但所訴諸的卻是刑法與暴力，對付淫佚之風的辦法仍是「殺之無罪」。

　　《韓非子·五蠹》云：「故明主之國，無書簡之文，以法為教；無先王之語，以吏為師。」這就是秦國的教化方式。在貫徹以秦文化清除楚地原有文化的過程中，秦律與楚俗之間因差異而存在衝突。《語書》反映了對於這種衝突，南郡守騰的態度是命縣道官吏強制推行秦律。「若弗智（知），是即不勝任、不智殹（也）；智（知）而弗敢論，是即不廉殹（也）。此皆大罪殹（也），而令、丞弗明智（知），甚不便。今且令人案行之，舉劾不從令者，致以律，論及令、丞。有（又）且課縣官，獨多犯令而令、丞弗得者，以令、丞聞」。考慮到一些基層官吏受到楚文化的反滲透與浸潤，而無法身體力行、率先垂範的情況，《語書》還就良吏與惡吏的標準做了具體區分。「凡良吏明法律令，事無不能

35　顧炎武，《日知錄》卷十七。

毆（也）；有（又）廉絜（潔）敦慤而好佐上；以一曹事不足獨治毆（也），故有公心；有（又）能自端毆（也），而惡與人辨治，是以不爭書。惡吏不明法律令，不智（知）事，不廉絜（潔），毋（無）以佐上，繪（偷）隨（惰）疾事，易口舌，不羞辱，輕惡言而易病人，毋（無）公端之心，而有冒牴（抵）之治，是以善斥（訴）事，喜爭書。爭書，因恚（佯）瞋目扼揞（腕）以視（示）力，訐詢疾言以視（示）治，詮訊醜言麐斫以視（示）險，阮閒強肮（伉）以視（示）強，而上猶智之毆（也）。」《語書》所說的良吏明法律令、事無不能、廉潔、敦厚、有公心、能糾正自己、善於與別人合作，無疑是以秦吏為參照的。

秦始皇的焚書坑儒表面上起源於郡縣制與分封制之爭，而實質上卻是秦文化與關東文化的價值觀之爭。《史記‧秦始皇本紀》記載，對於淳于越分封的建議，秦始皇最初並沒有強烈反對，而是交予群臣討論，只是在李斯的一頓發揮之後，才做出了焚書的決定。李斯在他的發言中提到，「今天下已定，法令出一，百姓當家則力農工，士則學習法令辟禁」，這正是秦王朝「匡飭異俗」所要達到的理想。然而，當時的現實卻是「人善其所私學，以非上之所建立」，「私學而相與非法教。人聞令下，則各以其學議之，入則心非，出則巷議」。可以看出，秦的文化制度正受到廣泛的社會批評。這種「誇主以為名，異取以為高，率群下以造謗」局面的形成，包含了對秦政與秦文化的批評。李斯錯誤地以為，人們之所以不願意接受秦政，就是被諸生煽動出來的，要想讓人們接受秦統治的現實，就必須在思想文化領域實行專制。這才引爆了始皇久忍在心的對秦王朝的統治遲遲無法被普遍接受的怒氣。

秦始皇採納了李斯的建議，採用極刑對待敢於街談巷議、偶語《詩》《書》、以古非今者。規定：「史官非《秦記》皆燒之；非博士官所職，天下敢有藏《詩》《書》、百家語者，悉詣守、尉雜燒之；有敢偶語《詩》《書》者棄市；以古非今者族；吏見知不舉者與同罪；令下三十日不燒，黥為城旦；所不去者，醫藥、卜筮、種樹之書。」就在焚書的次年，又發生了坑儒事件。這件事由幾個方士的畏罪逃亡而引起的，結果查出「或為妖言以亂黔首」者四百六十餘人，全部坑殺於咸陽。由文化的征服發展為肉體的消滅，焚書坑儒的意義只不過在於向天下昭示秦王朝統一文化的取向，昭示秦王朝以法律整飭文化的既定政策。正因如此，在焚書坑儒後，王朝內部一片蕭殺之氛，連公子扶蘇為儒生辯護進諫也被視為大逆不道，被貶至上郡，遠離了作為政治中心的京城。

平心而論，任何政權在剛建立時，都有統一文化、整飭異俗的需要。秦始皇敏銳地覺察到了非秦文化對國家政權的威脅，及時採取文化統一政策，本身是值得肯定的。但對秦王朝而言，面對關東諸國異彩紛呈的文化餘緒、文化現實，應當如何對待，卻是一個需要認真考慮、探索的事。尤其是在六國民眾眼裡，秦原本是兇殘暴虐而無信義的。在戰國晚期到秦漢之際，「虎狼之秦」的觀念一直存在於人們的思想之中。秦始皇並沒有反思秦文化本身，也沒有客觀地審視其他文化，從指導思想上和統一思路上仍然是秦政治的繼續和延伸。大凡使一國一朝屈服，在政治和軍事上較為容易，而在文化上卻相當困難，並非一朝一夕所能完事。在這一點上，我們不得不佩服呂不韋在吞併六國前夕對秦王朝文化取向的深邃眼光。秦始皇只看到法律與暴力在加強統治上的積極作用，卻忽略了法律與暴力超過一定的適用範圍就可以造成社會動盪的消極後果。《史記·張耳陳餘列傳》記載，蒯通在遊說秦范陽令時說：「秦法重，足下為范陽令十年矣，殺人之父，孤人之子，斷人之足，黥人之首，不可勝數。然而慈父孝子莫敢倳刃公之腹中者，畏秦法耳。」可見，在關東各國民眾的心裡沉澱了多麼強烈的不滿情緒。

三、楚人滅秦

《史記·項羽本紀》載楚南公曰：「楚雖三戶，亡秦必楚」。後來的歷史發展證實了南公的說法。虞喜《志林》云：「南公者，道士，識廢興之數。」他「亡秦必楚」的預言，除代表了一種情緒化了的堅定信念之外，也是建立在對秦漢之際地域文化差異與衝突的具體認識之上。戰國七雄中，秦與三晉為近鄰，孝公以後的秦國，大量吸收了三晉文化，以致使人們一般把秦文化與三晉文化合稱秦晉文化。而秦文化與齊文化、楚文化在行為準則和價值取取向方面的差別最為明顯和穩定。因此，秦文化的強制推行必然會使齊、楚之人感到最不適應，甚至出於對秦政的難以適應而觸發對故國的眷念。[36] 而就文化節奏而言，又有楚人剽疾而齊俗舒緩的特點，加之齊文楚武，齊的優勢主要在政治文化方面。因此，在戰爭過程中，楚相對於齊會居於更加重要的地位。

---

36 楚人多故國之思，在人才大流動的戰國時代，像屈原這樣寧肯自沉汩羅江也不離開楚地的現象，在其他諸侯地區是不曾見的。視異域為可怖去處的楚辭〈招魂〉流行於楚地，也反映了楚人濃重的故鄉之思的情結。這種心理極易導出對外來勢力的同仇敵愾的民氣。

　　亡秦雖成於天下民眾，但真正起決定性作用的當首推三個楚人——陳勝、項羽、劉邦。

　　在秦末首先聚眾起義，打出反秦旗號的是陳勝。西元前 209 年，陳勝、吳廣在大澤鄉聚眾反秦。陳勝里籍何處，曾經是史學界眾說紛紜的一個問題。《史記·陳涉世家》稱「陳勝者，陽城人也」，但關於陽城在今何處卻有多種說法。有認為是河南登封的，有認為是河南商水的，有認為是安徽宿州的，有認為是河南方城的，也有認為是安徽宿縣和阜陽、潁上、鳳臺之間的。譚其驤根據《史記·曹丞相世家》的資料，認定此陽城縣只能是南陽的陽城，地在今河南方城縣東六里。[37] 不管陽城位於何處，陳勝為楚人卻是沒有疑問的。《史記·陳涉世家》記載，在大澤鄉醞釀起義時，他與吳廣就製造了「大楚興，陳勝王」的輿論；在發動起義時「袒右，稱大楚」；據陳以後，自立為王，「號為張楚」。秦官府也確認陳勝是楚人。《史記·李斯列傳》記趙高曾在胡亥面前稱：「楚盜陳勝等皆丞相旁縣之子。」至於吳廣，〈陳涉世家〉稱其為陽夏（今河南太康）人，陽夏原屬陳國，其地當在郢城附近。

　　陳勝起義後，楚人立即群起回應。大澤鄉所在的蘄縣（今安徽宿縣東南）是當年楚將項燕抗秦死難的地方，也是反秦情緒最敏感的地區。[38] 陳勝起義後，很快就占領了蘄縣，接著又率軍攻蘄以西。他得到沿途各城的回應，一路勢如破竹，先後攻下了銍（今安徽宿縣西南）、酇（今河南永城縣西酇城）、苦（今河南鹿邑縣）、柘（今河南柘城縣北）、譙（今安徽亳縣）五個縣城。楚地百姓紛紛前來投奔，陳勝攻到陳縣時，已有「車六七百乘，騎千餘，卒數萬人」。《史記·陳涉世家》稱：「當此時，諸郡縣苦秦吏者，皆刑其長吏，殺之以應陳涉。」所謂「諸郡縣」當指蘄至陳沿途各縣及其周圍地區。陳勝在陳站穩腳跟後，部署多面出擊，「乃以吳叔為假王，監諸將以西擊滎陽。令陳人武臣、張耳、陳餘徇趙地，令汝陰人鄧宗徇九江郡」，又予周文將軍印，令他西擊秦。各路義軍與進攻陳之前就派到東方去的葛嬰，在楚地的發展都非常順利。葛嬰向東南打到了九江郡的東城（今安徽定遠東南）；吳廣大軍數戰數捷，直到攻打原屬韓地的三川郡滎陽方才受阻；武臣、張耳、陳餘也很快渡黃河，到達邯鄲；周文大軍進展更為順利，僅幾十天時間，就橫掃淮河、黃河流域，突破函谷關，

37　譚其驤，〈陳勝鄉里陽城考〉，收入《長水集》（下），人民出版社 1987 年版。

38　《史記·楚世家》記，前 223 年「秦將王翦破我軍於蘄，而殺將軍項燕。」

並發展至有「車千乘，卒數十萬」。

與此同時，在故楚各地也紛紛有人揭出反旗。〈陳涉世家〉說：「當此時，楚兵數千人為聚者，不可勝數。」《史記・張耳陳餘列傳》記楚將武臣曾對趙地豪傑說：「王楚之地，方二千里，莫不回應，家自為怒，人自為鬥，各報其怨而攻其仇，縣殺其令丞，郡殺其守尉。」沛縣人劉邦，在陳勝占領陳縣兩日後，聚眾數百人，殺死沛令，在沛縣舉行起義，劉邦立為沛公。淩縣（今江蘇泗陽縣西北）人秦嘉、銍縣人董緤、符離（今安徽宿縣東北）人朱雞石、取慮（今安徽靈璧縣東北）人鄭布、徐縣（今江蘇泗洪縣南大徐子臺）人丁疾等在淮北舉起反秦旗幟，把秦東海郡守慶圍在郯縣（今山東郯城北）。酈商在高陽（河南杞縣西南高陽集）起義，隊伍迅速發展到幾千人。項梁、項羽在吳縣起義，殺死會稽守殷通，集合精兵八千人。沛縣人王陵聚眾數千人，占據南陽（河南南陽市一帶）地區。活躍於鄱陽湖一帶的英布，這時也迫使番陽（今江西鄱陽縣東）縣令吳芮共同起兵，隊伍發展到幾千人。這些隊伍都以陳勝領導的起義隊伍為中心，把「張楚」作為共同旗幟。參加和擁護起義的楚人，不分階級，不分貧富貴賤，各種身分都有。其中有楚王宗室，如襄強、景駒；有舊楚封君，如原為「房君」的上蔡人蔡賜；有楚地各郡縣的豪傑，如項梁、項羽軍中眾多的「故所知豪傑」、「吳中豪傑」；有楚地各郡縣的小吏，如故東陽令史陳嬰、泗水亭長劉邦、沛縣主吏蕭何。當然最多的是下層百姓。陳勝本是「甕牖繩樞之子，甿隸之人，而遷徙之徒也」。劉邦布衣集團中，樊噲屠狗，灌嬰販繒，夏侯嬰駕車，周勃原是吹鼓手。正是楚地民眾這種激烈的反秦情緒，為陳勝、項羽、劉邦等楚地豪傑施展抱負與才幹提供了舞臺。

陳勝死後，項羽和劉邦逐漸成為反秦義軍的領袖。項羽名籍，下相（今江蘇宿遷西南）人，是楚國名將項燕之孫。在陳勝建立張楚政權的當年九月，項羽與其叔父項梁殺會稽守殷通，舉吳中兵反秦。陳勝犧牲後，其部將召平矯令拜項梁為楚王上柱國。第二年三月，項梁率部渡江，東陽令史陳嬰率義軍來歸，渡淮後英布、蒲將軍又以兵相屬，兵力一時達到六七萬人，成為當時反秦武裝的主力。同年六月，項梁立楚懷王孫心，仍稱楚懷王。項梁自號武信君。項梁陣亡後，因秦將章邯與王離、涉間圍攻巨鹿，楚懷王命宋義為上將軍，項羽為次將，率兵救趙。十一月，項羽襲殺宋義，懷王即命項羽為上將軍，統率全軍。巨鹿之戰中，以亡秦為目的的楚人面對秦軍主力，表現出了敢於犧牲的大無畏

氣概。〈項羽本紀〉記載，當時來救巨鹿的十餘支諸侯軍都被秦軍強大的威勢所嚇倒，「莫敢縱兵」。張耳被困巨鹿城中，其「刎頸交」陳餘和兒子張敖也「未敢擊秦」。而楚軍在項羽的帶領下，先「遣當陽君、蒲將軍將卒二萬渡河，救巨鹿」，接著「項羽乃悉引兵渡河，皆沉船，破釜甑，燒廬舍，持三日糧，以示士卒必死，無一還心。於是至則圍王離，與秦軍遇，九戰，絕其甬道，大破之，殺蘇角，虜王離。涉間不降楚，自燒殺。當是時，楚兵冠諸侯。諸侯軍救巨鹿下者十餘壁，莫敢縱兵。及楚擊秦，諸將皆從壁上觀。楚戰士無不一以當十，楚兵呼聲動天，諸侯軍無不人人惴恐。於是已破秦軍，項羽召見諸侯將，入轅門，無不膝行而前，莫敢仰視。」接著，項羽在汙水又大破秦軍，並招降章邯，時間是秦二世三年七月。如果沒有楚軍的浴血奮戰，援趙勝利及亡秦成功是不可想像的。

劉邦字季，沛縣（今江蘇沛縣）人。秦二世元年（前209年），劉邦在沛縣回應陳勝、吳廣起義，殺秦沛令，稱沛公，不久投奔項梁。項梁戰死後，懷王徙都彭城，並各路軍自將之。當年劉邦受懷王之命西攻關中。劉邦西進是楚意在亡秦之決心的顯現。《史記‧高祖本紀》載：「當是時，秦兵強，常乘勝逐北。諸將莫利先入關。」這表明西進是一種冒進行為。在以援趙為主要戰略目標的前提下，劉邦所率部眾也極其有限。楚懷王讓劉邦「收陳王、項梁散卒」，這等於讓他自己設法解決兵源問題。但這些困難都未能嚇住劉邦及其部隊。西進戰事最初並不順利，劉邦攻昌邑、開封、洛陽等地均能攻克，直到接受了南陽郡守的投降，才解除了劉邦的後顧之憂。此後，劉邦相繼攻破武關、嶢關，又在藍田擊敗秦王朝僅餘的一點兵力，兵臨秦都咸陽城下。秦王子嬰見大勢已去，開城向劉邦軍投降。秦始皇所建立的空前強大統一的秦王朝，僅僅經過十五個年頭，就亡於了楚人之手。

在陳勝揭竿而起以前，關東六國明裡暗裡的反秦言行也曾不斷出現。但懾於秦王朝的威勢，大多不敢明火執仗地與秦王朝對著幹。或隱忍待時，如魏國名士張耳、陳餘；或暗地散佈反秦言論，如在東郡隕石上刻「始皇帝死而地分」；最多就是如張良一樣組織刺殺活動。在陳勝起義後，舊齊、趙、燕、韓、魏地也爆發了反秦戰爭，但其激烈程度卻不如楚國，參加者的成分也以六國舊貴族為主。從《史記》的描述看，齊國的反秦，除了田假與田儋、田榮、田橫兄弟兩支貴族豪強勢力的活動外，看不到齊地下層社會有何積極反應。而秦漢之際

復國的趙、燕、魏、韓等國都由楚派生而來。陳勝入陳後，以故人武臣為將軍北略趙地。後武臣聽信了張耳、陳餘的鼓動，自立為趙王。武臣為擴地自廣，又使韓廣略燕，但韓廣至燕地後卻自立為燕王。陳勝入陳後，還使魏人周市徇魏地。攻下魏地後，在周市的一再要求下，陳勝派遣投奔自己的魏國舊貴族魏咎為魏王。韓國的復國則是在張良的遊說之下，由項梁立韓成為韓王。這幾國的舊貴族均依附於楚，借楚之力實現了復國的目的。

與楚人始終以亡秦為己任不同，關東其餘五國貴族多以列地分封或恢復故國為目的。從《史記·張耳陳餘列傳》的記載看，他們參加反秦鬥爭，純粹是為了「成割地有土之業」。故而在輔佐武臣占據趙地後，他們即慫恿武臣稱王。而當「陳王使使者賀趙，令趣發兵西入關」時，張耳、陳餘又勸武臣擁兵自重，完全不顧大局，坐視周文孤軍西進。說：「王王趙，非楚意，特以計賀王。楚已滅秦，必加兵于趙。原王毋西兵，北徇燕、代，南收河內以自廣。趙南據大河，北有燕、代，楚雖勝秦，必不敢制趙。」韓廣也把燕國舊貴族「楚已立王，燕雖小，亦萬乘之國也，願將軍立為燕王」的話視為至理，不僅自封燕王，而且謹守燕國地盤，在反秦廝殺中幾乎看不到他的身影。齊人的態度同樣如此。《史記·田儋列傳》記齊王田儋被殺後，田儋從弟田榮被秦將章邯圍困於東阿，「齊人聞王田儋死，迺立故齊王建之弟田假為齊王，田角為相，田間為將，以距諸侯。」項梁引兵解東阿之圍後乘勝攻打章邯，田榮卻反而西撤，「引兵歸，擊逐齊王假」。項梁在追擊章邯時遇到困難，由於「章邯兵益盛，項梁使使告趙、齊，發兵共擊章邯」。但田榮既不以滅秦為意，也未覺得應對項梁付以回報，反要脅楚殺掉在楚避難的田假。由於楚不殺田假，田榮「終不肯出兵」，項梁最終被章邯所殺，使反秦鬥爭遭到沉重打擊。

第四節　秦漢之際的楚法統

從陳勝起兵到高祖稱帝的歷史，是秦、楚、漢交替時期。《史記·秦楚之際月表》云：「太史公讀秦楚之際，曰：初作難，發于陳涉；虐戾滅秦，自項氏；撥亂誅暴，平定海內，卒踐帝祚，成於漢家。五年之間，號令三嬗。」司馬遷立〈秦楚之際月表〉而不立〈秦漢之際月表〉，並在序中強調「五年之間，號令三嬗」。清人吳非覺得僅立〈秦楚之際月表〉尚嫌不足，又補〈楚漢帝月表〉

並作《楚義帝本紀》。這均反映了他們認為楚是秦漢之際非常重要的一個環節。

一、張楚政權與楚制重現

大澤鄉是反秦情緒比較敏感的地區，戰國末年抵擋秦軍進攻的最後一支楚軍主力就是在大澤鄉所在的蘄縣最終兵敗的。《史記・楚世家》云：「四年，秦將王翦破我軍於蘄，而殺將軍項燕。五年，秦將王翦、蒙武遂破楚國，虜楚王負芻，滅楚名為郡云。」〈王翦列傳〉亦記載：「至蘄南，殺其將軍項燕，荊兵遂敗走。秦因乘勝略定荊地城邑。歲餘，虜荊王負芻，竟平荊地為郡縣。」身為楚人的陳勝與吳廣在大澤鄉首舉義旗，自然會想到以「楚」為號召來反對暴秦。〈陳涉世家〉記載，陳勝與吳廣為鼓動戍卒反秦，製造了「大楚興，陳勝王」的輿論；戍卒袒右宣誓反秦之時，亦「稱大楚，為壇而盟，祭以尉首」。「大楚」口號的提出，說明陳勝反秦從一開始就是打著楚國的旗幟進行的。陳勝起義後，很快攻下了陳縣。陳縣即楚故都郢陳所在地。前 278 年秦將白起拔郢，占據了楚國的江漢基業後，楚頃襄王即「東北保于陳城」。到前 241 年楚考烈王遷都壽春，這裡一直是楚國政治文化中心和抗秦指揮中心，有著反秦的深厚文化基礎和群眾基礎。田余慶指出：入仕於秦的楚公子昌平君據郢城起義，易幟反秦，郢陳的楚人勢力曾直接導致了李信二十萬伐楚大軍的覆沒。[39]〈陳涉世家〉記，陳勝在陳縣「數日，號令召三老、豪傑與皆來會計事。三老、豪傑皆曰：『將軍身被堅執銳，伐無道，誅暴秦，復立楚國之社稷，功宜為王。』陳涉乃立為王，號為張楚。」

張楚詞義，古今學者注釋者頗多。《索隱》引李奇曰，「欲張大楚國，故稱張楚」，又《索隱述贊》云，「陳勝首事，厥號張楚」。但顏師古不同意「張楚」是陳勝的王號和國號，他在《漢書・陳勝傳》中注引張晏曰：「先是楚為秦已滅，今立楚為張也。張說是也。」認為「楚」才是陳勝的王號和國號。長沙馬王堆三號漢墓出土帛書《五星占》中的〈土星行度表〉裡有張楚紀元的記載，稱「與畢晨出東方八八・張楚・元」。另一種古佚書的干支表，具列秦及漢初紀年，其間有張楚而無秦二世。這不僅證明了應以《索隱》之說為是，而且反映了漢初有尊重張楚法統的觀念。陳勝被推擇為王之事在《史記・張耳陳餘列傳》有

39　田余慶，〈說張楚——關於「亡秦必楚」問題的探討〉，收氏著《秦漢魏晉史探微》，中華書局 1993 年版。

更詳細的記錄：「陳中豪傑父老乃說陳涉曰：『將軍身被堅執銳，率士卒以誅暴秦，復立楚社稷，存亡繼絕，功德宜為王。且夫監臨天下諸將，不為王不可，願將軍立為楚王也。』」陳地豪傑認為由於軍事鬥爭的需要，必須在諸將之上置王，而陳勝由於其功德，「宜為王」。具體而言，其功主要是「身被堅執銳，率士卒以誅暴秦」，而德為「復立楚社稷，存亡繼絕」。陳地豪傑不乏舊楚的上層人士，如當時投奔陳勝的上蔡人房君蔡賜；也不乏舊楚的優秀人才，如陳勝在陳地獲得的軍事人才周文。他們懷念故國，也念念不忘滅秦復仇。故而在推擇陳勝為王時，實際上也給他明確了政治目標，就是要立楚社稷，誅暴秦，故而定國號為張楚。

　　張楚國號的確立，明確了陳地政權以楚反秦的面貌。本來，陳勝在起義之初曾抬出了秦公子扶蘇和楚將項燕的名義。扶蘇是秦始皇長子，秦皇位的合法繼承者，也是秦統治集團內部為關東民眾寄望的對象。用公子扶蘇來反對秦二世，是陳勝他們處於秦王朝統治之中的現實的反映。而項燕是秦人大舉滅楚時，領軍奮勇抵抗秦軍的楚國名將，曾大敗李信伐楚的二十萬大軍，並與王翦的六十萬軍隊長期對峙於淮陽，最終因寡不敵眾而自殺殉國，在楚地享有崇高聲望。在此之後，陳勝則擯棄了起義時「公子扶蘇」的名號。與此同時，以楚反秦，以「張楚」為號，也使恢復舊楚制度，廢除秦制，成為勢所必然。熟知楚國制度與文化傳統的陳地政權，已經顯示了恢復楚國舊制的勢頭。

　　〈陳涉世家〉記載，陳勝在陳「以上蔡人房君蔡賜為上柱國」。《索隱》云：「涉始號楚，因楚有柱國之官，故以官蔡賜。蓋其時草創，亦未置相國之官也。」司馬貞以為陳勝在大局安定之後會置相國，其實楚制本無相國。《戰國策·齊策二》記楚懷王使柱國昭陽將兵攻齊。陳軫問楚國之法，破軍殺將者何以貴之，昭陽曰「其官為上柱國」。楚始終未設相或相國一職，柱國是楚國舊制中僅次於令尹的高級官吏。《漢書·張耳傳》稱房君為相國，乃是以柱國比相國，這與戰國時期列國以相職比附楚國令尹是同樣的道理。司馬貞沒有看到陳勝政權在制度上不可能沿襲秦制，而是會恢復楚制。令尹這一楚國特有官職也見於陳勝政權。〈陳涉世家〉記載，田臧殺吳廣後，「陳王使使賜田臧楚令尹印，使為上將。」令尹在楚為百官之長，也經常率軍出征。陳勝以田臧為令尹，為上將，不僅有戰時軍事化的需要，也內含楚舊制中的傳統因素。又《漢書·陳勝傳》「勝故涓人將軍呂臣為蒼頭軍」，涓人亦為楚官。《漢書補注》引沈欽韓曰：「《吳語》

楚靈王呼涓人疇，《呂覽 · 淫辭篇》荊柱國莊伯令涓人取冠，楚有此官舊矣。」

陳勝之後，張楚由懷王繼統，而實權掌握在項氏手中。項氏世代楚將，在楚國地位舉足輕重，項梁之父項燕曾反秦於淮南，為楚國的生存作最後一搏，結果戰敗自殺。《史記 · 項羽本紀》記載項梁起兵於吳，「廣陵人召平於是為陳王徇廣陵，未能下。聞陳王敗走，秦兵又且至，乃渡江矯陳王命，拜梁為楚王上柱國。」在接受張楚上柱國的任命後，項梁即率江東子弟八千人渡江擊秦。項氏反秦從渡江之初即以張楚為旗幟。當時秦嘉立景駒為楚王，本想在彭城阻擋項梁。項梁謂軍吏曰：「陳王先首事，戰不利，未聞所在。今秦嘉倍陳王而立景駒，逆無道。」於是進擊秦嘉，並收容了秦嘉的軍隊。後來，項梁又接受居鄛人范增的建議，找到在民間為人牧羊的楚懷王孫心，立以為楚懷王，恢復楚社稷的旗幟更加鮮明。

項氏為楚國名族，本身在楚人中間就有很大的號召力。〈項羽本紀〉記，項氏渡江之初，東陽（今安徽天長西北）義軍欲擁立縣令史陳嬰為王，陳嬰不敢，對其軍吏說：「項氏世世將家，有名于楚。今欲舉大事，將非其人，不可。我倚名族，亡秦必矣。」於是眾從其言，以兵屬項梁。而楚懷王曾受秦昭王之騙而入關，被要脅割地與秦。但是在楚懷王整個留秦三年期間，沒有出賣任何楚國利益，誓死不肯出讓巫郡、黔中領土。他孤死首丘、一心南歸、拼死出逃，因此在國人心中獲得了最終的尊重。秦人將楚懷王的靈柩送回楚國時，「楚人皆憐之，如喪親戚」。項梁扶立楚懷王孫心，恢復楚國熊氏的王權，將興滅國與繼絕世統一在一起後，無疑會更有效地凝聚各階層楚人。舊楚的各種人士，除了在各地聚兵響應的外，紛紛向楚懷王靠攏，因而在楚懷王周圍團聚了一批有影響的舊楚人士。〈高祖本紀〉記載有所謂「懷王諸老將」勸懷王不遣項羽入關，這些老將不見有什麼功勞，但能影響懷王決策，可能就因為他們在舊楚原本就有很高的地位。而據荀悅《漢紀》，為項羽所殺的宋義就是舊楚令尹。

〈項羽本紀〉記載，項梁死後，「懷王恐，從盱台之彭城，並項羽、呂臣軍自將之。以呂臣為司徒，以其父呂青為令尹。」臣瓚曰：「諸侯之卿，唯楚稱令尹。時立楚之後，故置官司皆如楚舊。」凡統屬於楚的將領，如項羽、劉邦都接受了楚懷王的楚官、楚爵。項羽為魯公，次將。劉邦為碭郡長，封武安侯。顧炎武《日知錄》卷二十「非三公不得稱公」條論楚舊制，曰：「《左傳》自王卿而外無書公者，惟楚有之，其君已僭為王，則臣亦僭為公。」項羽受封

魯公，無疑是循楚舊制。劉邦所任碭郡長，《集解》引蘇林曰：「長如郡守也。」而地方長官稱長在楚國也是有很長歷史的。《史記‧吳太伯世家》記載，楚國與吳國邊邑的女子爭採桑葉，引起鬥毆，被兩國邊邑長知道後，曾有過大動干戈的戰爭。楚懷王推行楚制的活動，在這時可謂達到了一個高潮。令尹、柱國、司馬、連敖、莫敖、連尹等楚官大量出現於懷王政權。上引「以呂臣為司徒，以其父呂青為令尹」中的令尹為楚所特有，司徒雖不是楚國獨有的官名，但楚國自春秋時即設有此官。《左傳‧宣公十一年》記，「令尹蒍艾獵城沂，使封人慮事，以授司徒。」楚懷王還曾以項伯為左尹，〈項羽本紀〉載，「楚左尹項伯者，項羽季父也」。楚設左、右尹，為令尹副職，也是從春秋沿至戰國的舊制。又如懷王政權中的柱國一職，〈項羽本紀〉記「陳嬰為楚上柱國，封五縣，與懷王都盱台」，「義帝柱國共敖將兵擊南郡，功多，因立敖為臨江王，都江陵。」

懷王在項梁死後即不甘心徒有王名，「並項羽、呂臣軍自將之」，並寵信諸老將，力圖限制項羽。宋義以楚國故人身分為卿子冠軍，率領楚軍，就是這種背景下的產物。但項羽在巨鹿之戰後，成為了各路諸侯軍的上將軍和公認的反秦軍領袖。滅秦之後，項羽又將懷王遷往江南，尊為義帝，都郴（湖南郴縣）。並按照自己的意圖分封天下，自立為西楚霸王，王梁、楚地九郡，領袖諸侯。隨即，暗中令衡山、臨江王擊殺義帝。

雖然殺了楚懷王，但終項羽之世，他始終以楚自居。項羽命官同樣用楚制。比如柱國，《史記‧灌嬰列傳》記其曾「虜柱國項佗」。又比如大司馬一職。這是楚國春秋時代因襲周制所設，為統率軍隊的將官，其副職又有左、右司馬。司馬在楚舊制中地位很高，《左傳‧襄公三十年》稱：「司馬，令尹之偏，而王之四體也」。項羽屬下有大司馬曹咎、周殷。曹咎係項梁舊友，〈項羽本紀〉記載：「項梁嘗有櫟陽逮，乃請蘄獄掾曹咎書抵櫟陽獄掾司馬欣，以故事得已。」在楚漢戰爭中，項羽曾讓其獨當一面，在成皋阻擋漢軍，他在項羽軍中地位之高可想而知。大司馬周殷後來「叛楚，以舒屠六，舉九江兵，隨劉賈、彭越皆會垓下，詣項王」，軍權也是很大的。項羽軍中還設有多名左、右司馬。《史記‧灌嬰列傳》記其與項羽作戰時，曾先後「所將卒斬右司馬、騎將各一人」，「生得右司馬、連尹各一人」，「降左右司馬各一人」。其中從韓信斬龍且之役所得「連尹」，也是楚國特有官名。莫敖一職同樣是楚制的特色。莫敖在楚國基本上是屈氏家族的世襲之官。而據湖北荊門包山楚墓出土竹簡記載，楚國的地

方政府也有莫敖。項羽軍中也設有此官，《史記‧曹相國世家》記載，曹參曾俘虜了楚之「大莫敖」。在地方制度上項羽行楚制的主要表現就是縣令稱公。《左傳‧宣公十一年》楚王曰：「諸侯縣公皆慶寡人」，杜預注：「楚縣大夫皆僭稱公。」〈項羽本紀〉記其曾「令蕭公角等擊彭越。」《集解》引蘇林曰：「官號也。或曰蕭令也。時令皆稱公。」彭越擊楚於東阿時，亦曾「殺楚將軍薛公」。

　　陳勝起義後，劉邦與沛縣官吏蕭何、曹參一起攻占沛縣，開始武裝反秦。沛縣本為楚地，劉邦起兵時，集團的主要成員由沛縣子弟組成，都是楚人，加之本身就是回應陳勝而起的，所以劉邦從一開始就依附於張楚政權。〈高祖本紀〉記劉邦起兵時，被立為沛公。《集解》引《漢書音義》曰：「舊楚僭稱王，其縣宰為公。陳涉為楚王，沛公起應涉，故從楚制稱曰公」。劉邦用楚制，表示他從楚王，屬楚國。陳勝死後，劉邦相繼歸附過景駒和項梁。〈陳涉世家〉記載，景駒為秦嘉所立。秦嘉也係回應陳勝的楚地義軍之一，名義上應該是歸屬於陳勝的，因不願歸陳勝派遣的武平君畔管轄，曾矯陳勝之命殺武平君。他在陳勝兵敗，下落不明時，立楚舊貴族景駒為楚王，用意也在於繼承張楚法統。項梁在名分上隸屬張楚政權，則已如上述。項梁立楚懷王孫心後，劉邦正式歸屬於懷王。在懷王親政時任碭郡長，封為武安侯，將碭郡兵。可見，從劉邦沛縣起兵開始，一直到為漢王止，一直是做為楚王的屬下展開活動。期間，儘管楚王屢有變動，但劉邦統屬於楚的關係是沒有變化的，始終都是楚國政權的一部分，劉邦本人始終是楚臣的一員。

　　因而考察劉邦集團的初期建制，同樣實行的是楚制。司馬、連敖也見於劉邦軍中。〈高祖本紀〉載曹無傷為劉邦左司馬，《史記‧高祖功臣侯者年表》稱斥丘侯「以左司馬入漢」，復陽侯「以右司馬擊項籍」，中水侯「以司馬擊龍且」。劉邦軍中又多設有連敖一職。〈高祖功臣侯者年表〉，載柳丘侯「以連敖從起薛」，祁侯「以連敖擊項籍」，阿陵侯「以連敖前元年從起單父」，朝陽侯「以連敖入漢」。而《漢書‧高惠高后文功臣表》隆慮侯周灶「以連敖入漢」條，注「如淳曰：連敖，楚官，《左傳》楚有連尹、莫敖，其後合為一官號。」包山楚簡記載的楚國地方官中也出現過連敖。〈高祖功臣侯者年表〉記韓信背楚歸漢，始為連敖，繼而任典客，後才被拜為大將軍。《索隱》指出「典客」為「粟客」之誤。粟客也是楚國特有的官名，《古璽匯考》收有楚璽「郢粟客鉩」，職掌糧食，類似於秦漢的治粟都尉，故〈淮陰侯列傳〉直接記其為「治

粟都尉」。

劉邦在起兵初期所用的爵制也是楚爵。劉邦曾因軍功對很多將領賜過爵，如曹參先後賜爵七大夫、五大夫、執帛；樊噲先後賜爵國大夫、列大夫、上聞、五大夫、卿、重封；周勃先後賜爵五大夫、威武侯、賜食邑；夏侯嬰先後賜爵七大夫、五大夫、執帛、執珪、封；灌嬰先後賜爵七大夫、執帛、執珪；傅寬賜爵卿。其中執帛、執珪等都是楚國特有的爵稱。《淮南子‧道應訓》高誘注：「執珪，楚爵。功臣賜以圭，謂之執圭，此附庸之君也。」《戰國策‧東周策》記「君謂景翠曰，公爵為執珪，官為柱國」；〈楚策一〉「楚嘗與秦構難，戰於漢中。楚人不勝，通侯、執珪死者七十餘人，遂亡漢中」；〈楚策四〉「（襄王）以執珪而授之（莊辛）為陽陵君」。執帛不見於春秋戰國時期的記載，但與執珪十分接近。《漢書‧曹參傳》「楚懷王以沛公為碭郡長，將碭郡兵。於是乃封參執帛」，鄭氏曰：「楚爵也。」其說是可信的。其它如五大夫之類，亦見於楚爵稱。《戰國策‧楚策一》記「楚杜赫說楚王以取趙，王且予之五大夫，而令私行」。劉邦初期軍中的爵稱雖然有的不見於春秋戰國時期的記載，或者可以同秦二十等爵相比附，但從執帛、執珪的賜予看，實際上應該都是楚爵或與楚爵有關的。

二、懷王之約與漢承秦制

劉邦為楚人，又是以楚將身分參與反秦，起兵始即依附張楚政權，採用楚制統屬部眾。然而，漢承秦制卻是一個既成事實。劉邦集團為何會由「從楚制」轉而「承秦制」呢？這可以從秦漢歷史時代的接續性以及劉邦以關中巴蜀為基地與楚爭奪天下等方面進行考慮。但值得注意的是，漢承秦制的法理依據實際上來源於楚，「懷王之約」的存在是促使這一轉變出現的直接原因。

懷王之約定於秦二世二年後九月，《史記‧秦楚之際月表》當月條記：「懷王封沛公為武安侯，將碭郡兵西，約先至咸陽王之。」〈高祖本紀〉亦敘其事，曰：懷王「與諸將約，先入定關中者王之。」它是以楚為盟主的反秦軍對戰後秦國的處置方案。

在秦朝末年的反秦戰爭中，人們最大的願望就是能夠興滅國，繼絕世，復興六國社稷，恢復戰國末年七國並立的局面。陳勝在大澤鄉起義時打出了大楚的旗號，因「復立楚國之社稷」，而受到楚地遺民擁戴，被陳地豪傑推擇為王。

不過，陳勝雖有首義之功，起義也得到了廣泛回應，其平民身分能否代表楚國卻從一開始就存有非議。〈陳涉世家〉記載，陳勝稱王前，其部將葛嬰曾「立襄彊為楚王」，雖然「嬰後聞陳王已立，因殺襄彊，還報」，卻表明葛嬰根本沒有意識到陳勝會有稱王的意圖。〈張耳陳餘列傳〉亦記載，陳勝稱王時，張耳、陳餘兩人曾勸道：「夫秦為無道，破人國家，滅人社稷，絕人後世，罷百姓之力，盡百姓之財。將軍瞋目張膽，出萬死不顧一生之計，為天下除殘也。今始至陳而王之，示天下私。願將軍毋王，急引兵而西，遣人立六國後，自為樹黨，為秦益敵也。敵多則力分，與眾則兵強。如此野無交兵，縣無守城，誅暴秦，據咸陽以令諸侯。諸侯亡而得立，以德服之，如此則帝業成矣。今獨王陳，恐天下解也。」在張耳、陳餘看來，秦之所以無道，不僅僅是「破人國家，滅人社稷」，而且包括「絕人後世」，只有「立六國後」，方是無私於天下的表現。

陳勝從小就有鴻鵠之志。《孔叢子‧答問》記孔鮒曾建議陳勝「興亡繼絕，以為政首」，陳勝沒有拒絕興亡，卻拒絕繼絕，曰「六國之後君，吾不能封也」，並竭力阻止六國宗室後人為王。然而，陳勝的努力並不成功。《史記‧魏豹列傳》記陳勝部將魏人周市攻下魏地後，認為「天下昏亂，忠臣乃見。今天下共畔秦，其義必立魏王後乃可」，於是「迎魏咎于陳」。魏咎為故魏寧陵君，在陳勝稱王后投奔了張楚。周市遣使迎立魏咎時，「五反，陳王乃遣立咎為魏王」，陳勝雖極不情願，但在周市的強烈要求下，終於不得不放行。《史記‧劉敬列傳》記其言：「諸侯初起時，非齊諸田，楚昭、屈、景莫能興。」而〈田儋列傳〉記其擊殺狄令後，曾召豪吏子弟曰：「諸侯皆反秦自立，齊，古之建國，儋，田氏，當王。」遂自立為齊王。可見，田儋認為自己應當為齊王的基本理由，正在於其齊國王室田氏後人的身分。繼陳勝之後於趙地稱王的武臣不久亦為趙國王室後人取代。〈張耳陳餘列傳〉記武臣死後，有人說張耳：「兩君羈旅，而欲附趙，難；獨立趙後，扶以義，可就功。」認為只有「立趙後」，才能得到趙人擁戴，張耳等「乃求得趙歇，立為趙王，居信都。」[40]

〈項羽本紀〉記陳勝死後，居鄹人范增往說項梁曰：「陳勝敗固當。夫秦滅六國，楚最無罪。自懷王入秦不反，楚人憐之至今，故楚南公曰『楚雖三戶，亡秦必楚』也。今陳勝首事，不立楚後而自立，其勢不長。今君起江東，楚蠭

40　關於趙歇，《集解》引張晏曰「趙之苗裔」。

午之將皆爭附君者，以君世世楚將，為能復立楚之後也。」范增認為陳勝之所以失敗就在於自立為王，而項梁之所以得到擁護，正在於大家相信世為楚將的項氏會恢復舊楚熊氏的統治。不論范增之言是否有失偏頗，但肯定代表了相當程度的社會心理共識。廣陵人秦嘉擁戴景駒為楚王一事，也表明儘管項梁在楚地軍事上占壓倒性優勢，但政治上還不能名正言順地讓各路武裝聽從號令。正是為了從民所望，項梁找到在民間為人牧羊的楚懷王孫心，立為懷王，為楚地反秦武裝樹立了一面旗幟。懷王心本為不名一文的牧羊人，沒有任何反秦之功，他被立為楚王意味著為秦統一所中斷了的楚國熊氏、齊國田氏、趙國趙氏、魏國魏氏、韓國韓氏的王位世襲所有權重新獲得了承認。《史記‧留侯世家》記載在立楚懷王后不久，韓國舊貴族張良即往說項梁曰：「君已立楚後，而韓諸公子橫陽君成賢，可立為王，益樹黨。」

反秦軍承認六國宗室的王權，不等於他們也承認贏秦宗室保全王位的權力。如前所述，早在陳勝欲稱王之時，張耳、陳餘就勸其立六國後，而「誅暴秦，據咸陽以令諸侯」，稱王關中，霸有天下。〈項羽本紀〉記陳餘在勸降章邯時，亦曾以關中王業相誘，「將軍何不還兵與諸侯為從，約共攻秦，分王其地，南面稱孤」。在六國合縱反秦局面形成之後，對未來政治藍圖規劃的唯一變數就在於對秦國的處置。懷王之約就是在這種背景下，反秦聯軍約定的對未來秦地的處置措施。其基本預設是秦滅後將恢復七國並立的局面，而關東仍將由六國宗室後裔統治，反秦諸將欲裂土為王，唯一的可能只有秦地。按照懷王之約的規定，滅秦後，秦國將留給最先攻占關中的反秦將領，所謂的關中王實際上就是秦王。

懷王之約預設了六國宗室的王位繼承權仍然有效，因而奪取關中王業才是反秦諸將最好的出路。然而，懷王之約「先入定關中者王之」的公布，正當項梁敗死定陶，楚軍遭受重創之時。〈高祖本紀〉記：「當是時，秦兵強，常乘勝逐北。」在這種形勢下，率軍攻關要承擔很大風險。儘管關中王業是個極大誘惑，但諸將均「莫利先入關」。《漢書‧高帝紀》師古注曰：「不以入關為利，言畏秦也。」當時楚軍將領中願意率軍入關的只有劉邦與項羽。

項羽部是楚軍的中堅力量，自楚懷王被推為義軍領袖後，實際指揮權一直操縱在項梁、項羽叔侄手中。項羽的最高志向似乎不僅僅是據關中為王。章邯投降後，項羽封其為雍王，在當時人看來，項羽是想要章邯「王關中」。《史記‧

高祖本紀》記，或說沛公曰：「秦富十倍天下，地形強。今聞章邯降項羽，項羽乃號為雍王，王關中。今則來，沛公恐不得有此。」而在入關後，項羽也不是沒有做關中王的可能。〈項羽本紀〉記當時曾有人建議他：「關中阻山河四塞，地肥饒，可都以霸。」項羽卻以「富貴不歸故鄉，如衣繡夜行，誰知之者」為由，拒絕了這一建議。從項羽的性格看，他是不甘心居於人下的，對於懷王也不會真心臣服。他之所以願領兵入關，很大方面是「怨秦破項梁軍」，要為項梁復仇。另一方面則是為了提高個人聲望、增加政治資本，畢竟入關亡秦是大功一件。與項羽不同，劉邦部並非楚軍主力，他的力量比項羽要小得多。而且只擔任過秦泗水亭長的劉邦，在楚人中的威望也遠遠低於世代為楚將的項羽，能入據關中為王在當時似乎是他能想到的最好的結局。〈項羽本紀〉記項羽入關後，劉邦左司馬曹無傷使人言於項羽曰：「沛公欲王關中，使子嬰為相，珍寶盡有之。」這應該反映了當時劉邦的志向。

　　楚懷王原本只是項梁反秦借用的一個幌子，然而懷王並非完全無能之輩。〈高祖本紀〉記項梁死後，懷王即「並呂臣、項羽軍自將之」，開始左右楚國政局。在諸老將的勸說下，「卒不許項羽，而遣沛公西略地，收陳王、項梁散卒」。劉邦對於懷王之約十分重視。受命後「引兵西，遇彭越昌邑，因與俱攻秦軍，戰不利……與魏將皇欣、魏申徒武蒲之軍並攻昌邑，昌邑未拔」。劉邦最初由於實力不足，與秦軍戰鬥不能取勝，攻昌邑也不克。然而為早日入關，劉邦卻繞過昌邑，一路急急西進。劉邦攻打到韓地時，「當是時，趙別將司馬卬方欲渡河入關」。劉邦惟恐其捷足先登，「乃北攻平陰，絕河津」，阻止司馬卬渡河。到南陽時，劉邦又想繞過南陽守齮固守的宛城，直叩武關。張良諫曰：「沛公雖欲急入關，秦兵尚眾，距險。今不下宛，宛從後擊，強秦在前，此危道也。」為避免落入秦軍前後夾擊的危險境地，劉邦方將宛包圍，準備強攻。南陽守舍人劉恢也是利用了劉邦欲早日入關的心理，勸其約降南陽守，曰：「臣聞足下約，先入咸陽者王之……今足下盡日止攻，士死傷者必多；引兵去宛，宛必隨足下後；足下前則失咸陽之約，後又有強宛之患。」劉邦擔心攻宛耽擱時日，於是封宛守為殷侯，陳恢為千戶，宛城和平解決。劉邦到達武關時，趙高殺二世，立子嬰為秦王，並暗中派人與劉邦聯繫，想在關中自立為王，被劉邦斷然拒絕。[41]漢元年十月，劉邦終於先諸侯至霸上。秦王子嬰素車白馬，繫

41　《史記・秦始皇本紀》記子嬰與其子二人謀曰，「丞相高殺二世望夷宮，恐群臣誅之，

頸以組，封皇帝璽符節，降軹道旁。劉邦於是以關中王自居，召諸縣父老豪桀曰：「父老苦秦苛法久矣，誹謗者族，偶語者棄市。吾與諸侯約，先入關者王之，吾當王關中。與父老約，法三章耳：殺人者死，傷人及盜抵罪。余悉除去秦法。諸吏人皆案堵如故。凡吾所以來，為父老除害，非有所侵暴，無恐！且吾所以還軍霸上，待諸侯至而定約束耳。」

項羽雖被派往北上就趙，但也有搶先入關的願望。因為一旦劉邦先入關並成為關中王，也就是懷王之約得到落實，無疑會強化其基本預設，即只有秦地可置新王，而關東須由六國宗室後裔統治。宋義率軍北上逗留不進，項羽怒而斬之於帳中；項羽率軍至函谷關時，聽說劉邦已破咸陽，大怒而使當陽君等擊關，都表現出了項羽急於搶先入關的心情。然而項羽風塵僕僕，率軍到達函谷關，已在漢元年十一月中，距子嬰投降劉邦已一月有餘。劉邦最先入關的事實，使懷王之約成了項羽的刺眼之物。〈高祖本紀〉記，項羽當時明知有「先入定關中者王之」的約定，卻仍「使人還報懷王」。項羽此舉無非是讓懷王自行改變原先的約定，做出對其有利的解釋，不料卻得到了懷王「如約」的答覆。懷王的回答使項羽進退維谷，迫使其必須立即做出抉擇：是由劉邦做關中王，承認懷王之約的權威；還是破壞懷王之約，重新分割天下。項羽最終「怨懷王不肯令與沛公俱西入關，而北救趙，後天下約」，選擇了後者。

在君臣名份不容相亂的歷史條件下，項羽不理會懷王號令的行徑，是必須要有個交待的。〈項羽本紀〉記當時項羽對諸將聲稱：「天下初發難時，假立諸侯後以伐秦。然身被堅執銳首事，暴露於野三年，滅秦定天下者，皆將相諸君與籍之力也。義帝雖無功，故當分其地而王之。」這段話在〈高祖本紀〉也有記載，內容稍有不同，項羽曰：「懷王者，吾家項梁所立耳，非有功伐，何以得主約！本定天下，諸將及籍也。」在這裡，項羽借懷王缺乏軍功，否定了其主約的權力，隨即以陽尊陰貶的手段，尊楚懷王為義帝，將其放逐到了郴。懷王之約成為了項羽發動政變的導火線。

項羽在反秦鬥爭中功勞最大，威望最高。在殺宋義奪取援趙楚軍軍權後，懷王就已經控制不了局面，只得任命項羽為楚上將軍。而項羽破秦於鉅鹿，被諸侯共立為諸侯上將軍之後，懷王實際上已喪失了號令天下的地位。不過，項

乃詳以義立我。我聞趙高乃與楚約，滅秦宗室而王關中。」

羽的四十萬大軍畢竟是由諸侯兵聯合而成。他挑戰懷王的權威，可能不會遭到強烈反對。但如果完全否定懷王之約的原則，卻可能遭到這些憑藉六國宗室後裔身分而成為諸侯者的抵制。因此，在流放義帝後，項羽仍然不敢公開毀約，而是採取了曲解約文與妥協的辦法，認為「義帝雖無功，故當分其地而王之」。項羽一方面為了名正言順地據地稱王，提出軍功受封的原則，另一方面也沒有完全否認六國宗室後裔仍然有繼承王位的權力。

　　除了尊楚懷王為義帝外，項羽對於懷王以外的已有各王，即齊王田市、趙王歇、韓王成、魏王豹、燕王韓廣的領地全部進行了分割，但仍保存了他們的王權。分齊為臨淄、濟北、膠東三國，田市改封膠東王；分趙為常山、代兩國，趙歇改任代王；分韓為韓、河南兩國，韓王成王號得以保留；分魏為西魏、殷兩國，魏豹改任西魏王；分燕為燕、遼東兩國，韓廣改任遼東王。而楚地分為西楚、衡山、九江、臨江四國，項羽自任西楚霸王。其餘諸侯王皆是從項羽擊秦有功的將領，基本上也遵循了按七國格局王其故地的原則。衡山王吳芮為秦番陽令、九江王英布為群盜出身的楚將、臨江王共敖為楚柱國，都是楚人；臨淄王田都、濟北王田安，都是舊齊王族；燕王臧荼為韓廣部將；常山王張耳是趙國的實權人物；趙將申陽、司馬卬為河南王、殷王則是由於申陽先奪取河南，而司馬卬定河內。秦地按照懷王之約應給劉邦，項羽比照了對齊王田市、趙王歇、韓王成、魏王豹、燕王韓廣的處置辦法，以「巴、蜀亦關中地也」為由，立劉邦為漢王，王巴、蜀、漢中，都南鄭。而分關中為雍、塞、翟三國，分別以秦降將章邯、司馬欣、董翳為王。

　　劉邦雖然沒有成為關中王，但他在項羽的分封體系中成為漢王，同樣是因為按照懷王之約以及項羽的曲解，他有在關中分土為王的權力。如同西楚、衡山、九江、臨江四國是楚法統的延續，臨淄、濟北、膠東三國是齊法統的延續一樣，劉邦的漢政權與雍、塞、翟三國都是關中地區秦法統的延續。

　　出於對秦政治歷史與文化的否定，秦末六國制度復興。劉邦從起兵以來就是以楚將的身分參與反秦，其部隊建制也是承用楚制。而在率先攻入關中後，按照懷王之約，他卻應該接管天下七國中唯一可以新置王的秦地，以秦王的身分統治整個故秦之地，恢復秦統一前七國並立的局面。雖然由於項羽的違約，劉邦只成為了漢王，但在項羽的分封體系中，漢政權同樣是關中秦地政權的延續。從法統來講，劉邦在接受分封為漢王後，他所承用的自然也就應該是秦制

了。因此在漢元年（前206）四月，劉邦進入漢中不久，就開始逐步廢除楚制，轉而依秦制。「漢承秦制」發端於此，反證了懷王之約在漢承秦制中的作用。

沈欽韓《漢書注疏》曾指出：「高祖初起，官爵皆從楚制」。然而，李開元列表統計了從秦二世元年九月沛縣起兵到高帝六年十二月大封功臣之間，劉邦集團所頒賜的爵位，結果發現，從漢元年四月以後，劉邦集團所頒賜的爵位中，楚爵已不再出現。[42] 秦楚漢間出現過的典型楚官有柱國、令尹、莫敖、連敖、連尹等，其中劉邦集團中見於記載的主要有連敖。據《漢書 · 高惠高后文功臣表》，劉邦功臣侯者中曾任連敖的有九人，分別為：廣嚴侯召歐「以中涓從起沛，至霸上，為連敖，入漢，以騎將定燕、趙」；隆慮侯周灶「以卒從起碭，以連敖入漢，以長鈹都尉擊項籍」；淮陰侯韓信「初以卒從項梁，梁死，屬項羽為郎中，至咸陽，亡從入漢，為連敖票客」；魏其侯周止「以連敖從起薛，以三隊將入漢，定三秦，以都尉破項籍軍」；祁谷侯繒賀「以執盾漢王三年初起從晉陽，以連敖擊項籍」；河陵頃侯郭亭「以連敖前元年從起單父，以塞路入漢，還定三秦，屬周呂侯，以都尉擊項籍」；朝陽齊侯華寄「以舍人從起薛，以連敖入漢，以都尉擊項羽」；煮棗端侯革朱「以越連敖從起薛，別以越將入漢，擊諸侯，以都尉侯」；俞侯呂它「父嬰以連敖從高祖破秦，入漢，以都尉定諸侯」。此九人中，淮陽侯韓信任連敖的時間，有人據《史記 · 淮陰侯列傳》「漢王之入蜀，信亡楚歸漢，未得知名，為連敖」，認為是在劉邦任漢王，遷往巴蜀之時。但從〈功臣表〉的記載看，韓信加入劉邦集團是在劉邦赴漢中就國之前，其就任連敖一職應該在咸陽。實際上，韓信在入漢中後不久就改任了治粟都尉。而祁谷侯繒賀加入劉邦集團的時間較晚，在漢王三年，其連敖極有可能非劉邦所封。其餘七人，被授予連敖之職均非常明確在入漢之前。

所謂漢承秦制，不只是繼承秦的官爵制度。《漢書 · 高帝紀》曰：「（劉邦）初順民心作三章之約。天下既定，命蕭何次律令，韓信申軍法，張蒼定章程，叔孫通制禮儀，陸賈造《新語》。」這些都關係到漢政府的制度建設，其中又以蕭何次律令最為關鍵。蕭何本為秦縣主吏，在隨劉邦進入咸陽後，又「獨

42 參見李開元，《漢帝國的建立與劉邦集團——軍功受益階層研究》，第39—41頁，三聯書店2000年版。當然，由於存在戰爭中對於他國歸降者的封賜待遇和他國故爵與漢爵的比定等具體執行中的細節，漢改楚制為秦制以後，楚制官爵甚至其它諸侯國的制度爵稱在漢政府的文書中仍長期存在。

先入收秦丞相御史律令圖書藏之」，佔有大量秦律藏籍。其所定律令正是秦人行用多年、久已成俗的基本制度。《晉書‧刑法志》曰：「漢承秦制，蕭何定律，除參夷連坐之罪，增部主見知之條，益事律興、廏、戶三篇，合為九篇。」湖北江陵張家山漢墓出土的《奏讞書》中，有十六條漢初案例。卜憲群將其與秦律比較後指出，兩者「刑名大體相同」，「審判程序基本一致」，「量刑標準與秦律極相似」，「刑徒也與秦刑徒一樣是無期的」。[43] 蕭何次律令同樣始於劉邦初為漢王之時。《漢書‧蕭何傳》載：「漢二年，漢王與諸侯擊楚，何守關中，侍太子，治櫟陽。為令約束，立宗廟、社稷、宮室、縣邑」。楊樹達《漢書窺管》卷四「何守關中，侍太子治櫟陽，為令約束」條按：「〈司馬遷傳〉云：『漢興，蕭何次律令』，蓋於此時已肇其端矣。」

　　蕭何所定律令應包括有戶籍制度與賦役制度。《史記‧蕭相國世家》記劉邦入咸陽後，「（蕭）何獨先入收秦丞相御史律令圖書藏之」，而「漢王所以具知天下阨塞，戶口多少，強弱之處，民所疾苦者，以何具得秦圖書也」。劉邦在征戰時，蕭何「留收巴蜀，填撫諭告，使給軍食」，「計戶口轉漕給軍」，以及「發關中老弱未傳者悉詣軍」，可見相關的賦役和傳籍制度已經很完備。漢政府當時的賦役、傳籍制度也應該與秦制基本一致。秦政暴虐的表現之一，在於徵發頻繁，轉輸勞苦。而在楚漢戰爭中，在關外苦苦支撐的劉邦，能夠源源不斷地得到來自關中的人力、物力資源，除了行暴虐之秦政以驅迫人力、征發糧草之外，當別無他法。

　　在地方行政制度上，劉邦為漢王時也是用的秦制。劉邦進入漢中後，就開始了地方郡縣制度的建設，對征戰所得地區設郡縣管理。《史記‧高祖本紀》記，漢高祖「二年，漢王東略地，塞王欣、翟王翳、河南王申陽皆降。韓王昌不聽，使韓信擊破之。於是置隴西、北地、上郡、渭南、河上、中地郡；關外置河南郡。」不僅秦的郡縣制度、基層組織保持不變，而且秦地原有的鄉邑秩序得到尊重，秦地三老鄉豪的地位也得到承認。《漢書‧高帝紀》記漢高祖二年，劉邦曾下令「舉民年五十以上，有修行，能帥眾為善，置以為三老，鄉一人。擇鄉三老一人為縣三老，與縣令丞尉以事相教，復勿徭戍。以十月賜酒肉。」這與秦代地方行政機構中三老的性質也是一致的。

43　卜憲群，〈秦制、楚制與漢制〉，《中國史研究》1995 年 1 期。

第二章　楚文化與漢王朝的統治

第一節　楚文化與漢初的制度建設

前三世紀末到前二世紀初是秦、楚、漢交替的時期。從制度號令看，也經歷了秦制、楚制與漢制的嬗變。秦末漢初陳勝、懷王、項羽三段政權，號令皆出自於楚，楚制因而得以復興。劉邦起兵之初，在名義上是楚王領導下的反秦大軍中的一支，故其初期建制亦循楚制。但在進入漢中後，劉邦開始逐步廢除楚制，轉而依秦制。劉邦走上棄楚從秦的道路，一方面是由於按照懷王之約，劉邦的漢政權應該是秦法統的延續。另一方面則是出於與項羽爭奪天下的需要。項羽是楚國舊貴族，在楚地的號召力巨大，劉邦無法與之抗衡，放棄楚制勢在必行。就當時的形勢而言，劉邦只有再次占領關中才有東進的可能。由於秦制在關中已施行了數百年，要長久地取得關中就必須循秦制。西漢統一全國後，建都長安，關中的政治中心地位由此形成。劉邦隨即進一步著手釐清秦漢之際在制度文化方面的雜冗狀況，清除不合於秦制的典章制度。以爵制而言，楚制爵稱在統一前的漢政府內仍間有保留。但張家山漢簡《奏讞書》所載淮陽守偃追查新郪縣令信謀殺獄史武的案例，其診問記錄有案犯蒼、信、贅、丙的爵位「皆故楚爵，屬漢以比士」。[1]新郪獄案的時間，《奏讞書》的注釋者認為：「據

1　《續漢書・百官志》注引劉劭〈爵制〉「自一爵以上至不更四等，皆士也」。

簡文中月日干支，只合于漢高祖六年」。這說明劉邦在統一初期，已經就楚爵與漢爵的比定等具體執行中的細節做了明確規定。《奏讞書》諸案例中可以看到的大夫、公大夫、五大夫、左庶長、右庶長、大庶長、關內侯等爵名，皆屬秦爵系統，帶有明顯特徵的楚爵已被清除乾淨。實際上，西漢初年的政治制度來看，包括皇帝制度、后宮制度、中央官制、朝議制度、璽印制度、軍功爵制、郡縣制、監察制度、鄉里制度、兵制、徵兵制、陵寢制度等均與秦制沒有什麼差別。故而《漢書‧敘傳上》云：「漢家承秦之制。」那麼漢制是否的確一如秦制？楚制對漢制的形成是否有影響呢？對此似乎仍有可探討之處。

一、漢初郡國並行制源自楚制

就政治制度而言，漢初與秦代最顯著的不同是實行郡國並行制。劉邦在建立西漢王朝以後，吸取秦二世而亡的教訓，在沿用秦朝郡縣制的同時，又大封功臣、子弟為王，稱為「諸侯王」。《史記‧漢興以來諸侯王年表》序云：「周封五等：公，侯，伯，子，男。然封伯禽、康叔于魯、衛，地各四百里，親親之義，襃有德也；太公于齊，兼五侯地，尊勤勞也⋯⋯漢興，序二等。高祖末年，非劉氏而王者，若無功上所不置而侯者，天下共誅之。高祖子弟同姓為王者九國，雖獨長沙異姓，而功臣侯者百有餘人。」司馬遷的論述很容易讓人將漢初分封與周初的裂土分封聯繫起來。柳宗元〈封建論〉即說：「漢有天下，矯秦之枉，徇周之制，剖海內而立宗子，封功臣。」現在的很多學者也認為漢初郡國並行的行政體制是綜周秦之分封與郡縣為一體。

漢初分封與西周分封儘管有相像之處，但實際上無論是內容還是形式，都與周初的裂土分封有著明顯的差別。西周的裂土分封是自天子而下逐級層層分封。周天子直接統轄王畿地區，把王畿以外的廣大地區分封給各諸侯，稱為「天子建國」。諸侯作為一國之君，再把受封的土地和人民分封給卿、大夫，名曰「諸侯立家」。卿大夫再把采邑內的土地和人民分給眾子，稱為「卿置側室，大夫有貳室」。層層分封形成了王室、公室、家從中央到地方的三級國家政權機構。這種裂土分封，是按等級大小進行財產與權力分配，從而把大小貴族世襲的政治經濟特權固定下來。而漢代的分封是在土地私有制已經確立的基礎上進行的，是中央集權之下的一種制度。漢初的王國是皇帝為諸侯王劃定的分而治之的勢力範圍，諸侯王無權將封國內的土地、人民分封給自己的子弟、親信。雖然諸

侯王有自置國內大小官屬的事情，但一切王國和侯國，在法定意義上，都直接受皇帝的控制。

對於「漢興，序二等」，《集解》韋昭曰：「漢封功臣，大者王，小者侯也。」漢制的封爵分為二等，大者為王，小者為侯。分封列侯以賞賜有功勞的將士，直接源於秦的二十等爵制，大概沒有太多的疑問。而關於漢代的王國分封，與其說是恢復西周制度，倒不如說與楚制淵源更深。戰國七雄中實行封君制最早的是楚國，封君數量最多，封邑分布最廣的也是楚國。楚國封君制肇端於楚惠王早期，《左傳》哀公十八年記載，當年公孫寧（字子國）擊敗巴師，「故封子國於析」。封君制的特點，一是封地賜田，「封子國於析」的析地就是子國的封地。二是給予被封的貴族大吏以「君」的爵號，封君是一種特殊的更為尊榮高貴的爵稱。戰國時期封君並非楚國所獨有，中原各國也施行過封君制，各國封君都在自己的封邑內有「衣食租稅」和其他經濟上的特權。但楚國封君制與當時各國的封君制有很大不同，其主要表現就在於封君封地世襲並對封地擁有統治權上。

楚國封君對封地有世襲繼承權。《韓非子・和氏》記吳起曾對楚悼王談到楚國之俗，說：「大臣太重，封君太眾。若此，則上逼主而下虐民，此貧國弱兵之道也。不如使封君之子孫三世而收爵祿，絕減百吏之祿秩，損不急之枝官，以奉選練之士。」可見楚國自惠王至悼王時的封君世襲都遠在三世以上。惠王早期有析君公孫寧，晚期又有析君墨啟。此墨啟，顯然是公孫寧之子繼任為析君者。《國語・楚語下》記惠王最初擬賜予公孫寬以梁邑，公孫寬以「梁險而在境，懼子孫之有貳者」，據邊邑叛楚，要求改封他處，惠王贊其「不忘子孫」乃「與之魯陽」。《越絕書》卷七載：「昔者范蠡其始居楚，曰范伯。自謂衰賤，未嘗世祿，故自菲薄，飲食則甘天下之無味，居則安天下之賤位。」此「世祿」即世襲。這都表明楚國封邑可由封君子孫「世守」。考古材料也為楚國的封邑世襲制提供了確鑿無疑的證據。時代為戰國中晚期的湖北荊門包山二號楚墓出土的竹簡，就記載有食邑世襲的情況，如第 151、152 簡文[2]。簡文大意是左駇番戌死後，其食田因相繼繼承的嫡子、庶子死而無後，左尹士令番戌之侄繼承，從而引起訴訟，最後經左尹裁定，仍由番戌之侄繼承。相反，其

2　湖北省荊沙鐵路考古隊，《包山楚簡》，文物出版社 1991 年版。

他各國封君多不世襲。各國所封的功臣，不見有世襲的；所封的宗室，只有齊的孟嘗君、魏的安陵君出於世襲。另外就是平原君死後，「子孫代」，直到亡國，其餘也不見世襲。

　　楚國封君對封地有「自行其政」的權力。《呂氏春秋‧上德》記：「墨者鉅子孟勝善荊之陽城君，陽城君令守于國，毀璜以為符，約曰：『符合聽之。』荊王薨，群臣攻吳起於喪所，陽城君與焉，荊罪之，陽城君走，荊收其國。」《呂氏春秋》稱陽城君封邑為國，陽城君可以將封地委託他人收管，憑璜符只聽從陽城君一人的調遣，可以證明治理其封邑的並非就近郡縣的「王官」，封君對領地有行政權力。湖北荊門包山二號楚墓竹簡中，更直接記錄了一些封君的臣屬。如濮君之司馬，喜君、鄂君之司敗，櫟君之連敖、工尹、黨君之司敗、少司馬等。這說明各封邑都有一套與楚中樞相似的行政機構及相應的官制體系，以協助封君治理封地。北方諸國則有所不同，封邑的行政權仍在君主任命的地方行政長官手中，由代表國家的國君「使吏治其國」。受封者既不臨土又不治民，君主只是把賦稅賞給封者，作為俸祿。《史記‧孟嘗君列傳》記齊國孟嘗君「封萬戶于薛」，《索隱》注其「邑入」，曰「收其國之租稅也」。〈秦始皇本紀〉記商鞅「封于商，受十五邑」，呂不韋「封為文信侯，食河南洛陽十萬戶」，都不過是「以公賦稅重賞賜之」。《孟子‧萬章上》記孟子在談到舜封其弟象時，說是「封之也，或曰放焉」。為什麼說是「封」呢？因為「封之有庳，富貴之也」。為什麼又說是「放」呢？因為「象不得有為于其國，天子使吏治其國，而納其貢稅焉，故謂之放」。這就是根據北方各國的分封制來解釋的。

　　由此可見，楚國的封邑與其他各國的封邑具有不同性質。楚國將封邑的行政權與徵收賦稅、徵發徭役的權力一併給予了受封者。這種封邑從郡縣行政體系中分化出來，由封君領有和支配，成為了與郡縣制並行的另一種制度。這種封邑具有獨立的體系，就像附庸小國。楚國封君臨土治民，對封地不僅終身享用，而且還可將之傳給兒孫。

　　秦統一後，在全國範圍內普遍推廣郡縣制，但裂土分封思想的慣性與思維定勢依然嚴重地存在著。〈秦始皇本紀〉記載：丞相王綰與博士淳于越先後提出封子弟的要求，「始皇下其議於群臣，群臣皆以為便」。秦始皇三十六年，「有墜星下東郡，平地為石，黔首或刻其石曰『始皇帝死而地分』。」可見，無論

在秦統治集團內部，還是在民間，分封思想尚有很大的市場。秦末漢初群雄並起，要求裂土封王更是當時天下人的普遍願望。不但六國舊貴族希望恢復舊國，裂土封王；很多普通士人、將相亦以稱王為最高人生目標。〈張耳陳餘列傳〉記武臣北略趙地時說其豪傑曰：「于此時而不成封侯之業者，非人豪也。諸君試相與計之！夫天下同心而苦秦久矣。因天下之力而攻無道之君，報父兄之怨而成割地有土之業，此士之一時也。」豪傑皆然其言。〈淮陰侯列傳〉記韓信建言劉邦：「以天下城邑封功臣，何所不服！」〈留侯世家〉記張良曾說於劉邦：「且天下游士離其親戚，棄墳墓，去故舊，從陛下游者，徒欲日夜望咫尺之地。」又記載劉邦平定天下後，部將「日夜爭功不決」，「以天下不足遍封，此屬畏陛下不能盡封，恐又見疑平生過失及誅，故即相聚謀反耳」。面對這種裂土分封的社會潮流，項羽在滅秦後以盟主身分封劉邦等十八人為王。

通過對其建制的考察，我們可以勾畫出項羽分封制的特點：首先，諸侯王的封域都以秦郡為基礎，王國內採用郡縣制。項羽自號西楚霸王，王梁、楚九郡，包括楚地的南陽、陳郡、泗水、薛郡、東海、會稽、彰郡及梁地的東郡、碭郡。漢則先封於秦之巴、蜀二郡，後由張良通過項伯之請，加漢中為三郡。其次，各個諸侯國獨立紀年。紀年並不僅僅是帝王在位年代的記錄，還是具有相對獨立政治地位的標誌。就目前所能斷定的而言，項羽大分封時至少有楚和秦兩種不同的官制和曆法同時使用，項羽之西楚用楚曆楚制，劉邦之漢用秦曆秦制。其三，各國都擁有定制定員的軍隊。〈高祖本紀〉「漢王之國，項王使卒三萬人從」。其四，諸侯王自治其國，官制因其國制定，官吏皆自置。如劉邦漢中建國，包括丞相在內的所有官員皆由漢自己任命。最後，諸侯王國有聽命於盟主，領軍隨從出征的義務。[3]

〈項羽本紀〉稱：「項氏世世為楚將，封於項，故姓項氏」。項氏本為楚國封君，熟習楚國的分封原則與制度。比較楚封君制與項羽的分封，可以看出項羽所封諸侯王的高度自治權及封國百官如朝廷的形式，均是因襲楚國封君制而又有所發展。有學者明確指出，「項氏的分封制當為楚舊封君制的擴大化，可視為一種新楚制」。[4]

3　參見李開元，《漢帝國的建立與劉邦集團——軍功受益階層研究》，第 107 頁，三聯書店 2000 年版。

4　卜憲群，〈秦制、楚制與漢制〉，《中國史研究》1995 年第 1 期。

　　《續漢書‧百官志》曰「漢初立諸王，因項羽所立諸王之制，地既廣大，且至千里」，明言漢初王國分封承自項羽的分封制。漢政權是項羽實行王國分封制的結果。在爭奪天下的過程中，劉邦在逐一消滅項羽所封諸侯王的同時，也通過分封諸侯王來網羅人才，分化項羽勢力。漢初異姓王七人中燕王藏荼最初係項羽所封，入漢後國名王系一概不變；趙王張耳、淮南王英布、長沙王吳芮均是項羽舊王更名改封，他們原本分別為項羽所封的常山王、九江王、衡山王；韓王信的封國承用了項羽所封韓國的故土舊制，只不過將項羽所封的韓王鄭昌換成了韓信；只有齊王韓信與梁王彭越是劉邦新封的諸侯王。漢初的王國建制與項羽時期也大體上是相同的。

　　其一，王國內採用郡縣制。漢代在全國普遍設置了郡縣，只不過部分郡縣直屬朝廷，另一部分屬諸侯王國。《史記‧漢興以來諸侯王年表》序云：高祖晚年「自雁門、太原以東至遼陽，為燕、代國；常山以南，大行左轉，度河、濟，阿、甄以東薄海，為齊、趙國；自陳以西，南至九疑，東帶江、淮、穀、泗，薄會稽，為梁、楚、淮南、長沙國：皆外接于胡、越。而內地北距山以東盡諸侯地，大者或五六郡，連城數十，置百官宮觀，僭于天子。漢獨有三河、東郡、潁川、南陽，自江陵以西至蜀，北自雲中至隴西，與內史凡十五郡。」高祖末年，諸侯王國共領四十三郡，其封域大致相當於戰國後期山東六國舊地。中央政府直接管轄的地區只有十五郡，大約相當於戰國後期的秦國轄區。

　　其二，諸侯國有自己的紀年。有自己獨立的紀年，在漢初諸侯國中是個普遍的事實。趙翼〈廿二史箚記〉「漢時諸王國各自紀年」條，說：「《史記》諸侯王世家，紀年不用帝年，而仍以諸侯王之年紀事。如〈楚元王世家〉，元王子戊二十一年，景帝之三年也。又〈梁孝王世家〉，十四年入朝，二十二年孝文帝崩，二十四年入朝，二十五年復朝。最後云，梁共王三年，景帝崩。是轉以侯國歲年記天子之事矣。《漢書》亦同。蓋當時雖已大一統，而列國紀載，猶用古法也。」出土器物中有漢代諸侯王紀年的也不少。如中山靖王劉勝墓出土的銅器中，有刻有「中山內府，銅鋗一，容三斗，重七斤十三兩，第五十九，卅四年四月，郎中定市河東」銘文的銅鋗。[5]「卅四年四月」，係指中山靖王劉勝在位的第三十四年四月。又如河北獲鹿縣西漢常山王陵陪葬墓出土

　　5　中國社科院考古所等，《滿城漢墓發掘報告》，第250—251頁，文物出版社1980年版。

的銅鼎，蓋上也銘刻有「食官鼎蓋——重九斤十兩，廿九年郊見，卅年王」。[6]
廿九年、卅年，當是常山憲王劉舜在位的紀年。

　　其三，諸侯國有自己的軍隊。漢初為助漢平英布之亂，齊悼惠王曾出動車
騎十二萬。七國之亂時，劉濞曾誇口：「敝國雖狹，地方三千里，人民雖少，
精兵可具五十萬。」徐州獅子山漢初隸屬於楚國，在對獅子山楚王陵四個兵馬
俑坑的發掘中，共出土陶俑 2300 餘件。與陽陵兵馬俑以騎兵、戰車和步兵組成
的軍陣不同，獅子山兵馬俑以步兵為主，騎兵俑較少，幾乎沒戰車俑。據考古
工作者推測，獅子山兵馬俑「當是諸侯國所擁有軍隊的模型」。[7]另外，在對主
墓發掘的過程中，還出土了能夠反映有關王國軍隊建制的印章，計有「楚都尉
印」、「楚騎尉印」、「楚中尉印」、「楚司馬印」、「楚營司馬」、「楚營司空」、
「楚騎千人」等。[8]這些印章反映了王國按照漢朝中央政府建立軍隊的基本情況。

　　其四，諸侯王自治其國。《漢書・百官公卿表》序：「諸侯王，高帝初置，
金璽盭授，掌治其國」，諸侯王在國中擁有一切行政、司法與經濟權利，王國
內的百姓都是他的臣民，王國內的官吏也基本上都由諸侯王任命。《後漢書・
仲長統》稱：「漢之初興，分王子弟，委之以士民之命，假之以殺生之權。」
《史記・五宗世家》云：「高祖時諸侯皆賦，得自除內史以下，漢獨為置丞相，
黃金印。諸侯自除御史、廷尉正、博士，擬于天子。」《集解》引徐廣曰：「國
所出有皆入于王也。」說明漢政府將王國內各項賦稅的徵收權轉讓給了諸侯王。
漢代諸侯王國的官制最初也由本國確定，同項羽分封制下的封國一樣有各自不
同的官僚體制，如楚地的長沙國、淮南國即設置有柱國等舊楚官職。後來仿效
漢朝設立宮室、百官，但王國官職的職掌、俸秩則和中央基本相同。賈誼《新
書・等齊》概述說：「天子之相，號為丞相，黃金之印；諸侯之相，號為丞
相，黃金之印，而尊無異等，秩加二千石之上。天子列卿秩二千石，諸侯列卿
秩二千石，則臣已同矣……天子衛御，號為大僕，銀印，秩二千石；諸侯之御，
號曰大僕，銀印，秩二千石，則御已齊矣……天子親號云太后，諸侯親號云太后；
天子妃號曰后，諸侯妃號曰后……天子宮門曰司馬，闌入者為城旦；諸侯宮門

6　〈獲鹿縣發現西漢常山國王陵陪葬墓〉，載《中國歷史學年鑒》（1993 年），第 345 頁，
　　三聯書店 1994 年版。

7　徐州博物館，〈徐州獅子山兵馬俑坑第一次發掘簡報〉，《文物》1986 年第 12 期。

8　王愷，〈獅子山楚王陵出土印章和封泥對研究西漢楚國建制及封域的意義〉，《文物》
　　1998 年第 8 期。

曰司馬，闌入者為城旦。殿門俱為殿門，闌入之罪亦俱棄市，宮牆門衛同名，其嚴一等，罪已鈞矣。天子之言曰令，令甲令乙是也；諸侯之言曰令，令儀令言是也。天子卑號皆稱陛下，諸侯卑號皆稱陛下。天子車曰乘輿，諸侯車曰乘輿，乘輿等也。」

其五，諸侯王有領兵隨從出征的義務。《漢書・高帝紀》記高祖十二年三月詔：「其有不義背天子擅起兵者，與天下共伐誅之。」皇帝有征諸侯王率本國軍隊出戰的權力，國家遇有戰事，諸侯王必須帥軍助戰。《史記・彭越列傳》記：「陳豨反代地，高帝自往擊，至邯鄲，徵兵梁王。梁王稱病，使將將兵詣邯鄲。高帝怒，使人讓梁王。」劉邦平定陳豨、英布之亂時，齊悼惠王劉肥都曾領兵助戰。荊王劉賈在同英布亂軍作戰中為漢王朝犧牲。但沒有皇帝的詔書、頒發的虎符，諸侯王無權發兵。《漢書・景十三王傳》記載：吳楚七國之亂時，時為汝南王的劉非「上書自請擊吳。景帝賜非將軍印，擊吳」，而「元光中，匈奴大入漢邊，非上書願擊匈奴，上不許」，則只得作罷。規定諸侯王發兵要有詔書、虎符，目的在於限制諸侯王任意調兵遣將，防止發動叛亂。

當然從劉邦開始，漢王朝就已經在對項羽的分封制進行調整。比如，最初漢朝諸侯王國有各自的官僚體制，但《漢書・百官公卿表》載，至高祖晚期諸侯國已經「有太傅輔王，內史治國民，中尉掌武職，丞相統眾官，群卿大夫都官如漢朝」。又如，諸侯國相國在項羽時期由諸侯王本人任免，這最初亦為劉邦繼承。趙相貫高、趙午均為趙王張耳舊客，並在張耳死後得以繼續輔佐張敖。後來則改為由漢廷任命。漢六年封劉肥為齊王，同時任命曹參為相。漢九年封劉如意為趙王，同時任命周昌為相。漢十一年封劉長為淮南王，同時任命張蒼為淮南相。很清楚，這都是漢王朝根據當時政局的具體情況，對於項羽以來的王國制度所作的改進。尤其是文帝、景帝、武帝在位期間相繼採取了削弱諸侯王的做法，剝奪了諸侯王的任吏和治國權，「損抑諸侯，減黜其官」，使其「獨得衣食租稅」。在此之後，漢朝的諸侯王更類似於戰國時期北方各國的封君，而不同於楚國封君。但由以上分析可以看出，如果追根溯源的話，漢代王國分封事實上起源於楚。

二、叔孫通制禮作樂糅合楚俗

叔孫通制禮作樂是西漢初年重要的國事，也是漢承秦制的重要表現。《史

記・禮書》稱其「大抵皆襲秦故，自天子稱號下至佐僚及宮室官名，少所變改」。〈叔孫通列傳〉記其所定朝儀，乃「頗采古禮與秦儀雜就之」。然而禮因俗而成，樂緣心而生。漢高祖劉邦習楚俗、樂楚聲。叔孫通自稱「知時變」。〈叔孫通列傳〉記其初見劉邦時「儒服，漢王憎之；乃變其服，服短衣，楚制」，《索隱》案：孔文祥云：「短衣便事，非儒者衣服。高祖楚人，故從其俗裁制」。他主持制定禮樂制度，自然會揣摩遷就漢皇喜好，糅合楚俗。叔孫通為漢所定禮儀，包括《儀品》與《儀禮》。《論衡・謝短》曰：「高祖詔叔孫通製作《儀品》，十六篇何在？而復定《儀禮》，見在十六篇，秦火之餘也。」《儀禮》為「秦火之餘」，記載的是先秦的禮儀制度。叔孫通復定《儀禮》，正是漢初禮樂制度多襲舊制的表現。與《儀禮》不同，《儀品》為叔孫通所「製作」。《儀品》流傳不廣，於漢代即罕行於世。該書今已散佚，黃以周〈讀漢書禮樂志〉以為：「本傳所稱定朝儀，漢諸儀法、宗廟儀法及注疏所引禮器制度，即此云《儀品》十二篇是也。」

綜合傳統文獻的相關記載，叔孫通有所製作的禮儀制度，目前尚可考者首先有朝儀。據《漢書・叔孫通傳》，高祖即帝位後為法簡易，朝廷之上「群臣飲酒爭功，醉或妄呼，拔劍擊柱」，後用叔孫通制朝儀，諸侯群臣朝賀「莫不震恐肅敬」，「諸侍坐者無敢讙譁失禮」。其儀《漢書》記載頗詳，「儀：先平明，謁者治禮，引以次入殿門。廷中陳車騎戍卒衛官，設兵，張旗幟。傳曰趨。殿下郎中俠陛，陛數百人。功臣列侯諸將軍軍吏以次陳西方，東鄉；文官丞相以下陳東方，西鄉。大行設九賓，臚句傳。於是皇帝輦出房，百官執戟傳警，引諸侯王以下至吏六百石以次奉賀……至禮畢，盡伏，置法酒。諸侍坐殿上皆伏抑首，以尊卑次起上壽。觴九行，謁者言罷酒。御史執法舉不如儀者輒引去。」

其次，又有宗廟儀法。〈叔孫通傳〉記載：「高帝崩，孝惠即位……徙通為奉常，定宗廟儀法。」有婚儀。《通典・禮典》：「漢制，皇太子納妃，奉常迎。」注曰：「時叔孫通定禮，以天子無親迎之義，皇太子以奉常迎也。」有服制。《漢書・魏相傳》記相國蕭何、太子太傅叔孫通等議：「春夏秋冬天子所服，當法天地之數，中得人和……臣請法之。中謁者趙堯舉春，李舜舉夏，兒湯舉秋，貢禹舉冬，四人各職一時。」有禮器制度。鄭玄注《周官・凌人》曾引《漢禮器制度》為證；賈疏申之，曰：「叔孫通作〈禮器制度〉，多與周同，故鄭依而用之。」清人孫星衍有《漢禮器制度》輯本一卷，尚存九條，乃

是對從天子、諸侯、卿大夫、士至庶民日常所用器具服冕之品質、規格、色彩、樣式的區分。

　　漢初宗廟樂亦由叔孫通主持制定。《漢書‧禮樂志》曰：「高祖時，叔孫通因秦樂人制宗廟樂。」注引服虔曰：〈嘉至〉、〈永至〉、〈登歌〉、〈休成〉、〈永安〉等樂歌，皆「叔孫通所奏作也。」漢初宗廟樂「又有房中祠樂」，而劉邦的〈大風歌〉亦是在惠帝當位而叔孫通任奉常時，成為高祖原廟的祭祀樂歌。漢代還有部分禮儀規定在律之中。《晉書‧刑法志》曰：「叔孫通益律所不及，《傍章》十八篇。」《傍章》十八篇經清代法律家沈家本輯佚、考釋，尚存十六條。其內容涉及宗廟、陵墓、守喪、省親、休假、洗沐、祭祠、消災等禮儀。此外，《周禮‧小祝》注引《漢儀》，「每街路輒祭」；《禮記‧祭法》疏引《漢儀》，「高帝廟主九寸，前方後圓，圍一尺」，亦叔孫通所制禮儀之可考者。

　　從叔孫通為漢朝所制禮儀看，漢初禮制既采擷古禮，又遷就楚俗。比如，朝儀規定，群臣始入，文武分立殿下，「功臣列侯諸將軍軍吏以次陳西方，東鄉；文官丞相以下陳東方，西鄉。」官分文武始於戰國，故周禮無文武分列。大戴輯《禮記‧朝事》記朝諸侯之禮，「公侯伯子男各以其旗就其位」，不完全是兩列，亦未按文武職業分列。《史記‧刺客列傳》秦王「見燕使者咸陽宮」，「秦法：群臣侍殿上者不得持尺寸之兵，諸郎中執兵皆陳殿下」，當時也沒有群臣分立殿下之事。文武分列殿下蓋始於西漢，當為叔孫通朝儀之首創。值得注意的是，這裡文武官員的朝向採納的乃是尚東的楚俗，而非尚西的秦制。

　　漢初社會的基本價值觀念是尊崇軍功，政治、經濟等各種權益的分配、社會身分的確定，皆基於軍功。功臣、列侯、諸將軍、軍吏「東鄉」，無疑是以向東為尊位。而以東向坐為尊，正是楚人的習尚。《新序‧雜事第一》記載了楚人接待秦使的場面：「昭奚恤發精兵三百人，陳於西門之內。為東面之壇一，為南面之壇四，為西面之壇一。秦使者至，昭奚恤曰：『君客也，請就上位東面。』令尹子西南面，太宗子敖次之，葉公子高次之，司馬子反次之，昭奚恤自居西面之壇。」所謂「上位東面」就是坐西面東的尊位。《史記‧項羽本紀》亦記鴻門宴上，「項王、項伯東鄉坐。亞父南鄉坐。亞父者，范增也。沛公北鄉坐，張良西鄉侍。」楚人以東向坐為尊位，這是由於日出東方，對崇日的楚人來說，尊者自應面日而坐。相反，秦人興起於西方，亦以尚西為俗。秦人墓

葬的頭向大多朝西，在貴族的陵園中，主墓也往往位於西邊或西南邊。這種安排的意義正是取以西向或西南向為尊的意思。

又比如，朝儀記殿中陳設，有「設兵，張旗幟」之語。行朝覲之禮，衛兵與旗幟自不可少，然歷朝歷代旗幟的顏色、形制卻大有差異。從《漢書・高帝紀》贊「旗幟上赤，協於火德」看，此處所張旗幟當為赤色無疑。《釋名・釋兵》云：「交龍為旗，畫作兩龍相依倚也，通以赤色為之，無文彩」，亦可知漢代旗幟以赤為主。漢初制禮以赤為上色，還體現在服色上。《史記・封禪書》載：「文帝始郊見雍五畤，祠衣皆上赤」。其時文帝正因「黃龍見成紀」，召提倡「漢當土德」的公孫臣「與諸生草改曆服色事」。土德「色上黃」，而此處「祠衣皆上赤」，無疑是因改制尚未完成而沿襲高祖、惠帝時舊制。後文帝因識破方士新垣平騙局，而「怠於改正朔服色神明之事」，服色以赤為上在漢代遂一直沿襲下來。《續漢書・輿服志》記漢冠服制度，云：「天子、三公、九卿、特進侯、侍祠侯，祀天地明堂，皆冠旒冕，衣裳玄上纁下。」所謂「玄衣纁裳」即紅黑色上衣，淺紅色下裳。沈家本所輯《傍章》又有「祠宗廟丹書告」條。[9]這是指用丹書告神之帛以祠宗廟，丹既是赤。

漢初禮儀以赤為上色，完全不同於秦制。〈秦始皇本紀〉言秦始皇推五德始終，認為秦為水德，故「衣服旄旌節旗皆上黑」。但卻契合楚俗。楚人確信自己是日神遠裔，火神嫡嗣。日中有火，火為赤色，故楚俗尚赤。《墨子・公孟》曰：「昔者，楚莊王鮮冠組纓，絳衣博袍，以治其國，其國治。」「絳衣」就是赤色的衣服，這是楚人服色尚赤的記載。楚建築與器物也以赤為貴，《國語・楚語上》記伍舉曾說靈王所築的章華臺有「彤鏤」之美，韋昭注云：「彤，謂丹楹。」正因為楚俗尚赤，故而劉邦起兵前即自托為「赤帝子」，起兵時「祭蚩尤於沛庭，而釁鼓，旗幟皆赤」，為漢王時又「以十月為歲首，而色上赤」。[10]叔孫通正是順其所好，將楚人尚赤之俗納入了漢初禮儀。

沈家本所輯《傍章》又有「祠祉司命」條。[11]漢初祭祀司命，《史記・封禪書》亦有記載。說是天下已定，劉邦令「晉巫，祠五帝、東君、雲中、司命、巫社、巫祠、族人、先炊之屬」，「荊巫，祠堂下、巫先、司命、施糜之屬」。

9　沈家本，《歷代刑法考・漢律摭遺十六》。
10　《史記・高祖本紀》。
11　沈家本，《歷代刑法考・漢律摭遺十六》。

秦人不信司命，秦簡中亦未見司命之祭，然而它卻是楚人社會生活中經常祭祀的對象。楚人相信司命神職掌個體生命的夭壽長短，《九歌・大司命》云：「紛總總兮九州，何壽夭兮在予」。楚人祭祀司命的記錄，分別見於新蔡、天星觀、望山、包山、秦家咀等墓所出簡文。如：「公北、地主各一青犧；司命、司禍各一鹿，舉禱薦之」（新蔡簡乙一：15）；「……（司）折、公北、司命、司禍……」（新蔡簡零：266）；「司命、司禍、地主各一吉環」（天星觀簡），「舉禱太佩玉一環，後土、司命各一小環，大水佩玉一環。歸豹」（望山簡54），「舉禱太一㺇，后土、司命，各一牂」（包山簡238、244），「甲申之夕，賽禱宮地主一豭，賽禱行一白犬，司命……酉（酒）食祚之。乙酉之日，苟慶占之吉，速瘥」（秦家咀M99簡1）。章太炎「〈祭法〉七祀采楚俗說」，又從文獻上說明了漢代〈祭法〉中「七祀」之說多出「五祀」的兩神——司命與厲分別來源於《楚辭・九歌》。「尋司命、泰厲之入七祀，斯乃近起楚俗，非周制也」；「《漢書・郊祀志》言：荊巫有司命。《楚辭・九歌》之〈大司命〉，即〈祭法〉所謂王所祀者也；其〈少司命〉即祭法所謂〈山鬼〉，〈祭法〉注曰：今時民家祀山神，山即厲也，是山鬼即〈祭法〉所謂族厲也。然則司命、太厲、公厲、族厲，皆于《楚辭・九歌》著之。」[12] 此外，從〈封禪書〉的記載看，除司命外，楚地舊祠的東君、雲中君等神祇亦被納入了漢初的國家祭祀系統。

漢初樂制亦揉合了楚俗。中國傳統的樂的觀念，有特定的內涵和深刻的哲理。《禮記・樂記》云：「德音之謂樂」。《呂氏春秋・侈樂》云：「宋之衰也，作為千鐘。齊之衰也，作為大呂。楚之衰也，作為巫音」。千鐘、大鼓、巫音之類，「為木革之聲則若雷，為金石之聲則若霆，為絲竹歌舞之聲則若譟」。在君子看來，它已經失去了樂表達人情的初衷，鄭衛之聲、桑間之音，都是亂國之君的所好。然而與漢禮一樣，漢樂既有采撴自周秦的雅樂，同時又兼用了來自荊蠻之地而為劉邦所喜愛的民間俗樂「楚聲」。

漢初叔孫通主持制定的宗廟樂就是雅樂與楚聲並存。叔孫通除依循雅樂自作〈嘉至〉五章之外，也保留早期唐山夫人所作的楚聲〈房中歌〉和沛宮原廟的〈大風歌〉。《史記・樂書》：「高祖過沛詩〈三侯之章〉，令小兒歌之。高祖崩，令沛得以四時歌舞宗廟。」《索隱》按：「過沛詩即〈大風歌〉也。

12　章太炎，〈大夫五祀三祀辨〉，收入《章太炎全集》（一），上海人民出版社1982年版。

其辭曰：『大風起兮雲飛揚，威加海內兮歸故鄉，安得猛士兮守四方！』是也。」劉邦死後，惠帝為之立原廟，時任奉常的叔孫通即以此歌為高祖原廟的祭祀樂歌。《漢書・禮樂志》亦云：「初，高祖既定天下，過沛，與故人父老相樂，醉酒歡哀，作『風起』之詩，令沛中僮兒百二十人習而歌之。至孝惠時，以沛宮為原廟，皆令歌兒習吹以相和，常以百二十人為員。」

作為漢初宗廟祭樂的〈大風歌〉是典型的楚歌。以歌辭而言，若對照北方聲歌，則楚聲楚歌的特徵很清楚，主要是「三三」句或「四三句」中帶有「兮」聲腔的短歌；蒼涼悲壯，則是楚聲的另一特色。「大風起兮雲飛揚」正為「三三」句中帶有「兮」聲腔，「威加海內兮歸故鄉，安得猛士兮守四方」則為「四三句」中帶有「兮」聲腔。而劉邦雖以勝利者的身分榮歸故里，但「安得猛士兮守四方」一句卻透露出前途未卜的焦灼和恐懼。《史記・高祖本紀》記劉邦初唱〈大風〉時是「擊築自歌」，並「忼慨傷懷，泣數行下」。上引《漢書・禮樂志》又云「皆令歌兒習吹以相和」，「相和」的方式演唱〈大風歌〉，也是繼承楚聲傳統發展而來。《宋書・樂志》「相和，漢舊歌也。絲竹更相扣，執節者歌」，「相和」既指絲竹樂器的伴奏，也指歌者的應和。戰國時期流行於南方的楚聲，即主要使用竽、瑟等絲竹類樂器伴奏，如《楚辭・東皇太一》「陳竽瑟兮浩倡」；《楚辭・招魂》「竽瑟狂會」。而且有相和而歌的特徵。〈宋玉對楚王問〉云：「客有歌於郢中者，其始于下里巴人，國中屬而和者數千人」。

《漢書・禮樂志》又載：漢「有〈房中祠樂〉，高祖唐山夫人所作也……凡樂，樂其所生，禮不忘本。高祖樂楚聲，故〈房中樂〉楚聲也。孝惠二年，使樂府令夏侯寬備其簫管，更名曰〈安世樂〉。」〈房中祠樂〉簡稱〈房中樂〉，梁啟超認為：「房本古人宗廟陳主之所，這樂在陳主房奏，故以『房中』為名。」[13]可見它原是劉邦初期祭祖所用的樂歌。今存〈安世房中歌〉有「乃立祖廟，敬明尊親」，亦可證此樂為天子祭廟之樂。房中樂又名燕樂。《周禮・磬師》云：「教縵樂燕樂之鐘磬」，鄭玄注云「燕樂，房中之樂」。此種燕樂在周代原本有兩種用途：一用於祭祀，為娛神之事，一用於饗食賓客，為娛人之事。即〈磬師〉所云：「凡祭祀饗食，奏燕樂」，「凡祭祀賓客，舞其燕樂」。大概至惠帝時，此歌專用於祭祀，由於已無燕饗之義，故更名為〈安世樂〉。

---

13 梁啟超，《中國之美文及其歷史》，第33頁，收入《飲冰室合集》第10冊，中華書局1989年版。

　　漢初〈房中樂〉亦是以楚聲而用周名之樂。〈安世房中歌〉有四章三言歌詞：「大海蕩蕩水所歸，高賢愉愉民所懷，大山崔，百卉殖，民何貴，貴有德」；「安其所，樂終產。樂終產，世繼緒。飛龍秋，遊上天。高賢愉，樂民人」；「豐草葽，女羅施，善何如，誰能回，大莫大，成教德，長莫長，被無極」；「雷震震，電耀耀。明德鄉，治本約。治本約，澤弘大。加被寵，咸相保。德施大，世曼壽」。〈大海〉章前兩句，王先謙《漢書補注》曰：據劉敞所見監本作「大海蕩，水所歸」，「高賢愉，民所懷」。王先謙認為，比照《史記・樂書》中〈郊祀歌・天馬〉之例，《漢志》所見此類「三三」句中同樣都是省了「兮」字。[14]它們原本也應該是如《九歌》一樣中間有「兮」字的典型句式。尤其像「大莫大，成教德，長莫長，被無極」和《九歌・少司命》：「樂莫樂兮新相知，悲莫悲兮生別離」句式全同，可見這四首正是所謂楚聲無疑。

　　多為楚人的漢初君臣具有很強的家鄉、地域觀念，對故鄉楚地的風俗、文化也情有獨鍾。《史記・高祖本紀》載劉邦還歸故鄉，曾對眾鄉親說：「遊子悲故鄉。吾雖都關中，萬歲後吾魂魄猶樂思沛。」叔孫通善於揣摩上意，也善於調度經營。《史記・叔孫通列傳》評價他「希世度務，制禮進退，與時變化」。身為儒學博士的他，在為漢制禮作樂時，力圖做到「文不違古」，但為使其所制禮樂為朝廷接受，對劉邦及漢初功臣的習性嗜好，不免會有所遷就。由於年久散佚，叔孫通為漢所定禮樂制度可知者已少。然而僅就上文羅列的情況看，其糅合楚俗的一面已可謂顯見。《漢書・禮樂志》稱：「以通為奉常，遂定儀法，未盡備而通終。」叔孫通尚未使得漢禮樂制度大備，故而漢王朝此後繼續有制禮作樂之舉。作為劉邦後裔的皇室子孫，在此過程中同樣表現出了對楚文化的喜好。

　　《史記・封禪書》載，武帝即位不久有亳人謬忌奏祠太一方，說：「天神貴者太一，太一佐曰五帝。古者天子以春秋祭太一東南郊，用太牢。」於是武帝立太一祠於長安東南郊，「常奉祠如忌方」。《漢書・禮樂志》說：「至武帝定郊祀之禮，祠太一於甘泉，就乾位也。」漢代帝王親自郊祭開始於文帝，但初期郊祀對象主要是「雍五畤」，也就是在雍地所建的五方帝神壇。這原是

14　《史記・樂書》之〈天馬歌〉曰：「太一貢兮天馬下，霑赤汗兮沫流赭。騁容與兮跇萬里，今安匹兮龍為友。」而在《漢書・禮樂志》之〈天馬歌〉中卻相應為：「太一況，天馬下。霑赤汗，沫流赭……體容與，跇萬里，今安匹，龍為友。」

沿襲秦國留下來的郊祀活動，秦所祀原只四畤，由高祖劉邦湊足五帝之數。在武帝「祠太一於甘泉」後，「太一」便成為了漢代祭祀系統中至尊至貴的天神。而「太一」原本是楚人心目中創造一切、主宰一切的至上神。《楚辭‧九歌》是戰國楚人屈原據民間祭神樂歌改作或加工而成，其首篇即〈東皇太一〉。

　　武帝定郊祀之禮後，又以李延年為協律都尉，作〈郊祀歌〉十九章。十九章中的〈白麟〉、〈赤雁〉、兩首〈天馬〉都是「三三」句式的短歌。參照《史記‧樂書》所載，句中都應有「兮」字聲腔。辭曰：「太一貢兮天馬下，霑赤汗兮沫流赭。騁容與兮跇萬里，今安匹兮龍為友」；「天馬來兮從西極，經萬里兮歸有德。承靈威兮降外國，涉流沙兮四夷服。」〈景星〉是前十二句四言，後十二句七言，但依王先謙《漢書補注》：「此歌亦每四字下有兮字。」除了具有騷體楚歌的形式外，〈郊祀歌〉的歌辭也具有濃郁的楚味，反映它們當是擴楚聲而成。〈天地〉謂：「千童羅舞成八溢，合好交歡虞泰一，《九歌》畢奏斐然殊，鳴琴竽瑟會軒朱。」泰一即太一，是楚人所祀之神；《九歌》則為故楚地沅湘之間廣為流傳的民間歌曲。此外，〈惟泰元〉、〈日出入〉兩首分別祭祀泰一與日神的樂歌，也當與楚人的信仰有關。這些樂章歌辭極盡鋪排之能事，迎神歌〈練時日〉、〈華燁燁〉等描述神祇降臨的場面細膩之至。如〈練時日〉由選擇良辰吉日唱起，帶出「九重開兮靈之游」，神靈隊伍的旌旗出現，然後歷述「靈之車」、「靈之下」、「靈之來」、「靈之至」、「靈已坐」到「靈安留兮吟青黃」，層次清楚，虛實互見，具有原始濃厚的巫歌風味，可說不讓《楚辭‧九歌》專美於前。

第二節　楚文化與漢代的執政思想

　　由於具體政治環境的制約，起自於楚地的劉邦必須承秦。但是，若想全方位地繼承秦的遺產也是不現實的。柳宗元〈封建論〉指出秦「失之在政，不在制」。故秦的優勢主要在於軍事與制度兩個方面。在政治方針及思想文化方面，秦人貢獻無多。戰國末年，秦相呂不韋集門客編寫了《呂氏春秋》，對先秦各家學說兼收並蓄，欲以作為秦統一後的政治綱領，為秦提供一個理想的治國方案和一套完整的治國理論，但並未為秦王政接受。秦始皇統一天下後，把法家「法治」學說定為治國的指導思想，「以法為教」，「以吏為師」，使之發展

到極端的境地。然而法家思想指導下的秦政，最終未能整合統一後的社會，秦王朝很快便因耗盡民力、喪盡民心而土崩瓦解。這種情況使繼起的漢代統治者不得不對秦王朝的法治主義進行理性反思，對先秦諸子百家的學說進行再選擇。此時最先打動他們的是形成於戰國楚地、主張清淨無為的黃老之學。西漢初年，一方面有蕭何次律令、韓信申軍法、張蒼定章程、叔孫通制禮儀，另一方面又有「政不出房門」、「不治事」、「不言」、「清淨無為」、「臥閨閣內不出」。這看似矛盾的現象正是劉漢政權在制度及精神兩個層面上「秦表楚裡」的表現。

一、《新語》思想的楚文化淵源

《漢書‧高帝紀》稱：「天下既定，命蕭何次律令，韓信申軍法，張蒼定章程，叔孫通制禮儀，陸賈造《新語》。」《漢書》的上述記載，乃是班固就漢初重要國事所做的綜合性敘述，陸賈造《新語》為其中之一。關於此事，《史記‧陸賈列傳》有詳細記載，說：西漢建立後，「陸生時時前說稱《詩》、《書》。高帝罵之曰：『乃公居馬上而得之，安事《詩》、《書》！』陸生曰：『居馬上得之，寧可以馬上治之乎？且湯武逆取而以順守之，文武並用，長久之術也。昔者吳王夫差、智伯極武而亡；秦任刑法不變，卒滅趙氏。鄉使秦已並天下，行仁義，法先聖，陛下安得而有之？』高帝不懌而有慚色，乃謂陸生曰：『試為我著秦所以失天下，吾所以得之者何，及古成敗之國。』陸生乃粗述存亡之徵，凡著十二篇。每奏一篇，高帝未嘗不稱善，左右呼萬歲，號其書曰『新語』。」由此可見，「陸賈造《新語》」之所以重要，就在於為漢初執政者提供了一個指導思想的基本模式。

眾所周知，就對漢王朝政治的影響而言，黃老之學在漢初的七十餘年中占據了主導地位。《論衡‧自然》：「黃者，黃帝也；老者，老子也。」從字面意義上說，「黃老」即是傳說中的黃帝與老子的合稱。老子，楚國苦縣人（今河南鹿邑縣），其著作《老子》五千言是楚文化的代表。任繼愈說：「帶有荊楚文化特點的莫過於《楚辭》、《老子》以及受《老子》影響的莊周。」[15]百家爭鳴時各個學派的流傳分布，往往有其地域的特點。大略而言，儒家起源於魯國，傳佈於晉、衛、齊；墨家亦以魯國為中心，而向楚、秦發展；道家起源於南方，後來在楚國和燕、齊有不同的分支；法家源於三晉，盛行於秦；陰陽家

15　任繼愈，〈中國古代哲學發展的地區性〉，載《中華學術論文集》，中華書局 1981 年版。

在齊國較多，隨後在楚、秦等國都有較深影響；縱橫家則多出於周、衛等地，周遊於各國之間。[16] 老子是道家的創始人，老子所在的楚國也是道家的溫床。戰國時期道家文化的勃興是楚國國力強盛的反映，而勃興的道家在其思想深處也留下了楚地域文化的痕跡。道家以虛無為本，以小國寡民為社會理想，宣導無為而治等等，都與楚國的地域文化不無關係。《史記 • 貨殖列傳》對楚國的風物人情、社會狀況有過描述：「楚越之地，地廣人稀，飯稻羹魚，或火耕而水耨。果隋蠃蛤，不待賈而足。地勢饒食，無饑饉之患。以故呰窳偷生，無積聚而多貧。是故江淮以南，無凍餓之人，亦無千金之家。」虛無之學興起於南方，與其所處之地的自然地理環境有關。「地廣人稀」、「地勢饒食，無饑饉之患」無疑是「小國寡民」社會理想的基礎。老子推崇貴柔、知足、不敢為天下先，這種對個人品德的要求無疑也與「江淮以南，無凍餓之人，亦無千金之家」的社會狀況暗合。

託名黃帝的著作很多，《漢書 • 藝文志》錄有黃帝書21種。1973年長沙馬王堆漢墓出土帛書《老子》乙卷本前的四篇古佚書，即《經法》、《十六經》、《稱》和《道原》，被學界一致認為是黃學的代表作。該書成於戰國，唐蘭首先指出它就是《漢書 • 藝文志》中留下名字的《黃帝四經》。[17] 黃老帛書出於楚地，其內容亦與《老子》有密切關聯，可以說是道家學說的分派。金春峰說：「《老子》的思想包含著兩方面發展的可能性」，或者像莊子一樣發展為出世主義，「或者面向政治和社會，由否定文化、道德、教育的作用與價值，而全力傾注於成敗、禍福、得失的研究，發展出一套和儒家對立的社會、政治、軍事思想。《黃老》帛書即戰國時的黃老思想，代表了《老子》思想向後一方向的發展。……所謂『黃老』，正是《老子》思想向法家、兵家發展並與之相互結合的結果。」[18] 龍晦根據黃老帛書中所引用的楚言、楚諺與《管子》、《國語 • 越語》和《淮南子》的關係，以及它與《淮南子》押韻相似，論證了其作者就是西楚淮南人。[19] 余明光從帛書的文字寫法，進一步確認了其是楚國的產品，並且認為「《黃帝四經》和帛書《老子》都是出自南方楚國，都是楚文化的代表」；

16　參看侯外廬等，《中國思想史綱》（上冊），第59頁，中國青年出版社1980年版。

17　唐蘭，〈黃帝四經初探〉，《文物》1974年第10期。

18　金春峰，《漢代思想史》，第23頁，中國社會科學出版社1987年版。

19　龍晦，〈馬王堆出土《老子》乙本卷前古佚書探原〉，《考古學報》1975年2期。

「帛書，它所反映的主要是楚國的意識形態。」[20]

　　任繼愈在談到荊楚文化時指出：「這一地區的文化更偏重於探討世界萬物的構成、起源、人與自然的關係、人在自然界中的地位。這些問題涉及的範圍恰恰是中原文化所不甚重視的。人倫日用、政治生活則是老莊哲學所輕視的，即使有時涉及，也往往以輕蔑的態度看待它。」[21]《老子》無疑是我國古代哲理思辨色彩最濃厚的著作，楚文化的特點也深深地影響到了黃老帛書。丁原明在論述帛書的哲學地位時說：「帛書作為從原始道家分化出來的一個支派，它在固守自然無為的『道』，提倡以『靜』、『儉』、『無為』進行修身，以及將柔弱、雌節作為處世原則等方面，都與老子哲學有相通性。但是，帛書的貢獻在於它在以『無形』、『唯虛』、『無有』描述道體的同時，則著重把老子的『道』與客觀事物作了溝通，將『道』還原為客觀世界的規律，並由此構建起法天道而治的政治哲學……這樣帛書便把老子哲學從循世主義轉向經世致用，從排斥社會文化轉向兼取百家之學，從提倡無為而轉向積極有為。」[22]

　　先秦時期老學、黃學取捨儘管不盡相同，但在戰國時期已大致形成了一個黃老學派，可統名之為道家。《史記·孟子荀卿列傳》說：「慎到，趙人。天駢、接之，齊人。環淵，楚人。皆學黃老道德之術，因發明序其指意。」〈老子韓非列傳〉說：「申子之學，本于黃老而主刑名」；韓非「喜刑名法術之學，而其歸本于黃老。」黃老學在戰國時期的傳佈，形成了兩個中心，一個是楚國，一個是齊國。但黃老學在齊地的發展與稷下學宮的創辦有直接關係，其產生肯定晚於楚地黃老學。稷下黃老學很可能是在楚地黃老學影響和傳播中發展起來的。雖然由於史料有闕，難以梳理清楚它是如何受楚地黃老學影響的，但在稷下學宮全盛時期兩次出使過齊國的屈原、稷下學士中的楚人環淵、功成後棄官在齊經商的越人范蠡，可能在此過程中起過重要作用。而且從縱向上說，戰國時期齊、楚兩個黃老學發展系統，都是沿著楚人老子思想所提示的方向發展出來的。直到漢初，信奉黃老思想的人不少仍都來自楚地。《史記·汲鄭列傳》載，文帝時「學老子言」的直不疑是南陽人，南陽在戰國時屬楚地。文景、武帝時期的鄭當時是陳人，「其先君為項羽將領，項羽死後屬漢」，陳也屬於楚地。

20　余明光，《黃帝四經與黃老思想》，第227頁，第237頁，黑龍江人民出版社1989年版。
21　任繼愈，〈中國古代哲學發展的地區性〉，載《中華學術論文集》，中華書局1981年版。
22　丁原明，《黃老學論綱》，第110頁，山東大學出版社2002年版。

　　陸賈，楚人。《史記索隱》引〈陳留風俗傳〉云：「陸氏，春秋時路渾國之後。晉侯伐之，故陸渾子奔楚。賈其後。」陸賈主要活動在高祖劉邦在位至文帝即位初年之間，是西漢前期著名的政治家、思想家。《新語》一書是漢初人系統地宣傳黃老學的代表作，[23]其思想導源於楚人的傳統，與楚文化的代表作《老子》、《黃帝四經》、《莊子》、《鶡冠子》的思想可謂一脈相承。[24]

　　首先，《新語》提倡法道而治。

　　陸賈以「道術」作為推闡己意的重要範疇，而且他所理解的「道術」是以法天地、法自然為宗旨的。《新語‧道基》稱「傳曰：『天生萬物，以地養之，聖人成之。』功德參合，而道術生焉。故曰：張日月，列星辰，序四時，調陰陽，布氣治性，次置五行，春生夏長，秋收冬藏，陽生雷電，陰成霜雪，養育群生……制之以斗衡，苞之以六合，羅之以紀綱。」所謂斗衡、紀綱，是指根據天地運行的自然理序而制定的各種度量、規範和制度。顯然，這裡反映了法天地而治的要求。由此出發，他認為治道的選擇應以天地自然的理序為根據。「於是先聖乃仰觀天文，俯察地理，圖畫乾坤，以定人道，民始開悟，知有父子之親，君臣之義，夫婦之別，長幼之序。於是百官立，王道乃生」；「於是後聖乃定五經，明六藝，承天統地，窮事察微，原情立本，以緒人倫，宗諸天地，纂脩篇章，垂諸來世，被諸鳥獸，以匡衰亂，天人合策，原道悉備。」

　　陸賈進而用「道」來概括所謂天地自然的理序。〈至德〉說：「天地之性，萬物之類，盛道者眾歸之。」於是就從法天地而治自然過渡到了法道而治。陸賈強調處理各種矛盾都必須以道為法，〈慎微〉說：「道者，人之所行也。夫大道履之而行，則無不能，故謂之道」，人行事處世必須「進退循法，動作合度」，與道相合。〈術事〉說：「故古人之所行者，亦與今世同。立事者不離道德，調弦者不失宮商，天道調四時，人道治五常，周公與堯、舜合符瑞，二世與桀、

23　王興國，《賈誼評傳：附陸賈晁錯評傳》，第 380 頁，南京大學出版社 1992 年版。由於漢初諸子互相采補，陸賈屬於儒家還是道家，學者們曾經有過爭論，但黃老學無疑是其思想的重要組成部分。熊鐵基亦認為「《新語》是漢初新道家的代表作。」見氏著，《秦漢新道家略論稿》，第 69 頁，上海人民出版社 1984 年版。

24　任繼愈說：「莊周，宋人。《楚辭》、《老子》對莊子的影響甚深，故應歸為楚文化型。」見氏著〈中國古代哲學發展的地區性〉，載《中華學術論文集》，中華書局 1981 年版。鶡冠子，楚人。《漢書‧藝文志》載有《鶡冠子》一篇，列於道家，云：「楚人，居深山，以鶡為冠。」應劭《風俗通義》佚文：「鶡冠氏，楚賢人，以鶡為冠，因氏焉。鶡冠子著書。」

紂同禍殃。文王生於東夷，大禹出於西羌，世殊而地絕，法合而度同。故聖賢與道合，愚者與禍同，懷德者應以福，挾惡者報以凶，德薄者位危，去道者身亡，萬世不易法，古今同紀綱。」由此，陸賈主張治理國家必須尊重客觀法則，〈明誡〉說：「夫持天地之政，操四海之綱，屈申不可以失法，動作不可以離道。」並且認為只要符合客觀規律的事情，就不要拘泥於陳法。〈術事〉說：「故制事者因其則，服藥者因其良。書不必起仲尼之門，藥不必出扁鵲之方，合之者善，可以為法，因世而權行。」

談天道以論證人道，是東周時期以楚國為中心的南方各國的普遍思潮。《國語·越語下》中范蠡所說的「天道盈而不溢，盛而不驕，勞而不矜其功」，「持盈者與天，定傾者與人，節事者與地」，就反映了他試圖通過「知天道」的方法把握萬物運動的規律。道家共同沿循的思維方式，就是通過對天地自然整飭結構的強調，為人類社會的秩序與和諧提供終極原理。《老子》七十三章提出了「王法地，地法天，天法道，道法自然」的原則，《黃帝四經》進而強化了道的社會性功能，將老子的道還原為客觀規律，作為行動的理則而加以闡述。《經法·四度》說：「日月星辰之期，四時之度，天地之位，外內之處，天之稽也。高下不敝其形，美惡不匿其情，是地之稽。君臣不失其位，士不失其處，任能毋過其所長，去私而立公，人之稽也。」這裡說的「稽」，即法式、準則的意思。《經法·四度》又說「極而反，盛而衰，天道之道也，人之理也」。《道原》也強調「抱道執度，天下可一也」，「聖人用此，天下服」。後來的《鶡冠子·道端》從宇宙間天地萬物的運動都有規律可循談起，歸於君道、臣術。認為明君應以法天得人為開端，在此基礎上遵循天地的各種變化規律立臣、建制、行事，將「推天道以衍人事」之法體現得淋漓盡致。由此可見，陸賈法道而治的主張正是對老子「道法自然」思想的拓展。

其次，《新語》提倡無為而治。

陸賈明確提出清淨寡欲、無為應當是君主治國的原則。〈無為〉說：「道莫大于無為，行莫大於謹敬。何以言之？昔舜治天下也，彈五弦之琴，歌南風之詩，寂若無治國之意，漠若無憂天下之心，然而天下大治。周公制作禮樂，郊天地，望山川，師旅不設，刑格法懸，而四海之內，奉供來臻，越裳之君，重譯來朝。故無為者乃有為也。」又在總結秦朝速亡的教訓時，指出：「秦始皇設刑罰，為車裂之誅，以斂奸邪，築長城於戎境，以備胡、越，征大吞小，

威震天下，將帥橫行，以服外國，蒙恬討亂于外，李斯治法于內，事逾煩天下逾亂，法逾滋而天下逾熾，兵馬益設而敵人逾多。秦非不欲治也，然失之者，乃舉措太眾、刑罰太極故也。」由此陸賈竭力奉勸統治者以節儉、省事和閉利欲為規約。〈本行〉說：「故聖人卑宮室而高道德，惡衣服而勤仁義，不損其行，以好其容，不虧其德，以飾其身，國不興不事之功，家不藏不用之器，所以稀力役而省貢獻也。」他認為苛法暴政治國只能使百姓畏罪，而不能勸善，只有「尚寬舒」、「行中和」才能實現「美其治」。〈至德〉說：「是以君子之為治也，塊然若無事，寂然若無聲，官府若無吏，亭落若無民，閭里不訟於巷，老幼不愁於庭，近者無所議，遠者無所聽，郵無夜行之卒，鄉無夜召之征，犬不夜吠，雞不夜鳴，耆老甘味于堂，丁男耕耘于野，在朝者忠于君，在家者孝于親；於是賞善罰惡而潤色之，興辟雍庠序而教誨之，然後賢愚異議，廉鄙異科，長幼異節，上下有差，強弱相扶，大小相懷，尊卑相承，雁行相隨，不言而信，不怒而威」。

　　然而，陸賈主張的「無為」不是避世、遁世，也不是無法無度，而是以法度為準繩，循守規矩，遵循既定的統治格局。陸賈在〈慎微〉中對懷道而避世的行為進行了抨擊，說「夫君傾而不扶，國危而不持，寂寞而無鄰，寥廓而獨寐，可謂避世，而非懷道者也。故殺身以避難則非計也，懷道而避世則不忠也」。同時堅決主張君主在施政過程中減少主觀性因素，而以法度為準繩，循守治政規則。〈無為〉說：「夫王者之都，南面之君，乃百姓之所取法則者也，舉措動作，不可以失法度。」〈懷慮〉說：「故聖人執一政以繩百姓，持一概以等萬民，所以同一治而明一統也」；「故事不生於法度，道不本於天地，可言而不可行也，可聽而不可傳也。」故而陸賈並不排斥有為。〈道基〉在敘述古代歷史時指出：先聖「仰觀天文，俯察地理，圖畫乾坤，以定人道」；中聖「設辟雍庠序之教，以正上下之儀，明父子之禮，君臣之義，使強不凌弱，眾不暴寡，棄貪鄙之心，興清潔之行」；後聖「定五經，明六藝，承天統地，窮事察微，原情立本，以緒人倫」，並總結說「盡情為器，故曰『聖人成之』」。

　　治術上以柔克剛、以靜治動的從「無為」到「有為」的統治思想濫觴於鬻子，乃是楚人悟出的寶貴的治國經驗。《列子‧黃帝》引鬻子言：「欲剛，必以柔守之；欲強，必以弱保之。積於柔必剛，積于弱必強。觀其所積，以知禍福之鄉，強勝不若已，至於若已者剛。柔勝出於已者，其力不可量。」經由對

這種「柔弱勝剛強」的辯證哲理的具體運用，老子提出了「無為」的思想。《老子》四十三章曰：「天下之至柔，馳騁天下之至堅，無有入無間，吾是以知無為之有益」。正因為「無為有益」，老子把它作為策略思想運用於治理天下，要求統治者「去甚、去奢、去泰」，認為「法令滋彰，而盜多有」。到了《黃帝四經》，所謂無為而治就是在既定的統治秩序下各自安分守己，從上到下各自負其責的思想已經比較明確。《經法》說：「是故天下有事，無不自為刑（形）名聲號矣。刑（形）名已立，聲號已建，則無所逃跡匿正矣。」《十六經》說：「左執規，右執矩，何患天下？男女畢迥，何患于國？五正既布，以司五明。左右執規，以待逆兵。」並進而揭示說：「欲知得失，必審名察刑（形）。刑（形）恆自定，是我愈靜。事恆自施，是我無為。」由此可見，陸賈以「無為」為治國理民原則顯然也是受楚文化影響。

其三，《新語》主張尚道德而行仁義。

陸賈認為遇事不講道德，會位危身亡。〈術事〉說：「立事者不離道德，調弦者不失宮商」；「聖賢與道合，愚者與禍同，懷德者應以福，挾惡者報以凶，德薄者位危，去道者身亡」。《新語》關於「道德」的內涵，不外乎節情欲、閉利門、以靜儉修身和實行無為而治等，這些均取自先秦道家。然而，陸賈又把道德與仁義融合在一起，表現出了儒道整合的傾向。〈道基〉說：「君子握道而治，據德而行，席仁而坐，杖義而強，虛無寂寞，通動無量」；「仁者道之紀，義者聖之學」。〈術事〉說：「道唱而德和，仁立而義興，王者行之於朝廷，匹夫行之於田」。〈本行〉說：「治以道德為上，行以仁義為本。故尊於位而無德者絀，富於財而無義者刑，賤而好德者尊，貧而有義者榮」；「功不能自存，而威不能自守，非貧弱也，乃道德不存乎身，仁義不加於下也」。他反復論證了行仁義的重要性。〈道基〉說：「夫謀事不並仁義者後必敗，殖不固本而立高基者後必崩。故聖人防亂以經藝，工正曲以準繩。德盛者威廣，力盛者驕眾。齊桓公尚德以霸，秦二世尚刑而亡。故虐行則怨積，德布則功興，百姓以德附，骨肉以仁親，夫婦以義合，朋友以義信，君臣以義序，百官以義承，曾、閔以仁成大孝，伯姬以義建至貞，守國者以仁堅固，佐君者以義不傾。」與此同時，陸賈對其他諸子的政治思想也採取了兼收並蓄的態度。他雖然批評秦王朝「舉措太眾，刑罰太極」，但〈思務〉「進退循法，動作合度」，〈懷慮〉「事不生於法度，道不本於天地，可言而不可行也」，反映了他對法家思想價

值的肯定。

百家爭鳴時期各家都有自己的政治主張。但儒家主張的禮治，法家崇尚的法治，墨家主張的尚賢，在老子看來都是有為而治，因而均加以反對，尤其又以對仁義的抨擊最為猛烈。《老子》十八章說「大道廢有仁義，智慧出有大偽，六親不和有孝慈，國家昏亂有忠臣」；三十八章說「失道而後德，失德而後仁，失仁而後義，失義然後禮。夫禮者，忠信之薄而亂之首」。陸賈行仁義的主張與老子的思想是相抵觸的。但應該注意的是，楚人在此之後已經開啟了融合百家之學的新路子。《黃帝四經》不同於老子思想的一個顯著特點，就是不再認為法是社會退化的產物，而是以道論法，大講刑名法度。《經法‧道法》說：「道生法。法者，引得失以繩，而明曲直者也。故執道者，生法而弗敢犯也，法立而弗敢廢也。故能自引以繩，然後見知天下而不惑矣。」《鶡冠子》進而從道法結合發展到了道與仁義忠信的結合。〈道端〉說：「正以錯國，服義行仁，以一王業。夫仁者，君之操也；義者，君之行也；忠者，君之政也；信者，君之教也；聖人者，君之師傅也。」〈學問〉說：「所謂禮者不犯者也，所謂樂者無災者也，所謂仁者同好者也，所謂義者同惡者也，所謂忠者久愈親者也，所謂信者無二響者也。聖人以此六者卦世得失逆順之經。」此外，〈泰錄〉「上賢為天子，次賢為三公，高為諸侯」，顯然是對墨家尚賢思想的吸取。楚人對諸子政治思想的接納是隨著時代的演進而不斷拓展的。《黃帝四經》的道法結合以及《鶡冠子》容納仁義忠信，正是從《老子》主張「絕聖棄智」，拋棄世俗社會的禮義仁法，到陸賈尚道德而行仁義，吸納百家之長的仲介環節。

二、黃老思想指導下的漢初政治

司馬談是漢初著名的黃老學者。《史記‧太史公自序》稱其「學天官於唐都，受《易》於楊何，習道論於黃子」，他撰寫的〈論六家要旨〉反映了時人對黃老學的看法：「道家使人精神專一，動合無形，贍足萬物。其為術也，因陰陽之大順，采儒墨之善，撮名法之要，與時遷移，應物變化，立俗施事，無所不宜，指約而易操，事少而功多。」「道家無為，又曰無不為，其實易行，其辭難知。其術以虛無為本，以因循為用。無成埶，無常形，故能究萬物之情。不為物先，不為物後，故能為萬物主。有法無法，因時為業；有度無度，因物與合。故曰聖人不朽，時變是守。虛者道之常也，因者君之綱也。群臣並至，

使各自明也。」這段話說出了黃老學主張清淨無為、虛無因循、崇尚簡易、相容並包的內容特點。

春秋戰國時期，中國長期處於分裂戰亂之中，秦始皇統一天下後也沒有讓人們過上安定的日子。在經過秦末農民起義和繼之而起的楚漢戰爭之後，漢初社會可謂民生凋敝，國力空虛，廣大人民迫切需要在一個和平安定的環境下休養生息，而國家也需要通過發展生產以充實自己的實力。黃老思想正好符和時代需要，其主張清淨無為，可以弱化秦王朝將法家思想極端化帶來的惡果；其主張虛無因循、崇尚簡易，可以使統治者暫且守成舊制，以應對漢初百廢待興的局面；其主張相容並包，可以協調百家之學，以為漢初統治服務。西漢初年的統治階層人物主要是楚地的白徒、布衣，他們構成了其時政權的布衣卿相之局，對於產生於楚國的黃老之學，他們最為熟悉。而且「道家『清淨無為』主張，還在如下一點上頗適合於漢初統治集團：這一集團多武力功臣，『少文多質』。無為政治崇尚『木訥于文辭』的『重厚長者』，簡約而『易行』，相對說來這更易於為其所納。」[25] 因而黃老之術盛行於西漢初年。

劉邦在與陸賈關於「居馬上得之，寧可以馬上治之」的對話之後一年便去世了。很多學者認為他尚未來得及推行陸賈主張的無為之術，漢初的黃老政治開始於曹參任漢相時。如姜宸英說：「漢自曹參為齊相，奉蓋公，治道貴清靜而民自定，其後相漢，遂遵其術，以治天下，一時上下化之。及于再世，文帝為天子，竇太后為天下母，一切所以為治，無不本于黃、老，故其效至於移風易俗，民氣素樸，海內刑措；而石奮、汲黯、直不疑、司馬談、田叔、王生、樂巨公、劉辟強父子之徒，所以修身齊家，治官蒞民者，非黃、老無法也。」[26] 林劍鳴亦認為：「在劉邦統治的數年中，西漢政權初立，朝廷忙於東征西討，於為政方面顧及甚少。所以明確地以『無為而治』作為一種施政原則，是在劉邦死後，惠帝時才開始的」。[27]

然而，劉邦集團的構成從一開始就以楚人為主，這些來自楚地的將領對其家鄉的思想傳統至少懷有一種認同心理。在劉邦周圍聚積了一批黃老思想的信

25　閻步克，《士大夫政治演生史稿》，第 279 頁，北京大學出版社 1998 年版。

26　姜宸英，《湛園未定稿》卷一〈黃老論〉，引自王利器，《新語校注》，第 11 頁，中華書局 1986 年版。

27　林劍鳴，《秦漢史》，第 283 頁，上海人民出版社 1989 年版。

奉者，比較有代表性的有張良、陳平。張良是韓人，但在秦滅六國後亡匿下邳，長期活動於淮、泗之間。《史記・留侯世家》記他曾從一老父處得《太公兵法》，《索隱》按：〈詩緯〉云：「風后，黃帝師，又化為老子，以書授張良。」在定都長安後，他「道引不食穀，杜門不出歲餘」。〈詩緯〉之說雖不可信，卻能夠透露出張良是受道家思想影響很深的人。陳平為碭郡楚人。[28]《史記・陳丞相世家》記其「少時，本好黃帝、老子之術」，而他本人也說過：「我多陰謀，是道家之所禁。吾世即廢，亦已矣，終不能復起，以吾多陰禍也。」可見他亦是黃老的忠實信徒。實際上，劉邦的施政治國很早就體現出了黃老政治的特點。

君佚臣勞，分任責成是黃老思想基本的執政觀。劉邦深諳此道，他最先提出了「功人」和「功狗」的概念。《史記・蕭相國世家》記劉邦平定天下後，論功行封而以蕭何為首，引起功臣不滿，說：「臣等身被堅執銳，多者百餘戰，少者數十合，攻城掠池，大小各有差。今蕭何未嘗有汗馬之勞，徒持文墨議論，不戰，顧反居臣等上，何也？」劉邦說：「夫獵，追殺獸兔者狗也，而發蹤指示獸處者人也。今諸君徒能走獸耳，功狗也。至如蕭何，發蹤指示，功人也。」劉邦此處所言涉及的雖是眾臣之間的關係，但揭示的卻是領導與被領導的關係。泛化開來，無疑與黃老「君無為而臣有為」的理論有著極大的相通之處。

在黃老思想影響下，劉邦推行了一系列休養生息的措施。《史記・蕭相國世家》引太史公云：「及漢興，依日月之末光，（蕭）何謹守管籥，因民之疾秦法，順流與之更始。」這裡的「順流」就是指順應民意，有所更張。劉邦建國之初便決定「輕田賦」，「什伍而稅一」，並下詔「民前或相聚保山澤，不書名數，今天下已定，令各歸其縣，復故爵田宅……民以饑餓自賣為人奴婢者，皆免為庶人」，使之安心生產。為防止過分掠民，劉邦還提倡崇儉禁奢，量入為出。《漢書・高帝紀》記漢初蕭何興造未央宮，因其壯麗而引得劉邦十分憤怒，說：「天下匈匈，勞苦數歲，成敗未可知，是何治宮室過度也」。晚年的劉邦更有濃厚的厭兵情緒。《史記・黥布列傳》記英布初反時，謂其將曰：「上老矣，厭兵，必不能來。」他在平城之役後一直奉行消極避讓的對外政策，

28　陳平的籍貫，《史記》和《漢書》陳平傳俱作「陽武戶牖人」，但據《索隱》，陽武與戶牖的歸屬關係曾有變化。李開元據《中國歷史地圖冊》第二冊秦之部分，定陳平的籍貫為碭郡戶牖鄉。見氏著，《漢帝國的建立與劉邦集團》，第177頁，三聯書店2000年版。

首開和親先河。

　　劉邦開漢初黃老政治之端，嗣後的惠帝、呂后也以無為處理政務。《史記‧呂太后本紀》稱：「孝惠皇帝、高后之時，黎民得離戰國之苦，君臣俱欲休息乎無為，故惠帝垂拱，高后女主稱制，政不出房戶，天下晏然。」在這一時期，推行黃老政治最突出的當屬曹參。《史記‧曹相國世家》記他任齊相時，「盡召長老諸生，問所以安集百姓」，但「諸儒以百數，言人人殊，參未知所定」，後來聽聞膠西有位「善治黃老言」的蓋公，於是重金聘請他到臨淄並虛心請教施政之策。「蓋公為言治道貴清靜而民自定，推此類具言之」，曹參於是待之以殊禮。史稱「其治要用黃老術，故相齊九年，齊國安集，大稱賢相」。曹參在去長安任漢相前，曾囑咐繼任齊相的傅寬「以齊獄市為寄，慎勿擾也」，並解釋說：「夫獄市者，所以並容也，今君擾之，奸人安所容也？吾是以告之。」「勿擾」即無為，可見曹參對於國家政治的指導原則，是寧失之寬而不失之嚴的，他所堅持的正是老子「我無為而民自化，我好靜而民自正」的治民思想。

　　曹參任漢朝丞相後，仍依黃老而治。《曹相國世家》記其「舉事無所變更，一遵蕭何約束」，使劉邦、蕭何制定的與民休息的政策較好地繼續了下來。其施政恰如老子所說的「治大國若烹小鮮」，「擇郡國吏木訥于文辭，重厚長者，即召除為丞相史。吏之言文刻深，欲務聲名者，輒斥去之。日夜飲醇酒。卿大夫已下吏及賓客見參不事事，來者皆欲有言。至者，參輒飲以醇酒，間之，欲有所言，復飲之，醉而後去，終莫得開說，以為常」。惠帝最初對曹參「不事事」的態度也不理解。曹參對此有一段極富趣味而又有說服力的解釋。「陛下自察聖武孰與高帝？」上曰：「朕乃安敢望先帝乎！」曰：「陛下觀臣能孰與蕭何賢？」上曰：「君似不及也。」參曰：「陛下言之是也。且高帝與蕭何定天下，法令既明，今陛下垂拱，參等守職，遵而勿失，不亦可乎？」惠帝於是恍然大悟，理解到黃老無為而治的奧秘。表面上看曹參是十分消極的，但實際上他是在真誠地躬踐黃老「無為而治」之術，是對秦朝「有為而治」深刻反省的結果。他的「無為」並非真的無所作為，而是在執行既定政策的前提下，以一定程度的放任給百姓以寬鬆的環境，阻遏來自統治集團不利於百姓安集的大小政治風浪。曹參認為只要守著一套規章制度，就可以使臣下按律令制度辦事，使百姓按照律令制度的規定生活，這樣皇帝就可以達到無為而治，整個社會也可以太平無事。曹參任丞相三年，儘管無顯著建樹，但卻自覺地鞏固了黃老思想作為漢帝

國政治上的指導原則，也在事實上為漢王朝日後的繁榮創造了條件，其功績是不可磨滅的。當時的百姓讚美他：「蕭何為法，顜若畫一；曹參代之，守而勿失。載其清淨，民以寧一。」司馬遷也說：「參為漢相國，清靜極言合道。然百姓離秦之酷後，參與休息無為，故天下俱稱其美矣。」

　　文景時代，黃老之盛達於頂峰。《史記・儒林列傳》說：「孝文帝本好刑名之言，及至孝景，不任儒者，而竇太后又好黃老之學。」《後漢書・樊准傳》：「昔孝文、竇后性好黃老，而清淨之化流景、武之間。」文帝以力量薄弱的藩王繼統，《史記・律書》記其初登皇位「常戰戰慄慄，恐事之不終」，所以尤為青睞具有卑弱以自恃、以弱勝強特點的黃老之術。章太炎《諸子略說》評價說：「漢文帝真得老子之術者，故太史公既稱孝文好道家之學，以為繁禮飾貌無益於治；又稱孝文帝本好刑名之言」；「文帝有得於老子之術。老子之術，平時和易，遇大事則一發而不可當，自來學老子而至者，惟文帝一人耳。」文帝竇皇后也極度推崇黃老學。《史記・外戚世家》說：「竇太后好黃帝、老子言，帝及太子、諸竇不得不讀黃帝、老子，尊其術。」《儒林列傳》記儒家學者轅固生貶老子為「家人言」，曾引得竇太后勃然大怒，說：「安得司空城旦書乎？」並「使固入圈刺豕」，幾乎喪命。

　　在黃老「君無為而臣有為」思想指導下，文景時期對整個官僚機構重在循名責實、分工負責。《史記・陳丞相世家》記文帝與其左右丞相陳平、周勃曾有過一段對話。文帝問周勃「天下一歲決獄幾何？」「天下一歲錢谷出入幾何？」周勃不能對。而陳平回答「有主者」，說：「陛下即問決獄，責廷尉；問錢谷，責治粟內史」，而宰相的職責在於「上佐天子理陰陽，順四時，下育萬物之宜，外鎮撫四夷諸侯，內親附百姓，使卿大夫各得任其職焉。」孝文帝對此深表贊同。由此可見，文景時期上層統治集團的清淨無為，就是讓各級官吏循法行事，各自有為，而不作過多干預。文帝本人也自覺帶頭守法。《史記・張釋之列傳》記載，文帝曾經在出巡經過渭橋時，有人從橋下走過，驚嚇了其乘坐的馬車，廷尉張釋之按律判處犯蹕者罰金。文帝雖覺得過輕，但仍以張釋之「法者天子所與天下公共也，今法如此而更重之，是法不信於民也」為是。後來有人盜取高廟玉環，張釋之「案律盜宗廟服御物者為奏，奏當棄市」。文帝雖又覺得太輕，但因「法如是足也」，亦「許廷尉當」。

　　文景時期對官吏的選擇偏重「重厚長者」。《史記・張釋之列傳》記文

帝曾欲拜「對上所問禽獸簿甚悉」的虎圈嗇夫為上林令。張釋之說：「夫絳侯、東陽侯稱為長者，此兩人言事曾不能出口，豈效此嗇夫喋喋利口捷給哉！且秦以任刀筆之吏，吏爭以亟疾苛察相高，然其敝徒文具耳，無惻隱之實。以故不聞其過，陵遲而至於二世，天下土崩。今陛下以嗇夫口辯而超遷之，臣恐天下隨風靡靡，爭為口辯而無其實。」於是文帝不拜嗇夫。文帝贊許張釋之推崇「言事曾不能出口」的「長者」，這與曹參「擇郡國吏木訥于文辭，重厚長者，即召除為丞相史」的用人原則是一致的。又《史記・萬石張叔列傳》記載：「建元二年，郎中令王臧以文學獲罪。皇太后以為儒者文多質少，今萬石君家不言而躬行，乃以長子建為郎中令，少子慶為內史。」同傳稱萬石君石奮「無文學，恭謹無與比」，家族世傳恭謹之風。石慶為齊相時，「舉齊國皆慕其家行，不言而齊國大治」。所謂不言而治，正合《老子》「聖人處無為之事，行不言之教」。竇后賞識石氏，石慶不言而治和曹參的用人原則也是相通的。漢初名臣大都少文多質，質樸之風盛行朝野，絕不是偶然的，而是與最高統治者尊奉黃老分不開的。

　　文、景崇尚節儉有度。《史記・禮書》：「孝文即位，有司議欲定儀禮，孝文好道家之學，以為繁禮飾貌，無益於治，躬化謂何耳。故罷去之。」《史記・孝文本紀》記其在位二十三年，「宮室苑囿狗馬服御無所增益」；嘗欲作露臺，計值百金即予放棄；「常衣綈衣，所幸慎夫人，令衣不得曳地，幃帳不得文繡，以示敦樸，為天下先」；又遺詔薄葬輕服，治霸陵皆以瓦器，不得以金銀銅錫為飾，不治墳。由於節儉有度，文景時期能夠輕徭薄賦。文帝開三十稅一之先河，將算賦由一百二十錢減至四十錢，並令「丁男三年而一事」。景帝將三十稅一改為定制，並將男子開始服役的年齡從漢初以來的十五歲推遲到了二十歲。

　　漢初在黃老思想指導下，經過幾十年的休養生息，國力得到了加強，百姓的生活得到了改善。但當社會元氣的恢復導致了政治上更為積極的舉措時，黃老無為思想也隨之喪失了其最初所具有的顯赫地位。西漢中期以後，黃老學退出了王朝的宮廷殿堂，在政治上日益沒落。但作為一種統治術，其影響並沒有因此消絕。武帝以後仍有一些地方官吏或名臣在繼續使用黃老術治政理民，並在一些統治階層人物的思想中占據重要地位。武帝時的汲黯、鄭當時就固守著漢初黃老政治的傳統。《史記・汲鄭列傳》記汲黯「學黃老之言，治官理民，好清靜，擇丞史而任之。其治，責大指而已，不苛小。黯多病，臥閨閤內不出。

歲餘，東海大治。稱之。上聞，召以為主爵都尉，列於九卿。治務在無為而已，弘大體，不拘文法。」鄭當時「好黃老之言，其慕長者如恐不見。」楚元王的後代劉辟強、劉德父子也皆有道家的思想傾向。《漢書・楚元王傳》記劉辟強「清靜少欲，常以書自娛，不肯仕」；劉德「修黃老術，有智略。常持老子知足之計」。受其影響，劉德之子劉向對黃老也領會甚深。其《說苑・理政》曰：「水濁則魚困，令苛則民亂……急響御者，非千里御也。有聲之聲，不過百里，無聲之聲，延及四海。」其反干涉的無為思想，不悖黃老宗旨。

在兩漢之際社會大動亂中建立起來的東漢王朝，最初也面臨著與漢初類似的形勢，這為黃老學的再起創造了適宜的環境。光武帝劉秀的黃老思想主要體現在一個「柔」字上。《後漢書・光武帝紀》記宗室諸母曾評價他：「少時謹信，與人不款曲，唯直柔耳」。劉秀對此似乎十分滿意，並進一步表示「吾理天下，亦欲以此柔道行之」。在戰亂之後，崇尚儒學的他也將西漢初年行之有效的黃老無為之術運用於自己的施政之中。《後漢書・吳蓋陳臧列傳》記載了他拒絕與匈奴動武的詔書，說：「柔能制剛，柔能制強。柔者德也，剛者賊也。弱者仁之助也，強者怨之歸也。故曰有德之君，以所樂樂人；無德之君，以所樂樂身。樂人者其樂長，樂身者不久而亡。舍近謀遠者，勞而無功；舍遠謀近者，逸而有終。逸政多忠臣，勞政多亂人。故曰務廣地者荒，務廣德者疆；有其有者安，貪人有者殘。殘滅之政，雖成必敗。今國無善政，災變不息，百姓驚惶，人不自保，而復欲遠事邊外乎？」他所奉行的恭儉樸素、與民休息、輕徭薄賦等措施，都與黃老學的影響有較大關係，也最終造成了東漢初年「內外匪懈，百姓寬息」的局面。之後的明帝、章帝對黃老思想也相當偏愛。《後漢書・楚王劉英列傳》記楚王英「晚節喜黃老，修浮屠祠」，曾奉黃縑白紈三十匹以贖罪，明帝詔書回復說，「楚王誦黃老之微言，尚浮屠之仁祠，潔齋三月，與神為誓，何嫌何疑，當有悔吝？」《後漢書・張綱列傳》記其曾將文帝、明帝相提並論，「尋大漢初隆，及中興之世，文、明二帝，德化尤盛」，並認為其為政的特點是「易循易見，但恭儉守節，約身尚德而已」。章帝時期的吏治體現出相當濃烈的黃老色彩。《後漢書・孝章帝紀》記章帝竭力表彰的「安靜之吏」劉方，其實「未有它異」，只不過為政「不煩」而已，而這正是黃老思想所提倡的為政原則。光武、明帝和章帝在位期間是東漢王朝的黃金時代，而造就這一時期的穩定和繁榮，黃老思想無疑起了重要作用。

三、董仲舒新儒學理論的道家色彩

在黃老思想最後的政治代表竇太后去世的次年，武帝正式採納了董仲舒的《天人三策》，最終確立了罷黜百家、獨尊儒術的基本國策。董仲舒的新儒學在指導思想上取代了黃老思想。西漢初年，儒、道之間曾有過激烈的衝突與鬥爭。《史記‧老子列傳》說：「世之學老子者，則絀儒學，儒學亦絀老子，道不同，不相為謀，豈謂是耶？」景帝時先有儒家轅固生與道家的黃生就湯武是否「受命」的爭論；後有轅固生與竇太后就《老子》地位的爭執。武帝建元元年曾有過治國思想儒學化的運動，但竇太后將推崇儒學的御史大夫趙綰、郎中令王臧打入監獄，罷免丞相竇嬰與太尉田蚡，使其被迫夭折。然而，黃老思想與儒家思想實際是有相通之處的。西漢初年採取的與民休息、輕徭薄賦、減輕刑罰、省事節用與黃老學的影響有較大關係，但後世王朝奠基之初往往也有類似的措施，卻經常是打著儒家「仁義」的旗幟。相傳孔子曾經問禮於老聃，而漢初黃老思想對儒家思想的影響也不能低估。韓嬰創立了西漢《詩經》魯、齊、韓、毛四家中的韓詩一派，其主要著作《韓詩外傳》卷三第一章有「故大道多容，大德多下，聖人寡為，故用物常壯也」；卷五第二十七章有「福生於無為，而患生於多欲。知足，然後富從之」。這一重要的儒家著作不僅記載了「寡為」、「無為」等黃老學者常用的話語，還明確記述孔子有類似道家的主張。卷三第三十章說：「孔子曰：『德行寬裕者，守之以恭。土地廣大者，守之以儉。祿位尊盛者，守之以卑。人眾兵強者，守之以畏。聰明睿智者，守之以愚。博聞強記者，守之以淺。夫是之謂抑而損之。』」

金春峰說：漢初，包括董仲舒在內的儒家學者「或者用黃老思想補充解釋儒家的思想，或者把黃老思想納入體系，作為一個組成部分，甚至移花接木，用黃老思想為儒家思想作為天道觀的根據和基礎。」[29] 相對於先秦儒學而言，董仲舒的思想體系有一個突出特徵，就是以陰陽五行說、天人合一論為基礎的表述框架，而以天人感應論為基本的宗教神學內涵。在早期儒家那裡，系統的宇宙模式理論是不具備的。孔子幾乎不論天道而只講人道，謂「天何言哉？四時行焉，百物生焉，天何言哉」（《論語‧陽貨》），強調「未能事人，焉能事鬼」（《論語‧先進》）。這雖然導致了儒學經世實用的特徵，但由於早期儒學中宇宙論的依據不發達，「使得儒學中關於人與社會的道德學說與禮樂制度

29　金春峰，《漢代思想史》，第 71 頁，中國社會科學出版社 1987 年版。

的合理性仿佛缺少自然法則的支持，其不言而喻的權威性便不免腳下空虛。」[30] 相反，經由對宇宙之道的體驗，然後將之推衍到社會與人類，卻是道者的共同思路。正是通過有意識地吸收道家解釋自然與歷史的宇宙法則，來建立儒學形而上的支援系統，董仲舒為儒家學說構建了完善的理論框架。

董仲舒繼承了道家的宇宙法則。道家常籍天道以論治道，認為天道與人道、政道之間存在著類通的軌則和道理。帛書《經法‧道法》曰：「天地有恆常，萬民有恆事，貴賤有恆立（位），畜臣有恆道，使民有恆度。」進而主張讓治道完全配合天道，〈四度〉曰：人君施政當「因天之生也以養生……因天之殺也以伐死」，「動靜參於天地」。〈約論〉更列舉了天地自然間可信可法的規則，即所謂的「七法」、「八正」來做為人君立政遵循的依據。承繼這些觀念，董仲舒也主張聖主順天行道。《漢書‧董仲舒傳》記其以賢良對策時提到「聖人法天而立道」。《春秋繁露》更一再強調「惟人道可以參天」（〈王道通三〉），「聖人視天而行」（〈天容〉），「聖人副天之所為以為政」、「王者配天」（〈四時之副〉）、「與天同者大治，與天異者大亂」（〈陰陽義〉）。

王者該如何配天、參天呢？在董仲舒看來，天「分為陰陽，判為四時，列為五行」（〈陰陽終始〉），王者為政也必須與陰陽、四時、五行相配。《春秋繁露‧天地陰陽》曰：「為人主者予奪生殺各當其義若四時，列官置吏必以其能若五行，好仁惡吏、仁德遠刑若陰陽，此之謂能配天。天者其道長萬物，而王者長人。人主之大，天地之參也；好惡之分，陰陽之理也；喜怒之發，寒暑之比也；官職之事，五行之義也……王者參天也。」《春秋繁露》中提到了許多按陰陽分類的事物，並認為自然界中陰陽的運用為君主處理人類社會中的陰陽事物提供了終極標準。〈基義〉曰：「君臣、父子、夫婦之義皆取諸陰陽之道。君為陽，臣為陰；父為陽，子為陰；夫為陽，妻為陰」。而五行與四時相配，春生、夏長、秋收、冬藏的不同季節特性也為某一形式的統治提供了自然的類似物。〈五行之義〉曰：「是故木居東方而主春氣，火居南方而主夏氣，金居西方而主秋氣，水居北方而主冬氣」；〈王道通三〉曰：「四肢之各有處，如四時；寒暑不可移，若肢體。肢體移易其處，謂之王人；寒暑移易其處，謂之敗歲；喜怒移易其處，謂之亂世。明王正喜以當春，正怒以當秋，正樂以當

30　葛兆光，《七世紀前中國的知識、思想與信仰世界》，第 372 頁，復旦大學出版社 1998 年版。

夏，正哀以當冬，上下法此，以取天之道。春氣愛，秋氣嚴，夏氣樂，冬氣哀。愛氣以生物，嚴氣以成功，樂氣以養生，哀氣以喪終，天之志也。」

　　這一理論基本上承自道家。道家曾經把天地間一切對等的現象與事物作了二分的歸納，而系之以陰、陽，並認為天屬陽、地屬陰，一切屬陽的事物都該法天道，一切屬陰的事物都該法地道。帛書《稱》曰：「天陽地陰，春陽秋陰，夏陽冬陰，晝陽夜陰。大國陽，小國陰；重國陽，輕國陰；有事陽而無事陰；信（伸）者陽而屈者陰；長陽少【陰】；貴【陽】賤陰；達陽窮陰；取（娶）婦姓（生）子陽，有喪陰；制人者陽，制于人者陰；客陽主人陰；師陽役陰；言陽黑（默）陰；予陽受陰。諸陽者法天……諸陰者法地。」《呂氏春秋‧十二紀》思想的依據為黃老道學，[31] 紀首部分按一年四時十二月，詳細排出了每月的星象、天干、物候、神祇、動物、音律、數字、味臭、祭祀，安排了天子於此月的居處、車乘、服色、食物，規定了政府的事務、儀式及軍事、農事的禁忌。其骨幹正是把陰陽二氣，運行於四時之中，而將五行分別與四時相配合。春是「盛德在木」，夏是「盛德在火」，秋是「盛德在金」，冬是「盛德在水」。所謂「盛德在木」，就是指春季最當令的作用，乃在五行中之木，而木德與春季之陽氣相應。於是把一切生活事務、政治行為，安排得與春季的陽氣與木德相合。然後根據人們從天文季節的遷移與地下物候的變遷中得來的聯想，將天與地的某些現象挪移到人道之中，以天地的變化為不言而喻的依據，論證人世中個人與社會的道理。

　　與陰陽五行說一樣，天人感應也是董仲舒儒學的基本理論架構。在董仲舒的思想體系中，這一理論是建立在同類相動與天人相類之上的。《春秋繁露‧同類相動》曰：「氣同則會，聲比則應，其驗曒然也。試調琴瑟而錯之，鼓其宮則他宮應之，鼓其商而他商應之，五音比而自鳴，非有神，其數然也。美事召美類，惡事召惡類，類之相應而起也。」而〈人副天數〉曰：「唯人獨能偶天地，人有三百六十節，偶天之數也。形體骨肉，偶地之厚也。上有耳目聰明，日月之象也。體有空竅理脈，川穀之象也。心有哀樂喜怒，神氣之類也……人

31　《呂氏春秋》係雜家著作，其中〈十二紀〉思想的依據來自黃老道學。在〈序意〉中，呂不韋即引黃帝之言為立論依據，稱：「嘗得學黃帝之所以誨顓頊矣，『爰有大圜在上，大矩在下，汝能法之，為民父母。』蓋聞古之清世，是法天地。凡十二紀者，所以紀治亂存亡也，所以知壽天吉凶也。上揆之天，下驗之地，中審之人，若此則非可不可無所遁矣。」

之身,首妢而員,象天容也。發,象星辰也。耳目戾戾,象日月也。鼻口呼吸,象風氣也⋯⋯天以終歲之數,成人之身,故小節三百六十六,副日數也。大節十二分,副月數也。內有五臟,副五行數也。外有四肢,副四時數也。乍視乍暝,副晝夜也。乍剛乍柔,副冬夏也。乍樂乍哀,副陰陽也。」因為同類可以相動,而天與人又屬同類,天人便自然相應了。故〈深察名號〉曰:「天人之際,合而為一。同而通理,動而相益。」〈同類相動〉曰:「天有陰陽,人亦有陰陽;天地之陰氣起,而人之陰氣應之而起;人之陰氣起,天地之陰氣亦宜應之而起,其道一也。」〈五行相生〉曰:「帝王之將興也,其美祥亦先見;其將亡也,妖孽亦先見。物故以類相召也。」

　　天人感應問題在先秦儒家那裡不曾提及,過去多認為它來自鄒衍,但從目前能見到的比較可靠的材料中,我們實際上看不到任何有關鄒衍談論天人感應的痕跡,倒是在道家著作中不乏相關論述。《淮南子・覽冥訓》「今夫調瑟者,叩宮宮應,彈角角動,此同聲相和者也」,這是講的同類相動。〈天文訓〉「孔竅肢體,皆通於天。天有九重,人亦有九竅。天有四時以制十二月,人亦有四肢以使十二節。天有十二月以制三百六十日,人亦有十二肢以使三百六十節」;〈精神訓〉「故頭之圓也象天,足之方也象地。天有四時五行九解三百六十六日,人亦有四支五藏九竅三百六十六節。天有風雨寒暑,人亦有取與喜怒」,這是講的天人同類。〈泰族訓〉「天之與人,有以相通也。故國危亡而天文變,世惑亂而虹蜺見,萬物有以相連,精祲有以相蕩也」,這是講的天人感應。《淮南子》成書於《春秋繁露》之前,據《資治通鑑》記載,在武帝即位次年,淮南王劉安即曾入朝獻書。而比較上述內容,可以發現兩書對於天人感應的論述,無論是在思維模式,還是文字表述上,均非常類似,存在明顯的承繼關係。其它道家著作也有類似表述。如《黃帝內經》曰:「天有日月,人有兩目。地有九州,人有九竅。天有風雨,人有喜怒。天有雷電,人有音律。天有四時,人有四肢。天有五音,人有五臟。天有六律,人有六腑。」「地有十二經水,人有十二經脈。歲有三百六十五日,人有三百六十節。」《經法・國次》曰:「天地無私,四時不息。天地立,聖人故載。過極失【當】,天將降央(殃)」。

　　董仲舒陰陽五行、天人感應的理論,基本上承自道家。但為了適應自己的需要,他也對之進行了創造性的改造與推衍,以與儒家的文化價值理路貫通。

　　道家是崇尚陰陽和諧的,《老子》曰:「萬物負陰而抱陽,沖氣以為和。」

雖然道家以高大、溫暖、強壯、喜樂、光明的事物屬陽，而以低下、涼寒、柔弱、憂悲、黑暗的事物屬陰，但陰陽概念在這裡只是對自然界抑或人類社會中矛盾現象的概括，兩者並無地位上的高下之分。相反，道家認為一切事物都是相反相成的，對立面的相互依存也並非一種凝固不變的關係，二者之間是相互轉化的。《經法・論》曰：「極而【反】者，天之生（性）也。」〈四度〉亦曰：「極而反，盛而衰，天地之道也，人之李（理）也。」因而，陰和陽在政治和宇宙中都享有平等的地位。

　　但在董仲舒看來，陰和陽並不享有本體論上的平等性，陽很明白是天所寵愛的。天賦予陽以支配的、首要的地位，而只賦予陰以從屬的和次要的地位。《春秋繁露・陽尊陰卑》曰：「故陽氣出於東北，入于西北，發于孟春，畢于孟冬，而物莫不應是；陽始出，物亦始出；陽方盛，物亦方盛；陽初衰，物亦初衰；物隨陽而出入，數隨陽而終始；三王之正，隨陽而更起；以此見之，貴陽而賤陰也。故數日者，據晝而不據夜；數歲者，據陽而不據陰，陰不得達之義。」這種關於自然世界的主張，是董仲舒思想的中心，並且被他推衍到了家庭與政治倫理的尊卑配位上，著名的「三綱」說即以此為基礎。〈基義〉曰：「君臣、父子、夫婦之義，皆取諸陰陽之道……陰陽無所獨行，其始也不得專起，其終也不得分功，有所兼之義。是故臣兼功于君，子兼功于父，妻兼功于夫，陰兼功于陽，地兼功于天。」這就是說，屬陰的臣、子、婦應當「兼功于」屬陽的君、父、夫。〈順命〉進而曰：「子受命于父，臣受命于君，妻妾受命于夫。諸受命者，其尊皆曰天，雖謂受命于天亦可。」臣、子、妻妾當奉君、父、夫為天，視其命若天命。

　　《春秋繁露・五行對》又曰：「地出雲為雨，起氣為風，風雨者，地之所為，地不敢有其功名，必上之於天，命若從天氣者，故曰天風天雨也，莫曰地風地雨也。勤勞在地，名一歸於天。」道家「陽者法天」、「陰者法地」的真意原本是社會的自然而然的秩序與和諧。在董仲舒的理論中也因而成為了尊卑上下關係的單向要求。〈基義〉曰：「《春秋》君不名惡，臣不名善；善皆歸於君，惡皆歸於臣，臣之義必於地。故為人臣者皆視地之事天也，為人子者視土之事火也。是故，孝子之行、忠臣之義皆法於地也。」〈天地之行〉曰：「地卑其位而上其氣，暴其形而著其情，受其死而獻其生，成其事而歸其功。卑其位所以事天也，上其氣所以養陽也，暴其形所以為忠也，著其情所以為信也，受其

死所以藏終也，獻其生所以助明也，成其事所以助化也，歸其功所以致義也。為人臣者，其法取象於地，故朝夕進退，奉職應對，所以事貴也；供設飲食，候視疢疾，所以致養也；委身致命，事無專制，所以為忠也；竭愚寫情，不飾其過，所以為信也；伏節死難，不惜其命，所以救窮也；推進光榮，褒揚其善，所以助明也；受命宣恩，輔成君子，所以助化也；功成事就，歸德於上，所以致義也。」

陰陽又與善惡、刑德相配，人有善有惡，政治也以刑、德並用。帛書《十六經 • 觀》曰：「春夏為德，秋冬為刑。先德後刑以養生」。道家認為在春季和夏季，統治者必須用德，而在秋季和冬季，他必須用刑，因此先德後刑的主張，必須被理解為是一個現世的主張。故而《十六經 • 姓爭》曰：「刑德相養，逆順若（乃）成。」《經法 • 君正》亦曰：「【文】武並行，則天下從矣。」而基於陽尊陰卑的觀念，董仲舒卻認為統治者應該更多地依靠德來移風易俗，而不是依靠刑罰的威懾力量。〈基義〉曰「天出陽為暖以生之，地出陰為清以成之，不暖不生，不清不成，然而計其多少之分，則暖暑居百而清寒居一，德教之與刑罰猶此也。故聖人多其愛而少其嚴，厚其德而簡其刑，以此配天。」〈陽尊陰卑〉曰：「天數右陽而不右陰，務德而不務刑；刑之不可任以成世也，猶陰之不可任以成歲也；為政而任刑，謂之逆天，非王道也。」

在道家思想中五行與陰陽一樣無上下之分，乃是宇宙間的五種神秘力量。至《呂氏春秋 • 十二紀》，開始明確把五行配合到陰陽所運行的四時之中，五行在四時中輪流作主，發生作用。由於五行有五，而四時只有四，以五行配四時，還多出一行無法安頓。於是在季夏之月末段，加上「中央土，其日戊己，其帝黃帝，其神后土」等字，以安頓五行中的土。《淮南子 • 時則訓》採納此說時，進而把季夏之月分配給土，將「中央土」改為「季夏之月，招搖指未……其位中央，其日戊己，盛德在土。」董仲舒秉承了道家的說法，《春秋繁露 • 五行對》曰：「土為季夏。」同時又借用了道家對五行的安排來闡發儒家義理。〈五行之義〉曰：「土居中央，為之天潤。土者，天之股肱也，其德茂美，不可名以一時之事，故五行而四時者。土兼之也。金木水火雖各職，不因土，方不立。」在董仲舒看來，土居中央而金木水火分司四季正是君臣關係的體現。故〈五行對〉曰：「土者，火之子也。五行莫貴於土。土之於四時無所命者，不與火分功名。木名春，火名夏，金名秋，水名冬。忠臣之義，孝子之行，取

之土。土者，五行最貴者也，其義不可以加矣。」

　　董仲舒又指出五行與人倫是相通的。〈五行之義〉曰：「木生火，火生土，土生金，金生水，水生木，此其父子也。木居左，金居右，火居前，水居後，土居中央，此其父子之序，相受而布。是故木受水而火受木，土受火，金受土，水受金也。諸授之者，皆其父也；受之者，皆其子也；常因其父，以使其子，天之道也。是故木已生而火養之，金已死而水藏之，火樂木而養以陽，水克金而喪以陰，土之事火竭其忠。故五行者，乃孝子忠臣之行也。」五行相生的次序就是父子關係，臣為什麼要忠，子為什麼要孝，均可從五行中尋求到答案。五行之行既與「孝子忠臣之行」相通，人類的德行自然就可以與五行相配了。〈五行相生〉即將五行與五官相配，認為五官取法五行，而五官又都應以仁義德政為己任。具體而言，即「東方者木，農之本，司農尚仁」；「南方者火也，本朝，司馬尚智」；「中央者土，君官也，司營尚信」；「西方者金，大理司徒也，司徒尚義」；「北方者水，執法司寇也，司寇尚禮」。於是五行與仁、智、信、義、禮「五常」的相配便成了人的道德與天的相應的關係。

　　董仲舒的災異譴告理論則來自對道家天人感應思想的改造與推衍。《經法‧國次》提到「過極失【當】，天將降央（殃）」，這是以同類相感的觀念，應用於天人之際。政令、行為順應陰陽四時的性格來操作，則君與天、政道與天道皆貫通而合一，自然吉祥而有價值。相反，若有「春行秋令」一類的情形，則是以人逆天，以政道逆天道。發生由錯雜之氣而來的災異，也是理有固然。天在道家思想中，始終是一客觀存在。但在董仲舒的思想體系中，天已經完全失去了其規律固定的性質。由天人合一，董仲舒推衍出天亦具有意志，這使得它與單純的自然界區分了開來。《春秋繁露‧陰陽義》曰：「天亦有喜怒之氣、哀樂之心，與人相副，以類合之，天人一也。」〈王道通三〉進而曰：「察於天之意，無窮極之仁也。」董仲舒認為天有仁愛之心，又能夠有目的地控制自然界來表現它的不滿，災異正是天對君主政令失誤、不尊道德、不行仁義的示警。〈必仁且智〉曰：「凡災異之本，盡生於國家之失，國家之失乃始萌芽，而天出災害以譴告之；譴告之而不知變，乃見怪異以驚駭之；驚駭之尚不知畏恐，其殃咎乃至。」天由是從陰陽、四時轉位為了職司賞罰的神靈。君主並不服從於自然的非人格化的法則，相反地，他隸屬於一個人格化的天。天之回應君主，並不是按照固定的模式，而是按照他統治的具體的情形，即他是否遵循了儒家

學說開出的以「仁政」、「德治」為主旨的一整套制度性內容。

　　董仲舒思想的內核仍是先秦儒學的仁義論。他對陰陽五行、天人感應的闡述，無非是用以詮釋儒家仁學、德政的傳統主題，為之覓得「天意」、「天道」的宇宙觀的根據。他提出的配合陰陽的「三綱」與比擬五行的「五常」，即是〈基義〉所謂「仁義制度之數，盡取之天」的具體體現。然而，由於其論證儒家仁義制度的理論根底已發生了改變，不僅論證起點、求證方式都源自道家，而且許多基本概念和重要思想也取自道家。這就使得從形象上看，他所建構的新儒學體系與早期儒學存有顯著差異。為了加強與擴大其理論的權威性，董仲舒於是努力證明宇宙真理與儒家經典義理的一致性。

　　作為公羊學大師，在儒家經典中，最為董仲舒看重的是《春秋》，主張「《春秋》為漢制法」。為了揚升《春秋》的地位，董仲舒在武帝即位之初以賢良對策時便指出：「孔子作《春秋》，上揆之天道，下質諸人情，參之于古，考之于今。故《春秋》之所譏，災害之所加也；《春秋》之所惡，怪異之所施也。書邦家之過，兼災異之變；以此見人之所為，其美惡之極，乃與天地流通而往來相應，此亦言天之一端也。」[32] 在《春秋繁露》中，他又一再強調《春秋》是孔子上探天意，下明得失，奉天道以衍人道、治道的神聖法典。如〈楚莊王〉「《春秋》之道，奉天而法古。」〈竹林〉「《春秋》之序辭也，置王於春正之間，非曰上奉天施而下正人，然後可以為王也云爾。」〈玉杯〉「《春秋》之法，以人隨君，以君隨天。」〈重政〉「《春秋》明得失，差貴賤，本之天。」〈四時之副〉發揮了順天的基本觀念，開頭即宣稱「聖人副天之所行為政」，然後主張在統治者的慶賞刑罰「四政」和天的暖暑清寒「四季」之間建立一種可比較的關係。而結尾為：「慶為春，賞為夏，罰為秋，刑為冬。慶賞罰刑之不可不具也，如春夏秋冬不可不備也；慶賞罰刑，當其處不可不發，若暖暑清寒，當其時不可不出也；慶賞罰刑各有正處，如春夏秋冬各有時也；四政者不可以相干也，猶四時不可相干也；四政者不可以易處也，猶四時不可易處也。故慶賞罰刑有不行於其正處者，《春秋》譏也。」在這裡，董仲舒支持本質上是道家的主張，即統治者為政必須要與自然界的四季相一致，但他卻堅持認為這實際上就是《春秋》賞罰理論中的根本原理。

32　《漢書・董仲舒傳》。

　　當然，由於孔子「不語怪、力、亂、神」，董仲舒承認只有以一種特殊的方式來讀《春秋》，才能使《春秋》中所包含的宇宙真理明白起來。《漢書·五行志上》記董仲舒曰：「《春秋》之道舉往以明來，是故天下有物，視《春秋》所舉與同比者，精微眇以存其意，通倫類以貫其理，天地之變，國家之事，粲然皆見，亡所疑矣。」這就是說，如果使用類比推理的方式來閱讀《春秋》，人道、治道與天道的關係就可以清楚的建立起來。比如，〈陽尊陰卑〉曰：「是故《春秋》之於昏禮也，達宋公而不達紀侯之母，紀侯之母宜稱而不達，宋公不宜稱而達，達陽而不達陰，以天道制之也。丈夫雖賤皆為陽，婦人雖貴皆為陰。」《春秋》在記載婚禮時，只指明男方宋公，而未指出女方紀侯之母。董仲舒認為《春秋》之筆法，其不直接地指出屬於陰類的事物或人的做法，正反映和證明了扶陽抑陰的宇宙的等級制度。又如，《春秋》中記載有日食、地震、隕石、雹、蟲災等自然現象，但是「記異而說不書」，[33] 董仲舒卻將其與天人感應說的重要內容譴告說聯繫起來。前引對策中即有：「故《春秋》之所譏，災害之所加也。《春秋》之所惡，怪異之所施也。書邦家之過，兼災異之變。」

　　在董仲舒看來，《春秋》之外，其它儒家經典的理論與宇宙真理同樣是根本一致的。如《春秋繁露·堯舜不擅移湯武不專殺》曰：「《孝經》之語曰：『事父孝，故事天明。事天與父，同禮也。』」〈必仁且智〉曰：「天地之物，有不常之變者，謂之異，小者謂之災，災常先至，而異乃隨之。災者，天之譴也，異者，天之威也，譴之而不知，乃畏之以威。《詩》云：『畏天之威。』殆此謂也。」〈天道無二〉曰：「人庸無善，善不一，故不足以立身；治庸無常，常不一，故不足以致功。《詩》云：『上帝臨汝，無二爾心。』知天道者之言也！」〈同類相動〉曰：「《尚書》傳言：『周將興之時，有大赤鳥銜穀之種，而集王屋之上者，武王喜，諸大夫皆喜。周公曰：茂哉！茂哉！天之見此以勸之也。』」

　　董仲舒是儒學大師，但他卻吸收了道家的部分觀點與論證模式，這不僅是出於完善儒學理論體系的需要，還有時代原因。西漢初年黃老道家盛行，君臣皆好言天命、災異、鬼神迷信。而出自下層平民的劉漢皇室向民眾宣傳其權威的神聖性時，也需要天命論的支援。武帝即位後雖有了明顯的尊儒傾向，但自

幼受黃老道家思想薰陶的他也未見輕易放棄天命、陰陽五行、天人感應等文化意識。他對總結、發揮漢初黃老道家思想的《淮南子》表現出了濃厚的興趣。《漢書‧淮南王傳》記載:「初,安入朝,獻所作《內篇》,新出,上愛秘之。」而同書〈董仲舒傳〉記載,董仲舒策問時,武帝第一次問的就是:「三代受命,其符安在?災異之變,緣何而起?」反映了武帝對天命的關切。正是運用本質上是道家的關於宇宙的看法,但賦予它以儒家的價值,董仲舒建立了一個適應武帝以及大一統王朝需要的新儒學體系,使儒學最終得以取代黃老道學而成為了漢王朝獨尊的統治思想。

第三節　楚地王國問題的文化分析

與秦始皇廢分封、立郡縣不同,劉邦在推行郡縣制的同時分封諸侯王,實行郡縣、封國並行的地方行政體制。然而諸侯王勢力的膨脹卻造成了西漢前期嚴重的王國問題。這一問題在楚國故地尤為嚴重。劉邦時,首先有廢黜、誅殺楚王韓信之舉,接著淮南王英布起兵反漢。文帝六年(前 174 年),淮南屬王劉長派人與棘蒲侯太子柴奇勾結,準備叛變,並準備勾結外族,請求閩越及匈奴發兵支援。景帝三年(前 154 年),吳楚七國之亂爆發,更把楚國故地諸侯與中央政府的軍事對抗推向了高潮。吳楚七國之亂平定以後,諸侯王勢力大大削弱了,景帝又採取了一系列措施加強對諸侯國的控制,王國問題才基本得到解決。關於楚地王國反抗中央政權的原因,司馬遷認為有地方文化傳統在其中發生作用。《史記‧淮南衡山列傳》說:「淮南、衡山親為骨肉,疆土千里,列為諸侯,不務遵著臣職以承輔天子,而專挾邪僻之計,謀為畔逆,仍父子再亡國,各不終其身,為天下笑。此非獨王過也,亦其俗薄,臣下漸靡使然也。夫荊楚僄勇輕悍,好作亂,乃自古記之矣。」因而,有必要在此分析一下區域文化對漢初王國問題的影響。

一、從俗而治的楚地王國

在楚國故地,劉邦最初分封了三位諸侯王,楚王韓信、淮南王英布與長沙王吳芮。韓信的楚國是漢初轄地最廣的封國。《漢書‧高帝紀》記載垓下之戰前,劉邦許「從陳以東傳海與齊王信」,《史記‧荊燕世家》記載漢六年春,

「廢楚王信，囚之，分其地為二國……立劉賈為荊王，王淮東五十二城，高祖弟劉交為楚王，王淮西三十六城」。韓信的楚國東傅海，包有淮東淮西，西至陳，盡有淮北之地，相當於秦的陳郡、薛郡、泗水、東海、會稽等郡。英布的淮南國、吳芮的長沙國則分轄南楚各郡。《史記‧黥布列傳》記載漢五年，「布遂剖符為淮南王，都六，九江、廬江、衡山、豫章郡皆屬布。」而《漢書‧高帝紀》記載漢五年，劉邦下詔說：「其以長沙、豫章、象郡、桂林、南海立番君芮為長沙王。」但實際上當時象郡、桂林、南海三郡為南越趙佗占據，只是虛封。

　　劉邦分封異姓王有其不情願的地方。韓信平定齊地後，派使者向劉邦索要「假齊王」的頭銜，劉邦聞訊大怒，是在張良、陳平勸說下方立韓信為齊王。韓信、彭越是漢初異姓王中僅有的與項羽分封沒有什麼關係的兩人，但他們被立為楚王、梁王多少也有逼迫的成分。《漢書‧高帝紀》記載漢五年十月，劉邦與韓信、彭越相約擊楚，但兩人坐視不理，結果劉邦在固陵受挫。當時張良說：「楚兵且破，未有分地，其不至固宜。君王能與共天下，可立致也。齊王信之立，非君王意，信亦不自堅。彭越本定梁地，始，君王以魏豹故，拜越為相國。今豹死，越亦望王，而君王不早定。今能取睢陽以北至穀城皆以王彭越，從陳以東傅海與齊王信，信家在楚，其意欲復得故邑。能出捐此地以許兩人，使各自為戰，則楚易散也」。劉邦採納了張良之計，韓信、彭越才發兵相助。異姓王的存在，在漢初君臣眼裡是個不穩定因素。《史記‧劉敬列傳》記其勸劉邦定都長安時說：「陛下入關而都之，山東雖亂，秦之故地可全而有也。」〈留侯世家〉記張良之言：「關中左殽函，右隴蜀，沃野千里，南有巴蜀之饒，北有胡苑之利，阻三面而守，獨以一面東制諸侯。諸侯安定，河渭漕輓天下，西給京師；諸侯有變，順流而下，足以委輸。」因而漢初異姓王很快遭到誅滅。

　　然而，劉邦並不反對分封。因為至少在分封同姓王上，劉邦不是被迫的，而是包含了自覺的成分。在韓信以謀反罪名被廢黜後，劉邦在楚地又分封了荊、楚兩國，以劉賈為荊王，王淮東五十二城，弟劉交為楚王，王淮西三十六城。荊王劉賈被英布所殺後，因為無後，劉邦又立劉濞為吳王，「王賈荊地」。至於韓信楚國的淮北地陳郡，劉邦本欲自屬，但不久即以之置淮陽國，以子劉友為淮陽王。英布的淮南國在其反叛後亦未廢除，而是又封給了其子劉長。

　　劉邦在廢黜異姓王的同時，很自然地立即在楚地分封了一批同姓王，這說明在劉邦看來，楚地王國有其存在的必要。《漢書‧高帝紀》記劉邦在立韓信

為楚王的詔書中說：「楚地已定，義帝亡後，欲存恤楚眾，以定其主。齊王信習楚風俗，更立為楚王。」這段話將立韓信為王與楚地風俗聯繫起來，或許正好反映了劉邦在楚建國的正面動機。分封與郡國之爭，不僅是關於中央與地方關係的政策性討論，也反映了爭論雙方對待當時特徵各異的地域文化的態度。博士淳于越分封的建議，因而才會導致秦始皇焚書坑儒這一的空前劇烈的毀滅文化運動。風俗文化的統一遠非政治軍事上的統一可比。秦始皇匡飭異俗，力圖在短期內做到「行同倫」，結果卻由陳勝振臂一呼而天下雲集回應，秦朝迅速亡於楚人之手。劉邦統一天下後，與當初的秦王朝面臨著同樣的問題，即在東西文化尚未充分融合的情況下，採用什麼方式來統治包括楚國故地在內的關東地區。郡國並行制的施行，表明了漢王朝對楚地以及東方其它地區的文化的尊重。《史記‧曹相國世家》記曹參任齊相後，「盡召長老諸生，問所以安集百姓，如齊故俗」，結果深得齊人贊同與支持，使得「齊國安集，大稱賢相」。而從劉邦提到「齊王信習楚風俗，更立為楚王」，可以推斷，在此之前，劉邦對於楚地諸王，也是希望他們施政考慮楚地民眾的適應問題與社會的實際需要，充分尊重楚地舊俗，從俗而治。

楚地王國從俗而治首先表現在王國建置上。《續漢書‧百官志》曰：「漢初立諸王，因項羽所立諸王之制，地既廣大，且至千里。」漢初分封繼承了項氏分封制的特點，各個諸侯國獨立紀年，諸侯王自治其國，官制因其國制定，官吏皆自置。位於楚地的韓信楚國、英布淮南國與吳芮長沙國所採用的都是楚國舊制，在劉邦稱帝之前，他們與劉邦「位號比擬，亡上下之分」。[34]《漢書‧高惠高后文功臣表》記義陵侯吳郢「以長沙柱國侯」，而《史記‧灌嬰列傳》記英布反時，灌嬰曾率軍鎮壓，「斬亞將、樓煩將三人，又進擊破布上柱國軍及大司馬軍」。可見，封於舊楚之地的各王都設置了柱國這一典型楚官。英布軍中所設的亞將、樓煩將、大司馬也都是舊楚官名。

韓信、英布被廢黜、誅滅後，他們的封地分別授予了楚王劉交、荊王劉賈（後為吳王劉濞）以及淮南王劉長。在分封同姓王的時候，劉邦對王國官制有了明確的規定。吳氏長沙國的官制在此時亦發生了變更，吳郢之後長沙國不再

34　《漢書‧高帝紀》載劉邦稱帝前，諸侯上疏說：「楚王韓信、韓王信、淮南王英布、梁王彭越、故衡山王吳芮、趙王張敖、燕王臧荼昧死再拜言大王陛下：……地分已定，而位號比擬，亡上下之分，大王功德之著，于後世不宣。昧死再拜上皇帝尊號。」

設柱國，其繼任者利蒼職為長沙國丞相。《漢書・諸侯王表序》說王國「宮室百官，同制京師」，〈百官公卿表〉說王國「群卿大夫都官如漢朝」。但實際上在同姓王國的官制中仍保留有六國舊俗。比如內史的職掌。〈百官公卿表〉說王國「有太傅輔王，內史治國民，中尉掌武職，丞相統眾官」，〈淮南厲王長傳〉提到王國的幾種重要官職時，說「諸從蠻夷來歸誼，及以亡名數自占者，內史、縣令主」。與漢內史主要是京畿的主管長官不同，王國內史和相一樣對國政舉足輕重。吳榮曾認為這「當和官制的歷史淵源有關」，「《周禮》中的內史：『執國法及國令之貳，以考政事，以逆會計。』實際上關東六國之制也有不少和《周禮》相和之處」，「象齊、楚等大國皆在關東，出於這一地理上的原因，官制仿戰國時關東各國之制是完全可能的。」[35]

儘管史籍中關於漢初王國史事的記錄十分簡略，但還是能反映楚地諸王很好地融入了楚地社會。韓信、英布、吳芮本來就是楚人，自不必說。劉濞因吳太子為漢太子擊殺，而二十多年託病不朝；劉長因怨恨大臣辟陽侯當年沒有為自己的生母趙姬辯白，後來竟然親自用鐵錐將辟陽侯刺死。他們的行為都表現出了楚人粗率衝動、任性妄為的精神風貌。劉濞對吳國、劉長對淮南國的治理，也有不同於漢廷的獨特做法。楚地有任俠之風。《漢書・地理志下》記吳、楚之地的風俗，說：「汝南之別，皆急疾有氣勢」，「吳、粵之君皆好勇，故其民至今好用劍，輕死易發……本吳、粵與楚接比，故民俗略同。」劉濞、劉長的統治同樣有任俠色彩。[36]《史記・吳王濞列傳》記劉濞曾「招致天下亡命者鑄錢，煮海水為鹽，以故無賦，國用富饒」，公然招納違法亡命之人，而且「它郡國吏欲來捕亡人者，訟共禁弗予」，對他們加以容隱。淮南王劉長也有類似的做法。《漢書・淮南厲王長傳》說劉長「貴布衣一劍之任，賤王侯之位」，「觸情忘行」，「聚收漢諸侯人及有罪亡者，匿與居，為治家室，賜其財物爵祿田宅」。

《漢書・吳王濞傳》記：「會孝惠、高后時，天下初定，郡國諸侯各務自拊循其民。」由於王國從俗而治，楚地諸王統治楚地，所依據的必然不完全是漢法，而應是充分尊重楚地舊俗，變通漢法的王國之法。賈誼《新書・等齊》說：「天子之言曰令，令甲令乙是也；諸侯之言曰令，令儀令言是也。」表明

35　吳榮曾，〈西漢王國官制考實〉，載氏著《先秦兩漢史研究》，中華書局 1995 年版。
36　陳蘇鎮，《漢代政治與《春秋》學》，第 92 頁，中國廣播電視出版社 2001 年版。

在漢初的諸侯王國內同樣有具有法律效力的「令」，這些法令的性質與漢朝天子的法令一樣，都是官吏治事斷獄的依據，只不過其適用範圍限於各王國之內。很可能凡事涉及王國一般事務的事件，都必須按照王國的法律處置。因此，《漢書・賈誼傳》說：「若此諸王（指齊悼惠王、楚元王等同姓王），雖名為臣，實皆有布衣昆弟之心，慮亡不帝制而天子自為者。擅爵人，赦死罪，甚者或戴黃屋，漢法令非行也。」實際上，張家山漢簡《二年律令》中凡是涉及具體地區的律文都限於漢朝直轄郡縣，作為議罪案例彙編的《奏讞書》所收錄的司法文書也不及王國所轄各縣，這也反映了漢朝對於諸侯王的統治並沒有進行太多干預。

王國官吏的任免制度，也是王國從俗而治得以實現的原因。漢初諸侯王有置吏權。《史記・淮陰侯列傳》記韓信封楚王后，「召辱己之少年令出胯下者以為楚中尉。」《漢書・高五王傳》記載：劉邦「以海內初定，子弟少，激秦孤立亡藩輔，故大封同姓，以填天下。時諸侯得自除御史大夫群卿以下眾官，如漢朝，漢獨為置丞相。」漢朝曾明令禁止漢朝士人私自到王國為官。《新書・壹通》：「所謂禁游宦諸侯……者，豈不曰諸侯得眾則權益重……故明為之法，無資諸侯」。而且以各種方式防止漢民流入諸侯國。張家山漢簡《二年律令・賊律》中「以城邑亭障反，降諸侯，及守乘城亭障，諸侯人來攻盜，不堅守而棄去之若降之，及謀反者，皆腰斬。其父母、妻子、同產，無少長皆棄市」，「□來誘及為間者，磔」，以及《二年律令・捕律》中「捕從諸侯來為間者一人，拜爵一級，有（又）購二萬錢。不當拜爵者，級賜錢萬，有（又）行其購」等法律規定，反映了朝廷與王國相互間對人口的嚴格分割。在這種情況下，除了丞相由朝廷委派外，王國各級官吏均由諸侯王選用本地人擔任，他們對王國的治理自然不可避免會適應當地文化和習俗。[37]而且生活在當地文化環境下的王國士人也會影響諸侯王及王室成員，從而對王國政治發生作用。《史記・吳王濞列傳》：「吳太子師傅皆楚人，輕悍，又素驕，博，爭道，不恭。」

在楚地文化傳統仍然有很大影響的情況下，從俗而治可以緩解東西文化的

37　與同姓王國丞相由中央任免不同，漢初異姓王甚至有權自置包括丞相在內的所有官吏。《史記・灌嬰列傳》記英布反時，灌嬰曾率軍鎮壓，「又進擊破布上柱國軍及大司馬軍」。柱國為典型楚官，其地位相當於丞相。淮南柱國在英布發動反叛時，不僅未站在漢朝一方，而且親自率軍與漢朝為敵，當係英布自置，而非劉邦任命的。

衝突，避免強行推廣承秦而來的漢朝法律可能激起的反抗危險。《史記・吳王濞列傳》在敘述劉濞「自拊循其民」的措施後，說「如此者四十餘年，以故能使其眾」。《正義》說：「言四十餘年者，太史公盡言吳王一代行事也。」[38] 可見，劉濞的做法從高祖時就已經開始了，惠帝、呂后時期都沒有干預，表示了默許。或許出於同樣的考慮，作為漢初主張削弱諸侯王勢力代表人物的賈誼，卻並不主張削地入漢，而是要繼續將關東之地交予諸侯及其子孫治理，不改變關東地區既有的統治方式。《漢書・賈誼傳》記其建議「眾建諸侯以少其力」時說：「割地定制，令齊、趙、楚各為若干國，使悼惠王、幽王、元王之子孫畢以次各受祖之分地，地盡而止，及燕、梁它國皆然。其分地眾而子孫少者，建以為國，空而置之，須其子孫生者，舉使君之。諸侯之地其削頗入漢者，為徙其侯國及封其子孫也，所以數償之」，做到「一寸之地，一人之眾，天子亡所利焉，誠以定治而已」。

二、漢法向王國的推行

漢初鑒於秦王朝強制推行秦法導致「天下苦秦」的教訓，實行郡國並行制，對王國事務並不進行過多干涉。諸侯王在許可的範圍內，可以制定與頒布符合本地舊俗的法令，依靠本國士人在一定程度上從俗而治。這種選擇適應了當時地域文化異彩紛呈的特點，對於漢初國家與社會的發展都具有重要意義。然而諸侯王在政治上有充分的發展機會，終究會與中央政權產生一定的離心力，這是體制本身所決定的。李開元認為漢初的皇權是一種有別於絕對專制皇權的相對有限皇權。「該有限皇權之存在，基於內外兩個條件。其內在條件為強大的具有獨立性的漢初軍功受益階層的存在，其外在條件則為獨立於漢朝的眾多諸侯王國之存在。」[39] 張家山漢簡《二年律令》、《奏讞書》中記載的漢初國家防範諸侯王國的有關具體措施，反映了兩者之間的緊張關係。《二年律令・賊律》：「以城邑亭障反，降諸侯，及守乘城亭障，諸侯人來攻盜，不堅守而棄去之若降之，及謀反者，皆要（腰）斬。其父母、妻子、同產，無少長皆棄市。」〈津關令〉限制人員出入河津關塞，對黃金、銅、馬匹這些重要戰略物質由中央所在的關中向諸侯國所在的關東地區的流出，限制尤為嚴格。《新書・壹通》

38　「四十餘年」在《漢書・荊楚吳傳》中作「三十餘年」。《正義》認為「班固見其語在孝文之代，乃減十年，是班固不曉其理也。」

39　李開元，《漢帝國的建立與劉邦集團》，第 227 頁，三聯書店 2000 年版。

也說：「所謂建武關、函谷、臨晉關者，大抵為備山東諸侯也。天下之制在陛下，今大諸侯多其力，因建關而備之。」

文帝以外藩入承大統，雖為朝臣所擁戴，但同姓諸侯王並未完全心悅誠服。《史記・齊悼惠王世家》記載，齊王襄是「高皇帝嫡長孫」，自認為最有資格繼承皇位，而在平定諸呂之亂後，大臣們的確最初也是欲立齊王。只是因為其舅家駟鈞「惡戾」而與皇位失之交臂。齊王兄弟在平定諸呂之亂時功不可沒，大臣亦曾「許盡以趙地王朱虛侯，盡以梁地王東牟侯」。然而文帝即位後，僅分齊國的城陽、濟北二郡獎賞二人。表面上看，這是文帝「聞朱虛、東牟之初欲立齊王，故黜其功」，實際上卻不能不懷疑是出自文帝的猜忌。文帝在即位後，想方設法削弱王國，強化王權。他採取的重要措施之一，就是要求諸侯王國用漢法，明確漢與王國的上下之別。

陳蘇鎮對西漢前期王國與漢法的關係進行了系統考察，他的結論是：以文帝初年為界，同姓諸侯王國經歷了一個從不用漢法到行漢法的演變過程。「文帝之前可能沒有要求內諸侯用漢法的明確規定，即使有也必定形同虛設；文帝即位以後，建立了這項制度，或加以強調使之得以認真貫徹。」[40]要求諸侯王用漢法的記載始見於文帝時期。《史記・淮南衡山列傳》記：「當是時，薄太后及太子諸大臣皆憚厲王，厲王以此歸國益驕恣，不用漢法，出入稱警蹕，稱制，自為法令，擬于天子。」丞相張倉等也指控其「擅為法令，不用漢法」。《漢書・賈誼傳》「今吳又見告」，如淳注曰：「時吳王又不循漢法，有告之者。」此後，諸侯用漢法遂成漢朝定制。《史記・南越列傳》記武帝時南越王嬰齊稱病不願入見，就是因為「懼入見要用漢法，比內諸侯」。

過去曾普遍認為漢法與秦律之間存在寬簡與繁苛的明顯差別。《漢書・高帝紀》記劉邦入關後與關中父老相約：「法三章耳：殺人者死，傷人及盜抵罪。余悉除去秦法。」這裡有「余悉除去秦法」，自然容易使人認為漢初之法與秦律有很大區別。但隨著二十世紀七、八十年代以來大量秦漢法律簡的出土，人們已越來越多地留意到了漢初法令與秦律的承繼關係。三章之法不過是一時的策略，《史記會注考證》引梁玉繩說：「漢興……其大辟尚有夷三族之令。又考惠帝四年始除挾書律，呂后元年始除三族罪、妖言令，文帝元年始除收孥諸

40　陳蘇鎮，《漢代政治與《春秋》學》，第88頁，中國廣播電視出版社2001年版。

相坐律令，二年始除誹謗律，十三年除肉刑，然則秦法未嘗悉除，三章徒為虛語，《續古今考》所謂『一時姑為大言以慰民也』。」《漢書‧刑法志》也記載劉邦約法三章後，「其後四夷未附，兵革未息，三章之法不足以御奸，於是相國蕭何，捃摭秦法，取其宜於時者，作律九章。」所謂「捃摭秦法」即史書中所說的蕭何收藏秦丞相御史律令圖書一事。《晉書‧刑法志》說：「漢承秦制，蕭何定律，除參夷連坐之罪，增部主見知之條，益事律興廄戶三篇，合為九篇。」認為九章律是在秦律六篇的基礎上，增加了興、廄、戶三篇而成，但事實上諸如徭役、廄苑、戶賦等方面的內容在秦律中早已有之。因此，蕭何很可能只是根據情況對秦律篇章有所調整，對某些條文有所刪補，而基本上則沿用了秦律。

從出土秦律、漢律的對比來看，秦與漢初基本的刑罰種類大致相同，有死刑、肉刑與徒刑、遷刑、贖刑、貲刑、連坐等六類。而且秦律與漢律的處罰原則與量刑標準也極為相似。比如關於盜竊犯罪，秦簡《法律答問》有「不盈五人，盜過六百六十錢，黥劓以為城旦；不盈六百六十錢至二百廿錢，黥為城旦；不盈二百廿錢以下到一錢，遷之。」而《二年律令‧盜律》規定：「盜臧（贓）直（值）過六百六十錢，黥為城旦舂。六百六十到二百廿錢，完為城旦舂。不盈二百廿到百一十錢，耐為隸臣妾。不盈百一十錢到廿二錢，罰金四兩。不盈廿二錢到一錢罰金一兩。」張家山漢簡《奏讞書》也記載了「臧（贓）直（值）過六百六十錢，黥為城旦舂」的律文。由此可見漢初法令與秦律一樣對於盜竊犯罪都是以所盜贓值作為判罰的標準，而且其錢數均為十一的倍數。從對贓值的劃分看，兩者都是將「六百六十錢」、「二百廿錢」及「一錢」作為基本標準，雖然漢律增加了百一十與廿二錢兩個等級，但基本原則都是一樣的。

比較秦簡《法律答問》與張家山漢簡《二年律令》，可以發現兩者甚至有不少律文都是相同或相似的。如《法律答問》「盜盜人，買（賣）所盜，以買它物，皆畀其主」，《二年律令‧盜律》「盜盜人，臧（贓），見存者皆以畀其主」；《法律答問》「甲乙雅不相治，甲往盜丙，才到，乙亦往盜丙……其前謀，當並臧（贓）以論；不謀，各坐臧（贓）」，《二年律令‧盜律》「謀偕盜而各有取也，並直（值）其臧（贓）以論之」；《法律答問》「鬥以箴（針）、鉥、錐，若箴（針）、鉥、錐傷人，各何論？鬥，當貲二甲；賊，當黥為城旦」，《二年律令‧賊律》「鬥而以釘及金鐵銳、鐘、椎傷人，皆完為城旦舂」；《法律答問》「或鬥，齧斷人鼻若耳、若指、若唇，論各可（何）殹（也）？議皆

當耐」，《二年律令‧賊律》鬥而「眇人，折枳、齒、指，胅體，斷決鼻、耳者，耐」；《法律答問》「子告父母，奴婢告主，非公室告，勿聽」，《二年律令‧告律》「子告父母，婦告威公，奴婢告主、主父母妻子，勿聽而棄告者市」；《法律答問》「百姓有責（債），勿敢擅強質，擅強質及和受質者，皆貲二甲」，《二年律令‧雜律》「諸有責（債）而敢強質者，罰金四兩」；《法律答問》「同母異父相與奸，可（何）論？棄市」，《二年律令‧雜律》「同產相與奸，若取（娶）以為妻，及所取（娶）皆棄市」。

秦朝統一後強制推行秦律，但由於秦的法律令與關東文化，特別是楚文化之間存在較大距離，這種文化的差異與衝突導致了楚人對秦政的反感，秦朝也最終亡於楚人之手。故而漢初改變了對關東地區的統治策略，允許諸侯王從俗而治，來緩解東西文化的矛盾與衝突。因而，文帝削弱王國，要求諸侯國使用承秦律而來的漢法，無疑也會激化朝廷與王國之間的矛盾。漢有通過虎符來控制諸侯王國發兵權的制度。《漢書‧景十三王傳》記載：吳楚七國之亂時，時為汝南王的劉非「上書自請擊吳。景帝賜非將軍印，擊吳」，而「元光中，匈奴大入漢邊，非上書願擊匈奴，上不許」，則只得作罷。這一制度就是開始於文帝時期，《史記‧孝文本紀》記載：「二年，初與郡國守相為銅虎符、竹使符。」文帝規定諸侯王發兵要有詔書、虎符，目的在於限制諸侯王任意調兵遣將，防止發動叛亂。

楚地王國的力量是比較強大的，而且由於距離關中較遠，漢朝對楚地的控制力也相對要弱。呂后專權時試圖削弱劉氏宗室勢力，殺趙隱王劉如意；接著將梁王劉友遷為趙王，不久活活將其餓死；再將梁王劉恢遷為趙王，然後又逼死劉恢；齊國也被迫割出城陽郡，為魯元公主湯沐地。諸呂消滅以後，高祖所封的諸侯國，北方僅有齊國尚存，但南方楚地的吳、楚、淮南和長沙卻穩定不變。在王國抵制文帝推廣漢法的過程中，楚地諸王也表現得最為突出。

《史記‧淮南王傳》記載：「及孝文帝初即位，淮南王自以為最親，驕蹇，數不奉法……當是時，薄太后及太子諸大臣皆憚厲王，厲王以此歸國益驕恣，不用漢法，出入稱警蹕，稱制，自為法令，擬于天子。」陳蘇鎮認為：「諸侯王是否用漢法，與其有沒有自置內史、中尉等二千石之權密切相關。二千石若由諸侯王自置，自然會『從王治』而『不用漢法』，若由中央任免，便會像郡

守那樣『奉漢法以治』。」[41]劉長極力維護自置二千石的權力。《漢書・淮南王傳》記載，薄昭曾寫信諫厲王：「漢法，二千石缺，輒言漢補，大王逐漢所置，而請自置相、二千石。皇帝委天下正法而許大王，甚厚。」蘇林曰：「不從正法，聽王自置二千石。」而丞相張蒼等人指控劉長「擅為法令，不用漢法」時，所列舉的事實中也有「及所置吏，以其郎中春為丞相，聚收漢諸侯人及有罪亡者，匿與居，為治家室，賜其財物爵祿田宅，爵或至關內侯，奉以二千石所當得。」

　　薄昭早就注意到了淮南王劉長從楚俗而治的統治方法與漢法之間的矛盾。他在諫劉長的書信中，說其：「貪讓國土之名，輕廢先帝之業，不可以言孝。父為之基，而不能守，不賢。不求守長陵，而求之真定，先母后父，不誼。數逆天子之令，不順。言節行以高兄，無禮。幸臣有罪，大者立斷，小者肉刑，不仁。貴布衣一劍之任，賤王侯之位，不知。不好學問大道，觸情忘行，不祥。此八者，危亡之路也，而大王行之，棄南面之位，奮諸、賁之勇，常出入危亡之路」，並勸其「改操易行」。但劉長「得書不說」，並不以任用漢法為意。因而在指控他「不用漢法」時，張蒼等人能羅列的事實也非常多，除了「居處無度，為黃屋蓋擬天子」、越權置吏、收聚亡命、參與叛變外，還「身自賊殺無罪者一人；令吏論殺無罪者六人；為亡命棄市罪詐捕命者以除罪；擅罪人，罪人無告劾，系治城旦舂以上十四人；赦免罪人，死罪十八人，城旦舂以下五十八人；賜人爵關內侯以下九十四人。」

　　吳王劉濞與漢王朝的衝突也開始於文帝時期。《史記・吳王濞列傳》記文帝時，吳王濞詐稱病不朝，朝廷「驗問實不病，諸吳使來，輒系責治之」，為此「吳王恐，為謀滋甚」。後來文帝復責問吳使者，使者對曰：「王實不病，漢系治使者數輩，以故遂稱病。且夫『察見淵中魚，不祥』。今王始詐病，及覺，見責急，愈益閉，恐上誅之，計乃無聊。唯上棄之而與更始。」於是文帝作出讓步，「乃赦吳使者歸之，而賜吳王几杖，老，不朝。吳得釋其罪，謀亦益解。」他在吳國的統治也全然不顧漢法。「招致天下亡命者鑄錢」，「卒踐更，輒與平賈」，甚至「它郡國吏欲來捕亡人者，訟共禁弗予」，《正義》：「訟音容。言其相容禁止不與也。」

　　漢法的推廣同樣有整齊風俗的作用。《漢書・終軍傳》記南越內屬後，

41　陳蘇鎮，《漢代政治與《春秋》學》，第87頁，中國廣播電視出版社2001年版。

武帝「賜南越大臣印綬，壹用漢法，以新改其俗，令使者留填撫之。」楚地諸侯不用漢法，自然與維護自己的利益有關，但他們從俗而治的方式卻的確深得楚地民心。對於淮南王長不用漢法，挑戰文帝收奪諸侯治民權的行為，漢朝大臣提出的處置意見相當嚴厲，一再要求文帝「論如法」，將其棄市。文帝雖然流露出手足之情，最終還是使他客死於遷徙途中。然而，對於淮南王之死，楚地民眾卻更多流露出來的是同情。《史記‧淮南王列傳》記文帝十二年，民有作歌歌淮南厲王曰：「一尺布，尚可縫；一斗粟，尚可舂。兄弟二人不能相容。」文帝也因此感到了巨大的壓力。「上聞之，乃歡曰：『堯舜放逐骨肉，周公殺管蔡，天下稱聖。何者？不以私害公。天下豈以我為貪淮南王地邪？』乃徙城陽王王淮南故地，而追尊諡淮南王為厲王，置園復如諸侯儀。」《漢書‧賈誼傳》記其在上疏中說：「今淮南地遠者或數千里，越兩諸侯，而縣屬於漢。其吏民徭役往來長安者，自悉而補，中道衣敝，錢用諸費稱此，其苦屬漢而欲得王至甚，逋逃而歸諸侯者已不少矣。」也反映了楚地民眾多以屬漢為苦，而欲為王國之民的事實。

　　事實上，自文帝試圖將漢法推行至關東地區以後，漢法過於嚴苛的問題已經開始顯現。歷史上的文帝留給我們的是一個「除秕削謗，政簡刑清」的仁者形象，他在位期間採取了徹底清除亡秦苛法與暴政的一系列措施。但文帝此舉很可能是在當時的客觀條件下不得不順應民心而為之，否則無法在關東民眾心中樹立西漢政權不同於亡秦的形象。文帝時期，最成功且對後世影響最大的刑法改革是廢肉刑與規定罪人刑期。因齊太倉淳于公一案，文帝下令：「除肉刑，有以易之；及令罪人各以輕重，不亡逃，有年而免。」於是定律，「諸當完者，完為城旦舂；當黥者，髡鉗為城旦舂；當劓者，笞三百；當斬左止者，笞五百；當斬右止，及殺人先自告，及吏坐受賕枉法，守縣官財物而即盜之，已論命復有笞罪者，皆棄市。罪人獄已決，完為城旦舂，滿三歲為鬼薪、白粲。鬼薪、白粲一歲，為隸臣妾。隸臣妾一歲，免為庶人。隸臣妾滿二歲，為司寇。司寇一歲，及作如司寇二歲，皆免為庶人。其亡逃及有罪耐以上，不用此令。前令之刑城旦舂歲而非禁錮者，如完為城旦舂歲數以免。」這事發生在文帝十三年，《漢書‧刑法志》對它的來龍去脈有詳細記載。陳蘇鎮對這段史料進行了分析，他認為：「細味緹縈之語，其父為吏既有『廉平』之稱，當非知法犯法，既要求得到『改過自新』的機會，當是初犯。言下之意，淳于公作為齊

吏，對漢法尚不熟悉，因此犯法，情有可原。而文帝也承認當時普遍存在『教未施而刑加焉』的問題，故對照有虞氏，著重檢討其『德薄』、『教不明』，以至出現『馴道不純而愚民陷』的情況。在漢法剛剛被推廣到王國這一背景下，淳于公一案有重大意義。它是東方社會向文帝提出的抗議。文帝意識到這一點，遂下令對刑法進行改革。」[42] 戰國時期齊國已有有期徒刑，陳乃華也指出：文帝「關於刑徒刑期的法律規定，接受已成定制的齊國法制的影響是可能的。」[43]

　　《史記‧漢興以來諸侯王年表》記文帝前元十三年，頒布「除戍卒令」。《漢書‧賈山傳》記文帝曾「減外徭衛卒」。此事似乎也與文帝在關東推廣漢法的努力有關。因為就在前一年賈誼曾上疏提到淮南民眾「苦屬漢而欲得王」的問題，而原因就在於「淮南地遠者或數千里，越兩諸侯，而縣屬於漢。其吏民徭役往來長安者，自悉而補，中道衣敝，錢用諸費稱此」。在《新書‧屬遠》中，賈誼對此有更詳細的分析，說：「今漢越兩諸侯之中分，而乃以廬江之為奉地，雖秦之遠邊，過此不遠矣。今此不輸將不奉主，非奉地義也，尚安用此而久縣其心哉？若令此如奉地之義，是復秦之跡也，竊以為不便。夫淮南竊民貧鄉也，徭使長安者，自悉以補，行中道而衣，行勝已羸弊矣，強提荷弊衣而至，慮非假貸自詣，非有以所聞也。履蹻不數易，不足以至，錢用之費稱此，苦甚。竊以所聞，縣令丞相歸休者，慮非甚強也，不見得從者。夫行數千里，絕諸侯之地，而縣屬漢，其勢終不可久。漢往者，家號泣而送之；其來徭使者，家號泣而遣之，俱不相欲也。甚苦屬漢而欲王，類至甚也，逋遁而歸諸侯者，類不少矣。」

三、吳楚七國之亂

　　景帝三年（前 154 年），以楚地諸侯吳、楚為首的七國公開舉起叛旗，三個月後，戰爭以七國的失敗而告終。七國之亂是西漢前期朝廷與諸侯王的一場關鍵戰鬥。戰爭結束後，景帝乘機採取了一系列削弱和控制諸侯王國勢力的辦法，從而使西漢建國以來一直困擾著歷代皇帝的王國問題得到了基本解決。首先，景帝陸續在七國舊地封皇子十三人為諸侯王，並且新建的諸侯工國遠不如舊王國強大。《史記‧諸侯王表》說：「吳楚時，前後諸侯或以適削地，是以燕、

42　陳蘇鎮，《漢代政治與《春秋》學》，第 111 頁，中國廣播電視出版社 2001 年版。
43　陳乃華，〈論齊國法制對漢制的影響〉，《中國史研究》1997 年第 2 期。

代無北邊郡，吳、淮南、長沙無南邊郡，齊、趙、梁、楚支郡名山陂海咸納於漢。諸侯稍微，大國不過十餘城，小侯不過數十里……而漢郡八九十，形錯諸侯間，犬牙相臨。」這樣既收到了以親易疏的效果，又削弱了諸侯王的勢力。其次，景帝又進一步收奪了諸侯王的置吏權。《漢書‧百官公卿表》記景帝中五年（前145年）詔：「令諸侯王不得復治國，天子為置吏，改丞相曰相，省御史大夫、廷尉、少府、宗正、博士官，大夫、謁者、郎諸官長丞皆損其員。」這樣一來，諸侯王利用任用官吏培植私黨的途徑被徹底堵住了，諸侯王也失去了專斷擅權的條件。

關於劉濞的反叛，似乎是早就註定的。劉邦在封劉濞為吳王時就提到了反的問題。《史記‧吳王濞列傳》：「已拜受印，高帝召濞相之，謂曰：『若狀有反相。』心獨悔，業已拜，因拊其背，告曰：『漢後五十年東南有亂者，豈若邪？然天下同姓為一家也，慎無反！』」所謂「反相」自是無稽之談。關於劉濞的為人，《漢書‧高帝紀》記劉邦在分封吳王前，曾令群臣議論推薦，長沙王吳臣等說：「沛侯濞重厚，請立為吳王。」《史記‧孝文本紀》記載後來的文帝也說他是「惠仁以好德」。那麼，對於這麼一個重厚、惠仁、好德的人，劉邦為什麼會產生猜忌呢？這就不得不涉及當時的文化背景了。

楚人自西元前656年「召陵之盟」後，逐漸東向擴展，與處於長江下游的江東吳國在江淮地區進行了長期的拉鋸戰爭。前473年越滅吳，前333年楚又敗越。《史記‧越王勾踐世家》記載楚威王七年興兵「大敗越，殺王無疆，盡取故吳地至浙江。」楚文化的擴展是東周時代的一件大事，吳地也在此時被納入了楚文化的圈子。然而由於楚文化與其它地域文化差異與衝突的發展，使得在秦王朝時期形成了「東南有天子氣」的謠言。後來出自東南沛郡的劉邦果真成為大漢天子，但「東南有天子氣」的謠言也並沒有因此止息。而吳地正是這一謠言的中心。《宋書‧符瑞志》及《三國志‧吳志‧張紘傳》注引〈江表傳〉都記載有秦時望氣者說：「五百年後，江東有天子氣，出於吳，而金陵之地，有王者之勢。」秦始皇巡遊天下時，在東南地區大張旗鼓地進行破壞「天子氣」的活動，鑿毀的地方較多，也以在吳地的動作最大。《水經注‧沔水注》：「檇李之地，秦始皇惡其勢王，令囚徒十餘萬人掘汙其土，表以惡名，改曰囚卷。亦曰由卷也。」《太平御覽》卷四十一引〈金陵地記〉：「始皇東巡，埋金玉雜寶于鐘山，乃斷其地，更名秣陵。」卷五十八引董覽〈吳地志〉：「曲阿，

秦時名雲陽。太史云：『東南有天子氣，在雲陽之間。』故鑿北岡，令曲而阿，因名曲阿。」卷六十六引劉楨〈京口記〉：「龍目湖，秦王東遊，觀地勢，云：『此地有天子氣。』使赭衣徒鑿湖中長岡使斷，改為丹徒。」實際上，在徐復《秦會要訂補》中收錄的秦始皇破壞天子氣的活動中，只有廣州城北的馬鞍岡不在吳地，而考察秦始皇巡遊路線，實未曾抵達該地。冷鵬飛也留意到秦始皇「以毀敗金陵一帶的地脈為甚」，認為「這是因為金陵的自然地貌堪稱東南地區理想的建都之所。金陵恃長江天塹，又『鐘山龍盤，石頭虎踞。乃帝王之宅。』」[44]

秦二世時，劉邦就是利用了「東南有天子氣」的讖言以提高身價，從而為發動起義聚集了力量。《史記‧高祖本紀》記：「秦始皇帝常曰『東南有天子氣』，於是因東遊以厭之。高祖即自疑，亡匿，隱於芒、碭山澤岩石之間。呂后與人俱求，常得之。高祖怪問之。呂后曰：『季所居上常有雲氣，故從往常得季。』高祖心喜。沛中子弟或聞之，多欲附者矣。」相較於秦始皇，他對於「東南有天子氣」的謠言更有理由感到不安。《史記‧黥布列傳》記載英布反叛時，軍隊精良，劉邦「望布軍置陳如項籍軍，上惡之」，而對於劉邦在陣前「何苦而反」的問題，英布又公開宣稱「欲為帝耳」。這件事必然極大地刺激了劉邦。〈高祖本紀〉記載，劉邦在平定英布叛亂後，還過沛時，「酒酣，高祖擊築，自為歌詩曰：『大風起兮雲飛揚，威加海內兮歸故鄉，安得猛士兮守四方！』令兒皆和習之。高祖乃起舞，慷慨傷懷，泣數行下。」「安得猛士兮守四方」，透露了當時劉邦對是否能維護漢王朝的統一而憂心不已。

隱射於吳地的「東南有天子氣」的謠言導致了劉邦的不安，他必然會把吳地作為防範的重點。而英布「欲為帝耳」的宣言，又加重了劉邦對諸侯王的顧忌。《史記‧吳王濞列傳》記劉濞受封時「上患吳、會稽輕悍，無壯王以填之，諸子少，乃立濞于沛為吳王」。劉邦本來想把吳地交給自己的親生兒子，但因為諸子年少，方不得不以兄子劉濞為吳王。由於劉邦對劉濞從一開始就有猜疑，他在封劉濞為吳王時就提到了反的問題，而他的這種猜疑卻會自然地對後來的執政者產生影響。

漢初的吳國是一個封地廣大，經濟富強，民人安附的諸侯國。《史記‧吳王濞列傳》載：「會孝惠、高后時，天下初定，郡國諸侯各務自拊循其民。

44　冷鵬飛，〈「東南有天子氣」」釋——秦漢區域社會文化史研究〉，《學術研究》1997 年第 1 期。

吳有豫章郡銅山，濞則招致天下亡命者鑄錢，煮海水為鹽，以故無賦，國用富饒。」「然其居國以銅鹽故，百姓無賦。卒踐更，輒與平賈。歲時存問茂材，賞賜閭里。它郡國吏欲來捕亡人者，訟共禁弗予。如此者四十餘年，以故能使其眾。」而吳地軍人又有作戰輕勇，富於機動性的特點。〈吳王濞列傳〉記劉邦曾「患吳、會稽輕悍」，周勃客鄧都尉也曾經說：「吳兵銳甚，難與爭鋒。楚兵輕，不能久。」吳國之地，不論政治、經濟、軍事各方面來說，對漢朝的意義都是不容忽視的。然而，正如黃仁宇所言：「根據當日的觀念，造反不一定要有存心叛變的證據，只要有叛變的能力也可以算數。」[45] 政治的安定，民心的歸附，只會加重朝廷的懷疑。

文帝以後，吳、楚與皇帝的血緣關係已開始疏遠，成為朝廷重點防範的對象。《漢書‧賈誼傳》記，賈誼為梁太傅時上疏文帝，建議「舉淮南地以益淮陽，而為梁王立後，割淮陽北邊二、三列城與東郡以益梁……徙代王而都睢陽，梁起於新棲以北著之河，淮陽包陳以南楗之江」，使「梁足以捍齊、趙，淮陽足以禁吳、楚」，於是文帝「徙淮陽王武為梁王，北界泰山，西至高陽，得大縣四十餘城；徙城陽王喜為淮陽王，撫其民。」景帝即位之後，由於有吳太子被殺事件存在，朝廷對吳王的猜疑也更為嚴重。〈吳王濞列傳〉記吳使者曾說，吳王「嘗患見疑，無以自白，今脅肩累足，猶懼不見釋」。

平心而論，劉濞叛亂的動機至少一半是朝廷促成的。劉濞主要活動於惠帝、呂后、文帝和景帝時期。惠帝是有名的仁弱皇帝，呂后則是女主攝政，當時天下不安定的因素很多，但在惠帝和呂后時期劉濞並沒有謀反，反而是在被稱為治世的文景時期反了，這說明劉濞並沒有尋找漢朝軟弱動盪之機起兵反叛。〈吳王濞列傳〉記皇太子殺死吳太子後，劉濞因憤恨不滿而詐病不朝。文帝知道後，開始「諸吳使來，輒系責治之」，結果「吳王恐，為謀滋盛」；後來「赦吳使者歸之，而賜吳王几杖，老，不朝」，結果「吳得釋其罪，謀亦益解」。可見，漢朝如何處理同王國的關係，對於諸侯王是否反叛有很大關係。《漢書‧吳王濞傳》記景帝時，晁錯上書說：劉濞「即山鑄錢，煮海為鹽，誘天下亡人謀作亂逆。今削之亦反，不削亦反。削之，其反亟，禍小；不削之，其反遲，禍大。」冶鐵、煮鹽、鑄錢未必將來一定作亂，但本就對劉濞猜疑嚴重的景帝卻因此採

---

45 黃仁宇，《赫遜河畔談中國歷史》，第 22 頁，三聯書店 1992 年版。

納了晁錯削藩的建議。可以說，是漢朝先把劉濞當叛逆對待，終使後者扮演起朝廷預先想像中的角色。《史記・吳王濞列傳》說：「吳王濞恐削地無已，因以此發謀，欲舉事。」

劉濞的叛變，獲得了多數楚地諸王的支持。《漢書・楚元王傳》記楚王劉戊曾由於「為薄太后服私奸，削東海、薛郡」，並因此懷恨在心，不聽申公、白生、休侯劉富的勸諫，決意與吳王合謀反。吳、楚兩個東方大國遂結成反漢聯盟。在劉濞發兵後，殺楚相張尚、太傅趙夷吾，與吳兵一起攻梁，後因兵敗自殺。淮南王劉安、衡山王劉賜、廬江王劉勃也是劉濞重點拉攏的對象，他們與漢朝的恩怨早在其父劉長時就已經結下。文帝時，劉長因「驕蹇」、「不用漢法」被廢黜，死於遷徙的路上。《漢書・鄒陽傳》注引張晏曰：淮南厲王三子「念其父見遷殺，思慕，欲抱怨也。」《新書・淮難》也說：「淮南子，少壯聞父辱狀，是立怨泣洽衿，臥怨泣交項，腸至腰肘如繆維耳，豈能須臾忘哉？」《史記・淮南王列傳》記載：七國之亂，淮南王劉安本欲發兵回應吳楚，但被其相騙去了兵權，「相已將兵，因城守，不聽王而為漢，漢亦使曲城侯將兵救淮南，淮南以故得完」。

平定七國之亂後，諸侯王勢力大大削弱，也為漢法在關東地區的推行掃清了障礙。景帝以後，王國四百石以上的官吏都改由漢廷任命，[46] 更進一步確保了對王國事務的處理都採用漢法。趙翼〈廿二史箚記〉「漢初諸侯王自置官屬」條說：漢初但為諸侯王置丞相而已，「此可見當日法制之疏也」，到七國反後，景帝收奪諸侯王置吏權，才「禁令稍嚴」，並認為「蓋法制先疏闊而後漸嚴，亦事勢之必然也」。

在漢法通行於全國的時候，漢法苛刻的問題也再次受到關注。正是考慮到漢律有不合東方「人心」之處，景帝力圖通過治獄從寬、減輕刑罰，來避免東西方文化的衝突再次爆發。《漢書・景帝紀》記景帝中五年詔：「法令度量，所以禁暴止邪也。獄，人之大命，死者不可復生。吏或不奉法令，以貨賂為市，朋黨比周，以苛為察，以刻為明，令亡罪者失職，朕甚憐之。有罪者不伏罪，奸法為暴，甚亡謂也。諸獄疑，若雖文致于法而于人心不厭者，輒讞之。」詔

46　《史記・衡山王列傳》記載武帝時，衡山王劉賜有罪，「有司請逮衡山王，天子不許，為置吏二百石以上。」《集解》如淳曰：「漢儀注吏四百石以下，自調除國中，今王惡，天子皆為置之。」

書批評了官吏「以苛為察，以刻為明」的風氣，並且要求「諸獄疑，若雖文致于法而于人心不厭者，輒讞之」。後元年詔：「獄，重事也。人有智愚，官有上下。獄疑者讞有司，有司所不能決，移廷尉。有令讞而後不當，讞者不為失。欲令治獄者務先寬。」漢初奏讞本限於「疑獄」，即那些法律規定不明確的疑難案件。張家山漢簡《奏讞書》第四例廷尉報曰：「律白，不當讞。」意即律文已有明確規定的案件，不應上報。陳蘇鎮認為景帝「將律文有明確規定但『于人心不厭』的案件也納入奏讞範圍。這意味著法律有時也要尊重『人心』，要尊重往往與之不合的東方習俗。這可能是景帝繼文帝之後對東方社會作出的又一次讓步。」[47] 然而，刑法的減輕畢竟只能緩解漢法與東方習俗的衝突，而不是消除雙方的矛盾。

第四節　楚文化獨立形態的消失

統一是秦漢歷史的大趨勢，文化的統一是其中十分重要的一環。然而秦末漢初的歷史表明，文化的統一遠比政治、軍事的統一艱難。春秋戰國時與諸侯林立的政治局面相對應的文化上的多元和多區域特點，在政治上進入大一統後並未消失。秦王朝實踐的是法家提倡的「法治」學說，嚴厲推行新法於全國以「匡飭異俗」，反而把六國民眾推向了政治的對立面。秦末的抗秦鬥爭以區域文化為依託和動力，並推動了楚文化的復興。西漢大體上繼承了秦朝的舊制，但最初卻採用郡國並行的統治方式，允許諸侯王國因地制宜，變通漢制而自行其是，六國民眾在相當程度上可以繼續其舊有傳統。這一措施可以緩解東西文化的衝突，但畢竟無法完成文化統一的任務。《漢書・荊燕吳傳》中有「漢兵」、「吳兵」、「楚兵」、「齊人」等稱呼，張家山漢簡《奏讞書》中將漢直接統治區域的人民稱為「漢民」，從而與諸侯國人相區別，均反映了當時不同文化區域間人們的心理隔閡。這種基於文化而相互認同或排斥的心理傾向，自然無法滿足集權的統一帝國這種新型政治體制的需要。到武帝時，漢王朝最終採納了「《春秋》大一統」理論，重新關注文化的建設。漢文化的構建不僅在於構造漢代的政治活動與理論，而且形塑了具體的社會生活，更為區域文化的整合確定了標準。武帝以後漢文化成為中國的主體文化，而楚文化的獨立形態也在

47　陳蘇鎮，《漢代政治與《春秋》學》，第 115 頁，中國廣播電視出版社 2001 年版。

這一文化共同體逐漸形成的過程中消失了。

一、從俗而治到以禮化俗

　　在文化變遷的結構層次上，最先變化的為物質層次，其次是制度層次，再後為風俗習慣層次，最後是思想與價值層次。大體而言，物質的、有形的變遷較易，無形的、精神的變遷則甚難。秦始皇「一法度衡石丈尺，車同軌、書同文」以來，制度層面上的東西已基本得到統一，漢初地域文化的差異主要體現在風俗習慣與思想價值層面上。而丁毅華指出，西漢時期人們所說的「風俗」大體上有兩種含義：「其一相當於我們所說的風俗習慣」；「其二相當於我們所說的社會風氣，即在一定時期的社會生活中具有比較廣泛的參與和影響，又引起普遍關注的時尚、傾向，是社會思潮、道德和價值觀念、生活方式、人際關係、文化崇尚等動態的綜合表現。」[48]因此，經常引起當時朝野深切關注的風俗問題，實際上體現了時人對待文化差異的態度。

　　《淮南子・齊俗訓》發揮了老子「樂其俗」的觀點，認為施政者應因地制宜，不易其俗，不改其宜，反對追求文化統一。許慎說《淮南子・齊俗訓》是「四宇之風，世之眾理，皆混其俗，令為一道也。故曰齊俗。」這實際上是講錯了，因為此處所謂的齊俗，並非齊一、均齊之齊，而是《莊子・齊物》的意思。任繼愈也說：「〈齊俗訓〉以『齊俗』命篇，其真意是以不齊為齊，承認差別，統而包容之。」[49]《淮南子》認為不同的風俗只是代表了差異，不能說明誰高誰下。「故胡人彈骨，越人契臂，中國歃血也，所由各異，其於信，一也。三苗髽首，羌人括領，中國冠笄，越人劗鬋，其於服，一也。帝顓頊之法，婦人不辟男子于路者，拂之于四達之衢，今之國都，男女切踦，肩摩於道，其于俗，一也。故四夷之禮不同，皆尊其主而愛其親，敬其兄；獫狁之俗相反，皆慈其子而嚴其上。」各地方的人材性不同，風俗也因而有別。「胡人便於馬，越人便於舟，異形殊類，易事而悖，失處而賤，得勢而貴。」「入其國者從其俗，入其家者避其諱，不犯禁而入，不忤逆而進，雖之夷狄徒裸之國，結軌乎遠方之外，而無所困矣。」所以真正善於治國者不是立一標準，強使百姓遵循，

48　丁毅華，〈「習俗薄惡」之憂，「化成俗定」之求─西漢有識之士對社會風習問題的憂憤和對策〉，載《丁毅華史學論文自選集》，湖北人民出版社 2002 年版。

49　任繼愈主編，《中國哲學發展史（秦漢）》，第 291 頁，人民出版社 1985 年版。

而應尊重差異，因順民俗。「故行齊於俗，可隨也；事周於能，易為也。矜偽以惑世，伉行以違眾，聖人不以為民俗……使各便其性，安其居，處其宜，為其能。」

《淮南子》是淮南王劉安（前164年—前122年在位）組織門下賓客集體撰寫的。淮南封國在楚腹地，國都壽春本為楚後期都城壽郢，當地在漢初仍然具有濃厚的楚文化色彩。劉安是劉邦所封淮南王劉長之子，自小生活在壽春，又居壽春為王，對博大精深的楚文化沉迷長久而體悟深刻。東漢高誘〈淮南鴻烈解序〉概括其思想內容與風格特色說：「其旨近老子，淡泊無為，蹈虛守靜，出入經道。言其大也，則燾天載地，說其細也，則淪於無垠，及古今治亂，存亡禍福，世間詭異之事。其義也著，其文也富，物事之類，無所不載。然其大校歸之於道，號曰鴻烈。鴻，大也；烈，明也，以為大明道之言也。」《淮南子》被譽為西漢道家思潮的理論結晶，其風俗觀當然也代表了道家的看法。

西漢在武帝以前，以黃老道家為國家施政的指導思想。司馬談〈論六家要旨〉說：道家「其為術也，因陰陽之大順，采儒墨之善，撮名法之要，與時遷移，應物變化，立俗施事，無所不宜，指約而易操，事少而功多。」「應物變化，立俗施事」，就是要在天下統一的政治條件下，讓各種文化在共存中比較，在交流中取長補短，與黃老道家反對移風易俗的文化觀念是一致的。而漢初郡國並行政體，則從制度上為黃老術「立俗施事」的治國理念提供了實現的途徑。曹參相齊曾明確提出「安集百姓，如齊故俗」的治國方針。《史記‧吳王濞列傳》：「孝惠、高后時，天下初定，郡國諸侯各務自拊循其民。」「郡國諸侯」似包括郡守和諸侯王，但主要是諸侯王。陳蘇鎮認為「郡國諸侯『拊循其民』應當『撫摩矜憐之』如父母之於赤子，『順民性而條暢之』而『非易民性』。這符合劉邦立王國以『存恤』其眾的初衷，而與秦朝立郡縣『以矯端民心，去其邪僻，除其惡俗』的做法正好相反。」[50]

正因為如此，在漢初力主削藩的賈誼、晁錯被視為儒家、法家學者，而反對削藩者則多具有黃老道家色彩。在漢初黃老思潮占主導地位的情況下，晁錯幾乎遭到一片反對。《史記‧晁錯列傳》記載：「袁盎諸大功臣多不好錯」，丞相申屠嘉曾「奏請誅錯」，其父也說過「公為政用事，侵削諸侯，別疏人骨肉，

50　陳蘇鎮，《漢代政治與《春秋》學》，第92頁，中國廣播電視出版社2001年版。

人口議多怨公者」。袁盎是晁錯的死對頭。《史記・袁盎列傳》記載：「盎素不好晁錯，晁錯所居坐，盎去；盎坐，錯亦去：兩人未嘗同堂語。」他雖然說過「諸侯大驕必生患，可適削地」的話，但那只是針對驕橫無禮的淮南厲王劉長，不像晁錯那樣把削藩看作基本國策。事實上，文帝在劉長死後立其三子為王，就是出自袁盎的建議。文帝時廷尉張釋之就是出自他的推薦，武帝時汲黯對他也非常仰慕，而張釋之與汲黯兩人都是漢初黃老學者與尊奉者的代表人物。《史記・張釋之列傳》記其推崇「言事曾不能出口」的「長者」，又多次諫文帝守法；《史記・汲黯列傳》記其「學黃老之言，治官理民好清淨，擇丞吏而任之。其治責大指而已，不苛小。」丞相申屠嘉為漢初功臣，「為人廉直」，「剛毅守節」，他與晁錯的矛盾也起源於對削藩的不同意見。《漢書・張丞相列傳》：「晁錯為內史，貴幸用事，諸法令多所請變更，議以適罰侵削諸侯，而丞相嘉自絀所言不用，疾錯。」而《史記・萬石張叔列傳》記載與丞相陶青、中尉陳嘉聯名上書要殺晁錯的廷尉張歐，「未嘗言案人，專以誠長者處官。官屬以為長者，亦不敢大欺。上具獄事，有可卻，卻之；不可者，不得已，為涕泣面對而封之」，可見他也是黃老思想的信奉者。

　　與道家不同，儒家主張化民成俗。移風易俗往往必須確定一個風俗美善的標準，然後才能去矯正與之相異的風俗。所以所謂移風易俗，實際上就是要整齊風俗。《晏子春秋・內篇・問上》記景公問明王如何教民，就有「古者，百里而異習，千里而殊俗，故明王修道，一民同俗」。

　　《漢書・董仲舒傳》記載了他在著名的「天人三策」中說：「是故南面而治天下，莫不以教化為大務。立太學以教于國，設癢序以化于邑，漸民以仁，摩民以誼，節民以禮，故其刑罰甚輕而禁不犯者，教化行而習俗美也」；「故漢得天下以來，常欲善治而至今不可善治者，失之於當更化而不更化也。古人有言曰：『臨淵羨魚，不如退而結網。』今臨政而願治七十餘歲矣，不如退而更化；更化則可善治，善治則災害日去，福祿日來。」董仲舒特別強調「大一統」，他的「大一統」理論既包括政治上的一統，也包括思想文化上的一統。董仲舒曾明確提出：「《春秋》大一統者，天地之常經，古今之通誼也。今師異道，人異論，百家殊方，指意不同，是以上亡以持一統；法制數變，下不知所守。臣愚以為諸不在六藝之科孔子之術者，皆絕其道，勿使並進。邪辟之說滅息，然後統紀可一而法度可明，民知所從矣。」

　　董仲舒是最受武帝賞識的儒生，武帝時期儒家學派的地位不斷上升，並最終在「指導思想」上成為黃老學說的取代物，而這也是漢代統一以後轉向文化建設的一個重大關鍵。武帝以後，移風易俗成為了對施政者的基本要求。《漢書・王尊傳》載王尊曾劾奏匡衡，說：「丞相衡、御史大夫譚位三公，典五常九德，以總方略、一統類、廣教化、美風俗為職」，而匡衡等人卻不稱此職。有趣的是，《漢書・匡衡傳》記載，匡衡也曾上疏論政治得失，而大力強調移風易俗的重要性，說：「今天下俗貪財賤義，好聲色，上侈靡，廉恥之節薄，淫辟之意縱……臣愚以為宜一曠然大變其俗。」漢人普遍認為主政者應以改善風俗為急務。《漢書・貢禹傳》記其言：「陛下之德，處南面之尊，秉萬乘之權，因天地之助，其于變世易俗，調和陰陽，陶冶萬物，化正天下。」王符《潛夫論・浮侈》說：「王者統世，觀民設教，乃能變風易俗，以致太平。」崔寔〈政論〉說：「風俗者，國家之脈診也。」應劭《風俗通義・序》說：「為政之要，辯風正俗其最上者。」

　　值得注意的是，在實現移風易俗、追求文化統一的途徑上，不同於法家主張以法制俗，儒家認為必須重德反刑，歸本於禮樂之教。《荀子・樂論》說：樂者「可以善民心，其感人深，其移風易俗。故先王導之以禮樂，而民和睦。」《漢書・禮樂志》記賈誼認為：「夫移風易俗，使天下回心而鄉道，類非俗吏之所能為也。俗吏之所務，在於刀筆筐篋，而不知大體。」董仲舒對策言：「自古以來，未嘗以亂濟亂，大敗天下如秦者也。習俗薄惡，民人抵冒。今漢繼秦之後，雖欲治之，無可奈何。法出而奸生，令下而詐起，一歲之獄以萬千數，如以湯止沸，沸俞甚而無益。辟之琴瑟不調，甚者必解而更張之，乃可鼓也。為政而不行，甚者必變而更化之，乃可理也。」王吉上疏宣帝：「今俗吏所以牧民者，非有禮義科指可世世通行者也，以意穿鑿，各取一切。是以詐偽萌生，刑罰無極，質樸日消，恩愛浸薄。孔子曰『安上治民，莫善於禮』，非空言也。願與大臣延及儒生，述舊禮，明王制，驅一世之民，濟之仁壽之域，則俗何以不若成、康？壽何以不若高宗？」劉向說成帝定禮樂：「宜興辟雍，設庠序，陳禮樂，隆雅頌之聲，盛揖攘之容，以風化天下……夫教化之比於刑法，刑法輕……夫承千歲之衰周，繼暴秦之餘敝，民漸漬惡俗，貪饕險詖，不閑義理，不示以大化，而獨驅以刑罰，終已不改。故曰：『導之以禮樂，而民和睦。』」

　　《史記・禮書》說「禮」是「君臣朝廷尊卑貴賤之序，下及黎庶車輿衣

服宮室飲食嫁娶喪祭之分」。鄒昌林也認為：「中國之『禮』，則與政治、法律、宗教、思想、哲學、習俗、文學、藝術，乃至於經濟、軍事，無不結為一個整體，為中國物質文化和精神文化之總名。」[51] 禮與法一樣，涵蓋了各個領域，主要的社會活動的規範和程序都可以通過禮來完成。然而禮與法又具有不同的性質與處事原則，而這種差異又恰好可以緩解移風易俗可能帶來的文化對立與衝突。《管子‧宙合》說：「鄉有俗，國有法」，法代表著與鄉俗相對的一極。而《慎子》說：「禮從俗，政從上」，鄉俗在另一方面卻構成了禮的古老淵源，閻步克曾經用「俗」、「禮」、「法」來描述中國古代的不同政治文化形態，並且指出「在社會分化程度的視角之中，所謂『禮』，是處於『鄉俗』和『法治』之間的。」「《荀子‧儒效》說儒生『在本朝則美政，在下位則美俗』。荀子主張以禮治國，而服膺禮義者則為『君子』，這是眾所周知的；而『君子』的功能，正在於溝通『俗』、『政』。」[52]

　　相對於法而言，禮更易達到與俗的協調一致。《詩‧周南‧關雎》序說：「先王以是（指《詩經》諸詩，尤其〈關雎〉篇）經夫婦，成孝敬，厚人倫，美教化，移風俗」；「風之始也，所以諷天下而正夫婦也，故用之鄉人焉，用之邦國焉。風，諷也，教也，諷以動之，教以化之」。從這裡我們可以看出，儒家教化本質上即是要根據自然形成的倫理道德文化價值，來作為社會組織以及個體行為的基礎或準則。費孝通也說：「禮和法不相同的地方是維持規範的力量。法律是靠國家的權力推行的……維持禮這種規範的是傳統……如果我們在行為和目的之間的關係不加推究，只按照規定的方法做，而且對於規定的方法帶著不這樣做就會有不幸的觀念時，這套行為也就成了我們普通所謂『儀式』了。禮就是按著儀式做的意思……禮是合式的路子，是經過教化過程而成為主動性的服膺於傳統的習慣。」[53]

　　對於處理各種分化要素，法家強調對立兩級的絕對排斥。龐朴在分析法家的思維邏輯時說：「當他們談論對立的時候，他們強調矛之於盾，強調二者的『不同器』、『不兼時』、『不兩立』，即排斥對立在時間空間中有任何同一的餘地。更多的時候，法家也談統一，只是他們所追求的是嚴禁『二心私學』，反對『兼

51　鄒昌林，《中國古禮研究》，第 12 頁，臺北文津出版社 1992 年版。
52　閻步克，《士大夫政治演生史稿》，第 79 頁，北京大學出版社 1996 年版。
53　費孝通，《鄉土中國》，第 49—53 頁，三聯書店 1985 年版。

禮』、『兼聽』，要求『獨斷』獨行。這種同一，又排斥同一在時間空間上有任何對立的存在。」[54] 相反，儒家所傳承的禮治卻集中體現了和而不同的精神。閻步克說：「『禮』處理分化現象的原則最契合於『和而不同』……這一原則承認、甚至保障要素之間的差異性，並對『以同裨同』加以否定和排斥；然而其間的差異卻並不導向於『分』、導向於『離』，差異之中又有同一性。」[55]

二、武帝時期的制度構建

秦制包含了強烈的反文化、反傳統的因素。秦始皇竭力表明他是超越五帝三王的帝王。秦朝大臣認為他的功業為五帝所不及，昧死上尊號「泰皇」，但他仍不滿足而自定尊號為「皇帝」。在琅邪刻石辭中他自稱「功蓋五帝」，並批評道：「古之五帝三王，知教不同，法度不明，假威鬼神，以欺遠方，實不稱名，故不久長。」秦始皇三十四年，置酒咸陽宮，博士淳于越針對僕射周青臣對始皇「自上古不及陛下威德」的面諛之詞，指出「事不師古而能長久者，非所聞也」，卻遭到丞相李斯的反駁。李斯說：「五帝不相復，三代不相襲」，並建議燒禁詩書，醞成一場文化浩劫。和秦代不同的是，漢代在武帝以後尊儒崇禮，以三代舊文化的紹述者自居。天子修三皇五帝之業，致天下太平，成了漢王朝選擇的社會理想。這一理想融合了古代的政治文化因素，恢復了傳統的價值，把統一帝國的權力依據，放在更為廣泛的道德和文化的解釋之中，而不像「秦代皇帝和漢初諸政治家滿足從物質的角度，如版圖和武功，來為他們行使的權力辯解」。[56]

《資治通鑑・漢紀》征和二年，有一段追述漢武帝對大將軍衛青所說的話：「漢家庶事草創，加四夷侵陵中國，朕不變更制度，後世無法；不出師征伐，天下不安。」在崇儒復禮浪潮的推動下，於是有武帝太初改制的出現。《史記・封禪書》：「夏，漢改曆，以正月為歲首，而色上黃，官名更印章以五字，為太初元年。」又《漢書・武帝紀》：「太初元年……夏五月，正曆，以正月為歲首，色上黃，數用五，定官名，協音律。」太初改制的目的就在於建立漢家制度，並以此為據收拾人心、完善控制，維繫大一統的政局。故而《史記・禮

54　龐樸，《儒家辯證法研究》，第 11—12 頁，中華書局 1984 年版。

55　閻步克，《士大夫政治演生史稿》，第 114 頁，北京大學出版社 1996 年版。

56　崔瑞德、魯惟一編，《劍橋中國秦漢史》，第 121 頁，中國社會科學出版社 1992 年版。

書》說：「制詔御史曰：『蓋受命而王，各有所由興，殊路而同歸，謂因民而作，追俗為制也。議者咸稱太古，百姓何望？漢亦一家之事，典法不傳，謂子孫何？化隆者閎博，治淺者褊狹，可不勉與！』乃以太初之元改正朔，易服色，封泰山，定宗廟百官之儀，以為典常，垂之於後云。」

　　太初改制是凸顯儒家思想正統化、制度化的標誌。徐復觀認為「改制一詞，可能即由仲舒創造」。[57]漢初改制的主張皆本鄒衍的五德始終說，至董仲舒則在五德說的基礎上創立了三統說，但兩者可以說大同小異。在儒家學者看來，正朔、服色是政治一統的文化象徵，改制是牽涉到是否「奉天承運」的頭等大事。《春秋繁露・楚莊王》說：「今所謂新王必改制者，非改其道，非變其理，受命于天，易姓更王，非繼前王而王也，若一因前制，修故業，而無有所改，是與繼前王而王者無以別。受命之君，天之所大顯也……今天大顯已，物襲所代，而率與同，則不顯不明，非天志，故必徙居處，更稱號，改正朔，易服色者，無他焉，不敢不順天志，而明自顯也。」〈三代改制質文〉也提出：「王者必受命而後王。王者必改正朔，易服色，制禮樂，一統於天下。」因而在漢初「襲秦正朔服色」的情況下，儒生們都喧嚷著改制。《史記・屈原賈生列傳》記文帝初，儒臣賈誼以為「當改正朔，易服色，法制度，定官名，興禮樂，乃悉草具其事儀法，色尚黃，數用五，為官名，悉更秦之法。」《史記・封禪書》記載此後又有魯人公孫臣上書曰：「始秦得水德，今漢受之，推終始傳，則漢當土德，土德之應黃龍見。宜改正朔，易服色，色上黃。」但是，賈誼遭到周勃、灌嬰等老臣排擠，公孫臣的建議也受到丞相張倉的反對。

　　改制並不限於確定正朔、服色、數度、音律等象徵因素，還有通過政教的方式補偏救弊的目的。《漢書・董仲舒傳》記其在對策中說：「王者有改制之名，亡變道之實。然夏上忠，殷上敬，周上文者，所繼之救，當用此也。」因此德運的確定也牽涉到了採用何種理論為思想基礎的鬥爭。漢初承秦制，用水德。而水德是尚法的象徵。《史記・秦始皇本紀》：「方今水德之始……剛毅戾深，事皆決於法，刻削毋仁恩和義，然後和五德之數。於是急法，久者不赦。」而由太初改制，漢政府正式認定了其為土德，並由此確定服色諸制。漢當土德，其深意正在於改弦更張、以土克水，從根本上變更「秦餘制度」，「悉更秦之

57　徐復觀，《兩漢思想史》（第二卷），第215頁，華東師範大學出版社2001年版。

法」。故《漢書‧郊祀志》說：「孝武之世，文章為盛，太初改制，而倪寬、司馬遷等猶從臣、誼之言，服色數度，遂順黃德。彼以五德之傳從所不勝，秦在水德，故謂漢據土而克之。」

武帝整齊祭祀禮儀，同樣有借助儒家理想收拾人心、完善控制的意義。祭祀禮儀作為文化的一種象徵承載物，不僅體現了一定的社會秩序和關係，而且也集中反映了這一時代人們的思想情感、意識形態等等。漢初祭祀對象龐雜。《史記‧封禪書》說：劉邦入關不久，在秦人白、青、黃、赤四帝的基礎上，「立黑帝祠，命曰北畤」。漢初「長安置祠祝官、女巫。其梁巫，祠天、地、天社、天水、房中、堂上之屬；晉巫，祠五帝、東君、雲中、司命、巫社、巫祠、族人、先炊之屬；秦巫，祠社主、巫保、族累之屬；荊巫，祠堂下、巫先、司命、施糜之屬；九天巫，祠九天；皆以歲時祠宮中。其河巫祠河于臨晉，而南山巫祠南山秦中。」這一祭祀系統既混亂無序，而且五帝並尊，自然不利於思想信仰領域統一局面的形成。到武帝時期：「今天子所興祠，太一、后土，三年親郊祠，建漢家封禪，五年一脩封。薄忌太一及三一、冥羊、馬行、赤星，五，寬舒之祠官以歲時致禮。凡六祠，皆太祝領之。至如八神諸神，明年、凡山他名祠，行過則祠，行去則已。方士所興祠，各自主，其人終則已，祠官不主。他祠皆如其故。」武帝所建漢家祀典，以太一為至尊神，無疑有太一是漢興之地楚國至上神的原因，但也適應了儒家追求大一統的觀念，而且《禮記‧禮運》也說過：「夫禮，必本於太一，分而為天地，轉而為陰陽，變而為四時，列而為鬼神。」在武帝所建祀典中，封禪是最高祭祀。《風俗通義‧正失》載武帝封禪時在泰山的刻石辭：「事天以禮，立身以義，事親以孝，育民以仁，四守之內，莫不為郡縣。四夷八蠻，咸來貢職。與天無極，人民蕃息，天祿永得。」從銘文中的禮義孝仁可以看出，武帝封禪大力凸顯的正是儒家大一統的文化精神。

武帝以後，作為國家政治命脈的法制，在意識形態上被置於次要地位而讓位於儒家經典，開始形成以禮、法相輔相成的制度。漢人普遍相信「《春秋》為漢制法」，而《春秋》所遵循的主要政治原則尊尊、親親、賢賢，正是「禮」之精義所在。[58] 武帝尊崇儒學以後，《春秋》等儒家經典在有意識地提倡下，成

58　孔廣森《公羊春秋經傳通義》，〈敘〉說：「《春秋》之為書也，上本天道，中用王法，而下理人情……人情者，一曰尊，二曰親，三曰賢。」閻步克認為孔氏將「尊、親、賢」列入「三科九旨」，準確概括了《公羊春秋》所遵循的主要政治原則。見氏著，《士大夫政治演生史稿》，第87頁，北京大學出版社1996年版。

為了漢家施政的指南。《後漢書・應劭列傳》記：「董仲舒老病致仕，朝廷每有政議，數遣廷尉張湯親至陋巷，問其得失。於是作《春秋決獄》二百三十二事，動以經對，言之詳矣」。趙翼〈廿二史劄記〉也指出漢時「多以經義斷事」。《漢書・食貨志》記：「公孫弘以《春秋》之義繩臣下取漢相」；〈張湯傳〉記張湯為廷尉，「決大獄，欲傅古義，乃請博士弟子治《尚書》、《春秋》者，補廷尉史，平亭疑法。」〈倪寬傳〉記倪寬「以古法義決疑獄」，奏輒報可；〈五行志〉記：武帝「使仲舒弟子呂步舒持斧鉞，治淮南獄，以《春秋》誼專斷於外」；〈雋不疑傳〉記其引《春秋》決偽太子獄，宣帝及霍光為之歎曰：「公卿當用經術明於大誼」；〈蕭望之傳〉記其引《春秋》而定和親匈奴之議；〈龔勝傳〉記其據《春秋》定傅晏之罪。秦尊法律而漢崇經術，形成了鮮明的反差。儘管《漢書・元帝紀》載宣帝曾說：「漢家自有制度，本以霸王道雜之，奈何純任德教，用周政乎。」西漢中期武、昭、宣時期，尚未放棄承秦而來的法治傳統，但是在標榜、顯示和宣傳的層面上，已經逐漸把「奉天而法古」的《春秋》之道置於首位了。

與此同時，在武帝修定的律令中，儒家思想也開始向漢律滲透。《漢書・刑法志》記武帝時：「招進張湯、趙禹之屬，條定法令，作見知故縱、監臨部主之法，緩深故之罪，急縱出之誅。」武帝時的更定律令以張湯、趙禹為主，他們在蕭何所定律令的基礎上，不僅增加了《越宮律》二十七篇，《朝律》六篇，而且對原有律令進行了修改，其中最重要的就是「作見知故縱、監臨部主之法」。對此，《晉書・刑法志》引〈魏律序〉說：「律之初制，無免坐之文，張湯、趙禹始作監臨部主、見知故縱之例。其見知而故不舉劾，各與同罪，失不舉劾，各以贖論，其不見不知，不坐也，是以文約而例通。」而《睡虎地秦墓竹簡・法律答問》：「可（何）謂縱囚？……當論而端弗論，及傷其獄，端令不致，論出之，是謂縱囚。」又《語書》：「智（知）而弗舉論，是即明避主之明法也……為人臣亦不忠矣。若弗智（知），是即不勝任、不智也。智（知）而弗敢論，是即不廉也。此皆大罪也。」可見張湯、趙禹所謂「見知而故不舉劾」，近於秦律之「縱囚」；見知而「失不舉劾」，近於秦律之「不廉」；「不見不知」則相當於秦律之「弗知」。這三項罪名在秦律中都是「大罪」，而在張湯、趙禹所定的漢律中，只有第一項是重罪，第二項是輕罪，第三項則無罪，至曹魏更進而發展為《免坐律》。陳蘇鎮指出：「張湯、趙禹更定律令，強調

『故』、『失』、『不見不知』等主觀動機的區別，而這正是《公羊》家所宣導的『《春秋》決獄』的主要特點。」[59]《春秋繁露・精華》：「《春秋》之治獄也，必本其事而原其志。志邪者不待成，首惡者最特重，本直者其論輕……罪同異論，其本殊也。」《鹽鐵論・刑德》：「《春秋》之治獄，論心定罪。志善而違於法者免，志惡而合於法者誅。」《後漢書・霍諝列傳》：「《春秋》之義，原心定過，赦事誅意。」

　　武帝修定律令，使《春秋》之義成為了法定的正義，目的很可能是想縮小承秦而來的漢法與關東舊俗的矛盾，從而減少向東方進一步推行漢法而引起的文化衝突，以完成當年秦朝沒能完成的任務，將關中和關東兩大地區真正置於統一法度的管理之下。董仲舒在《天人三策》中闡述「大一統」之義時，曾經說：「《春秋》大一統者，天地之常經，古今之通誼也……臣愚以為諸不在六藝之科孔子之術者，皆絕其道，勿使並進。邪辟之說滅息，然後統紀可一而法度可明，民知所從矣。」《漢書・王吉傳》也說：「《春秋》所以大一統者，六合同風，九州共貫也。」可見，董仲舒提倡獨尊儒術，不僅是為了統一學術，也是為了統一法度，而統一法度則是為了統一風俗。董仲舒希望武帝用儒術，特別是《春秋》之義去改造法律，將《春秋》之「是非」納入漢家的律令，使法律成為教化的工具。

三、漢文化共同體的形成

　　余英時指出：「從純哲學觀點說，漢代儒教自是『卑之毋甚高論』，但它確曾發揮了『移風易俗』的巨大作用。中國文化流布之廣，持續之久和凝聚力之大是世界文化史上獨一無二的現象；而儒教在這一文化系統中則無疑是居於樞紐的地位。」[60]武帝以後的移風易俗過程主要是在儒家的指導思想下進行。在禮融入漢法以後，以禮化俗就列入了漢王朝大政的議事日程。

　　儒家重視教育的化民作用。《禮記・學記》說：「君子如欲化民成俗，

59　陳蘇鎮，《漢代政治與《春秋》學》，第253頁，中國廣播電視出版社2001年版。針對班固所認為的「作見知故縱、監臨部主之法」的目的是「緩深故之罪，急縱出之誅」，陳蘇鎮也指出，「和秦律相比，『部主見知』之法並未使得漢法更加嚴酷」，只不過「與漢初相比，『部主見知』之法要求官吏嚴格按法律辦事，一改清淨無為之術……官吏『廢格天子文法』，會受到嚴屬追究。在這種情況下，形成『文深』、『慘急』之風是很自然的。」見上引書，第249—251頁。

60　余英時，《士與中國文化》，第144頁，上海人民出版社1987年版。

其必由學乎！玉不琢，不成器；人不學，不知道。是故古之王者建國君民，教學為先」；「古之教者，家有塾，黨有庠，術有序，國有學……夫然後足以化民易俗，近者說服，而遠者懷之，此大學之道也。」《孟子・滕文公上》闡述興學與教化的關係，說：「夏曰校，殷曰序，周曰庠，學則三代共之，皆所以明人倫也。人倫明於上，小民親於下，有王者起，必來取法，是為王者師也」。而《漢書・儒林傳》記漢武帝制云：「其令禮官勸學，講議洽聞，舉遺興禮，以為天下先。太常議，予博士弟子，崇鄉里之化，以廣賢材焉」，可見「崇鄉里之化」正是興辦太學的重要目的。武帝時「為博士官置弟子五十人」。昭帝時博士弟子滿百人，宣帝末倍增之，元帝更為設員千人，成帝末增至三千人。王莽秉政，增博士至三十人，弟子萬八百人。東漢末年，太學諸生達到三萬人。郡國亦廣置學官。《漢書・平帝傳》記平帝時「立官稷及學官，郡國曰學，縣、道、邑、侯國曰校，校、學置經師一人；鄉曰庠，聚曰序，序、庠置《孝經》師一人。」日益遍布民間的私學師儒，後來也發展到了動輒有弟子數十、數百、上千以致上萬的規模。《後漢書・班彪傳》：「四海之內，學校如林，庠序盈門。」

這種文教事業都服務於「崇鄉里之化」的任務。《漢書・韓延壽傳》記潁川太守韓延壽「令文學校官諸生皮弁執俎豆，為吏民行喪嫁娶禮，百姓遵用其教」；《後漢書・張霸列傳》記會稽太守張霸表彰有業行者，遂使「郡中爭厲志節，習經者以千數，道路但聞誦聲」。郡邑學校經常舉行饗射之禮。同書〈楊厚列傳〉記「郡文學掾史，春秋饗射。」〈秦彭列傳〉記「崇好儒雅，敦好庠序。每春秋饗射，輒修升降揖讓之儀。」行禮的目的就在於傳佈儒家思想理念。《續漢書・禮儀志》記東漢明帝永平二年令「郡、縣、道行鄉飲酒於學校，皆祀聖師周公、孔子。」注引鄭玄曰：「今郡國十月行鄉飲酒禮……凡鄉黨飲酒，必於民聚之時，欲見其化、知尚賢尊長也。」《禮記・鄉飲酒禮》載孔子曰：「吾觀於鄉，而知王道之易易也。」這是向社區傳佈「王道」的重要儀式。尤其值得注意的是，縣、道、邑諸層次上的學校比較正式，其所授受顯然具有比較高的理論水準，屬於學而優則仕的養士學校；鄉聚之庠序卻僅置「始於愛親，終於哀戚」的《孝經》師，其目的顯然不在培養以經綸綱紀為務的士大夫，而僅在於對閭閻之民進行基本的禮教訓練，以維護父慈子孝兄友弟恭的日常倫理意識和關係。

《漢書・儒林傳》記武帝創太學，置五經博士，讓地方官推薦孝廉、賢

良文學，使此後「公卿大夫士吏彬彬多文學之士」。武帝選舉儒士為官，重視的就是他們的文化功能。《漢書・武帝紀》記元朔元年，武帝針對地方不舉孝、察廉的行為而下詔：「公卿大夫，所使總方略，壹統類，廣教化，美風俗也……今或至闔郡而不薦一人，是化不下究，而積行之君子雍于上聞也。二千石官長紀綱人倫，將何以佐朕燭幽隱，勸元元，屬蒸庶，崇鄉黨之訓哉？」有司奏議也說：「今詔書昭先帝聖緒，令二千石舉孝廉，所以化元元，移風易俗也。」實際上，以推行禮樂教化而論，武帝以後確實有一批成績和影響非常突出的儒家型的地方官吏。

　　韓延壽出身郡文學，深受儒學薰陶，每出守一郡，必以移風俗、興禮樂為治民的先務。《漢書・韓延壽傳》稱：「延壽為吏，上禮義，好古教化，所至必聘其賢士，以禮待用，廣謀議，納諫爭；舉行喪讓財，表孝弟有行；修治學官，春秋鄉射，陳鐘鼓管弦，盛升降揖讓，及都試講武，設斧鉞旌旗，習射御之事。」又《漢書・循吏傳・召信臣》稱：「信臣為民作均水約束，刻石立于田畔，以防分爭。禁止嫁娶送終奢靡，務出於儉約。府縣吏家子弟好游敖，不以田作為事，輒斥罷之，甚者案其不法，以視好惡。其化大行，郡中莫不耕稼力田，百姓歸之，戶口增倍，盜賊獄訟衰止。吏民親愛信臣，號之曰召父。」《後漢書・何敞列傳》稱：「敞疾文俗吏以苛刻求當時名譽，故在職以寬和為政。立春日，常召督郵還府，分遣儒術大吏案行屬縣，顯孝悌有義行者。及舉冤獄，以《春秋》義斷之。是以郡中無怨聲，百姓化其恩禮。其出居者，皆歸養其父母，追行喪服，推財相讓者二百許人。置立禮官，不任文吏。」像他們這樣非常認真地在實行儒家的禮樂教化，所作所為完全符合孔子所謂「導之以德，齊之以禮」原則的，還有倪寬、黃霸、杜詩、王景、張導、王寵、任延、茨充、崔實、孟嘗、周憬、杜畿、牟長、伏恭、魯丕、劉寬、劉梁、唐扶、劉熹、魯恭、吳祐、荀淑、韓韶、陳實、鐘皓、劉矩、劉寵、卓茂、仇覽、朱邑、衛颯、馮立、薛宣、張諶、李膺、童恢、秦彭等一批實例。

　　與秦朝以法制俗不同，儘管對於地域文化習俗的差異，西漢武帝以後實行的也是移風易俗的基本方針，但在具體實行過程中，地方官各有變通，只擇其可行者而實行之，並不用強。《漢書・韓延壽傳》記其任潁川太守云：「先是，趙廣漢為太守，患其俗多朋黨，故構會吏民，令相告訐，一切以為聰明，潁川由是以為俗，民多怨仇。」韓延壽在推行其教化之前，擔心潁川郡的百姓反對，

特意先對郡中長老做好疏通工作。「延壽欲更改之，教以禮讓，恐百姓不從，乃歷召郡中長老為鄉里所信向者數十人，設酒具食，親與相對，接以禮意，人人問以謠俗，民所疾苦，為陳和睦親愛、銷除怨咎之路。長老皆以為便，可施行，因與議定嫁娶、喪祭儀品，略依古禮，不得過法。延壽於是令文學校官諸生皮弁執俎豆，為吏民行喪嫁娶禮。百姓遵用其教。」《後漢書‧宋均列傳》載，宋均「遷上蔡令，時府下記，禁人喪葬不得侈長。均曰：『夫送終逾制，失之累者。今有不義之民，尚未循化，而遽罰過禮，非政之先』，竟不肯施行。」這說明郡級政府有意以行政命令來改變風俗，把喪葬過禮當成犯法之事加以禁止，但宋均卻認為過禮雖然錯誤，卻只應施以教化，而不該操之過急，隨便處罰。《漢書‧酷吏傳‧嚴延年》記其母曾斥責他，說：「幸得備郡守，專治千里，不聞仁愛教化，有以全安愚民，顧乘刑罰多刑殺人，欲以立威，豈為民父母意哉！」在移風易俗過程中，因勢利導不僅能避免文化之間的衝突，有時反而能起到比行政命令更好的效果。

自從武帝採納了尊儒的主張，一方面用《春秋》決獄，將儒家思想納入承秦而來的漢家律令，使帝國法律初步儒家化了；另一方面又大量任用以教民為己任的儒吏，使儒家傳統迅速滲入各地百姓的日常生活之中，各地的文化對立和衝突於是不再涇渭分明、格格不入。《漢書‧地理志》載「潁川，韓都。士有申子、韓非，刻害余烈，高仕宦，好文法，民以貪遴爭訟生分為失。韓延壽為太守，先之以敬讓；黃霸繼之，教化大行，獄或八年亡重罪囚。南陽好商賈，召父富以本業；潁川好爭訟分異，黃、韓化以篤厚。『君子之德風也，小人之德草也』，信矣！」「衛地……其俗剛武，上氣力。漢興，二千石治者亦以殺戮為威。宣帝時韓延壽為東郡太守，承聖恩，崇禮義，尊諫爭，至今東郡號善為吏，延壽之化也。」《後漢書‧第五倫列傳》載：「會稽俗多淫祀，好卜筮。民常以牛祭神，百姓財產以之困匱，其自食牛肉而不以薦祠者，發病且死先為牛鳴，前後郡將莫敢禁。倫到官，移書屬縣，曉告百姓。其巫祝有依託鬼神詐怖愚民，皆案論之。有妄屠牛者，吏輒行罰。民初頗恐懼，或祝詛妄言，倫案之愈急，後遂斷絕。」《後漢書‧宋均列傳》記宋均於光武帝建武年間調補武陵郡辰陽長，「其俗少學者而信巫鬼，均為立學校，禁絕淫祀，人皆安之」。

西漢後期地區風俗文化的多樣性逐漸融合為一，各種文化區域日趨混融成為一個共同體。在同一的漢文化中生活的民眾也都認同了這個國家。湖南出土

的一面西漢後期禽獸規矩鏡的銘文寫道：「聖人之作鏡兮，取氣於五行，生於道康兮，□有文章，光象日月，其質清剛，以視玉容兮，辟去不羊（祥），中國大寧，子孫益昌，黃帝元吉有紀綱。」而另一面銅鏡銘文曰：「□氏作鏡四夷服，多賀國家人民息。胡虜殄滅天下復，風雨時節五穀熟。」[61] 銘文的內容，表明在西漢後期楚地民眾的心目中「民族國家」的觀念已經形成，也體現了他們對漢王朝的認同態度。他們已經把自己的家庭、生活與國家相連，希望自己的國家安定、強盛與繁榮。

隨著新的文化秩序的逐漸建立，自成體系的楚文化也不再存在了。當然，誠如譚其驤所說：「姑且不講全國，即使專講秦漢以來的歷代中原王朝，專講漢族地區，二千年來既沒有一種縱貫各時代的同一文化，更沒有一種廣被各地區的同一文化。」[62] 余英時也說：「漢代循吏雖是大傳統的『教化之師』，然而這並不表示他們可以隨心所欲地用大傳統來取代各地的小傳統，或以上層文化來消滅通俗文化……中國的大傳統和小傳統之間或上層文化和通俗文化之間是互相開放的，因而彼此都受雙方的影響而有所變化。其結果是一方面大傳統逐漸在民間擴散其移風易俗的力量，而另一方面小傳統中的某些成分也進入了大傳統，使它無法保持其本來面目。」[63] 秦漢統一造就了「儒家文化的大傳統」，但這個「大傳統」與地域文化「小傳統」並不相互排斥，而是相互融合的關係。移風易俗所能做的不過是禁止其中對王朝統治、百姓生活極端有害的東西，至於那些無傷大雅的部分則只好採用董仲舒所說的「寬制以容眾」的辦法。儘管有相當多的因素受到了壓制，自成體系的楚文化在西漢中期以後即不再存在，但這並不意味著楚文化的個性從此消失了。實際情況是楚文化和其它區域文化一起，轉化成為全國的共性凌駕於區域的個性之上的漢文化了。不僅楚文化的某些個性被承繼強化，成為了漢文化的共性，而且還有部分楚文化傳統仍然頑強地流存於楚地民眾的生活中。

61　周世榮，〈湖南出土漢代銅鏡文字研究〉，《古文字研究》第 14 輯，中華書局 1986 年版。

62　譚其驤，〈中國文化的時代差異和地區差異〉，《復旦大學學報》1986 年 2 期。

63　余英時，《士與中國文化》，第 196 頁，上海人民出版社 1987 年版。

第三章　楚文化與秦漢社會的信仰世界

第一節　巫術崇拜

　　中原文化由夏而商，彌漫著濃烈的原始宗教色彩。周代以降，人們開始有意識地區分禮和儀，祭祀禮儀的宗教意蘊開始淡化，儀僅僅成為一種外在的宗教形式，而禮的政治內容和教化功能得到了重視。《禮記・表記》概括道：「殷人尊神，率民以事神，先鬼而後禮……周人尊禮尚施，事鬼敬神而遠之」。周朝的變革，使北方社會脫離了蒙昧的原始宗教文化，標誌著由神巫時代向人文時代的過渡，也標誌著以神為中心的巫文化被以人為中心的史文化所替代。然而，南方社會因為其地理和自身原因，卻與這次文化變革擦身而過。東周時期以楚為首的南方幾個主要國家，如陳、吳、越等，均保留著商文化的傳統，以巫風盛行而見稱於歷史。《呂氏春秋・異寶篇》說：「楚人信鬼。」《史記・封禪書》說：「越人俗鬼」。《漢書・地理志》說：「周武王封舜後媯滿于陳，是為胡公，妻以元女大姬。婦人尊貴，好祭祀，用史巫，故其俗巫鬼。」甚至楚國國力的衰落，也與某些統治者信巫有關。《新論・言體》記載：「昔楚靈王驕逸，輕下簡賢，務鬼，信巫祝之道。齋戒潔鮮以祀上帝，禮群神，躬執羽紱，起舞壇前。吳人來攻，其國人告急，而靈王鼓舞自若，顧應之日：『寡人方祭上帝，樂神明，當蒙福祐焉。』不敢赴救，而吳兵遂至，俘獲其太子及后，甚可傷。」《史記・孟子荀卿列傳》記載荀子曾在楚為蘭陵令：「嫉濁世之政，

亡國亂君相屬，不遂大道而營于巫祝，信機祥。」信鬼好巫之風，不僅構成了
楚文化區別於先秦其它地域文化的重要特徵，而且延續到了漢代，影響了秦漢
時期人們的思想信仰。

一、秦漢時期的巫風

在周公制禮作樂後，周王朝統治集團提倡的是天地崇拜和祖先崇拜，儘管
傳統的巫和巫術在周代仍然繼續存在，但總的而言，是受到壓制和排擠的。《漢
書・郊祀志》追述周代制度，說：「周公相成王，王道大洽，制禮作樂，天子
曰明堂、辟雍，諸侯曰泮宮。郊祀后稷以配天，宗祀文王於明堂以配上帝。四
海之內各以其職來助祭。天子祭天下名山、大川，懷柔百神，咸秩無文。五岳
視三公，四瀆視諸侯。而諸侯祭其疆內名山、大川，大夫祭門、戶、井、灶、
中霤五祀，士、庶人祖考而已。各有典禮，而淫祀有禁。」這裡的「淫祀有禁」，
恐怕主要就是指巫術。《禮記・檀弓》記縣子稱女巫為「愚婦人」；《史記・
滑稽列傳》記西門豹治鄴投巫開渠的故事，均反映了當時官方對待巫術的態度。

這種情況在秦漢時期發生了改變。秦人對鬼神的迷信停留在一定的理性的
基礎上，但並不排斥巫術。宋代發現的〈詛楚文〉就是戰國時期秦王在巫咸、
大沈厥湫等神前咒詛楚王，請神加禍於楚王從而「克劑楚師」的禱詞。秦始皇
是個務實主義者，他憑實力取天下，因而在琅邪刻石中曾批判五帝三王「假威
鬼神，以欺遠方」，但最終也走上崇拜鬼神的道路。《史記・封禪書》記載，
秦朝「祝官有祕祝，即有災祥，輒祝祠移過於下。」《正義》「謂有災祥，輒
令祝官祠祭，移其咎惡於眾官及百姓也。」祕祝的作用，在於將皇帝應承擔的
災禍轉嫁到臣民身上，是一種典型的黑巫術。漢初承秦舊制，直到文帝十三年
才廢除了這種做法。[1]秦始皇三十四年接受李斯焚書的建議，但卜筮之書與醫藥、
種樹之書不在焚毀之列。《史記・秦始皇本紀》明白地記載說：「所不去者，
醫藥、卜筮、種樹之書。」《漢書・藝文志》也說：「秦燔書，而《易》為卜
筮之事，傳者不絕」。秦人迷信鬼神術數，由雲夢睡虎地與天水放馬灘出土的
秦簡《日書》得到充分的證明。《日書》主要用於推擇吉日、卜斷吉凶，從而
使人們達到趨吉避忌、得福免災的目的。

漢初君臣多出於楚地，他們對自己一向熟悉的楚地文化當然也是情有獨

1　《史記・封禪書》記文帝十三年，下詔曰：「今祕祝移過於下，朕甚不取。自今除之。」

鍾。楚人崇巫的傳統，由於劉漢皇室的推崇與朝廷的支持，在漢代得到了迅猛的發展。鑒於漢代巫風的盛行，呂思勉說：「漢代仍為一迷信之世界。」傅勤家說：「及漢而巫風更盛。」魯迅也指出：「秦漢以來，神仙之說盛行，漢末又大暢巫風，而鬼道愈熾。」[2] 儘管漢代巫師屬於賤民，《史記‧李將軍列傳》記名將李廣「以良家子從軍」，如淳注「良家子」為「謂非醫、巫、商賈、百工也」。而且當時似乎有巫師家庭出身的人不能為官的規定。《後漢書‧逸民列傳》記載：高鳳「年老，執志不倦，名聲著聞。太守連召請，恐不得免，自言本巫家，不應為吏。」但這似乎只是慣例上的通念，實際上巫師並沒有受到任何拘束和賤視。高鳳受到太守的一再邀請，表明巫家出身的人任官其實是沒有問題的。《後漢書‧欒巴列傳》記其在順帝時補黃門令，後來又擔任過豫章太守、永昌太守，但卻「好道」、「素有道術，能役鬼神」，是一個懂巫術的人。由於劉漢皇室信奉巫術，持有皇帝詔書的巫師甚至可以任意出入宮中。《漢官解詁》記載：「衛尉主宮闕之內，衛士于垣下為廬，各有員部。（凡）居宮中者，皆施籍於門，案其姓名。若有醫巫儌人當入者，本官長吏為封啟傳，審其印信，然後內之。」這種看似矛盾的現象，正是由於我國古代南方與北方原始宗教發展的差異造成的。

楚國曾出現過以巫為世官的家族，即觀氏。《國語‧楚語下》記王孫圉出使晉國時，稱：「楚之所寶者，曰觀射父，能作訓辭，以行事于諸侯」。觀射夫既是當時楚國的大巫，又參與政事，「能作訓辭，以行事于諸侯」。他被奉為國寶，可見巫在楚國的地位之高。在楚地，巫師們經常出現在國家大型祭祀場所。東皇太一是楚國神話中的最高位大神，也是享受國家祭祀的尊神。《楚辭‧九歌》中的〈東皇太一〉是楚人祭祀東皇太一的祭辭，裡面寫道：「靈偃蹇兮姣服，芳菲菲兮滿堂」。王逸注「靈」：「靈謂巫也。」

繼承了楚國傳統，巫的政治地位在漢初也是得到了朝廷認可的。《史記‧封禪書》記早在楚漢戰爭中，劉邦就在關中「悉召故秦祝官，復置太祝、太宰」，「令縣為公社」，並下詔說：「吾甚重祠而敬祭，今上帝之祭及山川諸神當祠者，各以其時禮祠之如故。」劉邦的重祠與敬祭，重的就是巫祠，敬的也是巫祭。

2　呂思勉，《秦漢史》，第810頁，上海古籍出版社1983年版；傅勤家，《中國道家史》，第46頁，上海文化出版社1989年版；魯迅，《中國小說史略》，載《魯迅全集》（第九卷），第43頁，人民文學出版社1981年版。

劉邦平定天下後，即設立了完善的巫官體系，選用巫覡主持國家祭祀，幫助君主祭祀天帝鬼神。《漢書‧高帝紀》說：「及高祖即位，置祠祀官，則有秦、晉、梁、荊之巫。」《史記‧封禪書》記載：「詔御史，令豐謹治枌榆社，常以四時春以羊彘祠之。令祝官立蚩尤之祠于長安。長安置祠祝官、女巫。其梁巫，祠天、地、天社、天水、房中、堂上之屬；晉巫，祠五帝、東君、雲中、司命、巫社、巫祠、族人、先炊之屬；秦巫，祠社主、巫保、族累之屬；荊巫，祠堂下、巫先、司命、施糜之屬；九天巫，祠九天：皆以歲時祠宮中。其河巫祠河于臨晉，而南山巫祠南山秦中。」這些巫都是朝廷的官員，係屬於「太祝」的員吏。武帝時代來自楚國故地的越巫又受到了特別的重視，被納入了西漢政權的神祀系統。《史記‧封禪書》記載在滅南越後，越人勇之向武帝進言：「越人俗鬼，而其祠皆見鬼，數有效。昔東甌王敬鬼，壽百六十歲。後世怠慢，故衰耗。」武帝於是「令越巫立越祝祠，安臺無壇，亦祠天神上帝百鬼，而以雞卜。上信之，越祠雞卜始用。」

　　武帝以後，隨著儒家學說定於一尊，巫與巫術在官方舞臺上逐漸受到排斥。《漢書‧郊祀志》記：成帝建始二年接受匡衡、張譚等的強烈建議，曾一度罷黜了長安祠所四百七十五處，雍舊祠一百八十八所，杜主五祠中的四所，「高祖所立梁、晉、秦、荊巫、九天、南山、秦中之屬，及孝文渭陽、孝武薄忌泰一、三一、黃帝、冥羊、馬行、泰一、皋山山君、武夷、夏后啟母石、萬里沙、八神、延年之屬，及孝宣參山、蓬山、之罘、成山、萊山、四時、蚩尤、勞谷、五床、仙人、玉女、徑路、黃帝、天神、原水之屬，皆罷。候神方士使者副佐、本草待詔七十餘人皆歸家。」雖然哀帝時，從前的諸神祠官大多得以恢復，卻表明漢代統治者對巫與巫術的利用，已經發生了變化。到東漢時代，已完全按照儒家禮制確定國家祀典，改變了西漢以巫祠祭天地鬼神的狀況。國家的郊、社、宗廟等大祭，都由太常所屬掌握，《續漢書‧百官志》云「每祭祀，先奏其禮儀」。而〈祭祀志〉則記載，各地的祭祀也是「太守、令、長侍祠，牲用羊豕」。這樣，巫在國家的祭禮活動中，基本上被排斥了出來。[3]

3　不過，漢代一直存在一種「准巫官體系」，即太史一系官員。他們的主要職掌，與巫官極為接近。《漢官》記載「太史待詔三十七人，六人治曆，三人龜卜，三人廬宅，四人日時，三人易筮，二人典禳，九人籍氏、許氏、典昌氏，各三人，嘉法、請雨、解事各二人，醫二人。」我國古代的史官，本來就由巫職演化而來，正如〈漢官儀〉所說，三代的史官「皆精研術數，窮神知化」。《漢書‧司馬遷傳》記其受刑而改任

　　然而，不論巫在國家祭祀中的作用如何，漢皇好巫卻是一貫的。文帝劉桓雖曾下詔禁止「祕祝移過於下」，但他同樣相信巫所具有的神祕力量。《史記‧日者列傳》記：「代王之入，任于卜者。太卜之起，由漢興而有。」在朝廷大臣平定諸呂之亂後欲迎立時任代王的劉桓入承大統時，他本心存疑懼，後因占卜得「大橫吉兆」，方決策入都。《漢書‧周仁傳》記景帝宮有祕戲，初以巫醫見信，後官拜郎中令的周仁常常參與，這種「祕戲」大約也與巫術活動密切相關。武帝的迷信更是眾所周知的。《史記‧封禪書》稱其「尤敬鬼神之祀」，曾大量任用方士，並先後迷於李少君、少翁、欒大等人。少翁「以鬼神方見上」，欒大「常夜祠其家，欲以下神。神未至而百鬼集矣，然頗能使之」，他們的劾神馭鬼之術，正是典型的巫術。武帝以後，皇帝和巫覡之間的關係仍然十分密切。《漢書‧郊祀志》記「成帝末年頗好鬼神，亦以無繼嗣故，多上書言祭祀方術者，皆得待詔，祠祭上林苑中長安城旁」；「哀帝即位，寢疾，博征方術士，京師諸縣皆有侍祠使者」；王莽「崇鬼神淫祀，至其末年，自天地六宗以下至諸小鬼神，凡千七百所，用三牲鳥獸三千餘種。後不能備，乃以雞當鶩雁，犬當麋鹿。數下詔自以當仙」。而東漢光武帝劉秀崇信圖讖之學，對巫風的久盛不衰，無疑也起到了推波助瀾的作用。

　　在整個漢代，巫風和鬼道都全面影響著社會生活的諸多方面。《鹽鐵論‧散不足》記賢良文學之言：「古者德行求福，故祭祀而寬；仁義求吉，故卜筮而希。今世俗寬於行而求於鬼，怠於禮而篤於祭，嫚親而貴勢，至妄而信日，聽訑言而幸得，出實物而享虛福……今世俗飾偽行詐，為民巫祝，以取釐謝，堅顙健舌，或以成業致富，故憚事之人，釋本相學。是以街巷有巫，閭里有祝。」《論衡‧辯祟》說：「世俗信禍祟，以為人之疾病死亡，及更患被罪，戮辱歡笑，皆有所犯。起功、移徙、祭祀、喪葬、行作、入官、嫁娶，不擇吉日，不避歲月，觸鬼逢神，忌時相害。故發病生禍，絓法入罪，至於死亡，殫家滅門，皆不重慎，犯觸忌諱之所致也。」《潛夫論‧浮侈》對於巫術泛濫的情況也有集中論述：「《詩》刺『不績其麻，女也婆娑。』今多不修中饋，休其蠶織，而起學巫祝，鼓舞事神，以欺誣細民，熒惑百姓。婦女贏弱，疾病之家，懷憂憒憒，皆易恐懼，至使奔走便時，去離正宅，崎嶇路側，上漏下濕，風寒所傷，奸人所利，

太史令後曰，「文史星曆近乎卜祝之間，固主上所戲弄，倡優畜之，流俗所輕也」，反映出巫史相近的實況。

賊盜所中。益禍益崇，以致重者不可勝數。或棄醫藥，更往事神，故至於死亡，不自知為巫所欺誤，乃反恨事巫之晚，此熒惑細民之甚者也。」

漢人普遍相信，借著巫覡所擁有的神秘力量可以達到自己所欲求的結果。《漢書‧黃霸傳》記：「始，霸少為陽夏遊徼，與善相人者共載出，見一婦人，相者言：『此婦人當富貴，不然，相書不可用也。』霸推問之，乃其鄉里巫家女也。霸即娶為妻，與之終身。」從這則記載，可以窺見當時一般吏民對巫術的信賴。《漢書‧哀帝紀》記：建平「四年春，大旱。關東民傳行西王母籌，經歷郡國，西入關至京師。民又會聚祠西王母，或夜持火上屋，擊鼓號呼相驚恐」。《漢書‧五行志》對此有更為詳細的記載：「哀帝建平四年正月，民驚走，持稾或棷一枚，傳相付與，曰行詔籌。道中相過逢多至千數，或被髮徒跣，或夜折關，或逾牆入，或乘車騎奔馳，以置驛傳行，經歷郡國二十六至京師。其夏，京師郡國民聚會里巷仟佰，設（祭）張博具，歌舞祠西王母，又傳書曰：『母告百姓，佩此書者不死。不信我言，視門樞下，當有白髮。』至秋止。」可見，所謂「行詔籌」，就是民眾中相互傳遞被認為來自西王母的神秘「詔書」，其有形物就是人們相互傳遞的「稾或棷」。其所傳言「佩此書者不死」，表明人們認為西王母具有拯救人們度過災厄的神力。因此人們不但以歌舞祠祀西王母，而且爭相傳遞和佩帶被認為得自西王母的符書，冀以度厄不死。這次「傳行西王母籌」的活動規模巨大，參與的民眾多至千數、席捲二十六郡國、自春至秋乃止，反映了漢代民間對巫術迷信的狂熱。

由於巫與巫術充斥於民間社會，《淮南子‧氾論訓》曾明確主張利用鬼神迷信「立禁」，約束「不明事理」的百姓，「因鬼神為機祥，而為之立禁」，「借鬼神之威，以聲其教」。被後世稱為無神論思想家的王充，也認為卜筮可以「助政」，只是不能僅依卜筮不問其它而已。《論衡‧卜筮篇》：「故謂卜筮不可純用，略以助政，示有鬼神，明已不得專。」而另一方面，各種民間的反抗力量也往往以巫術為武器和工具。秦末陳勝、吳廣已開此先河，利用「篝火狐鳴」、「魚腹藏書」發動起義。西漢末的赤眉軍也曾借助城陽景王的神靈和巫覡之力發號施令。東漢的巫覡在民間有很大的勢力。光武帝建武年間發生的幾次大規模民變，就是「妖巫」維氾以及他的弟子所為。桓靈二帝時期，「真人」謀亂、「妖賊」造反的事情，更是屢屢發生。《後漢書‧桓帝紀》記建和二年自稱「真人」的南頓人管伯圖謀起兵；和平元年「扶風妖賊裴優自稱皇帝。」《後漢‧

張楷傳》說這些妖賊「能為三里霧」，其為巫師無疑。延熹四年又有黃武、惠得、樂季等人「妖言相署」；延熹八年「渤海妖賊」蓋登等人因謀反被殺。妖巫起事不斷，最後出現了黃巾軍和五斗米道教徒的起事，直接動搖了東漢統治的根基。

　　漢代一些官員在遇到無力解決的問題時，往往依靠巫覡固有的能力來解決問題。《漢書・王尊傳》記載：成帝建始四年王尊任東郡太守時，「久之，河水盛溢，泛浸瓠子金堤，老弱奔走，恐水大決為害。尊躬率吏民，投沉白馬，祀水神河伯。尊親執圭璧，使巫策祝，請以身填金堤。」對巫術的崇信甚至體現在了漢朝的行政制度中。《後漢書・王符列傳》：「明帝時，公車以反支日不受章奏，帝聞而怪曰：『民廢農桑，遠來詣闕，而復拘以禁忌，豈為政之意乎！』於是遂蠲其制。」可見，明帝以前，朝廷即因「拘以禁忌」而在「反支日」不接受百姓所上奏章。所謂「反支日」，注引《陰陽書》說：「凡反支日，用月朔為正。戌、亥朔一日反支，申、酉朔二日反支，午、未朔三日反支，辰、巳朔四日反支，寅、卯朔五日反支，子、丑朔六日反支。」《後漢書・和帝紀》記永元六年「初令伏日閉盡日」，即在伏日全天關門放假，停止處理任何政務。而據注引《漢官舊儀》，其原因乃是「伏日萬鬼行，故盡日閉，不幹它事。」

　　章太炎說：「巫道亂法，鬼事干政，盡漢一代，其政事皆兼循神道。」[4] 在漢代的許多政治事件中巫與巫術都產生了重大的影響。《史記・張耳列傳》記載漢初張耳聽從術士甘公所說「漢王之入關，五星聚東井。東井者，秦分也。先至必霸。楚雖強，後必屬漢」，而放棄投奔項羽的意圖，轉而奔漢。《漢書・趙充國傳》記宣帝在催促趙充國出兵攻羌的詔書中指出：「今五星出東方，中國大利，蠻夷大敗。太白出高，用兵深入敢戰者吉，弗敢戰者凶。將軍急裝，因天時，誅不義，萬下必全，勿復有疑。」《漢書・王莽傳》記新莽後期衛將軍王涉和西門君惠密謀反莽，君惠說「星孛掃宮室，劉氏當復興」，找到術數大師國師公劉歆，劉歆推天文人事必成，但提出「當待太白星出乃可」，因此延宕了時日，事發被殺，政變胎死腹中。《後漢書・鄧禹列傳》記建武元年鄧禹被更始軍王匡、成丹大敗，但王匡等因次日係「六甲窮日」，認為戰鬥不吉而停戰，使鄧禹得以從容休整部隊，調整部署，結果漢軍反敗為勝。而巫術影響政治最為突出的事件，無疑是武帝征和年間的巫蠱之獄。其時公孫賀為丞相，

4　章太炎，〈駁建立孔教議〉，見湯志鈞編《章太炎政論選集》，第 690 頁，中華書局 1977 年版。

賀子敬聲為太僕，父子被告指使巫祠詛武帝，並在武帝經過的馳道埋偶人。征和二年（前 91 年）正月兩人均死於獄中。幾個月後，衛皇后的女兒諸邑公主、陽石公主也因為巫蠱被處死。當時武帝臥病甘泉宮，得罪過太子的水衡都尉江充建言巫蠱為祟，乘機陷害太子及皇后。武帝派江充為繡衣使者治巫蠱獄，江充率胡巫掘地求偶人，揚言得之於太子宮。太子劉據無法自明，乃矯詔捕殺江充，併發兵數萬抵抗官軍。武帝令丞相劉屈氂督兵平叛，太子兵敗自殺。皇后衛子夫因事先得知太子起兵之事，被廢自殺。此案的株連面越來越大，後來在民間也大捕巫蠱，先後因此而死的多達數萬人。繆侯酈終根、按道侯韓興、陽河侯卜仁、戴侯彭蒙、遒侯李則、容成侯唯徐光等人均因巫蠱之罪被廢被殺。丞相劉屈氂、名將李廣利、公孫敖、趙破奴等也都因巫蠱之罪而受到懲處。

二、秦漢楚地的淫祀

楚人重巫由來以久。《史記‧楚世家》記：「熊繹辟在荊山，篳路藍蔞。以處草莽，跋涉山林以事天子，唯是桃弧棘矢以共王事。」《集解》服虔曰：「桃弧棘矢所以禦其災」。巫鬼信仰在楚立國的八百年中鑄成了難以移易的文化傳統。在秦統一天下前，荊楚地區的巫風就深深影響了進入楚地的秦人的信仰。在放馬灘秦簡《日書》出土後，不少學者將之與楚地出土的睡虎地秦簡《日書》進行了比較研究。何雙全指出：「從《日書》思想傾向來看，《放》簡帶有強烈的時代政治氣味，雖然都是選擇日子，但所涉及的事件都與當時的社會現實每每相聯繫，長篇大論的並不是鬼神如何。」而睡簡《日書》則「涉及社會政治的較少，通篇充滿了鬼神觀。就是說秦人重政治輕鬼神，而楚人重鬼神輕政治，鬼神觀是非常嚴重的，這就是兩部《日書》的最大特點。」[5] 林劍鳴也說：「《睡》簡《日書》和《放》簡《日書》『建除』一章雖僅有文字上的小異，而這些關鍵性的差異中，卻顯出楚、秦兩種文化特點的不同：《睡》簡有較多的禮制影響和較濃的神秘色彩，反映了楚文化的特點；《放》簡則相反，顯得質樸而具體，反映了秦文化『重功利、輕仁義』的特點。」[6]

《漢書‧地理志》概括說楚地「信巫鬼，重淫祀」；《淮南子‧人間訓》

5　何雙全，〈天水放馬灘秦簡甲種《日書》考述〉，載甘肅省文物考古研究所編，《秦漢簡牘論文集》，甘肅人民出版社 1989 年版。

6　林劍鳴，〈睡簡與放簡《日書》比較研究〉，《文博》1993 年第 5 期。

說「荊人鬼而越人禨」，高誘注「好事鬼也」；《風俗通義・怪神》也說會稽「巫祝賦斂受謝，民畏其口，懼被祟，不敢拒逆，是以財盡於鬼神，產匱於祭祀」。這說明在巫風盛行的秦漢時期，楚地信鬼重巫的風習也是相當突出的。正是由於楚地具有濃厚的巫文化氛圍，儘管孔子不語怪力亂神，但儒生賈誼在擔任長沙太傅後，在耳濡目染之下卻對鬼神之事非常熟悉。《史記・屈原賈生列傳》記載賈誼應召入朝，「上因感鬼神事，而問鬼神之本。賈生因具道所以然之狀。至夜半，文帝前席。既罷，曰：『吾久不見賈生，自以為過之，今不及也。』」

漢代的楚地以淫祀而著稱。《白虎通・王祀篇》說：「非所當祀而祀之，名曰淫祀。」《禮記・曲禮》謂：「非其所祭而祭之，名曰淫祀。」清人孫希旦注釋說：「非所祭而祭之，謂非所當祭之鬼而祭之也；淫，過也，或其神不在祀典，如宋襄公祭次睢之社，或越分而祭，如魯季氏之旅泰山，皆淫祀也。」所謂淫祀，包含了越份之祭與未列入祀典之祭。《風俗通義・怪神》記載的關於鮑神君、李君神、石賢士神的故事，即反映了漢代楚地祭祀之濫。當時銅陽有人在田中抓得一獐，離開後被過路商人用鮑魚換走，主人回來後看見獐變成了鮑魚，「怪其如事，大以為神，轉相告語，治病求福，多有效驗。因為起祀舍，眾巫數十，帷帳鐘鼓，方數百里皆來禱祀，號鮑神君」；又南頓農夫張助在種田時，撿到李子核，本想丟掉，看到桑樹的空洞中有土，就隨手種了下去。「後人見桑中反復生李，傳相告語，有病目痛者息陰下，言李君令我目愈，謝以一豚。目痛小疾，亦行自愈。眾犬吠聲，因盲者得視，遠近翕赫，其下車騎常數千百，酒肉滂沱。」汝陽有一老婦人到市場買餅，回家時在彭氏墓路頭的石人旁休息時不小心掉了一塊。「時客適會，問何因有是餌，客聊調之：『石人能治病，愈者來謝之。』」轉語頭痛者摩石人頭，腹痛者摩其腹，亦還自摩，他處放此。凡人病自癒者，因言得其福力，號曰賢士。輴輦轂擊，幃帳絳天，絲竹之聲，聞數十里」。這些在以訛傳訛的過程中形成的所謂「神靈」，在今天看來不免可笑，卻正說明了楚地巫鬼文化的發達。

在漢代地方郡國守相逐漸為儒學出身的士人占據後，廢除淫祀也構成了他們在楚地移風易俗的主要內容。《後漢書・第五倫列傳》記載第五倫任會稽太守時，「會稽俗多淫祀，好卜筮。民常以牛祭神，百姓財產之困匱，其自食牛肉而不以薦祠者，發病且死先為牛鳴，前後郡將莫敢禁。倫到官，移書屬縣，曉告百姓。其巫祝有依託鬼神詐怖愚民，皆案論之。有妄屠牛者，吏輒行罰。

民初頗恐懼，或祝詛妄言，倫案之愈急，後遂斷絕，百姓以安」。〈宋均列傳〉記宋均建武年間「調補辰陽長。其俗少學者而信巫鬼，均為立學校，禁絕淫祀，人皆安之。」後改任九江太守，境內「浚遒縣有唐、后二山，民共祠之，眾巫遂取百姓男女以為公嫗，歲歲改易，既而不敢嫁娶，前後守令莫敢禁。均乃下書曰：『自今以後，為山娶者皆娶巫家，勿擾良民。』於是遂絕」。〈欒巴列傳〉也記載他「再遷豫章太守。郡土多山川鬼怪，小人常破貲產以祈禱。巴素有道術，能役鬼神，乃悉毀壞房祀，剪理奸巫，於是妖異自消。百姓始頗為懼，終皆安之」。

上古人大多認為人生病是由於鬼神作祟，故而最初醫巫不分，古代的醫字就從巫，作「毉」。《素問・移精變氣論》說：「古之治病，惟移精變氣，可祝由而已。」注云：「祝說病由，不勞針石，故名祝由。」《韓詩外傳》卷十也說：「上古醫曰茅父，茅父之為醫也，以莞為席，以芻為狗，北面而祝之，發十言耳，諸扶輿而來者皆平復如故。」戰國時期，醫、巫開始分職。《史記・扁鵲列傳》記扁鵲曾說：「信巫不信醫，不治。」然而在當時楚人的頭腦中，巫、醫仍是同一個概念。《論語・子路》記孔子曾說：「南人有言曰：『人而無恆，不可以作巫醫。』善夫！」南人應即楚人。巫與醫，一身而二任，所以可合稱為巫醫。秦漢時期楚地繼承了戰國以來的遺風，患病多延請巫師作法，而不是請醫治療。《論衡・言毒》：「南郡極熱之地，其人祝樹樹枯，唾鳥鳥墜。巫咸能以祝延人之疾、愈人之禍者。」這裡的南郡就是指的南方諸郡。甚至漢代以降，楚地仍然有「疾病不事醫藥」的習俗。宋范致明〈岳陽風土記〉說：「荊湖民俗……疾病不事醫藥，惟灼龜打瓦，或以雞子占卜，示祟所在，使俚巫治之，皆古楚俗也。」明陶晉英《楚書》載：施州之俗「疾病則擊銅鼓沙鑼以祀鬼神」。甚至清代康熙三十三年的《永州府志》還記載：「疾病不事醫藥而營巫。」

對楚人來說，巫不僅可以交鬼神，而且可以寄生死。高祖劉邦為楚人，他就不相信醫學。《史記・高祖本紀》記：「高祖擊布時，為流矢所中，行道病。病甚，呂后迎良醫，醫入見，高祖問醫，醫曰：『病可治。』於是高祖嫚罵之曰：『吾以布衣提三尺劍取天下，此非天命乎？命乃在天，雖扁鵲何益！』遂不使治病，賜金五十斤罷之。」在場的呂后並沒有加以勸止。他的後代武帝同樣相信巫覡的治病能力。《史記・封禪書》記載：武帝病於鼎湖時，「巫醫無所不至」，後來「游水發根言上郡有巫，病而鬼神下之。上詔置祠之甘泉。及病，

使人問神君。神君言曰：『天子無憂病。病少癒，強與我會甘泉。』於是病癒，遂起，幸甘泉，病良已。」所謂「病而鬼神下之」，就是指巫在降神時的狀態。這位上郡之巫是使神君附體，並借神君之力，治癒了武帝的病。《史記集解》引服虔曰：「游水，縣名。發根，人名姓。」《集解》又引晉灼曰：「〈地理志〉游水，水名，在臨淮淮浦也。」可知發根此人來於南方，所採用的正是南方淮河流域禱病的巫術。近年來出土的建初四年巫祠簡，記載了田氏家族中的一對夫婦延請一位巫為重病在身的母親禱祀祝辭，禱告的神鬼有「司命」、「殤君」、「男殤」、「女殤」、「水上」、「黃君」、「獨（臘）君」、「郭貴人」、「大父母」、「丈人」、「官社」、「田社」、「東北官保社」、「炊休」、「外家西南」十五種。[7] 這些鬼神又見於其它楚、漢簡牘，在包山、望山、九店楚簡以及江蘇邗江胡場五號漢墓出土的木牘中也有類似的神鬼之名。

　　馬王堆出土的《五十二病方》中記載了很多巫術治病方。如治諸傷方：「傷者血出，祝曰：『男子竭，女子戴。』五畫地□之。」這是古代巫術治病的祝由法，又稱禁法。治疣方：「以月晦日之丘井有水者，以敝帚騷（掃）尤（疣）二七，祝曰：『今日月晦，騷（掃）尤（疣）北。』入帚井中。」這裡不僅採用了祝由療法，而且使用的帚也是巫術中的用具。張衡〈東京賦〉有「方相乘鉞，巫覡操茢」的記載，而《左傳・襄公二十九年》孔疏云：「茢是帚，桃木為棒也。」南陽漢代畫像石墓中常刻有手持長柄掃帚的人物形象，其中一部分表示的就是「巫覡操茢」的形象，它們常刻於墓門，用來防止惡鬼進入墓內，具有巫術含義。治蚘方：「澄汲一音（杯）入奚蠱中，左承之，北鄉（向），鄉（向）人禹步三，問其名，即曰：『某某年□今□。』飲半音（杯），曰：『病□□已，除去徐已。』即復（覆）奚蠱，去之。」「禹步三」是行巫術時的一種步法。《法言・重黎》：「昔姒氏治水土，而巫步多禹。」李軌注：「禹治水土，涉山川，病足，故行跛也……而俗巫多效禹步。」《玉函秘典》說：「禹步法：閉氣，先前左足，次前右足，以左足並右足，為三步也。」治魅方：「禹步三，取桃東枳（枝），中別為□□□之倡而笄門戶上各一。」《說文》釋「魅」，「鬼服也，一曰小兒鬼。」魅病即小兒驚風一類的疾病，插東向的桃枝則在於驅鬼。《太平御覽》卷九六七引〈典術〉：「桃者，五木之精也，故厭伏邪氣者也。

　7　陳松長編著，《香港中文大學文物館藏簡牘》，第 99 頁，香港中文大學圖書館 2001年版。

桃之精生在鬼門，制百鬼，故今作桃人梗著門，以厭邪，此仙木也。」〈甄異傳〉：
「鬼但畏東南枝爾。」癲疾是一種精神錯亂的病，更容易讓人聯想到鬼神作祟，
其治療也以驅鬼為主。《五十二病方》中的兩則藥方，雖然都是內服之方，卻
仍然帶有濃厚的巫術特點。「顛（癲）疾，先侍白雞、犬矢。發，即以刀剿（劙）
其頭，從顛到項，即以犬矢【濕】之，而中剿（劙）雞□，冒其所以犬矢濕者，
三日而已。已，即孰（熟）所冒雞而食之，□已。」「顛（癲）疾者，取犬尾
及禾在圈垣上【者】，段冶，湮汲以飲之。」類似的例子還有很多，不再贅述，
這些都說明巫術治病之法在漢代的楚地非常盛行。

在楚地，巫術是當時人們廣泛依賴的具體而實用的工具，涉及了日常生活
和生產領域的方方面面。馬王堆帛書《雜禁方》主要討論怎樣用符咒等法來防
治夫妻不和、姑婦相鬥、嬰兒啼哭及多惡夢之類的毛病。「又（有）犬善皋（嗥）
於亶（壇）與門，垐（塗）井上方五尺。夫妻相惡，垐（塗）戶□方五尺。欲
微（媚）貴人，垐（塗）門左右方五尺。多惡薨（夢），垐（塗）床下方七尺。
姑婦善鬥，垐（塗）戶方五尺。嬰兒善泣，塗（塗）牖上方五尺。與人訟，書
其名直履中。取兩雌佳尾，燔冶，自飲之，微（媚）矣。取東西鄉（向）犬頭，
燔冶，飲。夫妻相去，取其左靡（眉）直（置）酒中，飲之，必得之。取雄佳
左蚤（爪）四，小女子左蚤（爪）四，以蝥熬，並冶，傳，人得矣。」楚地巫
風之盛行，由此可見一斑。

《淮南萬畢術》是一本記載漢代巫術簡明條目的巫書，相傳為淮南王門下
巫師萬畢所撰。其中不僅有驅鬼、造雲、長壽之術，而且涉及到了滅鼠、買酒、
下棋、令人微笑等等與人們的現實生活相關的瑣事。如《太平御覽》卷九八八引：
「磁石拒棋。取雞血與針對，磨鐵搗之，以和磁石，日塗棋頭曝乾之，置局上，
即相拒不休。」此為下棋使用的制勝巫術。卷七三六引：「鵲腦令人相思。取
雌雄鵲各一，燔之四通道，丙蔭日，與人共飲酒，置腦中則相思也」，這是令
人相思的巫術。卷九一八引：「孤桃枝之券，令雞夜鳴。取孤桃，南北行，枝
長三尺，折以為券，塗以三歲雄雞血，夜居棲下，則鳴。」這是令雞早鳴的巫術。
卷九四八引：「取蜘蛛與水狗及豬肪，置甕中，密以新纊，仍懸室後，百日視
之，蜘蛛肥，殺之以塗足，涉水不沒矣。」這是使人能在水上行走的巫術。卷
九四八引：「竹蟲飲之，自言其誠。竹蟲三枚，竹黃十枚，欲得人情，取藥如
大豆燒酒中飲之，不令醉，以問其事，必得其實也。」這是使人不說謊的巫術。

卷三十七引：「灶之土，不思故鄉。取灶前三寸，方半寸，取中土，持之遠出，令人不思故鄉。」這是讓人不忘故鄉的巫術。[8] 卷九二四引：「蛤蟆得瓜，平時為鶉。注云：取瓜去瓣，置生蛤蟆其中，殺鶉，以血塗爪，堅塞之，埋東垣北角，深三尺，其平日發出之，以為鶉矣。」這是使蛤蟆變鶴鶉的巫術。

值得指出的是，由於楚國故地俗多「信巫鬼」，漢代南方幾個諸侯王國的宮廷，也儼然成了巫師薈萃的中心。《西京雜記》卷三記載：「淮南王好方士，方士皆以術見，遂有畫地成江河，撮土為山岩，嘘吸為寒暑，噴漱為雨露。王亦卒與諸方士俱去。」《漢書・淮南王傳》也記載：淮南王劉安曾「招致賓客方術之士數千人，作為《內書》二十一篇，《外書》甚眾，又有《中篇》八卷，言神仙黃白之術，亦二十餘萬言。」《史記・五宗世家》記江都王劉建治吳故地，也「信巫祝」，常「使人禱祠妄言」。而在這些諸侯王有不臣之心時，巫術也往往成為他們的重要支柱和法寶。《史記・吳王濞列傳》記吳楚七國之亂時，劉濞曾用星變鼓動同夥，說：「慧星出，蝗蟲數起，此萬世一時。」〈淮南王列傳〉記武帝建元六年慧星見，術士對淮南王劉安說：「先吳軍起時，慧星出長竟尺，然尚流血千里。今慧星長竟天，天下兵當大起」，於是劉安「愈益治器械攻戰具，積金錢賂遺郡國諸侯游士奇才。諸辯士為方略者，妄作妖言，諂諛王，王喜，多賜金錢，而謀反滋甚。」《漢書・廣陵厲王傳》記昭帝時，廣陵厲王劉「胥見上年少無子，有覬欲心。而楚地巫鬼，胥迎女巫李女須，使下神祝詛。女須泣曰：『孝武帝下我。』左右皆伏。言『吾必令胥為天子』。胥多賜女須錢，使禱巫山。會昭帝崩，胥曰：『女須良巫也！』殺牛塞禱。及昌邑王征，復使巫祝詛之。後王廢，胥浸信女須等，數賜予錢物。宣帝即位，胥曰：『太子孫何以反得立？』復令女須祝詛如前。」《後漢書・廣陵王列傳》記光武帝死後，廣陵王劉荊也曾以「今年軒轅星有白氣，星家及喜事者，皆云白氣者喪，軒轅女主之位。又太白前出西方，至午兵當起。又太子星色黑，至辰日輒變赤。夫黑為病，赤為兵」，煽動東海王劉強「努力卒事」。

三、楚巫術的延續與發展

降神是巫最重要的職掌之一，《國語・楚語》說：「如是則神明降之，

8　古人認為土是不可動的，它是安穩的象徵。此處「令人不思故鄉」，是指心中安穩不再為故鄉不安定發愁之意，實際是不忘故鄉的表現。卷三七三所引《淮南萬畢術》中的另一巫術「理髮灶前，婦安夫家」，根據的也是同樣的原理。

在男曰覡，在女曰巫。」《說文》：「巫，祝也。女能事無形，以舞降神者也。」《楚辭章句‧九歌序》說：「昔楚國南郢之邑，沅湘之間，其俗信鬼而好祠。其祀必作歌樂鼓舞以樂諸神。」在北方地區祭祀禮儀的政治內容和教化功能得到重視的時候，歌舞迎神仍然是楚國祭祀活動的主要內容。《九歌》中描寫了不少「以舞降神」的場面。如〈東皇太一〉：「揚枹兮拊鼓，疏緩節兮安歌；陳竽瑟兮浩倡。靈偃蹇兮姣服，芳菲菲兮滿堂。五音兮繁會，君欣欣兮樂康」；〈雲中君〉：「浴蘭湯兮沐芳，華采衣兮若英；靈連蜷兮既留，爛昭昭兮未央」；〈大司命〉：「靈衣兮被被，玉佩兮陸離」。這裡的「靈」，就是神靈附體的巫。洪興祖《楚辭補注》說：「『靈偃蹇兮姣服』，言神降而托于巫也。」朱熹《楚辭集注》也說：「靈，謂神降于巫之身也。」又說：「古者，巫以降神，神降而托于巫，則見其貌之美而服之好，蓋身則巫而心則神也。」王國維則解釋得更為具體：「《楚辭》之靈，殆以巫而兼屍之用者也。其詞謂巫曰靈，謂神亦曰靈；蓋群巫之中必有象神之衣服形貌動作者，而視為神之馮依；故謂之靈，或謂之靈保。」[9]

秦漢時期的降神活動，不僅保持了這一楚地古風，由於漢朝設置了「荊巫」、「越巫」等巫官，以巫飾「靈」的做法甚至出現在了國家祭祀之中。《郊祀歌‧練時日》對郊祀時「靈」的活動有具體而生動的描寫，說：「練時日，侯有望，燒脊蕭，延四方。九重開，靈之斿，垂惠恩，鴻祜休。靈之車，結玄雲，駕飛龍，羽旄紛。靈之下，若風馬，左倉龍，右白虎。靈之來，神哉沛，先以雨，般裔裔。靈之至，慶陰陰，相放佛，震澹心。靈已坐，五音飭，虞至旦，承靈億。牲繭栗，粢盛香，尊桂酒，賓八鄉。靈安留，吟青黃，遍觀此，眺瑤堂。眾嫭並，綽奇麗，顏如荼，兆逐靡。被華文，廁霧縠，曳阿錫，佩珠玉。俠嘉夜，蕙蘭芳，澹容與，獻嘉觴。」

在楚巫降神的活動中，以借男女戀情來吸引神靈的習俗最為特別。朱熹在《楚辭辯證》中說：「楚俗祭祀之歌，今不可得而聞矣。然計其間，或以陰巫下陽神，以陽主接陰鬼，其辭之褻慢淫荒，當有不可道者。」做為楚地祭歌的《九歌》中就有不少對人神戀愛祭祀儀式的描述。如〈少司命〉：「滿堂兮美人，忽獨與余兮目成……悲莫悲兮生別離，樂莫樂兮新相知……與女沐兮咸池，晞女髮兮陽之阿」，描寫的是一女子與少司命從眉目傳情到雙棲於咸池的經過。

9　王國維，《宋元戲曲史》，第2頁，百花文藝出版社2002年版。

〈山鬼〉：「留靈修兮憺忘歸，歲既晏兮孰華予……怨公子兮悵忘歸，君思我兮不得閒」，描寫的是山鬼對一男子的戀情。〈高唐賦〉裡楚懷王與「朝為行雲，暮為行雨」巫山神女的幽會；屈原在〈離騷〉中「令豐隆乘雲兮，求宓妃之所在」，也表現了楚人對神女的追求與嚮往。這種以愛情或婚姻來誘降或娛樂神靈的現象，在秦漢時期亦有延續。《後漢書·宋均列傳》：「浚遒縣有唐、后二山，民共祠之，眾巫遂取百姓男女以為公嫗，歲歲改易，既而不敢嫁娶，前後守令莫敢禁。均乃下書曰：『自今以後，為山娶者皆娶巫家，勿擾良民。』於是遂絕。」李賢注：「以男為山公，以女為山嫗，猶祭之有尸主也。」這種以百姓男女為山神公嫗的巫術風尚，就是「人神戀愛」祭祀方式的流變。游國恩指出：「浚遒本楚故地。其民間娶山之事，必楚人之遺風。宋均，光武時人，去戰國未遠，故其風猶盛。」[10]

　　由於靈魂觀念的存在，古人在思維中創造了鬼靈等虛幻的超自然的存在，並且認為人欲得福就要避開與鬼的衝突，防禦惡靈雜神的接近，得到善神的幫助。驅鬼辟邪在秦漢時期頗為盛行，當時最有代表性的驅鬼活動是儺。《續漢書·禮儀志》對漢代的「大儺」有較詳細的記載，其儀式大致是由方相氏操作，身蒙熊皮，玄皮朱裳，頭戴黃金四目的面具，手中揮動著戈與盾，率領著百隸，挨門挨戶去尋找與驅趕疫鬼。儺是較原始的公共驅鬼活動，漢劉熙《釋名》云：「疫，役也，言有鬼行役也。」清王先謙《釋名疏證補》引王啟原云：「按疫有鬼，自昔雲然。周世之儺即逐疫之意。秦漢世則直言逐疫鬼。」但值得注意的是，在方相氏之外，漢代儺儀裡出現了十二神，它們各自有自己的驅魅功能和專門的鎮辟對象，即：「甲作食凶，胇胃食虎，雄伯食魅，騰簡食不祥，攬諸食咎，伯奇食夢，強梁、祖明共食磔死寄生，委隨食觀，錯斷食巨，窮奇、騰根共食蠱。」十二神的裝扮是「有衣毛角」，行儺時「方相與十二獸舞」。十二神一般認為原來都是些以猛獸為原型的凶神。漢代儺儀裡出現十二神當是源自楚地習俗。在楚人的儺祭儀式中已經有了神獸的出現。湖北隨縣曾侯乙墓內棺左右側板上，畫有八位獸面人身、手執雙戈、兩臂曲舉、狀若起舞的怪物，足踏火焰紋；處在下層的四位，頭上有角，頗似羊首。據研究，「頭戴熊首假面的怪物，是古代『儺儀』中的方相氏，下面四位羊首怪物，是由百隸裝扮的神獸。」[11] 整

10　游國恩，〈論九歌山川之神〉，載《游國恩學術論文集》，第108頁，中華書局1999年版。
11　祝建華、湯池，〈曾侯墓漆畫初探〉，《美術研究》1980年2期。

幅棺畫表現的是大儺的場面，其具體功用是在墓中驅逐鬼魅不祥。曾文化隸屬於楚文化圈，故曾侯乙墓棺畫中表現出來的大儺場面，實際上也是楚人舞儺驅鬼之風的生動寫照。馬王堆一號漢墓黑底彩繪漆棺描繪了怪獸搜索打鬼的場面。怪獸頭戴鹿角、獸頭、人立，有的屈膝彎弓而射；有的蹲坐執戈回顧。瞭望、回顧當為搜索鬼物，其餘諸獸，皆作追逐、奔走、騰躍狀，有如方相氏所率領的十二神獸。

儘管十二神的來源今天多數已經弄不清楚，但其中窮奇、強梁都出自楚人編定的《山海經》。〈西北荒經〉說：「窮奇，狀如虎，有翼，食人，從首始。」〈大荒北經〉說：「又有神銜蛇操蛇，其狀虎首人身，四蹄長肘，名曰彊良。」目前所見到的操蛇神怪的雕像或畫像資料，多出於今河南南部和湖北、湖南、江蘇等地。說明這一神話迷信具有明顯的地方特點，也就是說和南方的楚有密切關係。由此也可以推測，銜蛇操蛇的強梁應該屬於戰國楚神話迷信體系。十二神中能找到出典的還有伯奇，即伯勞。伯勞性情非常兇猛殘忍，鳴聲尖銳淒厲，所以有惡鳥之名。曹植〈令禽惡鳥〉說其本為孝子，其父尹吉甫輕信後母讒言將他殺死而變成鳥，後尹吉甫「出遊于田，見鳥鳴于桑，其聲嗷然」，認出伯勞，「遂射殺後妻，以謝之」，「故俗惡伯勞之鳴，言所鳴之家，必有尸也。」這種對伯勞鳴叫的忌諱，也見於楚國。〈離騷〉有「恐鵜鴃之先鳴兮，使夫百草為之不芳」。《詩‧豳風‧七月》：「七月鳴鵙」，《傳》云：「鵙，伯勞也。」《文選‧思玄賦》「恃己知而華予兮，鵙鳩鳴而不芳」，服虔注：「鵙鳩一名鵙，今謂之伯勞，順陰氣而生，賊害之禽也。」

漢代人為了辟除惡鬼，採用了許多辟邪的辦法，這些方法很多都是具有楚文化特色的。鎮墓獸是楚墓中非常典型的怪獸造型，是用來辟邪的神物。一般由方形底座、曲形獸體和鹿角所組成。獸形狀怪異，面目猙獰，口吐長舌，突額暴目，給人以恐怖和神秘感。獸首有雙首、單首之別，上插鹿角。但從楚墓出土鎮墓獸的造型看，戰國晚期有擬人化趨勢。江陵雨花臺五十五號楚墓出土鎮墓獸即頭插鹿角，臉和身體象人形，身體幾乎全部直立，舌較長。湖南省博物館藏長沙楊家灣六號墓出土木鎮墓獸亦做人形。鎮墓獸在漢墓中仍有保存，如馬王堆二、三號墓的墓道中都曾發現頭上插鹿角的跪坐俑，「這種俑頭上有鹿角，當是從戰國末的人面形鎮墓獸演變而來」。「四川宜賓一帶的磚石墓中出土的陶制俑頭，上生雙角，人面，大眼，獸耳，舌伸出而下垂。這些特徵和

戰國時楚墓中的鎮墓獸基本一致。近幾十年，在重慶、成都、合川、新都、綿陽等地的磚墓、崖墓中都有發現……廣州東郊的東漢墓和雲南呈貢七步場東漢墓都有這類吐舌的鎮墓獸出土。」[12]

辟邪也是楚地具有代表性的辟禦妖邪的神物。江陵馬山一號楚墓出土的一件根雕，是一隻走動的異獸，頭似虎，四條腿雕成竹竿形，其上分別雕有蛇、青蛙、蜥蜴、鳥、蟬蟲，一隻由六種動物和一種植物合成的怪獸。它沒有鹿角而且在造型上呈四腳著地，與所謂鎮墓獸完全不同。這種起源於楚地的辟邪在漢代有了很大發展。西漢元帝時黃門令史遊編纂的《急就篇》卷三記載：「射魃辟邪除群凶」；唐顏師古注釋說：「射魃、辟邪，皆神獸名也……辟邪，言能辟禦妖邪也。」但漢代人對辟邪的認識並不一致。《漢書・西域傳》「烏弋山離國有桃拔、獅子、犀牛」，孟康注：「桃拔一名符拔，似鹿，長尾，一角者或為天鹿，兩角者或為辟邪。」這條文獻記載的辟邪是一種似鹿、長尾、雙角的動物。我們看到的漢代玉辟邪卻無角。辟邪被用作陵墓神道石獸也是在漢代開始的。現存南陽漢畫館的東漢南陽太守宗資墓前的二石獸上分別鐫有「天祿」、「辟邪」的銘文。漢代的石辟邪在洛陽市澗西孫旗屯鄉、洛陽市伊川縣、許昌市以及四川蘆山、雅安等地均有出土。

類似的例子還有很多。比如南陽漢畫像石墓的墓門上常刻有神荼、鬱壘的形象。神荼、鬱壘是傳說中管理眾鬼的神人，性能執鬼。早在春秋戰國時，在荊楚之地，門戶畫神荼、鬱壘以辟邪已成為一種民俗。《論衡・訂鬼》引楚地的《山海經》說：「滄海之中，有度朔之山，上有大桃木……上有二神人，一曰神荼，一曰鬱壘，主閱領萬鬼，害惡之鬼，執以葦索而以食虎。於是黃帝乃作禮，以時驅之，立大桃人，門戶畫神荼、鬱壘與虎，懸葦索，以禦凶魅。」漢墓墓門上刻畫神荼、鬱壘正是楚俗的延續。[13]在南陽漢畫的逐疫升仙中常見有手持牛角的方士形象[14]。牛角是我國古代南方一些民族的巫術中常用法器，具有辟邪之作用。南陽漢畫中的方士大多為手持牛角、奔走呼喊的形態，其目的也

12　吳榮曾，〈戰國漢代的操蛇神怪及有關神話迷信的變異〉，載氏著，《先秦兩漢史研究》，中華書局 1995 年版。

13　俞正燮《癸巳存稿》說：「審究其義，神荼、鬱律，由桃椎輾轉生故事爾。」楚地早亦有懸桃於門戶以辟邪的習俗。《藝文類聚》卷八十六引《莊子》佚文：「插桃枝于戶，童子不畏而鬼畏之。」

14　王建中、閃修山，《南陽兩漢畫像石》，圖254，文物出版社 1990 年版。

是為了辟邪。而最初所用的牛角主要是南方地區盛產的犀牛角。古人認為犀角為靈異之物。《抱朴子·登涉》說：「通天犀角有白理如緶者，以盛米，置群雞中，欲啄米，至輒驚去，故南人名為駭雞也。得直角一尺以上，刻以為魚，而銜以入水，水常為開。」

　　武帝營造建章宮在於採用厭勝之法防火，是出自楚文化圈的越巫勇之根據越人習俗而建議的。《史記·封禪書》說：「上還，以柏梁災故，朝受計甘泉。公孫卿曰：『黃帝就青靈臺，十二日燒，黃帝乃治明廷。明廷，甘泉也。』方士多言古帝王有都甘泉者。其後天子又朝諸侯甘泉，甘泉作諸侯邸。勇之乃曰：『越俗有火災，復起屋必以大，用勝服之。』於是作建章宮，度為千門萬戶。前殿度高未央。其東則鳳闕，高二十餘丈。其西則唐中，數十里虎圈。其北治大池，漸臺高二十餘丈，命曰太液池，中有蓬萊、方丈、瀛洲、壺梁，象海中神山龜魚之屬。其南有玉堂、璧門、大鳥之屬。乃立神明臺、井幹樓，度五十丈，輦道相屬焉。」《漢書·武帝紀》顏師古注引文穎曰：「越巫名勇，謂帝曰越國有火災即復大起宮室以厭勝之，故帝作建章宮。」

　　人們崇信鬼神、依靠巫覡的主要原因是為擺脫對未來的不安，因而預測未來事態變化的卜筮自然成為巫文化的重要內容。兩漢時期人們非常相信卜筮的結果。《史記·孝文本紀》記載，周勃等人迎當時為代王的劉桓為帝時，劉桓最初「猶豫未定」，「卜之龜，卦兆得大橫」，因得到吉兆方下決心赴京。《漢書·丙吉傳》記其建議迎立宣帝前先以蓍草占卜，「願將軍詳大議，參以蓍龜，豈宜褒顯，先使入侍，令天下昭然知之，然後決定大策，天下幸甚！」《說文》「卜部」云：「卜，灼剝龜也，象炙龜之形。一曰象龜兆之縱橫也。」「竹部」云：「筮，《易卦》用蓍也。」前者是通過灼龜甲後觀察甲的裂紋判斷吉凶，後者則是用蓍草為占具，以《易》為占理的卜術。

　　卜筮起源很早，也不只在楚地流行，但楚人卜筮的應用範圍、對卜筮的信任程度在東周各國中是比較突出的，因而也對漢代的卜筮影響最大。龜是占卜的用具，宋公文認為：「漢代習稱龜為『玉靈夫子』，有時又連稱『靈龜』，或徑以『靈』代『龜』。這種習稱與楚國的俗語和習稱有關。望山一號楚墓簡文中的『龜』字寫法皆為『靁』，從靈省，龜聲，或靈亦聲，即靈的楚方字。」[15]

15　宋公文、張君，《楚國風俗志》，第441頁，湖北教育出版社1995年版。

筮占的理論根據《易》也與楚文化有密切關係。陳鼓應認為《易傳》出自道家別派，為楚人所作，《易》學在戰國廣傳於楚。高亨考察了《彖傳》的押韻情況，以為是南方人所作。李學勤指出馬王堆帛書中《周易》其中一篇原題為〈昭力〉，昭力是人名。而屈、昭、景為楚國貴族，合稱「三族」，所以帛書《易傳》與楚有關是無疑的。[16] 楚人還將《易》理引入自身傳習的其他術數中，增加後者的神秘性和精密程度。李學勤指出：長沙子彈庫楚「帛書《月忌篇》各章多有一些語句，在形式上類似《周易》卦爻辭。」由於帛書《月忌篇》中十二神與十二度、十二辰有關，與四時也相配合，因而用卦爻辭的辭例寫月忌語辭，這就意味著楚人將八卦的因素也注入了月忌中。漢代流行的「六日七分」術是以八卦與四季相配的占卜法。而據《論六家之要旨》，「夫陰陽、四時、八位、十二度、二十四節各有教令，順之者昌，逆之者亡。」《集解》引張晏曰：「八位，八卦位也」，「各有禁忌，謂日月也」，是陰陽家將八卦援入歲月、日禁之書，使其「大祥而眾忌諱」。如此看來，漢代的「六日七分」術和講求「八卦之位」的陰陽術，在楚帛書中便已見其端倪。

楚文化覆蓋地域中有一些特殊的占卜方法，比如最初為越人慣用的雞卜，在秦漢時期也得到了繼承。《史記·孝武本紀》記載：武帝滅南越後，「令越巫立越祝祠，安臺無壇，亦祠天神上帝百鬼，而以雞卜。」此事復見於《史記·封禪書》。關於雞卜的理解，《集解》引《漢書音義》曰：「持雞骨卜，如鼠卜。」《正義》：「雞卜法用雞一，狗一，生，祝原訖，即殺雞狗煮熟，又祭，獨取雞兩眼，骨上自有孔裂，似人物形則吉，不足則凶。」

在醫巫不分的楚人中流傳有不少治病的巫術。秦漢時期不僅生活在楚國故地的民眾仍然保持了「疾病不事醫藥」的傳統，而且這一傳統似乎也受到了其它地域民眾的普遍信賴。許多未生活在楚地的民眾同樣相信疾病是因惡靈的侵襲所致，《史記·魏其武安侯列傳》載：「武安侯病……使巫視鬼者視之，見魏其、灌夫共守，欲殺之。」便是說田蚡之病乃是由於竇嬰、灌夫的鬼魂作祟。而祝禱療病與驅鬼療病的功效，也在某種程度上為社會所認定。《後漢書·馬融列傳》記其〈廣成頌〉說：「導鬼區，徑神場，詔靈保，召方相，驅厲疫，

16　陳鼓應，〈《易傳》與楚學、齊學〉，載氏著《老莊新論》，上海古籍出版社1992年版；高亨，《周易大傳今注》，第7頁，齊魯書社1979年版；李學勤，〈新出簡帛與楚文化〉，載湖北省社科院歷史研究所編，《楚文化新探》，湖北人民出版社1981年版。

走蛵詳。」這種儀式的根本意圖在鬼的解散，去除厲疫。而同書〈皇后紀〉則記載：「（鄧）太后體不安，左右憂惶，禱請祝辭，願得代命。」王符曾對後漢社會信巫醫的習俗加以批評。《潛夫論·浮侈》曰：當時「婦女羸弱，疾病之家……或棄醫藥，更往事神，故至於死亡，不自知為巫所欺誤，乃反恨事巫之晚」。

在秦漢時期的有些巫術中，使用的器具為南方所特有，這些巫術當直接來源於對楚國巫術的繼承。《太平御覽》卷九五〇引《淮南萬畢術》：「青蚨還錢。青蚨一名魚或曰蒲，以其子母等置甕中，埋東行陰垣下，三日後開之，即相從，以母血塗八十一錢，亦以子血塗八十一錢，以其錢更買市，置子用母，置母用之，錢皆自還。」這是巫師設計的用錢買物，買後錢又自動飛回的巫術，而使用的青蚨是南方特有的昆蟲。晉干寶《搜神記》卷十二記載：「南方有蟲……又名青蚨。形似蟬而稍大，味辛美可食。生子必依草葉，大如蠶子。取其子，母即飛來，不以遠近。雖潛取其子，母必知之。」這一巫術在古代有很大影響，至唐宋，稱錢即為青蚨。

第二節　神仙信仰

我國的神仙思想起源很早，到秦漢時期，已成為一股在社會上廣泛傳播和有強熱反響的思潮。署名西漢劉向的《列仙傳》是我國流傳下來的第一部神仙人物的傳記著作，集中宣揚了世有神仙和神仙可學的觀點，它所記載的上古三代至西漢成帝時的神仙有七十一人，表明傳說得仙的人為數已有可觀。從字面上講，神仙原本是兩個字，即「神」和「仙」。《說文解字》說：神者，「天神引出萬物者也，從示。」示者，「天垂象，見吉凶，所以示人也，三垂日月星也，觀乎天文，以察時變，示神事也」。「仙」字古代寫作「僊」，《說文解字》謂「僊，長生僊去，從人，從䙴」。不難見出，仙主要地是指通過修煉而有所謂「不死」或「死而復生」功能的人，而神的由來則不必是人，天地自然萬物皆能為神。戰國末期神與仙開始連稱，彼此的界限也漸趨模糊。現在人們所理解的神仙，主要指那些具有超凡功能的特異者。不過，這裡所論述的楚文化與秦漢時期神仙信仰的關聯，還是著眼於神、仙兩者最初的含義。

一、對楚地神靈的崇拜

　　楚人信仰奇詭、駁雜，仍然是原始的萬物有靈論的信奉者。楚地素有「百神」之稱，〈離騷〉說：「百神翳其備降兮，九疑繽其並迎。」自然與人間的許多物質都是楚人崇拜的對象。《九歌》中的諸神東皇太一、東君、雲中君、大司命、少司命、湘君、湘夫人、山鬼、河伯，即分別屬於天神、地祇、人鬼等神系。秦漢時期的神靈信仰繼承了楚人神靈廣雜的特點。衛宏《漢舊儀》敘述西漢和新莽制度說：「漢制：天地以下，群臣所祭凡一千五百四十。新益為萬五千四十。」[17]至於民間祭祀的神祇，更是難計其數。其中既有自然神祇，如五帝、太一、社稷、日神、月神、星神、山神、河神、風神、雨神、雷神；又有人格神祇，如西王母、東王公、伍子胥、城陽景王；還有職能神祇，如稱為「五祀」的門、戶、井、灶、中霤，主人壽命的司命，包括先農、靈星在內的農業神，以及蠶神；動物神祇，如著名的青龍、白虎、朱雀、玄武「四靈」，以及祖先神祇。特別是由於漢王朝的建立者來自於楚，他們入主關中後，也將很多來自楚地的區域神靈引入了黃河中游地區，使之上升為了全國性的神祇。

　　漢人對楚人神靈崇拜的繼承最突出的表現就是以太一為至上神。三代以來，中原地區均以「天」、「帝」指稱天神至尊。秦時有白、青、黃、赤四帝，但祭祀得最多的是白帝。《史記·高祖本紀》記劉邦起兵反秦時，曾醉斬一大蛇，後有一老嫗坐在死蛇處哭泣，說：「吾子，白帝子也，化為蛇當道，今為赤帝子斬之，故哭。」劉邦編造這一故事，正是基於秦人以白帝為至上神的事實。漢二年，劉邦根據戰國時期逐漸形成的「天有五帝」的觀念，於秦信奉的四帝外又加黑帝，補足了五帝之數，但五帝並非漢代祭祀的至上神。《漢書·郊祀志》記載文帝十六年（前154年）在渭陽建五帝廟，「祭泰一、地祇」，「皆並祠五帝」，太一的地位已經開始凸顯。到武帝時期，五帝則正式淪為了太一的屬下神。《史記·封禪書》記錄了武帝立太一的經過。「亳人謬忌奏祠太一方，曰：『天神貴者太一，太一佐曰五帝。古者天子以春秋祭太一東南郊，用太牢，七日，為壇開八通之鬼道。』於是天子令太祝立其祠長安東南郊，常奉祠如忌方。」元鼎四年（前113年），武帝在甘泉宮舉行郊祀，「令祠官寬舒等具太一祠壇，祠壇放薄忌太一壇，壇三垓。五帝壇環居其下，各如其方，黃帝西南，除八通鬼道。太一，其所用如雍一時物，而加醴棗脯之屬，殺一狸

17　清·孫星衍等輯，《漢官六種》，第97頁，中華書局1990年版。

牛以為俎豆牢具。而五帝獨有俎豆醴進。」太一被作為至上神，位居五帝之上。後「為伐南越」，武帝也「告禱太一。以牡荊畫幡日月北斗登龍，以象太一三星，為太一鋒，命曰『靈旗』。為兵禱，則太史奉以指所伐國」。

以太一為至上神的觀念在漢代非常普遍。馬王堆三號漢墓出土的帛畫《太一出行圖》，太一在諸神中即是處於主神地位。《淮南子・本經訓》說：「太一者，牢籠天地，彈壓山川，含吐陰陽，伸曳四時，紀綱八極，經緯六合」，其至上神的地位也非常明確。《史記・封禪書》記文翁招神，「作甘泉宮，中為臺室，畫天、地、太一諸鬼神，而置祭具以致天神。」武帝壽宮神君，「壽宮神君最貴者太一，其佐曰大禁、司命之屬」。西漢時流行的各類陰陽、數術、兵占等類的書，不少都冠以「太（泰）一」的名稱。《漢書・藝文志》著錄的書目中，如《泰一陰陽》、《太一兵法》、《泰一雜子十五家方》等 8 種，計二百餘卷，實已說明了漢代信奉太一的時尚。

《莊子・天下篇》說：老子之學「建之以常無有，主之以太一。」《老子》第十章：「天之道也，載營魄抱一」，二十二章：「聖人抱一，為天下式」，三十九章：「昔之得一者，天得一以清，地得一以寧，神得一以靈，穀得一以盈，萬物得一以生，侯王得一以為天下正。」老子所強調的這個「一」，經由莊子的提示，可知它是從「太一」的意義發展來的。太一神的祭祀在我國起源不是很早，春秋戰國時只有南方吳越和楚地所祭祀的天神中以太一為尊。《吳越春秋・勾踐陰謀外傳》記越王勾踐與吳國爭強，大夫文種獻「九術」方略，其第一術「尊天事鬼」中所祠神祇之一為「東皇公」。越人祠祀的東皇公即是楚地的天神「東皇太一」。《楚辭・九歌》中出現的以天地為座標的諸神譜系中，東皇太一被列在首位，是最尊貴的。在東皇太一之下，東君、雲中君、大司命、少司命是天上四神，湘君、湘夫人、山鬼、河伯是地上四神。〈東皇太一〉開篇即唱：「吉日兮良辰，穆將愉兮上皇。撫長劍兮玉珥，璆鏘鳴兮琳琅。」上皇含有至上神的意義，玉劍、玉飾皆為上古至尊者所佩，用以形容東皇太一之尊上、高貴，並指明其身分。王逸注解釋太一說：「太一，星名，天之尊神，祠在楚東，以配東帝，故曰東皇。」宋玉的〈高唐賦〉中也提到太一：「進純酒，禱璿室，醮諸神，禮太一。」劉良注云：「諸神，百神也。太一，天神也。天神尊，敬禮也。」可見，太一在楚地的神權意識與祭祀禮儀中，成為諸神之最，這在屈宋的時代已確定下來了。

近年來，已有學者通過對出土占卜類楚簡的研究，從禱祠的神祇中釋讀出「太」字。並指出其與《楚辭‧九歌》所祝「太一」是同一神。而現在已出土的戰國楚簡中，可見祭禱「太」神的占卜類簡共有四批，分別是望山一號墓楚簡、天星觀一號墓楚簡、包山一號墓楚簡、秦家咀九十九號墓楚簡。其中包山一號墓楚簡、望山一號墓楚簡已全文公布。這些簡文具有相似的格式，內容與用語也非常相近，是戰國中期楚人龜卜筮占的真實記錄，與祭祀活動密切相關，一定程度地反映出楚人祀典神系的實際狀況。在簡文中，「太」與諸神祇間（包括自然諸神與人類鬼神），有過不同的排列組合形態，但不管是屬於哪一種組合，「太」神均列於眾神之首，所受享的祭品在規格上均高於其它諸神，表明「太」在楚人神譜中具有至高無上、獨一無二的地位，體現出「太」超然物外，君臨萬物之上的特有身分。[18]

兩漢時期信奉的神靈中與日常生活最為相關的是門、戶、井、灶、中霤五神，時稱「五祀」。這個習俗在先秦時期已經存在。從出土簡牘的相關記載看，楚地「五祀」祭禱的順序與名稱都與《曲禮》、《王制》所記相同。但值得注意的是，漢初戴聖編寫的《禮記‧祭法》中有所謂「七祀」之說，曰：「王為群姓立七祀：曰司命，曰中霤，曰國門，曰國行，曰泰厲，曰戶，曰灶，王自為立七祀」。在早期的儒家經典中，「七祀」之說僅僅見於〈祭法〉，它多出「五祀」的兩神分別是司命和厲。章太炎認為〈祭法〉七祀採用的為楚俗，說：「尋司命、泰厲之入七祀，斯乃近起楚俗，非周制也」；「《漢書‧郊祀志》言：荊巫有司命。《楚辭‧九歌》之〈大司命〉，即〈祭法〉所謂王所祀者也；其〈少司命〉，即〈祭法〉所謂諸侯所祀者也；《九歌》之〈國殤〉，即〈祭法〉所謂泰厲、公厲也；《九歌》之〈山鬼〉，〈祭法〉注曰：今時民家祠山神，山即厲也，是山鬼即〈祭法〉所謂族厲也。然則司命、泰厲、公厲、族厲，皆于《楚辭‧九歌》著之。」[19]

司命是楚人祭祀的重要天神，在天星觀一號楚墓、包山二號楚墓占卜類簡文中多次受到祝祀，將它與家居「五祀」混同而祭，自然不類。之所以如此，

18　李零，〈包山楚簡研究（占卜類）〉，《中國典籍與文化論叢》第 1 輯，中華書局
　　1993 年版。劉信芳，〈包山楚簡神名與《九歌》神祇〉，《文學遺產》1993 年第 5 期。
　　胡雅麗，〈楚人宗教信仰芻議〉，《江漢考古》2001 年 3 期。

19　章太炎，〈大夫五祀三祀辨〉，收《章太炎全集》（一），第 284—287 頁，上海人民
　　出版社 1982 年版。

完全是因為在楚人的信仰中，它有主壽夭、定生死的功能。《九歌·大司命》
云：「紛總總兮九州，何壽夭兮在予」；「固人命兮有當，孰離合兮可為。」
王夫之《楚辭通釋》說：「大司命統司人之生死，而少司命則司人子嗣之有無，
皆楚俗為之名而祀之。」漢人仍然相信司命主生死的神性，《後漢書·張衡列
傳》注引〈春秋佐助期〉曰：司命「通於命運期度」。《史記·封禪書》記載
西漢初年劉邦曾以晉巫和荊巫並祠司命，荊巫負責祭祀的司命顯然就是楚人所
崇拜的司命神。而在《漢書·郊祀志》的記載中則僅有荊巫負責祭祀司命，這
或許是由於西漢政府不久就去繁就簡，以荊楚地域的司命神代替晉司命而成為
全民崇拜的對象。西漢中期漢武帝在壽宮重序神君秩位，「神君最貴者太一，
其佐曰大禁、司命之屬」，司命受到莫大的尊崇。《風俗通義·祀典》有「今
民間獨祠司命耳」之說，可見漢代民眾普遍信奉此神。

　　厲是指無所歸宿之鬼。根據其身分等級不同，厲有泰厲、公厲和族厲之別，
楚簡中的各類厲鬼，包括夭殤、兵死、無後、水上及溺人、不辜、強死等多種。
包山楚墓墓主昭氏雖為王族，但死於非命者不少，該墓所出簡中屢見有「攻解」
的對象，幾乎包括了以上幾種的全部。如簡227「舉禱兄弟無後者邵良、邵乘、
縣貉公」，即是指他族中無後的厲鬼。漢人普遍相信鬼的存在，在漢代人看來，
由於靈魂不滅，死後變鬼是人的必然歸宿。《說文》「鬼部」、「人所歸為鬼」
的定義正是這一觀念的凝練。《士喪禮》「疾病禱于厲」，鄭玄注曰：「漢時
民間皆秋祠厲」，可見厲亦為漢代民眾普遍信奉。

　　由楚地區域神靈上升為全國性神祇的還有蚩尤、東君、雲中君等等。《史
記·高祖本紀》記劉邦起義反秦之時，即「祠黃帝，祭蚩尤於沛庭」。〈封禪書〉
記其平定天下後，「令祝官立蚩尤之祠于長安……晉巫，祠五帝、東君、雲中、
司命、巫社、巫祠、族人、先炊之屬」。楚地一些民間祠祀的對象或地方小神，
其影響在秦漢時期亦有所擴大。《史記·伍子胥列傳》記載，伍子胥死後，「吳
人憐之。為立祠于江上，因命曰胥山。」《後漢書·張禹列傳》載，東漢前期
揚州刺史張禹在赴任途徑長江時，「中土人皆以江有子胥之神，難於濟涉。禹
將度，吏固請不聽」。可見，漢代對伍子胥的崇奉已由長江流域擴展到了中原
地區。

　　中國古代關於日神、月神的崇拜觀念在新石器時代就形成了，漢人仍然將
日、月視為上天尊神。但與傳統的日、月神觀念不同的是，漢人普遍相信日、

月中存在神靈。《淮南子・精神》訓說：「日中有踆烏，而月中有蟾蜍」；高誘注：「踆，猶蹲也，謂三足烏。」《論衡・說日》也說：「日中有三足烏，月中有兔、蟾蜍」。長沙馬王堆一號漢墓出土帛畫，右上角繪一輪紅日，左上角繪一彎新月。在日輪中立有一三趾烏，在彎月中有一蟾、一兔。洛陽卜千秋墓壁畫升仙圖的近兩端處畫有日月，而且日中有飛鳥，月中有蟾蜍、桂樹。在東漢神畫中，類似的實例更不勝枚舉。這些構成漢代日神、月神崇拜的重要觀念，主要是由楚人的神靈信仰發展而來的。

　　楚人有崇日的傳統，楚辭《九歌》中東君就是楚地的日神。張正明曾指出：「楚人確信自己是日神的遠裔，火神的嫡嗣，由此形成了特殊的風尚。日中有火，火為赤色，所以楚俗尚赤。」[20] 同時楚人又有崇鳳的習俗。在楚人看來，鳳是至真、至善、至美的神鳥。湖北江陵發現的鳳踏虎架鼓便是楚人崇鳳心理的考古證明。漢代日神神話中太陽與飛鳥的結合，很可能是以楚文化中鳳與日的綜合崇拜為基礎發展而來的。《尸子》有「日五色，互照窮桑」的神話記載，而《山海經》將鳳稱為「五彩鳥」。在這裡，鳥羽毛的五彩與日光的五色是一致的，經由原始思維中的互滲律，鳥與太陽的屬性便能得到整合，形成綜合崇拜。江蘇連雲港雲臺山發現的史前先民崇拜的「太陽石」，其中象徵太陽光芒的正是「組成鳥類的曲線」。[21] 蕭兵曾經努力證明，《山海經》裡的「三頭鳥」離朱，《楚辭・天問》裡的「陽離」，《易・說卦》裡的火離，都是太陽中的神鳥，相當於日中的三足烏，又是一種「火鳳凰」。[22] 這三篇文獻都與楚文化有密切聯繫。張衡〈靈憲〉說：「日，陽精之宗，積而成烏，烏有三趾，陽之類也。」烏是太陽陽精的物化，這是漢代烏在日中觀念形成的思想基礎。而這一思想也是楚人最早提出的。《鶡冠子・度萬》說：「鳳凰者，鶉火之禽，陽之精也。」

　　月中有神靈的說法則非常明確在戰國時已出現在楚地。楚辭〈天問〉云：「厥利維何，而顧菟在腹？」關於「顧菟」，王逸注云：「言月中有菟，何所貪利，居月之腹，而顧望乎。」洪興祖補注：「菟，與兔同。〈靈憲〉曰：月者，

20　張正明，《楚文化史》，第 105 頁，上海人民出版社 1987 年版。

21　李洪甫，〈少昊氏稽索〉，《江蘇省考古學會 1983 年考古論文集》，第 19 頁。

22　蕭兵，〈馬王堆帛畫與楚辭・陽離──太陽中的神鳥〉，《考古》1979 年第 2 期；〈鳳凰涅槃故事的來源〉，載氏著，《楚辭與神話》，江蘇古籍出版社 1987 年版；《陽離與顧菟》，載氏著，《楚辭新探》，天津古籍出版社 1988 年版。

陰精之宗，積而成獸，象兔。」而聞一多舉出了十一項證據來證明顧菟就是蟾
蜍的別名，認為「傳說之起，諒以蟾蜍為最先，蟾與兔次之，兔又次之。更以
語言訛變之理推之，蓋蟾蜍之蜍與兔音近易混，蟾蜍變為蟾兔，於是一名析為
二物，而兩設蟾蜍與兔之說生焉。其後乃又有舍蟾蜍而單言兔者，此其轉相訛
變之跡，固歷歷可尋也。」[23] 實際上，漢人關於月中神物的認知也尚未統一。文
物資料顯示當時的月中或有蟾蜍，或有蟾蜍和桂樹，或有兔，或蟾、兔合聚。

　　西王母在漢代有著廣泛的影響。漢代銅鏡銘文有「壽敝金石西王母」、「壽
如東王公西王母」；《漢舊儀》有「祭王母於石室皆有所，二千石、令、長奉
祀」；[24] 漢畫像磚中也多有西王母圖像。西王母這一神仙人物首見於《山海經》，
該書《西山經》載：「西王母其狀如人，豹尾虎齒而善嘯，蓬髮戴勝，是司天
之厲及五殘。」西王母的仙話也始於楚地。《莊子·大宗師》說：西王母得道
之後，「坐乎廣大，莫知其始，莫知其宗。」《吳越春秋·陰謀傳》也記載南
方的越王「立西郊以祭陰，名曰西王母。」在楚國故地，西王母既是得道之仙，
又被尊為西方之陰神。此外，楚人信奉的神還不少，有風伯、雨師、河伯、雷神、
湘君、湘夫人、伏羲、女媧、顓頊、祝融等等，這些形形色色的神靈大多見祀
於漢代，可見楚人的多神崇拜已經積澱在漢人所繼承的傳統文化之中了。

二、楚神仙觀念的承繼

　　中國的古人認為人死後有兩種世界，一是修煉成仙的天上世界，二是地下
世界的冥府。魯迅在《中國小說史略》中指出：「中國本信巫，秦漢以來，神
仙之說盛行」。[25] 戰國以來的征戰殺伐，除了造成人口大量銳減，也激發了人們
希望瞭解死亡的渴求。因而神仙與冥府世界的傳說，在秦漢大為流行。

　　秦始皇統一天下後，除了誇耀自己的功勳外，更渴望獲得長生不死的魔力，
所以他屢次派人求取仙藥。始皇二十八年，方士徐福上書，說海上有蓬萊、方
丈、瀛洲三座仙山，山上有神仙居住，請求准許帶領數千名童男童女，入海求
仙山和仙藥。秦始皇不僅同意徐福的要求，還賜予大量的金銀珠寶，希望能夠

23　聞一多，〈古典新義〉，《聞一多全集》（二），第 330—331 頁，三聯書店 1982 年版。

24　孫星衍等輯，《漢官六種》，第 100 頁，中華書局 1990 年版。

25　魯迅，《中國小說史略》，載《魯迅全集》（第九卷），第 43 頁，人民文學出版社
　　1981 年版。

順利求得仙藥。始皇三十二年，秦始皇見徐福未歸，再派遣盧生入海求仙。始皇三十五年，秦始皇開始自稱「真人」，不稱朕，由此可見，這時候的秦始皇已經完全沉迷在求仙活動中，幾不可自拔。漢武帝也是狂熱求仙的人物之一，他對神仙著迷的程度不亞於秦始皇，不僅曾多次派人入海求仙山仙藥，對神仙修煉之術更是大有興趣。《史記‧封禪書》記載李少君、少翁、欒大、公孫卿等人都因傳授「不死之術」而受到崇信；他曾慨歎「誠得如黃帝，吾視去妻子如脫屣耳」；他為尋神仙東巡海上時，「令言海中神山者數千人求蓬萊神人」，並「宿留海上，予方士傳車及間使求仙人以千數」。因為他們的迷信神仙，使得求仙的活動一時蔚為風潮。漢初陸賈《新語‧慎微》說社會上有不少人「苦身勞形，入深山，求神仙，棄二親，捐骨肉，絕五穀，廢詩書，背天地之寶，求不死之道。」

　　漢代的神仙世界極其誘人的出現在帛畫、畫像石、壁畫上。馬王堆出土帛畫上，繪有地下、人間、天界的畫面。畫面上部象徵著天界，右為圓日，左為彎月。彎月的下面繪有一女子，立於龍形舟船之上，意在駛向生命永恆的天界。無獨有偶，臨沂金雀山九號墓出土的帛畫裡，上層金烏（日）與蟾蜍（月），中間世俗人間，下層二龍相背，也表現了漢人對自己生存的空間世界與時間世界的區分，人們生存於現實，而嚮往神奇世界。河北滿城西漢中山靖王劉勝墓中所看到的金縷玉衣，不僅是用以炫耀身分，更主要的也許是漢人相信，玉可以生肌，能保護死者肉身不壞，在另一個世界綿延他的生命。出土漢代同期銘文也反映了漢人對人壽命永恆的企盼，他們期望在世間延壽，更羨慕仙人的永恆自由。如「千秋萬歲」，「與天相壽，與地相長」，「延年益壽而去不羊（祥）」，「尚方作鏡真大巧，上有仙人不知老，渴飲玉泉饑食棗，浮游天下遨四海，翡（飛）回名山采芝草」。[26]

　　一般都認為神仙思想源於燕齊，其實《山海經》中已經出現了後世神仙的雛形。《海外南經》記載：「不死民在其東，其人為黑色，壽不死。」郭璞注：「有員丘山，上有不死樹，食之乃壽。亦有赤泉，飲之不死。」〈大荒南經〉記載：「有不死之國，阿姓，甘木是食。」而且形成於楚地的道家流派對後世的仙道文化影響極大。《老子》中提到「穀神不死」，「長生久視之道」。而且《老子》

26　周世榮，〈湖南出土漢代銅鏡文字研究〉，《古文字研究》第14輯，中華書局1986年版。

的許多篇章，都隱約與修煉有關。四十八章：「為學日益，為道日損，損之又
損，以至於無為，無為而無不為。」十章：「載營魄抱一，能無離乎？專氣致柔，
能嬰兒乎？滌除玄鑒，能無疵乎？」這裡所說的損欲合道、清淨無為、魂魄抱
一、專氣致柔等，都是老子的哲理，卻也是修仙的法門。《莊子》外、雜篇對
講究養生煉形，企求長生不死的神仙思想也屢有記述。〈天地〉：「千歲厭世，
去而上仙；乘彼白雲，至於帝鄉。」這是熱心嚮往神仙的世界。〈在宥〉記載
了廣成子為黃帝講治身長生的道理：「我守其一，處其和，故我修身千二百歲矣，
吾形未嘗衰。」這是醉心於神仙方術的言論。

實際上，戰國時期神仙思想活躍於巫風盛行的荊楚地區，這在楚人墓葬繪
畫中有充分體現。長沙戰國楚墓曾出土了一幅人物龍鳳帛畫，「原畫的構圖和
布局，有上、中、下三層。上層為天空，有展翅欲飛和扶搖直沖的鳳和龍，中
層為婦人，即為墓主人的化身，下層為彎月狀物，似為天地。因此，從帛畫的
構圖和布局來看，三者密切相關，反映了我國古代『引魂升天』的神仙思想。」[27]
作為楚文化傑出代表的愛國詩人屈原，在《楚辭》中對於遠古神話傳說和當時
流行的神仙思想及仙人形象屢有反映。〈遠遊〉「貴真人之休德兮，羨往世之
登仙」，「仍羽人於丹丘兮，留不死之舊鄉……載營魄而登霞兮，掩浮雲而上
征」，〈涉江〉「登昆侖兮食玉英，吾與天地兮比壽，與日月兮齊光」，表現
的是對美好神仙世界的嚮往之情；而〈遠遊〉「餐六氣而飲沆瀣兮，漱正陽而
含朝霞。保神明之清澄兮，精氣入而粗穢除……吸飛泉之微液兮，懷琬琰之華
英」，所言及的無非就是當時食氣、導引、行氣等成仙方術。至於他在〈遠遊〉
中所描繪的「漠虛靜以恬愉兮，澹無為而自得。聞赤松之清塵兮，願乘風乎遺
則。貴真人之修德兮，美往世之登仙。與化去而不見兮，名聲著而日延。奇傳
說之托辰星兮，羨韓終之得一。形穆穆以浸遠兮，離人群而遁逸」，更是生動
地展示了神仙生活的居高處遠，超脫悠閒和瀟灑自在，以及詩人對當時傳說中
著名仙人赤松子、韓終等人的由衷讚美和羨慕。

出土圖像描繪的升仙途徑和神仙世界，表明漢人的神仙觀念顯然受到了楚
文化的影響。李宏在論及漢代神仙思想時說：「漢代的神仙思想是道教思想的
一個支柱，而這個基礎的建立，又來自楚人飛天成仙之說。」[28]在卜千秋墓描繪

---

27 熊傳新，〈對照新舊摹本談楚國人物龍鳳帛畫〉，《江漢論壇》1981 年 1 期。
28 李宏，〈楚辭與南陽漢畫像石刻〉，《江漢考古》1987 年第 3 期。

的升仙場面中，卜氏乘赤色三頭鳳，卜千秋乘龍形舟，兩人雙目緊閉，在繚繞
的雲氣中飛馳，正在進入天國，成為長生不死的仙人。在以「引魂升天」為主
題的馬王堆一號漢墓帛畫中，在天門下方的華蓋之上也棲有一對鳳鳥，帛畫上
部還有七隻仙鶴。這裡的鳳鳥、仙鶴目的顯然是引領與迎接墓主之魂飛升。這
實際上是繼承了楚人的觀念。傳說楚懷王死後其魂即化而為鳥，崔豹《古今注》
說：「楚魂鳥，一名亡魂鳥。或云楚懷王與秦昭王會于武關，為秦所執，囚咸
陽不得歸，卒死于秦。後於寒食月後，人見於楚，化而為鳥，名楚魂。」子彈
庫楚墓出土的〈人物御龍圖〉龍尾站立有一仙鶴，細足長頸，仰頭背對禦龍男
子。陳家大山楚墓〈人物龍鳳圖〉中女子腳下有一月狀物，頭頂偏右繪有一龍
一鳳。《吳越春秋‧闔閭內傳》記吳王小女下葬，陵墓之前「舞白鶴」。這裡
鳳鳥、仙鶴就是靈魂飛升的引導神。〈離騷〉「吾令鳳鳥飛騰兮，繼之以日夜」。
《楚辭‧大招》尾章也提到「魂乎歸徠，鳳凰翔只」。可見，楚人認為在鳳鳥
的引導下，人的精神就能飛登九天，周遊八極。而仙鶴在楚人看來，也跟神仙
有密切聯繫。《楚辭‧遠遊》說：「駕鸞鳳以上游兮，從玄鶴與鵾明；孔鳥飛
而送迎兮，騰群鶴於瑤光。」

　　與卜千秋一樣，馬王堆一號漢墓帛畫的主人公同樣立於龍形舟之上，這應
該也是楚人觀念的遺存。子彈庫楚墓出土的〈人物御龍圖〉的墓主人即站立在
龍形舟上。蕭兵認為：「戰國時期的楚人可能是有靈魂乘駕舟船越海升仙之迷
信的。」[29]《莊子‧逍遙遊》說：「乘雲氣，御飛龍。」《九歌》中有些神靈
乘駕的也是龍舟，〈東君〉「駕龍舟兮乘雷，載雲旗兮委蛇」；〈湘君〉「美
要眇兮宜修，沛吾乘兮桂舟……駕飛龍兮北征，邅吾道兮洞庭」；〈河伯〉「乘
水車兮荷蓋，駕兩龍兮驂螭。」在漢代文獻與出土文物中都有對駕龍飛行的描
繪。《楚辭》中劉向的《九歎‧遠遊》有「貫澒濛以東朅兮，維六龍於扶桑」。
四川新都出土龍車畫像磚，圖中畫三條龍拉一車，車上為馭者和神人，車外空
間有三顆星，車輪作螺旋狀，似為龍車在太空飛奔。[30]

　　羽人是古人對神仙形象的一種想像，最早見於《楚辭‧遠遊》：「仍羽
人於丹丘，留不死之舊鄉。」王逸注：「人得道身生毛羽。」洪興祖補注：「羽
人，飛仙也。」江西新幹縣大洋洲商墓出土的一件「玉羽人」，曾經引起了人

29　蕭兵，〈引魂之舟——楚帛畫新解〉，《湖南考古輯刊》第 2 輯，嶽麓書社 1984 年版。
30　高文編，《四川漢代畫像磚》，圖 86，上海人民美術出版社 1987 年版。

們對神仙思想起源的興趣。李學勤曾撰文對這座商墓的發掘成果作了詳細介紹，其中寫道：「玉器中有一件玉羽人，十分重要，羽人高十點五釐米，色澤棗紅，頭頂有冠，鳥喙有須，體側有翼，背股有羽毛。其頭後陶雕成三個鏈環，技法十分高超。這件羽人的形象與後世的羽人相當接近，顯然有一脈相承的關係。」[31]《史記‧孝武本紀》載方士欒大曾「衣羽衣」，為漢武帝求召神仙。在漢代的升仙圖中，也往往會出現引導墓主之魂飛升的羽人。馬王堆一號漢墓帛畫中斷棲息著一對人首鳥身的羽人；卜千秋墓壁畫上有人頭大鳥；西安交通大學附小壁畫墓，後壁上部正中間畫一手持靈芝的羽人；陝西神木大保當三區 M16 墓門升仙圖中，墓主所乘車輿後有一羽人。南陽漢畫中的羽人均為肩生羽翼的瘦小人形，常與有飛升功能的翼龍、翼虎刻畫在同一畫面，大多手執仙草，引導升仙。可見，源於楚文化的羽人在漢代的升仙活動中有重要作用。

秦漢時期的神仙思想中，成仙的途徑還有奔月。馬王堆一號漢墓帛畫上部象徵天界，右為圓日，左為彎月。彎月的下面繪有一奔月的女子。奔月的女子象徵著現世生命結束的墓主人，奔月是對生命再生願望的追求。值得注意的是上弦娥眉月是楚人崇拜的對象，「上弦娥眉月是新月之後『明』現之時，正是生命始發的象徵，故而，屈原〈天問〉稱『夜光何德，死而又育？』這說明，楚人認識到月由晦到朔的變化，看到月由生到死、又由死到生的變化週期，從而總結出月的生命意義和價值正體現在這種死而又生的生命輪回式的永恆上，基於這樣的視覺感受和理性認識，楚人遂將月視為生命永恆的象徵、生命復甦的憑藉。」[32]實際上，陳家大山楚墓〈人物龍鳳圖〉中女子即立於上弦娥眉月上，這也是墓主人生命得以再生的載體。正是楚人對月的崇拜而形成的生命輪回意識、生命復甦思想、生命永恆觀念，深深沉澱在漢人所繼承的文化之中，從而在漢代演繹出了以人與月為對象的關於生命永恆性的動人傳說。嫦娥奔月便是典型的一例。《淮南子‧覽冥訓》說：「譬若羿請不死之藥於西王母，娥竊以奔月，悵然有喪，無以續之。何則？不知不死之藥所由生也」。

在漢代形成的嫦娥傳說中，不死之藥是重要的情節要素，也是嫦娥由人而仙的媒介物。嫦娥是由於竊不死之藥而奔入月中的，竊藥是因，奔月是果，事件的起因緣於不死之藥。在四川郫縣發現的東漢磚墓石棺畫中，有蟾蜍、兔與

31　李學勤，〈江西商代大墓的驚人發現〉，《人民畫報》1992 年 5 期。

32　李立，《文化嬗變與漢代自然神話演變》，第 61—62 頁，汕頭大學出版社 2000 年版。

不死之藥的描述。圖畫中，蟾兔作人形，蟾蜍在前，向左前行；兔在後，雙手捧靈芝一朵，作跟行狀，前行之蟾蜍亦作回首觀望之態。從整個畫面看，構圖的中心和重點正是靈芝仙藥。《論衡‧驗符》說：「芝草延年，仙者所食。」同書〈初稟〉又說：「芝草一年三華，食之令人眉壽慶世，蓋仙人之所食。」月宮中長生不死的標記還有桂樹。在洛陽卜千秋漢墓頂脊上所描繪的月宮圖中，其主要構圖便是由蟾蜍與桂樹組成。漢人以為桂樹是長生不死的仙藥。劉向《列仙傳》稱范蠡食桂而長生不老，《說文》也稱桂樹是「百藥之長」。而早在春秋戰國時，楚人就相信自然界存在著吃了不死的天然藥物。前引《山海經》中有「不死樹」。《楚辭‧天問》：「黑水玄趾，三危安在？延年不死，壽何所止？」清蔣驥《山帶閣注楚辭》引〈穆天子〉：「黑水之阿，爰有木禾，食者得上壽。」《戰國策‧楚策四》記載曾有人向楚頃襄王進獻不死之藥：「有獻不死之藥于荊王者，謁者操以入。中射之士……奪而食之。王怒，使人殺中射之士。中射之士使人說王曰：『……客獻不死之藥，臣食之，而王殺臣，是死藥也。王殺無罪之人，而明人之欺王。』王乃不殺。」

　　在楚人的升天思想觀念中，過天門是升天為仙、躋身天界的標誌。《楚辭‧離騷》：「吾令帝閽開關兮，倚閶闔而望予。」王逸注：「帝，天帝；閽，主門者也。」《漢書‧禮樂志》應劭注：「閶闔，天門。」《楚辭‧招魂》：「君無上天些，虎豹九關。」王逸注：「天門凡有九重，使神虎豹執其關閉。」神虎神豹執掌天門，為天帝充當天門神，這是楚人獨特的想像。漢人直接承繼了楚人的這一思想。《淮南子‧原道訓》、揚雄〈甘泉賦〉和張衡〈思玄賦〉，分別提到「閶闔」、「天門」或「帝閽」。馬王堆漢墓帛畫對此更有直觀的反映。帛畫畫面上部的最下邊，對立著兩個有橫座的柱子，形成一個門道。柱頭上各有一隻小豹。柱間有二人衣冠楚楚，頭帶「爵弁」，拱手對坐。門柱上的兩個小豹，很容易使人聯想到〈招魂〉提到的「虎豹九關」。拱手對坐的二人，可能就是天門的守護神，即所謂「帝閽」。四川簡陽、彭山、灌縣等地出土的漢代石棺，往往在對峙的石闕畫像上榜題銘文「天門」二字；南陽地區方城縣東關出土的漢代墓門石，一扉雕一虎，一扉刻一豹，左右向對，直接把天門之神靈置於墓門，以墓門擬天門。[33] 這些表達方式都是繼承了楚人的觀念，以了卻

33　高文、范小平，〈四川漢代畫像石棺藝術研究〉，《中原文物》1991年第3期；李建，〈虎豹神略考〉，《南都學壇》1990年第5期。

靈魂進入天國的願望。

三、楚神仙方術的盛行

　　戰國時期神仙思想既流行於荊楚，又盛行於燕齊。但兩者對於如何突破生死大限，實現個體永生的修仙術卻存在較大差異。姜亮夫曾指出：「燕齊以求仙方而延年為主，而楚南以養氣而外生死為宗，故燕齊多方士，而楚南多隱逸。」[34] 當時，燕齊地區盛傳著海上仙山，山上有不死仙藥的故事，齊威王、齊宣王和燕昭王都曾使人入海求藥。楚人同樣熱心嚮往神仙境界，也相信不死仙藥的存在，但更熱衷於通過長期修道，延年益壽，達於長生久視。修仙的過程十分艱辛。《史記·留侯世家》記早年主要活動於淮泗楚地的張良，在漢興以後好神仙，卻為呂后所阻止，其理由便是「人生一世間，如白駒過隙，何至自苦如此乎！」對於地位尊貴的帝王實現飛天成仙的夢想來說，自不如服仙藥一蹴而就方便。秦始皇、漢武帝訪神仙，求不死仙藥，曾掀起過兩次神仙熱。楚地攝生長生的神仙術在當時似乎遠不如燕齊神仙思想風光。但與燕齊方士自稱能通神仙，求不死仙藥不同，楚地的神仙術最初並不以誑人為目的，故而其方法也並非全是虛幻，而與醫學關係極為密切。在秦始皇、漢武帝大規模入海求藥未果以後，楚地主張自身修煉的神仙術日益流行。

　　漢代主要以老子的思想來修仙，透過當時人的言論可以看得很清楚。《新論》記載：「劉子駿信方士虛言，謂神仙可學。嘗問言：「人誠能抑嗜欲，閉耳目，可不衰竭乎？」余見其庭下有大榆樹，久老剝折，指謂曰：「彼樹無情欲可忍，無耳目可閉，然猶枯槁朽蠹，人雖欲愛養，何能使之不衰？」《論衡·道虛》說：「世或以老子之道為可以度世，恬淡無欲，養精愛氣。夫人以精神為壽命，精神不傷，則壽命長而不死。成事：老子行之，逾百度世，為真人矣。夫恬淡少欲，孰與鳥獸？鳥獸亦老而死。鳥獸含情欲，有與人相類者矣，未足以言，草木之生何情欲，而春生秋死乎？夫草木無欲，壽不逾歲，人多情欲，壽至於百。此無情欲者反夭，有情欲者壽也。夫如是，老子之術，以恬淡無欲，延壽度世者，復虛也。」雖然桓譚、王充在於反駁老子清靜寡欲的修仙術，但可以看出以老子之道來修仙，在兩漢是極為普遍的。當時盛行的辟穀食氣、道引、服食與房中等神仙方術，以除情去欲為前提，以安靜無為為條件，以愛氣養神為核心，

34　姜亮夫，《屈原賦校注》，第 522 頁，人民文學出版社 1957 年版。

以長生久視為目的，都是由楚地神仙思想衍生出來的修仙養壽方式。

辟穀食氣之說，在楚地起源較早。《莊子‧逍遙游》稱神人「不食五穀，吸風飲露」。《楚辭‧遠遊》說：「軒轅不可攀援兮，吾將從王喬而娛戲。餐六氣而飲沆瀣兮，漱正陽而含朝霞。保神明之清澄兮，精氣入而粗穢除」。此即服氣之法。李頤注云：「平旦為朝霞，日中為正陽，日入為飛泉，夜半為沆瀣，天玄地黃為六氣。」〈遠遊〉中提到的赤松子、王喬均屬於南方楚越神仙系統。他們修仙的重點就在於餐風吸氣，吐故納新。《淮南子‧泰族訓》說：「王喬、赤松，去塵埃之間，離群慝之紛，吸陰陽之和，食天地之精，呼而出故，吸而入新，踩虛輕舉，乘雲遊霧，可謂養性矣。」秦漢時期不少人相信辟穀食氣可以致仙。漢初張良求仙便採用了辟穀之術，《史記‧留侯世家》記其曾「道引不食谷，杜門不出歲餘」，「乃學辟穀，道引輕身」，後在呂后要求下方勉強進食。他所知的四皓──東園公、角里先生、綺里季、夏黃公──或者也是辟谷的道友。曹丕《典論》也記載：「潁川郤儉能辟穀，餌伏苓」，「號三百歲」。

馬王堆漢墓出土帛書中有一篇《卻穀食氣》，專論辟穀食氣之術，因文闕句殘，難窺全貌。但明顯是主張根據天地四時的自然運行，逐月逐日服食天地之六氣來達到辟穀的目的，以求長生。「朔日食質，日加一節，旬五而〔止〕。〔月〕大始銑，日〔去一〕節，至晦而復質，與月進退」；「春食一去濁陽，和以銑光、朝霞，〔昏清〕可。夏食一去陽風，和以朝霞、行暨，昏〔清可。秋食一去〕□□、霜霧，和以輸陽、銑，昏清可。冬食一去凌陰，〔和以〕□陽、銑光，輸陽、輸陰，〔昏清可〕」。《卻穀食氣》的朝霞、行暨、銑光、輸陽、輸陰指不同季節的精氣，跟〈遠遊〉注中的朝霞、正陽、淪陰、沆瀣雖文字有小出入，但所指相同。同出於馬王堆漢墓的竹簡《十問》也記載容成曾向黃帝講述了食氣的原則與方法。食氣之道，必使達於四肢末端。「息必深而久，新氣易守。宿氣為老，新氣為壽。善治氣者，使宿氣夜散，新氣朝聚，以徹九竅，而實六府」。並且要根據四季氣候變化和一天內晝夜早晚的不同特點來食氣。即「食氣有禁，春避濁陽，夏避湯風，秋避霜霧，冬避凌陰，必去四咎，乃深息以為壽。」此四咎與《卻穀食氣》所述相同。又「朝息之志，其出也務合於天，其入也揆彼閨謂，如藏於淵，則陳氣日盡，而新氣日盈，則形有雲光。以精為充，故能久長。晝息之志，呼吸必微，耳目聰明，陰陽蓄氣，中不薔腐，故身無厄殃。暮息之志，深息長徐，使耳勿聞，且以安寢，魂魄安形，故能長生。夜半之息也，

覺密毋變寢形,深徐去勢,六腑皆發,以長為極。」

《論衡‧道虛》引道家之言:「道家相誇曰:真人食氣。以氣而為食,故傳曰:『食氣者壽而不死。』雖不穀飽,亦以氣盈。」《淮南子‧墜形訓》也說:「食谷者智慧而夭,不食者不死而神。」「食谷者智慧而夭」,是由於人吃了五穀雜糧,穢濁充塞體內的緣故,相反「食氣者」採取導引、吐納的技術,吸取大自然中的精微之氣,卻能做到「神明而壽」。所以,欲得長壽延年,就必須「卻穀食氣」,修煉辟穀之術,這樣有朝一日才能達到「不食者不死而神」的境地。當然,辟穀之士在修煉時,並非不吃任何東西,只是不吃五穀雜糧罷了。他們以飲水食氣為主,同時要服食一些通利臟腑、益氣養生的藥物。《史記‧留侯世家》記張良「道引不食穀」,《集解》引《漢書音義》曰:「服辟穀之藥,而靜居行氣。」所謂「辟穀之藥」大體是一些有滋補作用的草木類藥物。《卻穀食氣》開篇即說:「卻谷者食石韋。」石韋,又名石皮、石蘭、金星草、金湯匙等。性味苦甘,涼。《神農本草經》稱其「主勞熱邪氣,五癃閉不通,利小便水道。」據後世道書所言,在辟穀食氣之初,多須先服藥以去其舊疾積滯。唐司馬承禎《服氣精義論》說:「凡欲服氣者,宜先療身疹疾,使臟腑宣通,肢體安和。縱無舊疹,亦須服藥去痰飲。量體冷熱,服一兩劑瀉湯,以通泄腸胃,去其積滯。」又說:「凡服氣斷穀者,一旬之時,精氣弱微,顏色萎黃;二旬之時,動作瞑眩,肢節酸疼,大便苦難,小便赤黃,故時下痢,前剛後溏。」服食石韋正可達到排除小便赤黃,安利五臟,便益精氣的目的。

導引一詞首見於《莊子‧刻意》:「吹呴呼吸,吐故納新,熊經鳥伸,為壽而已矣。此道引之士,養形之人,彭祖壽考者之所好也。」晉李頤注:「導氣令和,引體令柔。」導引是一種以肢體運動為主,配合呼吸吐納的養生方式,但最初是作為神學家的秘術而出現的。故而莊子稱其為「彭祖壽考者之所好也」,而張良求仙時也有「道引輕身」之舉。《漢書‧藝文志》神仙家著錄有《黃帝雜子步引》十二卷,是關於導引的專書。《後漢書‧華佗傳》則記載了漢人對導引之所以能長生原理的認識,說「人體欲得勞動,但不當使極爾。動搖則穀氣得消,血脈流通,病不得生,譬猶戶樞不朽是也。是以古之仙者為導引之事,熊經鴟顧,引輓腰體,動諸關節,以求難老。」《淮南子‧精神訓》說:「若吹呴呼吸,吐故納新,熊經鳥伸,鳧浴蝯躍,鴟視虎顧,是養形者也。」《漢書‧王吉傳》說:「俯仰屈伸以利形,進退步趨以實下。」崔寔〈政論〉

說：「夫熊經鳥伸雖延曆之術，非傷寒之理。」可見，導引術在漢代一直延綿不衰。在此基礎上，漢末名醫華佗創造了著名的五禽戲。《後漢書・華佗傳》記載華佗曾對弟子吳普說：「吾有一術，名五禽之戲，一曰虎，二曰鹿，三曰熊，四曰猿，五曰鳥，亦以除疾，並利蹄足，以當導引。體中不快，起作一禽之戲，沾濡汗出，因上著粉，身體輕便，腹中欲食。」結果「普施行之，年九十餘，耳目聰明，齒牙完堅」。

馬王堆漢墓出土的帛畫〈導引圖〉，繪有四十四個演練導引動作的人物圖像，圖中人物多著庶民衣冠，男女老少均有，表明導引術在漢初已普及於社會。它與湖北張家山漢墓出土的竹簡《引書》，一文一圖，可使我們對流行於漢代的導引術有比較完整的瞭解，同時也使我們對漢代導引術與楚文化的淵源有更清楚的認識。《引書》說：「治身欲與天地相求，猶如橐龠也，虛而不屈，動而愈出。」這是它反復論述的行氣導引的根本理論，這一原理無疑源於《老子》第五章「天地之間，其猶橐龠，虛而不屈，動而愈出」。熊經、鳥伸是最古老而常用的導引術式，《莊子》中即已提到。它們同樣是〈導引圖〉與《引書》中的基本術式。〈導引圖〉中有一圖題「熊經」，像半側身作轉體運動狀，兩臂微屈向前。又有一圖題「伸」，人像昂首伸頸，彎腰前趨，雙手向下。一般認為「伸」上當脫一「鳥」字。《引書》也有熊經、雞伸之名，說「熊經以利䏶背」，「雞伸以利肩髀」。值得注意的是〈導引圖〉還有一圖題為「坐引八維」。而「八維」與導引相關，又見於楚辭《七諫・自悲》「引八維以自道兮，含沆瀣以長生。」〈七諫〉的作者可能是西漢時期的東方朔，但楚辭的特點是「書楚語，作楚聲，紀楚地，名楚物」，富有濃厚的楚國地方色彩。〈七諫〉被收入楚辭，它所反映的應該也是楚人的思想文化。

導引有導氣的作用，故而在動作過程中要注意行氣的配合。〈導引圖〉有「仰呼」、「猿呼」等圖題，其中仰呼式為深吸氣後，雙臂後舉，挺胸昂頭，呼氣而出。而《引書》說「春夏秋冬之間，亂氣相薄遲也，而人不能魄其呴」，要採取的方法是「必治八維之引，吹呴摩呼吸天地之靜氣，伸腹折腰，力伸手足，䏛踵曲指，去起寬宣，偃治巨引，以與相求也。」馬王堆簡書《十問》「竊氣之道，必致之末」，《春秋繁露・循天之道》「天氣常下施於地，是故道者亦引氣於足」，也是講的行氣，而且正好可以與《莊子・大宗師》「真人之息以踵，眾人之息以喉」相參證。另外，從《引書》有「端偃，吸精氣而咽之，

填小腹」之法看，漢初當已認識到了丹田在導引行氣過程中的重要性。至遲到東漢則有了明確的丹田概念。桓帝延熹八年邊韶所作〈老子銘〉說到：「存想丹田，太一紫房」。荀悅《申鑒・俗嫌》也說：「若夫導引蓄氣，歷藏內視，過則失中，可以治疾」，「鄰臍二寸是謂關。關者，所以關藏呼吸之氣，以稟授四體也。故長氣者以關息，氣短者其息稍升，其脈稍促，其神稍越，至於以肩息而氣舒，其神稍專，至於以關息而氣衍矣。故道者常致氣于關，是謂要術。」

服食是指服用草本植物或礦石等達到長生不死的目的。與燕齊方士在求藥不成之後熱衷煉製仙丹不同，在楚地的修仙者眼中，雲母、茯苓、首烏、松脂、黃精、麥門冬、苟杞、甘菊、靈芝等均能使人長生。《漢書・藝文志》神仙類著錄有《黃帝雜子芝菌》，這是談服食芝菌方法的書。又有《神農雜子技道》、《黃帝雜子十九家方》、《泰一雜子十五家方》，也可推想是以服食草木藥物為主。馬王堆帛書《養生方》中有一方提到「谷名有太室、少室，其中有石，名曰駢石……益壽。」又有一食雲母方，說：「冶雲母、銷松脂等，並以麥麵丸之，令大如酸棗……令人壽不老。」而《十問》記載秦昭王與王期在討論「何處而可壽長」時，提到的方法也有「食松柏，飲走獸泉英」。

漢代劉向《列仙傳》所列七十一名神仙中，精於服食者有三十七人。如赤將子輿，「黃帝時人，不食五穀，而噉百草花」；偓佺，「好食松實，形體生毛」；仇生，「常食松脂」；毛女，「遇道士谷春，教食松葉，遂不饑寒，身輕如飛」；師門，「亦能使火，食桃李葩」；務光，「耳長七寸，好琴，服蒲韭根」；范蠡，「好服桂飲水」；犢子，「採松子、茯苓，餌而服之」；鹿皮公，「食芝草，飲神泉」；昌容，「食蓬蒿根，往來上下，見之者二百餘年，而顏色如二十許人」；商丘子胥，「但食术、菖蒲根，飲水，不饑不老」；寇先，「好種荔枝，食其葩實焉」；桂父，「常服桂及葵，以龜腦和之，千九十斤桂」；修羊公，「不食，時取黃精食之」；彭祖，「常食佳芝，善導引行氣」；陸通，「好養生，食橐盧、木實及蕪菁子，游諸名山，在蜀峨眉山上」；關令尹喜，「善內學，常服精華，隱德修行」。《後漢書・方術列傳》引《漢武帝內傳》記載：「封君達，隴西人。初服黃連五十餘年，入鳥舉山，服水銀百餘年，還鄉里，如二十者。」《方術列傳・華佗》又記載樊阿「從佗求可服食益於人者，佗授以漆葉青黏散。」注引〈佗別傳〉說：「青黏者，一名地節，一名黃芝，主理五藏，益精氣。本出於迷入山者，見仙人服之，以告佗。」這裡講的也是服食之法。

房中是指以男女房事求得長生之術。呂思勉說：「古人以為生人之質，於人身必有裨益，欲攝取之以自補，其術乃流為房中術。」[35]馬王堆漢墓出土《十問》也明確指出，行房中術，「虛者可使充盈，壯者可使久榮，老者可使長生」。《漢書・藝文志》載有「房中八家」。馬王堆漢墓出土的《合陰陽》、《十問》、《天下至道談》與帛書《養生方》、《雜療方》等，也都屬於房中術著作。房中術的流行在漢末曾達到一個高潮。道教的傳播者張道陵在其中占有重要的地位。葛洪《神仙傳》說他「本太學書生，博通五經。晚乃歎曰：『此無益於年命』，遂學長生之道……其治病事，皆採取玄素，但改易其大較，轉其首尾，而大途猶同歸也。」這裡所說的「玄素」即《玄女經》、《素女經》，後者流傳至今，前者也有一些內容保存下來，都是房中術的經典著作。該書還記載了張道陵向其徒眾傳授房中術作為修煉求長生之法：「陵語諸人曰：『爾輩多俗態未除，不能棄世，正可得吾行氣導引房中之事，或可得服食草木數百歲之方耳。』」《後漢書・方術列傳》同樣有很多這方面的記載，如冷壽光「年可百五六十歲，行容成公御婦人法，常屈頸鵠息，鬚髮盡白而色理如三四十時」，又「甘始、東郭延年、封君達三人者，皆方士也。率能行容成御婦人術，或飲小便，或自倒懸，愛嗇精氣，不極視大言。」甘始、東郭延年後來都被曹操錄用，而曹操本人也是房中術的信奉者。他的《步出夏門行・龜雖壽》中有「盈縮之期，不但在天；養怡之福，可得永年」，便與他鑽研房中術大有關係。

漢代房中術的理論依據，不外是楚地道家神仙思想關於精氣的學說。《十問》記載黃帝問容成：「民始蒲淳溜刑，何得而生？溜刑成體，何失而死？何曳之人也，有惡有好？有夭有壽？欲聞民氣嬴屈弛張之故。」「氣虛氣弛則惡而夭」是馬王堆帛書房中術的病理觀。又《十問》師癸答禹：「血氣宜行而不行，此謂款殃，六極之宗也。」《天下至道談》：「不能用八益、去七損，則行年四十而陰氣自半也，五十而起居衰，六十而耳目不聰明，七十下枯上脫，陰氣不用，涊泣流出。」可見，在房中術的信奉者看來，氣滯也是危害健康的重要原因。因而想方設法使身體中的生理之氣充沛、強健和流暢，理所當然地被確定為房中術施治的原則。《合陰陽》的操揗、戲道、致氣等動作，是為了調動女子身體中的氣而精心設計的，這已經很明白了。接下來的十動、十節、十修，同時觀八動、聽五音、察十已之徵，也是為了使生理之氣充沛、強健和通暢。

35　呂思勉，《秦漢史》，第 826 頁，上海古籍出版社 1983 年版。

所以在它的描寫中，男女雙方中途「接形已沒，遂氣宗門」，最後「皮膚氣血皆作，故能發閉通塞，中府受輸而盈」，「中極氣張，精神入藏，乃生神明」。《合陰陽》又提出「三不至而用」的房中禁忌，說：「膚不至而用則垂，筋不至而用則避，氣不至而用則惰」，其依據就是氣不足而勉強性交會損壞身體。帛書還明確指出人氣中最寶貴者為陰精，應千方百計加以保護。《十問》記載彭祖說：「人氣莫如腹精。腹氣菀閉，百脈生疾，腹氣不成，不能繁生，故壽盡在腹」，「死生安在，徹士制之，實下閉精，氣不漏泄。」曹熬也指出「長生之稽，偵用玉閉，玉閉時辟，神明來積。積必見章，玉閉堅精，必使玉泉毋傾，則百疾弗嬰，故能長生。」

　　秦漢時期，神仙世界在一般思想與知識系統中占據重要地位。既有神仙幻境，必有認真的追求者與不死之方。由於秦與漢初燕齊方仙道一度十分活躍，不少人均以方仙道術指稱當時的神仙方術，但從以上論述看，實際上秦漢時期社會上普遍採用的神仙術更多的是源自楚地的神仙思想。

第三節　讖緯神學

　　盛行於兩漢的讖緯神學是以經學附庸的面目出現的，它通過附說儒家經典而獲得了普遍的關注和認可。在進入東漢以後尤其繁盛，光武帝曾宣佈圖讖於天下。明帝時，樊修受命「與公卿雜定郊祠禮儀，以讖記正《五經》異說」；曹褒「依准舊典，雜以《五經》讖記之文」，撰修「漢儀」。《後漢書‧張衡列傳》說：「初，光武善讖，及顯宗、肅宗，因祖述焉。自中興之後，儒者爭學圖緯，兼復附以妖言。」讖緯在漢代有「內學」之稱，當時流行的看法說它是出於孔子。《隋書‧經籍志》亦沿用此說：「說者又云，孔子既敘六經，以明天人之道，知後世不能稽同其意，遂別立緯及讖，以遺來世。」讖緯神學把古代中國關於宇宙的觀念、天文地理的知識、星占望氣等技術、神仙傳說和故事，與傳統的道德和政治學說糅合在一起。在它的形成及盛行過程中，誠然與儒學之間發生了極為重要的互相吸收、相互利用的關係。然而其基盤卻較儒學廣泛得多，秦漢時期通行的知識與技術很多都為讖緯之學所吸收。由於楚文化在漢初的盛行，它自然也不可避免會受到楚文化的影響。先秦時期巫以楚為盛，而道家學說是楚文化的特色內容，這二者在讖緯的發展過程中都發生過深刻的

影響。

一、儒生的方士化

誠如呂思勉所說，漢代存在的各種神仙方術「後世亦恆有之，漢世所異者，則儒者信之殊多。」[36] 儒生的方士化是兩漢讖緯神學繁榮的前提。清阮元在〈七緯敘〉中據漢人碑碣列舉了精通讖緯者：「姚浚尤明圖緯秘奧，姜肱兼明星緯，郭泰探綜圖緯，李休又精群緯，袁良親執經緯，楊震明河洛緯度，祝睦該洞七典，唐扶綜緯河洛，劉熊敦五經之緯圖，楊奢窮七道之奧，曹全甄極悉緯，蔡湛少耽七典，武梁兼通河洛，張表該覽群緯，丁魴兼窮秘緯，李翊通經綜緯」，並指出當時「大有不治緯即不能通經之概」。[37] 漢代圖讖緯書的造作，主要就出自方士化的儒生之手。

根據胡適和徐中舒等人的考證。早期儒者在殷周時期亦充當過巫師的角色，其身分與方士巫師存在某些聯繫。但儒學形成以後，正統儒生的思想觀念與巫師、方士還是有區別的。孔子相信天命，但「不語怪力亂神」，甚至「敬鬼神而遠之」，其後學也大多能以一種切實的態度躬行仁義，宣講王道。關於漢代儒生與方術的合流，楚文化在漢初的復興應該是很重要的一個原因。楚文化顯然不同於中原的儒家文化形態，它有著自己的獨特品質，它的根本特點就是沒有割斷和原始巫祭文化的聯繫，因而帶有濃郁的巫魅色彩。早在漢初，儒家學者就受到了當時盛行天下的楚文化的影響。《史記・日者列傳》記載賈誼任博士時，曾與中大夫宋忠一起訪問長安卜者司馬季主。據褚少孫說：「夫司馬季主者，楚賢大夫，遊學長安，通易經，術黃帝、老子，博聞遠見。」在三人的討論中，他引用老莊的言論，證明卜者行為的高潔，使得宋、賈完全折服。或許就是因為這一經歷，賈誼也信讖占卜。《史記・賈生列傳》記載鵩飛入賈誼住所，賈誼因「異物來集兮，私怪其故，發書占之，筴言其度，曰『野鳥入處兮，主人將去』。」楚人命鵩曰「鵬」，他的〈鵩鳥賦〉就是為鵬鳥入室這個不祥之兆所作。

神話、巫術對人類的作用是不可或缺的。馬林諾夫斯基曾經說過：「一切

36　呂思勉，《秦漢史》，第 814 頁，上海古籍出版社 1983 年版。

37　轉引自周予同，〈緯書與經今古文學〉，載朱維錚編，《周予同經學史論著選集》，第 56 頁，上海人民出版社 1996 年版。

的本能與情緒，以及一切的實際活動，都會使人碰壁，以致他在知識上的缺憾、觀察力上的限制，都使知識在這一髮千鈞的時候叛變了他……巫術就這樣供給原始人一些現成的儀式行為與信仰，一件具體而適用的心理工具，使人渡過一切重要業務或迫急關頭所有的危險缺口。」[38] 理性文明的發展，不能從根本上排除人們在現實生活中的挫折感、孤獨感。先秦儒家文化由於徹底拋棄了原始宗教而失去了原始宗教中的超脫功能，對一般人而言，它只能是一種政治、倫理文化，使人們失去了神聖感和皈依感。而且，與以前的統治者都是上古以來形成的世襲貴族階層不同，漢王朝的開創者乃是以庶民的身分躋身於最高統治集團。這對古代的政治傳統是一個巨大的衝擊，也因而需要借助一種具有強大威懾作用的超自然的神秘力量，即天命鬼神的力量，來為漢王朝存在的合理性提供保證。在這種特殊的政治、社會形式的激蕩下，儒學自漢初以來，就不斷從普遍流行的楚文化中索取資源，也講「神道設教」。

　　實際上，在君主專權權力無限擴大的時代，對楚文化原始宗教傳統的吸收，也有助於儒為王者師理想的實現。在中原文化體系中，知識分子的批判權利是沒有地位的。《孟子·萬章下》記他曾對君王說：「以德，則子事我者也，奚可以與我友。」在〈梁惠王上〉中，他更居高臨下斥罵梁襄王：「望之不似人君，就之而不見所畏焉，卒然問曰：『天下何乎定？』」但如果不是在戰國的特殊形勢下，他的這種行為是不可能被君王容忍的。到秦漢統一後，士人就只能具官待問，完全失去了批判的權力。而在神靈的名義下，楚地士人能夠衝破君王的世俗權威。屈原的〈離騷〉在一開始就呼吁著楚族祖先神祝融，請求他對自己所遇到的不公正的待遇給予裁決，並通過貞卜，得到了祝融肯定的答覆。由於對來自神靈的「正則」、「靈均」的無比信任，屈原於是對世俗的楚王和楚貴族展開了暢快淋漓的揭露和批判。興猶未盡，屈原又面對著楚地方大神重華「舜」再一次「陳詞」，盡情傾瀉著自己的哀傷和不滿，把批判的鋒芒又一次指向楚王和楚貴族。來自歷史和地域的兩個主神，從時間和空間兩方面確立了批判的無比神聖性，相對於楚王的權威，它有優越性。因此，它在理論上是不可侵犯的，屈原從這裡得到的合理性要比某種德義的合理性更有力量。這一點，具有明顯的巫魅色彩，而它卻保證了士人的批判權利，這正是中原文化所匱乏的。漢代的儒家學者一再提醒君主，在權力之上還有「天」在臨鑒，

38　馬林諾夫斯基，《巫術科學宗教與神話》，第 77 頁，中國民間文藝出版社 1986 年版。

希望君主會因為天降災異而有所收斂。目的就在於希望能夠又一次代天立言，擁有與政治抗衡，對君主制約的權力。

章太炎〈駁立孔教議〉指出：「說經者多以巫道相糅……伏生開其源，仲舒衍其流；是時適用少君文成五利之徒，而仲舒亦以推驗火災，救旱止雨與之校勝。以經典為巫師豫記之流，而更曲傳《春秋》，云為漢氏制法，以媚人主而紊政紀；昏主不達，以為孔子果玄帝之子，真人屍解之倫。讖緯蜂起，怪說布彰，曾不須臾而巫蠱之禍作，則仲舒為之前導也。自爾，或以天變災異，宰相賜死，親藩廢黜，巫道亂法，鬼事干政，盡漢一代其政事皆兼循神道。」《漢書·五行志》說：「漢興，承秦滅學之後，景、武之世，董仲舒治《公羊春秋》，始推陰陽，為儒者宗。」漢代經學的神學化始於董仲舒。董仲舒的新儒學，構建了以陰陽五行為骨架、天人感應為中心、災異祥瑞與現實政治相貫通的理論。這一理論不僅有意識地吸收了道家解釋自然與歷史的宇宙法則，而且也採納了相當多通行於漢初社會的巫術與方術知識。章太炎曾斥董仲舒「其言凌雜巫史，實兼習陰陽家說。」陳登原曾直言「當時大儒，如董仲舒，核實即是巫師。」卿希泰也說：「號稱大儒的董仲舒，開始弄神說怪……簡直分辨不出他是儒生還是巫師或道士。」[39]

《漢書·董仲舒傳》記載他任江都王相時，「以《春秋》災異之變推陰陽所以錯行，故求雨，閉諸陽，縱諸陰，其止雨反是；行之一國，未嘗不得所欲」。《全漢文》收錄了董仲舒的〈奏江都王求雨〉：「求雨之方，損陽益陰，願大王無收廣陵女子為人祝者一月租，賜諸巫者。諸巫母大小皆相聚于郭門，為小壇，以脯酒祭。女獨擇寬大便處移市，市使無內丈夫。丈夫無得相從飲食，令吏妻各往視其夫，皆到即起，雨注而已」；〈請雨祝〉：「昊天生五穀以養人。今五穀病旱恐不成，敬進清酒膊脯，再拜請雨，雨幸大澍」；〈止雨祝〉：「諾，天生五穀以養人。今淫雨太多，五穀不和，敬進肥牲清酒，以請社靈，幸為止雨，除民所苦。無使陰滅陽，陰滅陽，不順於天。天之常意，在於利人。人願止雨，敢告於社。」《春秋繁露》中的〈求雨〉與〈止雨〉，細述了在不同季節的求雨、止雨之法。〈同類相動〉又論述了求雨、止雨之術的原理：「天有陰陽，

39　章太炎，〈章太炎致柳教授書〉，載柳曾符、柳定生選編，《柳詒徵史學論文續集》，第 539 頁，上海古籍出版社 1991 年版；陳登原，《國史舊聞》，第 408 頁，中華書局 2000 年版。卿希泰，《中國道教思想史綱》，第 44 頁，四川人民出版社 1980 年版。

人亦有陰陽，天地之陰氣起，而人之陰氣應之而起，人之陰氣起，天地之陰氣亦宜應之而起，其道一也。明於此者，欲致雨，則動陰以起陰，欲止雨，則動陽以起陽，故致雨，非神也，而疑於神者，其理微妙也。」董仲舒所闡述的「同類相動」理論，與弗雷澤所抽象出來的「模仿巫術」之說，是完全相通的。

董仲舒之後，儒家學者大多精通運用陰陽五行、災異祥瑞預測吉凶的知識。《漢書・蕭望之傳》記載，漢宣帝地節三年京城雨雹，蕭望之便上疏「願賜清閒之宴，口陳災異之異」，並以為「陰陽不和，是大臣任政，一姓擅勢所致」。《漢書・楚元王傳》記，劉向曾以風水之說抨擊外戚王氏，說：「物盛必有非常之變先見，為其人微象。孝昭帝時，冠石立于泰山，僕柳起于上林，而孝宣帝即位。今王氏先祖墳墓在濟南者，其梓柱生枝葉，扶疏上出屋，根垂地中，雖立石起柳，無以過此之明也。事勢不兩大，王氏與劉氏亦且不並立，如下有泰山之安，則上有累卵之危。」而且這種知識在相對一部分儒生的心目中占有及其重要的地位。《漢書・翟方進傳》記，漢成帝時李尋看天象有熒惑守心，便上書翟氏提醒說：「三光垂象，變動見端，山川水泉，反理視患，民人訛謠，斥事感名……今提揚眉，矢貫中，狼奮角，弓且張，金歷庫，土逆度，輔湛沒，火守舍」，所以一定要有所更張，這使翟氏憂心忡忡，因為翟方進也好星曆之學，曾經向田終術等傳授過這一技術，結果他聽說這一災變是「大臣宜當之」，又受到漢成帝的一頓斥責後，竟「即日自殺」。

陳登原指出：「漢儒怪異，自仲舒到何休、鄭玄，大致皆然。經師巫師合而為一。」[40] 漢代的儒生與方士的確很難區分。《漢書・楚元王傳》記大儒劉向相信「使鬼物為金之術」，貿然進獻，幾乎因此喪命。〈後漢書・郎顗列傳〉記其父郎宗，「學《京氏易》，善風角、星算、六日七分，能望氣占候吉凶，常賣卜自奉。安帝征之，對策為諸儒表」。〈崔駰列傳〉記其子崔瑗「明天官，歷數，京房易傳，六日七分，諸儒宗之。」《後漢書・儒林列傳》中記載的易學大師劉昆為江陵令時，「縣連年火災，昆輒向火叩頭，多能降雨止風」；尹敏曾「上疏陳《洪範》消災之術」；景鸞「又抄風角雜書，列其占驗，作〈興道〉一篇」；薛漢「少傳父業，尤善說災異讖緯，教授常數百人」；被認為是「世儒無及者」的儒學大師何休也曾注風角七分。而《後漢書・方術列傳》中記載

40　陳登原，《國史舊聞》，第 409 頁，中華書局 2000 年版。

郭憲曾被征拜為博士；楊由「少習《易》，並七政、元氣、風雲占候。為郡文學掾」；李郃「父頡，以儒學稱，官至博士。郃襲父業，游太學，通《五經》」；廖扶「習《韓詩》、《歐陽尚書》，教授常數百人」；樊英「少受業三輔，習《京氏易》，兼明《五經》」；唐檀「少游太學，習《京氏易》、《韓詩》、《顏氏春秋》」；公沙穆「長習《韓詩》、《公羊春秋》」；韓說「博通五經」。

　　在漢代，神學觀念已彌漫於整個儒家經典之中。《後漢書・王景傳》說：「初，景以為《六經》所載，皆有卜筮，作事舉止，質於蓍龜，而眾書錯糅，吉凶相反，乃參紀眾家數術文書，塚宅禁忌，堪輿日相之屬，適於事用者，集為《大衍玄基》云。」王景的初衷在於以他所理解的大傳統改造民間的小傳統，但從現代的眼光看，《大衍玄基》卻可以說是一部集迷信之大成的書，反映了時代思潮對儒家學者的影響。皮錫瑞《經學歷史》說：「《伏傳》五行、《齊詩》五際、《公羊春秋》多言災異，皆齊學也。《易》有象數占驗，《禮》有明堂陰陽，不盡齊學，而其旨略同。」[41] 這裡所謂的五行、五際、災異、占驗、陰陽，是運用當時的陰陽、五行、干支、天人等思想而闡發的借天喻人的學說。如《詩》之五際，《漢書・翼奉傳》「詩有五際。」孟康注引《詩內傳》曰：「陰陽始終際會之歲，於此則有變改之政也。」

　　兩漢的易學可以說是典型的與神學混雜的經學。西漢官方易學中的梁丘賀、京房兩家，都以占筮應驗而著稱。《漢書・儒林傳》記漢代象數易學的開創者孟喜曾「得易家候陰陽災變書」。費直以治《易》為郎，至單父令，「長於卦筮，亡章句」。高相治《易》與費公同時，「其學亦亡章句，專說陰陽災異」。《漢書・京房傳》記自稱曾學《易》於孟喜的焦延壽「其說長於災變，分六十四卦，更直日用事，以風雨寒溫為候，各有占驗。」京房曾作《易傳》、《周易占》、《周易妖占》、《周易飛候》、《周易逆刺占災異》等，並創立納甲筮法，因「言災異，未嘗不中」而得幸於朝廷。在儒家經典中，《易》本為卜筮之學，是神學一個重要組成部分。通過推演蓍數，它可以通神明之德，類萬物之情。在早期儒家所用的經書中，《易》的重要性遠不及《詩》、《書》、《禮》、《樂》和《春秋》。秦始皇焚書坑儒，即不焚《周易》。自孔子至荀子，儒家強調「善為易者不占」，所以對易學不感興趣。這由他們的著作中大量引

41　皮錫瑞，《經學歷史》，第 106 頁，中華書局 1981 年版。

用《詩》、《書》而很少提到《易》，可以得到證明。但由於漢儒大力推行陰陽災異，易學近水樓臺，以其獨特思維方式論證了天人合一、相通、感應，再次凸顯了《易》所固有的神秘性，遂成為當時的顯學。在劉歆改變五經次序後，《易》上升到了五經之首的地位。

二、楚巫文化與讖緯之學

　　楚人自古就有尚巫好鬼的傳統，而西漢是在濃厚的楚文化氛圍中建立的，這對形成中的讖緯之學產生了很大影響。《楚辭》中王褒《九懷‧株昭》：「神章靈篇兮赴曲相和。」王逸注：「《河圖》、《洛書》、緯讖之文也。」所謂「神章靈篇」的《河圖》、《洛書》、緯讖之文，為追愍屈原有關的文獻，這已經很好地說明了讖緯與楚文化的關聯。儘管在很多漢人看來，讖緯與諸如律曆、風角等類知識是不能相提並論的。如《後漢書‧張衡列傳》記載其在批評讖緯時講：「臣聞聖人明審律曆以定吉凶，重之以卜筮，雜之以九宮，經天驗道，本盡於此……且律曆、卦候、九宮、風角，數有徵效，世莫肯學，而競稱不占之書。譬猶畫工，惡圖犬馬而好作鬼魅，誠以實事難形，而虛偽不窮也。宜收藏圖讖，一禁絕之，則朱紫無所眩，典籍無瑕玷矣。」但讖緯的很多內容的確屬於古代數術、方技範疇。桓譚《新論》說：「今諸巧慧小才伎數之人，增益圖書，矯稱讖記，以欺惑貪邪，詿誤人主，焉可不抑遠之哉。臣譚伏聞陛下窮折方士黃白之術，甚為明矣，而乃欲聽納讖記，又何誤也。」可見在他看來，讖緯與其他方士黃白之術具有同樣的性質。後世將讖緯之學與巫道視為一體者，也不乏其人。《魏書‧世祖紀下》記載北魏太武帝拓跋燾曾下詔禁止圖讖之學：「愚民無識，信惑妖邪，私養師巫，挾藏讖記、陰陽、圖緯、方技書……過期不出，師巫、沙門身死，主人門誅。」顯然是把巫師看作圖讖之學存在的基礎，因而同時給予嚴厲懲處。皮錫瑞《經學歷史》也認為：「圖讖本術士之書，與經義不相涉；漢儒益增秘緯，乃以讖文牽合經義。」[42]

　　王利器《讖緯五論》認為讖緯文獻大多以三言為題是受《莊子》的影響，並進而探討了戰國秦漢間的文獻中多以三言為星名和神名的現象，斷言以三言為名，是受三楚文化的影響，是楚地民間原始宗教的產物。「這些三字之名的廣泛出現，絕大部分和三楚有關，我很懷疑這是楚文化的產物，換言之，也就

42　皮錫瑞，《經學歷史》，第 109 頁，中華書局 1963 年版。

是楚語的對音……正由於這些三言之名是對音之故，因而對音的書面文字，常常沒有定準，如《史記曆書》之大荒落，宋本，毛本作『大芒落』，《索隱本》作『大芒駱』，《天官書》又作『大荒駱』，即其明證。陶弘景謂《莊篇》，真誥，都取範乎緯候，實則是權與於楚語耳。《呂氏春秋・異寶篇》：『荊人畏鬼而越人信機。』高注：『荊人畏鬼神云云。』《淮南子・人間篇》：『荊人鬼，越人機。』許注：『好事鬼也。』《列子・說符篇》：『楚人鬼而越人機。』張注：『信鬼神。』由此可見：楚人是信鬼神而大搞巫風的。我認為，這些三言之名，就是這種民間原始宗教的產物。」[43] 就其內涵而言，楚國的巫文化包括多神崇拜、各種巫術、飛升成仙等內容，這些都在讖緯文獻中有明顯體現。

　　緯書中的神靈眾多，既有天上的星宿之神，也有地下的五岳四海之神，還有五穀、器物、人身各部位之神。這些形形色色的鬼神，有不少是來自於楚人的信仰。太一是楚人首祀的尊神，《史記・天官書》曰：「中官天極星，其一明者，太一常居也。」在讖緯文獻中它同樣扮演了至尊天神的角色。《春秋緯》說：「北極星，其一明大者，太一之光。含元氣，以斗布常開命，運節序，神明流精，生一以立黃帝」，「道起於元一為貴，故太一為北極天帝位。」〈春秋命曆序〉說：「太一者，人皇之靈也，尤為尊星。」〈春秋文耀鉤〉說：「中宮大帝，其精北極，含元出氣，流精生一也。」《史記・封禪書》載武帝病甚，聽從方士之言幸甘泉後病癒，遂「大赦，置壽宮神君，最貴者太一，其佐曰大禁、司命之屬」。《楚辭・九歌》中有大司命、少司命。近年在楚地出土了多批卜筮祭禱簡，其中也常見有名為「司某」的神祇受到祭禱，諸如司命、司祿、司禍、司慎、司過、司怪等，它們通常並列出現，同時受祭，且居於天神「太」之後。有人認為，它們大多為天神，是以太一為核心的星官。這些作為太一之佐的諸司也見於緯書。《春秋元命包》說：「魁下六星，兩兩相比，曰三臺。西近文昌者為上臺，為司命，主壽。次二星中臺，為司中，主宗師。東二星曰下臺，為司祿，主兵。」又《河圖紀命符》、《易內戒》都說：「天地有司過之神，隨人所犯輕重，以奪其算紀。惡事大者奪紀，過小者奪算，隨所犯輕重，所奪有多少也。人受命得壽，自有本數，本數奪者，紀算難盡，故死遲。若所稟本數以少，而所犯多者，則紀算速盡而死早也。」

43　王利器，〈讖緯五論〉，載張岱年等，《國學今論》，遼寧教育出版社，1995 年版。

伏羲、女媧、炎帝神農是楚人信奉的祖先神。《楚帛書》創世章描繪了十二位天神的創世故事，這十二位天神是：伏羲、女媧及「四子」（即分至四神）、炎帝、共工、祝融、帝俊及禹、契。[44] 從整體上看十二神創世故事不是講楚人的族源和祖先歷史，而只是借十二神解釋宇宙世界的來源，但它有非常鮮明的傾向性。十二神中沒有中原神話傳說中顯赫的黃帝和顓頊，相反，炎帝、共工、祝融都是與黃帝、顓頊一系相對立的神。禹、契分別為夏、商的始祖，去古未遠，但《楚帛書》卻不言及周人的始祖后稷。反映了伏羲、女媧的族源可能與炎帝一樣，都是楚人。從傳世文獻看，伏羲最早也是見於楚《莊子‧繕性》「及燧人伏羲，始為天下。是故順而不一，德又下衰」，而女媧傳說首見於《楚辭‧天問》「女媧有體，孰制匠之。」馬長壽在運用考古學、史學、訓詁學、神話學的多重互證與古今及相鄰民族的綜合比較研究之後，也認為中原神話中的伏羲與女媧原為楚籍，係「楚中苗族創世之祖」。「自中原與楚苗交通後，漢苗文化交流，於是楚苗之古帝王及主神，不特通行於苗族，漢族亦從而假借之。時代匡遠，於是中原人士不復知伏羲女媧為楚苗之始祖矣。蓋漢族之假借苗族伏羲神農為古帝王，亦猶苗俁之祀孔子，與夫漢族之以瑤祖盤古為開闢之神，其例相同。」[45]

他們在緯書中也受到了特別的尊崇。關於《周易》的作者，《易‧繫辭傳》認為伏羲始作八卦，到《漢書‧藝文志》進而演繹為是由伏羲、文王、孔子先後完成的，即所謂「人更三聖、世歷三古」。然而作成於《漢書》之前的易緯，卻對《周易》的創作及其演變有獨特的解釋。緯書不僅贊同伏羲始畫八卦的說法。《易乾坤鑿度》說：「孔子曰：方上古之時，人民無別，群物無殊，未有衣食器用利。於是伏羲乃仰觀象於天，俯觀法於地，中觀萬物之宜，始作八卦，以通神明之德，以類萬物之情。」這與《繫辭傳》的論述基本相同。而且認為在伏羲之後，女媧和神農也對易道有過推闡，並有專門的作品顯世。《易乾坤鑿度》說：「庖氏著《乾鑿度》上下文。媧皇氏，《地靈母經》。炎帝皇帝，有《易靈緯》。」鄭玄的注解中對炎帝推演易道有進一步的說明：「神農氏⋯⋯師法古易，為《考靈緯》，象太古有籀文，元化不足大法，諄言而益節大象，

44　馮時，《中國天文考古學》，第31頁，社會科學文獻出版社2001年版。

45　馬長壽，〈苗瑤之起源神話〉，載《中國神話文論選萃》上冊，第511頁，中國廣播電視出版社1995年版。

休徵法度已訓爾。」

　　讖緯文獻中留存了相當多的神仙思想。《河圖括地象》說：「地中央曰昆侖。昆侖東南，地方五千里，名曰神州。其中有五山，帝王居之。」又說：「昆侖山為天柱，氣上通天。」「神物之所生，聖人仙人之所居也。出五色雲氣，五色流水，其泉東南流入中國，名曰河也。其山中應於天，最居中。」《尚書帝驗期》：「王母之國在西荒，凡得道受書者，皆朝王母于昆侖之闕。王褒字子登，齋戒三月，王母授以《瓊花寶曜七晨素經》。茅盈從西城王君，詣白玉龜臺，朝謁王母，求長生之道，王母授以《玄真之經》，又授寶書童散四方。」昆侖上居住有神仙也是楚人的信仰。《山海經·海內西經》：「海內昆侖之虛在西北，帝之下都。昆侖之虛方八百里，高萬仞……百神之所在，在八隅之岩，赤水之際，非仁羿莫能上岡之巖。」《九章·涉江》：「駕青虬兮驂白螭，吾與重華遊兮瑤之圃。登昆侖兮食玉英，與天地兮比壽，與日月兮同光。」馬王堆漢墓是典型的漢代楚墓。其中四重髹漆套棺的第三重棺，棺蓋上繪二龍二虎。頭擋正中繪一「山」形符號，山有三峰，兩側各一昂首升騰的麒麟。足擋正中繪一懸置的榖璧，其下垂有緩帶。璧兩側各一升騰的巨龍，龍穿璧而過，昂首相望。左側板中間亦有一個「山」形圖案，山同樣為三峰之狀，並且峰尖上帶有火焰紋。山兩側各繪一巨龍，龍軀蟠蜿，兩龍身體的起伏處則繪有一虎、一麒麟、一鳳凰和一仙人。面中均填飾有不同形狀的雲紋。這裡所繪高山即是所謂仙山。當然，東海的蓬萊三山也是所謂仙山，戰國時每有求不死藥之舉，但畫面上的山並沒有海，因而是昆侖的象徵。賀西林也認為：「通體紅色且繪有三峰之山以及龍、虎、鳳凰、麒麟、仙等靈瑞圖像的第三重棺，無疑展現的是『其光熊熊』的昆侖。」[46]

　　中國古代的神仙觀最初有兩大系統，燕齊方士刻意於海上求取仙藥與煉製仙丹，楚地則重在自身修煉與借助靈物飛升成仙。楚地這種神仙觀是讖緯神學神仙觀的重要來源。《春秋合誠圖》記載有皇帝學仙之事：「黃帝請問太乙長生之道，太乙曰：『齋戒六丁，道乃可成。』」《河圖紀命符》說：「故求仙之人，先去三屍，恬淡無欲，神靜性明，積眾善乃服藥有益，乃成仙。」《春秋元命苞》：「元氣之苞含，所以含精藏雲，故觸石而出，聖人一其德者循其轍，

46　賀西林，〈從長沙楚墓帛畫到馬王堆一號漢墓漆棺畫與帛畫──早期中國墓葬繪畫的圖像理路〉，載《中國漢畫學會第九屆年會論文集》，中國社會科學出版社 2004 年版。

長生久視。」《詩含神霧》：「太華之山上有明星玉女持玉漿，得上服之即成仙，道險僻不通」。「少室之山巔亦有白玉膏，服之即得仙道，世人不能上之」。《河圖緯》：「少室山有白玉膏，服之即成仙。」

讖緯中保留了很多關於去鬼的巫術。如《孝經威嬉拒》：「欲去惡鬼，五刑具，五人皆持大斧，著鐵兜鍪，將之，常使去四五十步，不可令近人也」；《禮稽命征》：「顓頊有三子，生而亡去，為疫鬼。一居江水，是為瘧鬼；一居若水，為魍魎；一居人宮室區隅，善驚人小兒，為小鬼。於是常以正歲十二月，令禮官方相氏，蒙熊皮黃金四目，玄衣纁裳，執戈揚楯，帥百隸及童子，而時儺以索室，而驅疫鬼。以桃弧、葦矢、土鼓且射之，以赤丸五穀播灑之，以除疫殃。」《河圖紀命符》：「又人身中有三屍，三屍之為物，實魂魄鬼神之屬也。欲使人早死，此屍當得作鬼自放，縱遊行饗，食人祭醊。每到六甲窮輒上天，白死命道人罪過。過大者奪人紀，小者奪人算。故求仙之人，先去三屍。」尤其值得注意的是有念咒語或口頌神名以除災解厄的法術。如《龍魚河圖》：「東方泰山君神，姓園名常龍；南方衡山君神，姓丹名靈峙；西方華山君神，姓浩名郁狩；北方恆山君神，姓登名僧；中央嵩山君神，姓壽名逸群，呼之令人不病」；「東海君姓馮名修青，夫人姓朱名隱娥；南海君姓視名赤，夫人姓翳名逸寥；西海君姓勾名丘百，夫人姓靈名素簡；北海君姓是名禹帳裡，夫人姓結名連翹。河伯姓呂名公子，夫人姓馮名夷君，有四海河神名，並可請之，呼之，卻鬼氣」；「髮神名壽長，耳神名嬌女，目神名珠殃，鼻神名勇盧，齒神名丹朱，夜臥三呼之，有患亦便呼之九過，惡鬼自卻。」這套方法應該直接源自楚地的巫術，在雲夢秦簡《日書》、馬王堆帛書《五十二病方》和《淮南萬畢術》等楚地方書中，都有關於咒語去病除災的記載。

緯書全面繼承了方士巫師占驗吉凶的知識。如星占術。〈春秋文耀鉤〉記載：「老人星見，則主安，不見，則兵起」；《孝經內事圖》：「彗在北斗，禍大起；在三臺，臣害君；在太微，君害至（臣），在天獄，諸侯作禍，彗行所指，其國大惡」；《河圖稽耀鉤》：「日有珥，國之慶」；《河圖帝覽嬉》：「月珥，期六十日，兵起」；「客星守七公，民間冤氣，釀成水旱，歲多凶荒，五穀大貴」。《演孔圖》曰：「彗星守北斗，天帝謀易主人。」望氣術。《河圖稽耀鉤》：「青雲刺月，五穀不熟」，「月旁有白雲如杵者三貫月，六十日內有兵戰」；《易通卦驗》：「冬至，陽雲出箕，如樹木之狀，小寒，合凍蒼，陽雲出氐」。

物驗術。《詩紀曆樞》：「蟋蟀在堂，流火西也」，《樂稽耀嘉》：「焦明（水鳥）至，為雨備，國安」。這些方法都可以上溯到戰國時期，從馬王堆出土《五星占》以及其它文獻，可以知道它們在楚地原本就是很流行的技術與知識。

三、道家思想與讖緯之學 [47]

道家思想是讖緯文獻中不可忽視的思想內容。明胡應麟《四部正訛》首摘《易緯乾鑿度》中「太易」、「太初」、「太始」、「太素」之說，以為「全寫《列子·天瑞》一節。」清全祖望《鮚埼亭集·外編》卷三十八〈三家易學異同論〉指出：「圖緯之學，皆以老莊為體。老莊之學，皆以圖緯為用。」讖緯文獻中不乏道家思想的哲學表述。如《河圖緯》：「皇辟出，承元乞。道無為，治率被。」《春秋元命包》：「聖人一其德智者，循其轍，長視久生。」〈春秋命曆序〉：「天地開闢，萬物渾渾，無知無識，陰陽所憑。」《洛書靈准聽》：「太極具理氣之原，兩儀交而升四象，陰陽位別而定天地。其氣清者，乃上浮於天；其質濁者，乃下凝為地。」讖緯文獻中的道家面貌，有多方面的體現。

從讖緯文獻篇名看道家思想的影響。讖緯文獻很多篇名都取自道家觀念。如，讖緯文獻有《河圖稽耀鉤》、《洛書稽命耀》、《易緯稽覽圖》、《稽命圖》、《禮緯稽命徵》等，「稽」是道家很重要的參驗標準和手段。《經法·道法》說：「無私者知（智），至知（智）者為天下稽。」〈四度〉說：「周遷動作，天為之稽。」《列子·說符》：「湯武愛天下，故王；桀、紂惡天下，故亡，此所稽也。」《莊子·天下》：「以參為驗，以稽為決。」《鶡冠子·著希》：「道有稽，德有據。」《文子·精誠》「稽之不得，察之不虛。」讖緯又有《河圖皇參持》、《尚書中候考河命》、《春秋考耀文》、《論語比考讖》、《孝經鉤命》、《河圖考鉤》、《尚書帝命驗》、《尚書帝期驗》、《春秋感精符》、《春秋聖洽符》等，「參」、「考」、「鉤」、「符」、「驗」同樣是很具有道家色彩的語言。《經法·道法》：「稱以權衡，參以天當。天下有事，必有巧（考）驗。」《經法·六分》「參之於天地，而兼復（覆）載而無私也。」《鶡冠子·天則》「與天人參相結連，鉤考之具不備故也」。〈泰錄〉「聖原神文，有驗而不可見者也。」〈天權〉「兵有符而道有驗」，「章以禍福，若合符節。」

47　此節參照了徐興無，《讖緯文獻與漢代文化構建》第 26 頁至第 35 頁相關內容，中華書局 2003 年版。

〈道瑞〉「上合其符，下稽其實。」《文子‧下德》：「審于符者，怪物不能惑也。」

讖緯文獻還有《尚書刑德放》、《孝經雌雄圖》、《孝經中契》、《孝經左契》、《孝經右契》、《孝經左右握》、《河圖握矩起》等，「刑德」、「雌雄」、「左中右」、「規矩」等都是黃老學說中的天道陰陽法則，「握」，又是道家對道的持有姿態。《十大經‧觀》和〈姓爭〉中皆曰：「刑德皇皇，日月相望。」而〈雌雄節〉云：「皇后屯曆吉凶之常，以辯（辨）雌雄之節。」〈五政〉曰：「后中實而外正，何【患】不定？左執規，右執櫃（矩），何患探悉？」《稱》曰「天地之道，有左有右，有牝有牡。」《鶡冠子‧泰鴻》曰：「南面執政，以衛神明。左右前後，靜待中央。」《文子‧道原》曰：「得道之本，握少以知多；得事之要，操正以政（正）畸（奇）。」其餘如《春秋元命包》、《春秋感精符》、《易緯乾鑿度》等題目中的「元」、「包」、「精」、「度」等字，均與道家文獻中形容大道、元氣、精氣、度數的概念相關。

從讖緯文獻的表述方式看道家思想的影響。讖緯文獻中有大量的黃帝君臣問答和傳說。如《河圖始開圖》：「黃帝問風后曰：余欲知河之始開。風后曰：河凡有五，皆始開於昆侖之墟。」《河圖挺佐輔》：「黃帝修德立義，天下大治，乃召天老而問焉：余夢見兩龍挺日圖，即帝以授余于河之都，覺昧素喜，不知其理，敢問於子。天老曰：河出龍圖，洛出龜書，紀帝錄州聖人所紀姓號，典謀治平，然後鳳凰處之。今鳳凰以（已）下三百六十日矣，合之圖紀，天其授帝圖乎？」《河圖稽耀鉤》「黃帝之生，先致白狐，有螾長十二丈。幼好習兵，長善功戰。問之於風后曰：夫帝之旗，何如乎？風后曰：予告汝，帝之五旗，東方法青龍，曰旗；南方法朱鳥，曰鼠；西方法白虎，曰典；北方法玄蛇，曰旗；中央法黃龍，曰常也。」《龍魚河圖》「帝伐蚩尤，乃睡夢西王母遣道人，被玄狐之裘，以符授之曰：太乙在前，天乙備後，河出符信，戰則克矣。黃帝寤，思其符，不能悉憶，以告風后、力牧。曰：此兵應也，戰必自勝。」其中不僅保留著戰國秦漢間黃老思想的重要資料，而且君臣問答本身就是黃老道家思想的重要表述方式。

馬王堆漢墓出土帛書有《十問》，書中即通過黃帝與天師、大成、曹熬、容成，堯與舜，王子巧父與彭祖，盤庚與耈老，禹與師癸，文摯與齊威王，王期與秦昭王等的互相質疑與應對，就如何順從天地陰陽四時的變化，養生保健

的問題，作了探討。這種表述方式又集中於戰國秦漢間文獻中有關黃帝的記載。如《莊子·在宥》載黃帝見廣成子於空洞之山。〈徐無鬼〉載黃帝問小童於襄城之野。《韓詩外傳》卷八載黃帝問於天老。《內經素問》載黃帝問于岐伯。特別是出土文獻《黃帝四經》，其中《十大經》十四篇中就有七篇是黃帝君臣問答。〈觀〉、〈姓爭〉、〈成法〉、〈順道〉載黃帝問力黑，〈果童〉載黃帝問果童，〈五政〉載黃帝問閹冉，〈正亂〉載力黑問太山稽。

　　從《河圖》、《洛書》看道家文化的影響。作為早期讖緯的《河圖》、《洛書》，與道家思想關係極為密切。戰國秦漢間的道家文獻或明顯受道家思想影響的文獻中，很多都提到《河圖》、《洛書》的傳說。如《莊子·天運》：「天有六極、五場，帝王順之則治，逆之則凶。九洛之事，治成德備，監照下土，天下戴之，此謂上皇。」《文子·道德》：「老子曰：至德之世，河出圖，洛出書。」《呂氏春秋·觀表》：「人亦有徵，事與國皆亦有徵。聖人上知千歲，下知千歲，非意之也，蓋有自云也。綠圖幡薄，從此生矣。」《新語·慎微》：「若湯、武之君，伊、呂之臣……齊天地，致鬼神，河出圖，洛出書，因是之道，寄之天地之間，豈非古之所謂得道者哉。」《淮南子·俶真訓》：「洛出丹書，河出綠圖。」《人間訓》：「秦皇挾綠圖，見其傳曰：亡秦者胡也。」雖然儒家也講《河圖》、《洛書》，如《易·繫辭上》：「河出圖，洛出書，聖人則之」。但值得注意的是，在上引文獻中，《呂氏春秋》、《淮南子》中所說的《河圖》、《洛書》是所謂的「綠圖幡薄」，是「有書有圖，赤文綠錯」的帛書或簡冊。而《易緯·是類謀》曰：「河出綠圖，洛出變書。」《尚書中候考河命》曰：「舜壇于河畔，沈璧，禮畢至於下稷，榮光休至，黃龍負卷舒圖，出水壇畔，赤文綠錯。」《春秋運斗樞》曰：「舜與三公大司空禹等三十人集，發圖，玄色而綈狀，可舒卷，長三十尺，廣九尺。」這與楚地出土的帛書帛畫中多青赤之色是非常吻合的。

　　從讖緯文獻所載師承傳統看道家文化的影響。讖緯文獻中記載有自己的師承傳統，《論語比考讖》曰：「五帝立師，三王制之。黃帝師力牧，帝顓頊師綠圖，帝嚳師赤松子，帝堯師務成子，帝舜師尹壽，禹師國先生，湯師伊尹，文王師呂望，武王師尚父，周公師虢叔，孔子師老聃。」這一師承傳統帶有道家的色彩。不僅直接神化老子，而且體現在接受了道家視君臣關係為師友關係的觀念。《稱》曰：「帝者臣，名臣，其實師也；王者臣，名臣，其實友也；霸者臣，

名臣，其實賓也；危者臣，名臣，其實庸也；亡者臣，名臣，其實虜也。」《呂氏春秋・尊師》則記載「神農師悉諸，黃帝師大撓，帝顓頊師伯夷父，帝嚳師伯招，帝堯師子州支父，帝舜師許由，禹師大成贄，湯師小臣，文王、武王師呂望、周公旦，齊桓公師管夷吾，晉文公師咎犯、隨會，秦穆公師百里奚、公孫枝，楚莊王師孫叔敖、沈尹巫，吳王闔閭師伍子胥、文之儀，越王句踐師范蠡、大夫種。此十聖人、六賢者未有不尊師者也。」讖緯文獻中的聖統，孔子之後還有漢高祖，高祖之師為張良。《河圖》載黃石公謂張良曰：「讀此為劉帝師。」《春秋保乾圖》曰：「漢之一師為張良，生韓之陂，漢以興。」而張良之師黃石公是黃帝之臣風后的化身，〈詩緯〉曰：「風后，黃帝師，又化為老子，以書授張良。」

　　從讖緯文獻的歷史觀念看道家思想的影響。道家文獻中多以皇、帝、王、霸論高低，並認為這是道德遞衰的產物。《經法・六分》說：「主執度，臣循理者，其國霸昌；主得臣輻屬者，王。」《管子・乘馬》：「無為者帝，而無以為者王，為而不貴者霸」；《兵法》：「明一者皇，察道者帝，通德者王，謀兵者霸。」《文子・下德》曰：「老子曰：帝者體太一，王者法陰陽，霸者則四時，君者用六律。」〈上仁〉：「同氣者帝，同義者王，同功者霸」。讖緯文獻很多都同樣持「皇帝王霸」的觀念。在讖緯作者看來，由三皇到五帝，到三王到五霸乃至七雄的歷史進程，也是一個由盛而衰、由純美而朽敗的墮落過程。這種墮落的本質是道德的墮落。《春秋運斗樞》曰：「三皇垂拱無為，設言而民不違，道德玄泊，有似皇天，故稱皇。皇者中也，光也，弘也，含弘履中，開陰陽布綱，上合皇極，其施光明，指天畫地，神化潛通，煌煌盛美，不可勝量。」其次是五帝。「五帝修名，立功，修德成化，統調陰陽，招類使神，故稱帝，帝之言諦也。」「五帝所行，同道異位，皆循斗樞，璣衡之分，遵七政之紀，九星之法。」三皇無為，五帝有為，五帝境界顯然在三皇之下。《孝經鉤命決》「三皇步，五帝驟，三王馳，五伯蹙，七雄強。」宋均注：「道隆德備，日月為步；時事彌頓，日月為驟；勤思不已，日月乃馳，是優劣也。」類似的表述還有：《尚書緯》：「故先師准緯候之文，以為三皇行道，五帝行德，三王行仁，五霸行義。」《孝經援神契》：「三皇無文，五帝畫象，三王明刑。」《禮緯斗威儀》：「太素冥莖，乃道之根也。帝者得其根荄，王者得其英華，伯者得其附枝。故帝道不行不能王，王道不行不能伯，伯道不行不能守其身。」

第四節　道教信仰

　　道教是我國傳統的固有宗教，醞釀於漢代，誕生於漢末。道教有著多形態、多地域的文化來源，然而其主要源頭，則與楚文化更為接近。這不僅表現在道教尊神化的楚人老子為教主，道創教始祖張陵為楚人，道教創立地漢中在戰國時期長期屬楚國所有，保留了濃厚的楚文化傳統，更體現在道教文化的內容上。道教在內容上有兼收並蓄、龐雜多端的特點，但大致是由宗教化了的道家學說、長生術和仙學理論、各種齋醮符籙雜術三個相互聯繫的文化層次組成的。這在早期道教階段表現得尤為明顯。劉勰《滅惑論》說：「道家立法，厥有三品，上標老子，次述神仙，下襲張陵。」道安《二教論》也說：「一者老子無為，二者神仙餌服，三者符籙禁厭。」道家學說、神仙思想、民間巫術構成了道教長生的歷史條件和主要思想淵源，而這些都是最能代表楚文化風格的事物。

一、黃老學說的宗教化

　　神化老子，改造道家是早期道教的主要創教活動之一，在這個意義上，可以說道教是從道家轉化而來的。道教繼承、發展了道家學說中的神秘主義思想成分，是道家演化的派生物，《老子》、《莊子》是道教產生的重要源頭。漢初的道家及黃老之學，基本上仍是一種社會政治和學術思想，但由於黃老道學極重養生，內中包含著長生的胚胎思想。司馬談〈論六家要旨〉對道家的統治術極其讚賞，同時又說：「凡人所生者神也，所托者形也。神大用則竭，形大勞則蔽，形神離則死。死者不可復生，離者不可復反，故聖人重之。」「不先定其形神，而曰『我有以治天下』，何由哉？」在司馬談看來，為了有效地長久進行統治，統治者就必須重視養生之道，不勞累傷神，以保健康長壽。由於強調養生的重要，各種養生方術自然與黃老結合起來。西漢前期楚地馬王堆漢墓出土的〈導引圖〉、《養生方》和《卻穀食氣》，張家山漢墓出土的《引書》、《脈書》和《養生家書》反映的就是道家學說中的養生術。《淮南子》對養生之道也進行了深入闡發。而《漢書·藝文志》還著錄有《黃帝內經》、《泰始黃帝扁鵲俞柎方》、《黃帝三王養陽方》、《黃帝雜子步引》、《黃帝岐伯按摩》、《黃帝雜子芝菌》、《黃帝雜子十九家方》等，都是依託於皇帝的養生著作。

　　西漢中期董仲舒改造儒學，大量吸收道家文化精華。道家學說中天道與治道合一，君道無為、循名責實，刑德兼行、文武並用，愛民、養民等「君人南

面之術」融入了新儒學。此後，怡情養性、延年益壽逐漸構成了黃老學討論和關注的重點。《後漢書・光武紀下》載，皇太子劉莊曾因光武帝勤勞執政、廢寢忘食而勸說：「陛下有禹湯之明，而失黃老養性之福，願頤愛精神，優游自寧。」在皇太子眼中，黃老學已不過是一種怡養性情的方法。《後漢書・任光列傳》記任隗「少好黃老，清淨寡欲」；〈樊宏列傳〉記樊瑞「好黃老言，清淨少欲」。〈淳于恭列傳〉記其「善說《老子》，清靜不慕榮名」；〈樊曄列傳〉記樊融「好黃老，不肯為吏」；〈梁鴻列傳〉記高恢「少好《老子》，隱于華陰山中，終身不仕」；《新論・解蔽》說：「老子用恬淡養性，致壽數百歲。」《論衡・定賢》說：「（以）恬淡無欲，志不在於仕，苟欲全身養性為賢乎？是則老聃之徒也……不進與孔墨合務，而還與黃老同操，非賢也。」將常道說成「自然長生之道」，以長道養生的觀點解說《老子》。這都說明東漢時期黃老學確實已廢棄了其無為的治術，流變為了養生之學。

　　自戰國中期起，神仙思想便在楚地及燕齊地區流行。西漢中期以後，方仙道由於方術少驗，受到社會輿論攻擊，僅靠陰陽五行說也顯得理論色彩單薄。同時黃老治國思想日益萎縮，加之確有可供方仙道依附和發揮的神秘主義內涵。黃老學與神仙術遂逐漸結合在了一起。《後漢書・光武十王列傳》記建初七年（82 年）三月，漢章帝賜東平憲王蒼「秘書、列仙圖、道術秘方」，表明當時追求長生成仙的道術，已被繪圖、成書，受到人們的重視。《後漢書・逸民列傳・矯慎》記：「矯慎字仲彥，扶風茂陵人也。少好黃老，隱遁山谷，因穴為室，仰慕松、喬導引之術」，其友人吳蒼不滿矯慎把黃老全然視為仙道，指出「蓋聞黃老之言，乘虛入冥，藏身遠遁，亦有理國養人，施於為政。至如登山絕跡，神不著其證，人不睹其驗。吾欲先生從其可者，於意何如？」矯慎不予理會，「年七十餘，竟不肯娶。後忽歸家，自言死日，及期果卒。後人有見慎于敦煌者，故前世異之，或云神仙焉。」這個關於矯慎修仙的傳說，明確地把黃老、行導引術、長生成仙結合在了一起。

　　隨著黃老學中心主旨的逐漸改變，對黃帝與老子的崇拜也逐漸加強。黃帝是傳說中的人物，早已被神化。《莊子・大宗師》曰：「黃帝得之（道），以登雲天」。老子的情況有所不同。先秦時期尚無老子成仙的說法。漢初老子雖與黃帝常常相提並論，但黃老之術在當時主要是作為安邦治國的方略指導王朝政治實踐，神化老子顯然並無必要。漢武帝以後，儒學的神學化以及武帝對方

術的沉溺和對神仙的信仰，構成了老子逐漸被神化的歷史背景。劉向在《列仙傳》中開始將老子列為神仙，稱其為真人，並指出其由凡人成仙的途徑是「好養精氣，貴接而不施」，這為進一步神化老子提供了線索和啟示。到了東漢，奉黃老養性以求長生的風氣遍及朝野，老子的社會影響越來越大，地位也越來越高。東漢初王阜著〈老子聖母碑〉稱：「老子者，道也。乃生於無形之先，起于太初之前，行於太素之元，浮游六虛，出入幽冥，觀混和之未別，窺清濁之未分。」老子儼然已是神仙化身。桓帝時邊韶奉命撰〈老子銘〉進而說，當時通道者附會了老子「天地所以能長且久者，以不自生也」和「穀神不死，是謂玄牝」的說法，「以老子離合於混沌之氣，與三光為終始；觀天作讖，升降斗星；隨日九變，與時消息；規矩三光，四靈在旁；存想丹田，太一紫房；道成身化，蟬蛻渡世。自羲農以來，世為聖者作師。」《後漢書・襄楷列傳》記襄楷上桓帝書提到「或言老子入夷而化胡」。人們已經把老子說成是體現自然、支配自然的偉大神力和修煉得道、不斷變化的救世主，並作為祖師予以崇拜。

　　對黃老的祭祀早在東漢明帝時就已經在黃老學盛行的楚地出現了。《後漢書・楚王英傳》記載，楚王英「晚節更喜黃老，學為浮屠齋戒祭祀」，後應詔奉送縑帛贖罪，明帝下詔勉之曰：「楚王誦黃老之微言，尚浮屠之仁祠。潔齋三月，與神為誓，何嫌何疑，當有悔吝。」袁宏《後漢紀》卷十亦謂楚王劉英「晚節喜黃老，修浮屠祠」。對黃老偶像進行膜拜與祭祀，將黃老與浮屠相提並論，已透出黃老的宗教氣味。楚王英建武十五年為王，二十八年就國，「少時好遊俠，交通賓客」，其晚年崇信黃老，固屬個人信仰，然而與其受地方思想薰染不無關聯。楚王英初轄彭城（今徐州）等八城，後明帝特為其益以取慮、昌陽二縣，地在淮河南北，正是戰國後期楚國都城東遷後著力經營之處。《後漢書・孝明八王列傳・陳敬王羨》載陳相魏愔和陳王劉寵「共祭黃老君，求長生福」。漢桓帝「好神仙事」，對老子禮拜尤勤。《後漢書・襄楷列傳》載：「聞宮中立黃老浮屠之祠。此道清虛，貴尚無為，好生惡殺，省欲去奢。」〈王渙列傳〉載：「延熹中，桓帝事黃老道，悉毀諸房祠。」〈桓帝紀〉也記載桓帝曾於延熹八年（165 年）正月遣中常侍左悺之苦縣，祠老子；同年十一月又「使中常侍管霸之苦縣，祠老子」；第二年又「親祠黃老於濯龍宮」。從一般的信奉黃老微言，到崇拜祠祀黃老偶像，這已經是近乎宗教了。

　　早期道教直接繼承了漢代道家和黃老崇拜的傳統，東漢末年張陵創立的五

斗米道，張角創立的太平道都衍生自黃老道。《後漢書‧皇甫嵩傳》載：「初，巨鹿張角自稱大賢良師，奉事黃老道。」《資治通鑑‧靈帝紀》光和六年載：「巨鹿張角奉事黃老，以妖術教授，號太平道。」《後漢書‧劉陶傳》說：「時巨鹿張角偽託大道，妖惑小民。」從宗教上解釋，太平道偽託和尊奉的「大道」就是「常治昆侖」的尊神太上老君，即神化的老子。[48] 太平道開始可能只是黃老道的異端集團。張陵為沛國豐人（今江蘇豐縣），本為太學生，安帝延光四年（125 年）始學道，後於順帝朝入蜀。據明張正常所撰《漢天師世家》，他在順帝漢安元年（142 年）在鶴鳴山自稱受太上老君之命，封為天師之位，創立五斗米道。由其奉老子為太上老君，可知張陵在漢安帝時學道，當是奉黃老道。《三國志‧魏書‧張魯傳》明確指出五斗米道「大都與黃巾相似」，注引《典略》也說五斗米道教主張修「使人為奸令祭酒，祭酒主以老子五千文，使都習」。歷代道教徒都稱張陵之道為「天師道」，《太平經》經文是以真人、神人、天師之間問答形式撰寫的。而天師一詞最早見於《莊子‧徐無鬼》，其略云：黃帝至於襄城之野，適遇牧馬童子，遂問「為天下」之道，答以無事，「亦去其害馬者而已矣」。於是「黃帝再拜稽首，稱天師而退」。

道教在創立之初就奉老子為教主，與老子思想結下了不解之緣。道家思想向道教的過渡是將「道」的內涵由學術轉向宗教。而促成這一轉化的直接原因則是對《老子》所進行的宗教性詮釋。《老子河上公章句》在《體道》中開宗明義指出：「道可道，謂經術政教之道也。非常道，非自然長生之道也。常道當以無為養神，無事安民，含光藏暉，滅跡匿端，不可稱道。」首次將老子的常道解釋成自然長生之道。與《老子河上公章句》旨趣相同的還有《老子想爾注》、《老子五千文》、《老子節解》等，它們都用道教的得道成仙的思想來詮釋《老子》。這種詮釋不僅將老子的哲學之道演化為宗教之道，而且也為道教的創立與持續發展奠定了思想和信仰基礎。

在早期五斗米道中，比較流行的是《老子想爾注》。《老子想爾注》以老子為旗號，但又從道教的基本宗旨出發，曲解《老子》，自立教義，以為建構

48　《老子想爾注》：「吾，道也」，「吾，我，道也。」又曰：「一者，道也」，「一散形為氣，聚形為太上老君，常治昆侖。」而出土於湖南長沙的宋文帝元嘉十年（433年）的《徐副買地券》更明確指出大道為太上老君，曰「一為請太清玄元上三天無極大道太上老君地下女青詔書，如律令。」見王育成，〈徐副地券中天師道史料考釋〉，《考古》1993 年 6 期。

道教信仰提供理論論證。《想爾注》注解《老子》主要圍繞道而進行。在《想爾注》中，道氣合一，為天下之母，萬物都從道而生。在此基礎上，它進而將「道」宗教化、神學化，認為道有意志，有人格，能夠賞善罰惡。如解「人之所畏，不可不畏，莽其未央」，「道設生以賞善，設死以威惡，死是人之所畏也。仙王士與俗人同知畏死樂生，但所行異耳。俗人莽莽，未央脫死也，俗人雖畏死，端不通道，好為惡事，奈何未央脫死乎！仙士畏死，通道守誡，故與生合也」；[49] 解「道常無為而無不為」，「道性不為惡事，故能神，無所不作，道人當法之」。道還是人類文明的造就者。解「有車之用」，「古未有車時退然。道遣奚仲作之，愚者得車，貪利而已。不行道，不覺道神。賢者見之，乃知道恩」；解「有室之用」，「道使黃帝為之，亦與車同說。」這樣，作為終極真理的形而上的「道」，就變成至尊至威、必須服從的至上神了。在《想爾注》中，道既是無法表像的自然神，如解「是無狀之狀，無物之像」，「道至尊，微而隱，無狀貌形像也，但可從其誡，不可見知也。今世間偽伎指形名道，令有服色、名字、狀貌、長短，非也，悉邪偽耳。」又是可以表像的人格神，如解「載營魄抱一能無離」，「一者，道也……一散形為氣，聚形為太上老君，常治昆侖，或言虛無，或言自然，或言無名，皆同一耳」。「一」作為道，可以化聚為有形的尊神「太上老君」。而奉太上老君為至上尊神為道教樹立了明確的信仰偶像，這是由一般神仙信仰轉向宗教信仰的重要標誌。

太平道所利用的《太平經》與道家思想也神韻相通。正是承繼了《老子》關於「道生一，一生二，二生三，三生萬物」的萬物生成論，《太平經》認為元氣是陰陽之所從出，天地人三才亦由元氣自然化生而成。不過在闡明元氣是宇宙的最初本原後，《太平經》推出了職掌「元氣」的超自然的神人。卷四十二說「其無形委氣之神人，職在理元氣」，「無形委氣之神人與元氣相似，故理元氣。」這個與元氣類似的虛幻的神人赫然凌駕於元氣之上，支配著元氣化生萬物。於是，元氣及由它派生的天地陰陽之氣，就失卻了自然而然的特性，而富有感情、意志及道德的、宗教的特徵。萬物的化生由一種自發的過程演變為一種有意識、有目的的創造活動，顯示著神的意志。卷四十八說：「天氣悅下，地氣悅上，二氣相通，而為中和之氣，相受共養萬物」；卷一百十五至

49　本節所引《老子想爾注》均採自饒宗頤，《老子想爾注校箋》錄注部分，第 5—47 頁，上海古籍出版社 1991 年版。

一百十六說：「元氣自然樂，則合共生天地，悅則陰陽和合，風雨調，則共生萬二千物。」道家思想的理性精神並沒有在這種氣化學說中得到徹底貫徹和落實，《太平經》最終將其歸結於了神學。

《太平經》還提出了「承負」說。《太平經》認為人行為的善惡時刻受到天神的關注，並加以記載，來決定其壽命長短。卷一百十說：「天遣神往記之，過無大小，天皆知之。簿疏善惡之籍，歲日月拘校，前後除算減年……算盡當入土，衍流後生」；「善自命長，惡自命短」。但一旦出現行善反得惡果，則是承負的結果。卷三十九說：「承者為前，負者為後。承者，乃謂先人本承天心而行，小小失之不自知，用日積久，相聚為多，今後生人反無辜蒙其過讁，連傳被其災，故前為承，後為負也。負者，流災亦不由一人之治，比連不平，前後更相負，故名之為負。負者，乃先人負于後生者也；病更相承負也，言災害未當能善絕也，絕者復起，吾敬受此書於天，此道能都絕之也，故為誠重貴而無平也。」這種承負思想，道家學說其實早有論及。《十大經・雌雄節》說：「故德積者昌，殃積者亡。觀其所積，乃知福禍之鄉。」《稱》說：「貞良而亡，先人餘殃；猖獗而治，先人之烈。」可見，《太平經》中這一思想也是上承黃老，只不過經過其解說，宗教氣味更加濃厚。

二、道教的神仙思想

神仙思想是道教理論的重要組成部分。早期道教的前身為信仰神仙的黃老道，東漢末早期道教的太平道、五斗米道均保持神仙信仰的特色。楚文化中豐富的神話和仙話的資料，關於不死之仙藥、不死之野、不死之跡、仙人仙都等的傳說，以及對整個宇宙、彼岸世界的虛幻構想，都是早期道教吸取的歷史資料。

道教與楚文化一樣，全盤繼承、融化了我國原始宗教。楚人存在泛神崇拜觀念，早期道教也是典型的多神信仰，天上、地上乃至人身中莫不有神，一切自然物乃至時間、氣候、方位莫不人格化為神，也莫不有神控制。漢初崇拜的日神、月神、星辰神、山神、河神、風神、雨神、雷神、電神、戶神、灶神等諸神，以及民間普遍祭祀的各種神靈，許多都被道教所吸收，演變成道教的尊神。如天帝演為玉皇大帝，天、地、水三神演化為三官大帝，雷神演化為雷祖大帝，北方七宿星神演化為玄武大帝，太白演化為壽星，他如五嶽大帝、四海龍王、城隍土地、青龍白虎等，最初都是民間信仰或官方祭祀的神靈，後轉為

道俗共祭的偶像。

　　東漢末早期道教尚未建立起統一的神團體系，在推尊方面也說法不一。但太平道對神仙系統的構建主要是仿效楚人以「太一」統領諸神的方式。《太平經》卷九十八說：「因為天地神明畢也，不復與於俗治也。乃上從天太一也。朝于中極，受符而行，周流洞達六方八遠，無窮時也。」《三國志‧魏書‧武帝紀》注引王沈《魏書》記載初平三年（192）青州黃巾軍在給曹操的勸降信中說：「昔在濟南，毀壞神壇，其道乃與中黃太乙同，似若知道，今更迷惑。」在後世道書中，太一演化為道教著名的太一救苦天尊，又稱太乙救苦天尊或太乙真人等。由於《太平經》非一人一世之作，關於至尊天神還有稱為「長生大主號太平真正太一妙氣皇天上清金闕後聖九玄帝君」的，這位「帝君」姓李，顯然就是指神化的楚人老子。五斗米道是一種具有主神崇拜特徵的多神教。《正一法文經章官品》據考為東漢張陵所著《千二百官章儀》之節抄本，其所稱「百二十官」，名目繁多。有所謂玉女君、無上方官君、無上天君、九天君、九地君、在郡侯君、無上萬福君、北都君、太平君、六丁六甲玄天君、扶清太一公畢蓋君、赤天萬靈君、天官五行三五七九君、天官五行君、地官五行君、太陰君、陽方君、太素太始君、太黃太極君等等天君神官，皆各有所治。但五斗米道有主要信仰，即《老子想爾注》所謂「一（道）散形為氣，聚形為太上老君」的「太上老君」。

　　早期道教開始建立了自己的神仙譜系。《太平經》卷四十二說：「其無形委氣之神人職在理元氣，大神職在理天，真人職在理地，仙人職在理四時，大道人職在理五行，聖人職在理陰陽，賢人職在理文書，皆授語。凡民職在理草木五穀，奴婢職在理財貨。」卷七十一說：「一為神人，二為真人，三為仙人，四為道人，五為聖人，六為賢人。神人主天，真人主地，仙人主風雨，道人主教化吉凶，聖人主治百姓，賢人輔助聖人，理萬民錄也，給助六合之不足也。」又說：「能飛者，獨得道仙人耳」。儒家的聖人、賢人也被納入了神仙譜系，反映了太平道的神仙譜系尚比較粗糙。但值得注意的是，早期道教在這裡對處於聖人、賢人之上的神仙所作的劃分，究其來源，實際上可上溯到莊子對神仙人物的提法。《莊子》談到的神仙人物有真人、至人、神人，他們乘雲氣、騎日月而游乎四海之外，不受條件的限制。

　　昆侖山是以西王母為代表的昆侖仙宗的祖地，其神話史跡傳入荊楚後，與

當地民俗巫風結合，融入了楚人的神仙信仰。《山海經》、《楚辭》都有對昆侖仙山的描述，馬王堆棺畫也有昆侖的形象。《淮南子・墜形訓》更詳細描述了昆侖仙境的宏大與神聖，謂其乃「太帝之居」，佳禾、玉樹、神泉、百藥、丹水等萬物盡有。這一楚地文化，也構成了早期道教神學思想的源頭。《太平經》卷三十八說：「使人壽若西王母」；卷一百十說：「錄籍在長壽之文，須年月日當升之時，傳在中極，中極一名昆侖，輒部主者往錄其人姓名，不得有脫」。卷一百十二說：「神仙之錄在北極，相連昆侖，昆侖之墟有真人，上下有常」。

　　道教以長生不死、得道成仙為最高目標，但與以往的神仙方術只能算世俗迷信不同，道教的神仙思想是與道家學說結合在一起的。《想爾注》對長生成仙思想的闡述與論證，即來自對道家思想的發揮。《老子》「聖人後其身而身先」，原本是不敢為天下先而能獲得世人愛戴之意。《想爾注》曲解為「得仙壽、獲福在俗人先，即為身先」。又解「生能天」，「能致長生，則副天也」；解「百姓謂我自然」，「我，仙士也」；解「其中有信」，「古仙士實精以生，令人失精以死，大信也」；解「其在道」，「欲求仙壽天福，要在通道」。為了宣言長生成仙的宗旨，《想爾注》特別突出了《老子》中道化生的功能，甚至不惜改字作解。如解「知常容，容乃公，公乃王，王乃天，天乃道，道乃久」，將「王」改成了「生」，並說道：「知常法意，常保形容；以道保形容，處天地間不畏死，故公也；能行道政，故常生也；能致長生，則副天也。」顯然，這裡將老子修養的內容變成了生道統一的論證。解「故道大天大地大王亦大，域中有四大，而王居其一焉」時，同樣將「王」篡改為「生」，並指出「生，道之別體也」。這樣一來，永恆的道就成了生命無限的終極證明。為了解答長生與死亡的矛盾，堅定人們長生的信念，《想爾注》同樣採取了篡改《老子》的辦法。在解「天長地久。天地所以能長久者，以其不自生，故能長生。是以聖人後其身而身先，外其身而身存，非以其無私耶，故能成其私」時，《想爾注》將句中的兩「私」字，全改為「尸」，說：「不知長生之道，身皆尸行耳，非道所行，悉尸行也。道人所以得仙壽者，不行尸行，與俗別異，故能成其尸，令為仙士也。」普通人之身，不能長生，因此就有死之事，仙士之身，能尸解成仙，因此能長生不老。

　　《太平經》同樣講長生久視而成仙，提出了有關生死條件的理論，認為人

的生命，要靠精、氣、神的結合。卷四十二：「凡事人神者，皆受之於天氣，天氣者受之於元氣。神者乘氣而行，故人有氣則有神，有神則有氣，神去則氣絕，氣亡則神去。故無神亦死，無氣亦死。」卷一百十九：「三氣共一，為神根也。一為精，一為神，一為氣。此三者，共一位也，本天地人之氣。神者受之於天，精者受之於地，氣者受之于中和。故人欲壽者，乃當愛氣尊神重精也。」這就是說人的生命是精、氣、神三者結合，相互作用的結果，因此要想得長壽，就應當「愛氣尊神重精」。《太平經》認為只要能永遠保持形神不離，保持精氣神三者合一，就可以長生不死。這實際上是對道家學說愛氣養神思想的進一步發揮。

　　早期道教實現修道成仙、長生不死的途徑，很多都是源於道家學說，而為荊楚神仙思想所吸收的方術。《想爾注》否定了聖人天生、仙有骨錄的緯書迷信。解「絕聖棄知，民利百倍」時，說：「今人無狀，裁通經藝，未貫道真，便自稱聖，不因本，而章篇自揆，不能得道言；先為身，不勸民真道可得仙壽，修善自慰。反言仙自有骨錄，非行所臻，云無生道，道書欺人。」其意即在於誘導道徒通過修行自臻長生。五斗米道中作為教徒行為規範的誡條稱「道誡」。道誡對通道者來說意義非同小可，在《想爾注》看來，「奉道誡」即可「積善成功，積精成神，神成仙壽」；「欲求仙壽天福，要在通道，守誡守信，不為貳過。罪成結在天曹，右契無到而窮，不復在余也。」《太平經》卷九十四至九十五中說：「古始學道之時，神遊守柔以自全，積德不止道致仙」，也說明成仙之路在於學道積德。

　　「守一」是道家的重要思想，來源於《老子》的「抱一」和《莊子》的「我守其一」的思想。《老子》「載營魄抱一，能無離乎？」《老子河上公章句》對此引申為：「人能抱一，使不離於身，則長存。」即把使精神與形體不離散的「抱一」，看成長生之道。《莊子‧在宥》記載廣成子向黃帝傳授「至道」時說：「天地有官，陰陽有藏，慎守汝身，物將自壯。我守其一，以處其和。故我修身千二百歲矣，吾形未嘗衰。」原始道典《太平經》十分強調守一在修持仙道諸術中的重要性。《太平經》卷一百三十七至一百五十三：「古今要道，皆言守一，可長存而不老。人知守一，名為無極之道。大有一身，與精神常合併也。形者乃主死，精神者乃主生。常合即吉，去則凶。無精神則死，有精神則生。常合即為一，可以長存也……故聖人教其守一，言當守一身也。念而不

休，精神自來，莫不相應，百病自除，此即長生久視之符也。」《太平經聖君秘旨》：「夫守一者，可以度世，可以消災，可以事君，可以不死，可以理家，可以事神明，可以不窮困，可以理病，可以長生，可以久視。」似乎把守一看成了入世進取、享受，出世長生不死的萬能之藥。

與守一類似的有守靜。《老子》中有「虛其心，實其腹」，「致虛極，守靜篤」，「專氣致柔能嬰兒乎」等論述。而道教認為人能清靜自居，除去俗念妄想，便可使神常存於身，百病不加，凶邪不入，守靜不止，長生不死。《太平經》卷七十三至八十五說：「求道之法靜為根」，「久久自靜，萬道俱出，長存不死，與天相畢。俗念除去，與神交結，乘雲駕龍，雷公同室，軀化而為神，狀若太一」。卷一百五十四至一百七十中說：「靜身存神，即病不加也，年壽長矣，神明佑之。故天地立身以靖，守以神，興以道。故人能清靜，抱精神，思慮不失，即凶邪不得入也。其真神在內，使人常喜，欣欣不貪財寶，辯訟真，竟功名，久久自能見神」。《老子想爾注》說：「道氣歸根，愈當清靜」，「知空根清靜，復命之常法也」，「入清靜，合自然，可久也」，「道人當日重精神，清靜為本」。

道教素重煉氣之法，認為元氣為生氣之源。而養氣之道中最基本、最重要的是服氣法。這一方法在《莊子》、《楚辭》中都有記載。《太平經》繼承了食氣辟穀以度世的修仙方法。卷四十二中說：「夫人，天而使其和調氣，必先食氣；故上士將入道，先不食有形而食氣，是且與元氣合。故當養置茅室中，使其齋戒，不睹邪惡，日煉其形，毋奪其欲。能出無間去，上助仙真元氣天治也。」卷一百二十中說：「是故食者命有期，不食者與神謀，食氣者神明達，不飲不食，與天地相卒也」。卷一百三十七至一百五十三也說：「上第一者食風氣，第二者食藥味，第三者少食，裁通其腸胃」；「天之遠而無方，不食風氣，安能疾行，周流天之道哉？又當與神吏通功，共為朋，故食風氣也。其次當與地精並力，和五土，高下山川，緣山入水，與地更相通，共食功，不可食穀，故飲水而行也。次節食為道，未成固象，凡人裁小別耳，故少食以通腸，亦其成道之人。」

早期道教運用得較多的神仙方術還有房中。馬王堆漢墓出土帛書中有很多關於房中術的內容都為早期道教所承繼。《老子想爾注》多次談到房中術，說：「積精成神，神成仙壽」；「古仙士實精以生，今人失精以死，大信也」；「道

教人結精成神」;「人之精氣滿藏中,苦無愛守之者,不肯自然閉心而揣挍之,即大迷也」。道教創始人張陵精通房中術,《廣弘明集》卷十三法琳曾說:「尋漢安元年,歲在壬午,道士張陵分別《黃書》云:『男女和合之法,三五七九交接之道,其道真訣,在於丹田。』」而且將房中術列為道教徒修煉方法之一。葛洪《神仙傳》記他曾對弟子說:「爾輩多俗態未除,不能棄世,正可得吾行氣導引房中之事,或可得服食草木數百歲之方耳。」北魏寇謙之改革天師道時,針對某些道官妄傳張陵所授黃赤房中之術,授人夫妻,淫風大行,損辱道教的犯戒情況,還特意廢除房中黃赤之法。

楚人養生注重對草木類藥物的利用,而早期道教同樣有服食靈物成仙之術。張陵有「服食草木數百歲之方」。《太平經》在卷一至十七中談到後聖九玄帝君「吞光服霞,咀嚼日根」。其中二十四訣便有采飛根、吞日精、服月華、服華丹、服黃水、食鳳腦、食松梨、食李棗、食竹筍、食鴻脯、服雲腴等。

三、巫術與道教

道教的形成決不只是黃老思想演化的結果,這其中還摻雜著很多民間巫術、鬼神迷信之類的因素。秦漢時期巫在民間得到人們普遍崇奉,尤其是在楚國故地能量很大。早在東漢建立初年,楚地就爆發過由「妖巫」維氾弟子李廣、單臣、傅鎮等組織的大規模起義。道教的重要創始人張陵為楚人,創教地漢中在戰國時期長期屬於楚國領土,巫風盛行。道教在其興起和確立的過程中,為了能夠得到很快的發展,從民間巫術中吸收了不少的內容。

太平道與五斗米道都知曉巫醫結合的醫術,用符水治病,要病人叩頭思過。張角在起義前自稱「大醫」,以醫道作為取信於人的手段。《後漢紀》卷二四記載:「(中平元年,184 年)春正月,巨鹿人張角謀反。初,角、弟良、弟寶自稱大醫,事善道,疾病者輒跪拜首過,病者頗愈,轉相誑耀。十餘年間,弟子數十萬人,周遍天下,置三十六坊,各有所主。」而《三國志·魏書·張魯傳》注引《典略》:「熹平中,妖賊大起,三輔有駱曜。光和中,東方有張角,漢中有張脩。駱曜教民緬匿法,角為太平道,脩為五斗米道。太平道者,師持九節杖為符祝,教病人叩頭思過,因以符水飲之,得病或日淺而癒者,則云此人通道,其或不癒,則為不通道。脩法略與角同,加施靜室,使病者處其中思過。又使人為姦令祭酒,祭酒主以老子五千文,使都習,號為姦令。為鬼

吏，主為病者請禱。請禱之法，書病人姓名，說服罪之意。作三通，其一上之天，著山上，其一埋之地，其一沉之水，謂之三官手書。使病者家出米五斗以為常，故號曰五斗米師。實無益於治病，但為淫妄，然小人昏愚，競共事之。」葛洪《神仙傳‧張道陵》說：「陵又欲以廉恥治人，不喜施刑罰，使有疾病者皆疏記生身以來所犯之罪，乃手書投水中，與神明共盟約，不得復犯法，當以身死為約。」

　　巫醫的治病活動在秦漢時期依然活躍，巫覡的治病職掌在秦漢社會上受到某種程度的公認。《後漢書‧方術列傳》記載徐登「善為巫術」，趙炳「能為越方。時遭兵亂，疾疫大起，二人遇于烏傷溪水之上，遂結言約共以其術療病。」早期道教的療病方法，實際就是道教化的巫術，與楚人「疾病不事醫藥」的傳統有著共同的淵源。《太平經》卷九十二〈洞極上平氣無蟲重複字訣〉說：「以丹為字，以上第一，次下行將告人，必使沐浴端精，北面西面南面東面告之，使其嚴以善酒，如清水己飲，隨思其字，終古以為事身。且曰向正平善氣至，病為其除去，面目益潤澤，或見其字，隨病所居而思之，名為還精養形。或無病為之，日益安靜」。所謂符水療病，即用美酒合符吞下，以求除病。類似的做法很早就在楚地出現了。馬王堆出土《五十二病方》中記載有一則以符治病的醫方。其云：「燔女子布，以飲□蠱而病者，燔北向並符，而烝（蒸）羊昏，以下湯敦（淳）符灰，即□□病者，沐浴為蠱者。」「女子布」指女子月經布，古人以為其有驅邪之效；「蠱」是一種疾病，《內經‧素問》玉機真藏論說，蠱「病名曰疝瘕，少腹冤熱而痛，出白，一名曰蠱」；「羊昏」，即羊多脂肪的臀，此處指羊尾。這條材料雖有殘缺，但大意可通，為：燔燒女子月經布，以飲因蠱而發病者，燔燒朝北方向的桃符，蒸煮羊尾湯拌合符灰，治療病者，沐浴得蠱病的人。這裡記載的當是用符製成符水療疾。太平道的療病法以及後代道士以符湯洗浴患者，與此絕相類似。

　　早期道教繼承了古代巫道對鬼神的崇拜。認為人有靈魂，形體與靈魂合一，則為生人；形體與靈魂分離，則生命死亡。《太平經》卷一百三十七至一百五十三說：「晝為陽，人魂常並居；冥為陰，魂神爭行為夢，想失其形，分為兩，至於死亡」。離開形體的「魂」，就叫「鬼」。早期道教認為「鬼」是常禍害人的。《太平經》卷二十五：「思邪，致愚人之鬼來惑之」。卷四十三：「鬼神精小諫微數賊病吏民，大諫裂死滅門」。卷九十二：「天者，為神主神靈之長也，故使精神鬼殺人」。卷一百十：「天使人為善，故生之，

而反為惡。故使主惡之鬼久隨之不解，有解不止，餘鬼上之，輒生其事，故使隨人不置也」。因而有符、咒、祈、禳等各種役鬼、劾鬼之術。這類早期道教徒擅長的謀生之技，實際上是古代巫術的發展昇華。

漢代巫覡劾鬼時假借神靈的名義，主要是打出天帝使者或天帝神師的名號。江蘇高郵東漢遺址曾出土一方木簡，上書「乙巳日死者鬼名為天光，天帝神師已知汝名，疾去三千里，汝不即去，南山□□令來食汝，急如律令。」同址還出土一朱書文陶罐，中有「玉池坤神」等語，再就是發現「天帝使者」封泥一方。吳榮曾指出：「顯然，這些東西是方士或巫覡作法之後所遺留下來的」。[50] 這位天帝使者在漢代稱作「黃神越章」。出土漢代鎮墓瓶的文字上，往往有「天帝使黃神越章」、「天帝神師黃越章」、「天帝神師使者」的稱號，傳世的漢印中也有「黃神越章」、「黃神使者印章」、「黃神越章天帝神之印」、「黃神之印」等銅印，此外還有「黃神越章」封泥。當時人們相信天帝是天上的君主，具有主宰人間和幽冥的權力，而「黃神越章」是天帝的使者，代表天帝，從而具有僅次於天帝的權力。值得注意的是，這位黃神越章在道教興起後，從本為巫所信奉的神靈轉而成為了早期道教的尊神。晉代葛洪《抱朴子》保存了較多原始道教的內容，其中便提到黃神越章之印能驅魔逐獸。〈登涉〉篇說：「古之人入山者，皆佩黃神越章之印，其廣四寸，其字一百二十。以封泥著所住之四方各百步，則虎狼不敢近其內也……若有山川社廟血食惡神能作福禍者，以印封泥，斷其道路，則不復能神矣。」南齊玄光《辨惑論》、北周甄鸞《笑道論》明確指出：「（道教）造黃神越章，用持殺鬼」，「造黃神越章殺鬼，朱章殺人」為「三張之術」。北周道安的《二教論》也指責道教「或輕作凶佞，造黃神越章，用持殺鬼。」

由於漢代方士或巫覡劾鬼主要打出天帝使者或天帝神師的名號。因而執行這項法術的人，實際上成為天帝使者或天帝神師的化身。《太平御覽》卷六八七引司馬彪《續漢書》：「巨鹿張角自稱天師，弟子數十萬人。」這裡的「天師」可能就是「天帝神師」的簡化。「天師」在漢末的五斗米道中也出現過。洪适《隸續》卷三著錄有熹平二年的〈米巫祭酒張普題字〉，上面刻有「召祭酒張普萌生趙廣王盛黃（長）楊奉等，詣受《微經》十二卷，祭酒約施天師道

50 吳榮曾，〈鎮墓文中所見到的東漢道巫關係〉，收入氏著《先秦兩漢史研究》，中華書局 1995 年版。

法無極才」，米巫即五斗米道，故這一石刻應為五斗米道的遺物。又《後漢書・朱雋傳》載：「時南陽黃巾張曼成起兵，稱神上使，眾數萬，殺郡守褚貢。」這個「神上使」也很容易使人聯想到前引鎮墓文中的「天帝神師使者」。可見，早期道教首領自稱「天師」或「神上使」等是巫師們歷來使用的慣技，即所謂「通靈」，此時，他們不再是凡間人物，而是「黃神越章」的神靈附體。這為道教起源於巫和巫術提供了極其有說服力的證據。此外，張角自稱「大賢良師」，張魯自稱「師君」，這些稱號中的「師」所代表的可能也是「天帝神師」。方詩銘認為「黃巾」之稱也是來源於對「天帝使者黃神越章」這位尊神的崇奉。[51]

　　北周僧人道安曾作《二教論》，指責當時的道士不過是繼漢末三張之餘緒，他所列出「三張之鬼法」，大多能從此前方士所使用的巫術中找到。如他說道士「或畏鬼帶符」。符籙是道教法術中不可缺少的重要內容。漢末道教徒均善於畫符，如張陵「造作符書」，張角用符水治病，《太平經》卷一至十七所說後聖李君傳授青童大帝的二十四訣中，有「服開明靈符」、「佩星象符」、「佩五神符」，認為服符水、佩符圖均可「災害不能傷，魔邪不能難」。如前所述，馬王堆出土醫書中已有用符療病的記載。而至晚到東漢中期，則已從中發展出了用符籙驅鬼之術。《後漢書・方術列傳》記載：「河南有麴聖卿，善為丹書符，劾厭殺鬼神而使命之。」又記載曾有老翁為費長房「作一符」，「以主地上鬼神」，費長房「遂能醫療眾病，鞭笞百鬼，及驅使社公」，「後失其符，為眾鬼所殺」。出土巫覡作法的遺物中有不少東漢符籙實物。西北大學藏一陶瓶，上書：「初平元年，地下小墓歲月……丘丞墓伯、地下二千石……」，文末即附符一道。1954年洛陽西郊東漢遺址出土一陶瓶，上有朱書符；1960年江蘇高郵漢遺址出土的劾鬼文木簡，上面有很長的符籙；長安戶縣出土的陽嘉二年陶罐上有兩道符。東漢巫師使用的符，主要是由漢字拼合而成，嵌以星圖。戶縣曹氏墓解除瓶上第一符即為時、三個日、月、尾、鬼拼合而成。這種以文字重迭搭配成符字的方法，也直接被道教所繼承，成為早期道符最重要的構字方式。《太平經》一百零四至一百零七卷中所載「複文」，是現在能見到的道教最早的符字，便是採用此法。多數由二個以上小字組合而成，少數由多道橫豎曲扭的筆劃組合成形。

51　方詩銘，〈黃巾起義先驅與巫及原始道教的關係〉，《歷史研究》1993年第3期。

「咒」與「祝」通用，神咒即神祝，所謂「神咒」、「神祝」，即天神的語言。《太平經》卷五十中說：「天上有常神聖要語，時下授人以言，用使神吏應氣而往來也。人民得之，謂為神祝也」。又說：「祝是天上神本文傳經辭也」。認為神咒可以為人除疾，卷五十中說：「其祝有可使神伬為除疾，皆聚十十中者，用之所向無不癒者也。但以言癒病，此天上神讖語也。良師帝王所宜用也，集以為卷，因名為祝讖書也。是乃所以召群神使之，故十愈也」。即對病者念神咒，便能召神為之除疾。卷五十中還說：「能即癒者，是真事也；不者，盡非也，應邪妄言也，不可以為法也」。認為神咒靈驗便是真的，不靈驗便是邪妄之言。古殷商便有專門從事以「言辭悅神」的人，稱之為「祝」。早期道教用神咒以使神之術，即來之於古時的巫祝。道教中符咒往往連稱，符和咒常常一起出現。這種形式從陽嘉二年解除瓶上也可找到其源頭。在該瓶上兩個符旁有長篇解除文，「陽嘉二年八月己巳朔，六日甲戌除，天帝使者謹為曹伯魯之家移殃去咎，遠之千里，咎□大桃不得留，□□至之鬼所，徐□□，生人得九，死人得五，生死異路，相去萬里。從今以長保孫子，壽如金石，終無凶。何以為信，神藥厭填，封黃神越章之印。如律令。」[52]其咒末「如律令」的格式尤為後來的道教咒語所通用。符印連用，在道符中也屬常見。而符印同時出現，在巫符中也有跡可尋。陽嘉二年解除瓶上解除文提及「封以黃神越章之印」，便是符印合用的先例。

道安所說「三張之鬼法」又有「左道餘氣，墓門解除」，這種屬於喪葬方面的解除活動，也是東漢社會流行的巫術。《論衡》有〈解除〉篇，說：「世信祭祀，謂祭祀必有福；又然解除，謂解除必去凶」。並指出當時的解除乃巫覡的專門任務，「世間繕治宅舍，鑿地掘土，功成作畢，解謝土神，名曰解土。為土偶人，以像鬼形，令巫祝延以解土神。」東漢的很多鎮墓文中都可以看到「為死人解適」的話，例如：「立塚墓之□，為生人除殃，為死人解適」；「故為丹書鐵券，□及解適，千秋萬歲，莫相來索」；「劉元□家塚，□青黑漆書之，以除百適，急急如律令」；「謹以鉛人金玉，為死者解適，生人除罪過」。

向北斗禳祈以延壽是道教重要的宗教儀式，道藏有《北斗本命延壽燈儀》、《北斗七星燈儀》。《太平經》卷一百十一說：「籍系星宿，命在天曹」。卷

52　襏振西，〈陝西戶縣的兩座漢墓〉，《考古與文物》1980 年第 1 期。

一百十二中說：「人有貴賤，壽命有長短，各稟命六甲」。《三國志・呂蒙傳》載呂蒙病危之際，孫權曾「命道士于星辰下為之請命」，可見這一儀式在早期道教中即已存在。而究其來源，亦是巫術。漢人把北斗看作掌管人生死的神靈。寶雞出土的陶瓶大都寫有「黃神北斗」。巫師留下的鎮墓文在敘述幽冥官司時，還有的提到「上司命、下司祿」。據《史記・天官書》記載，司命、司祿屬北斗文昌宮的六星之二。有的鎮墓文中又有「死人北，生人南」，所謂「死人北」，意思是人死後歸天上北斗官屬。

此外，巫在作法時要演唱。後漢曹娥的父親盱，就「能弦歌為巫祝」。北周甄鸞〈笑道讖〉：「今觀其文，詞義無取，有同巫俗解奏之曲，何期大道若此。」謂道教之文與解奏之曲類似。所謂解奏之曲，即指巫在作法術時演唱之曲。而道教所擅長的煉金、厭劾、祈請、占卜、擇日等等，都有著十分古老的淵源。

由於早期道教繼承了民間的巫術，並且加以發展，使之成為了系統的、人為宗教的組成部分。因而在道教初期階段，人們對於巫與道的界限並不清楚。《三國志・魏志・董卓傳》引《獻帝起居注》說李傕「性喜鬼怪左道之術，常有道人及女巫歌謳擊鼓下神，祠祭六丁，符劾厭勝之具，無所不為。」這是漢末巫道並容的例子。當時人常常把道教當作巫術來看待。《華陽國志・漢中志》中稱五斗米道為「米道」，「其供道限出五斗米，故世謂之米道。」而漢〈樊敏碑〉說：「季世不祥，米巫殂虐」，這裡的米巫即張魯為首的五斗米道。《後漢書・靈帝紀》亦稱五斗米道首領張脩為「妖巫」，《三國志》說張魯「以鬼道治民」，〈襄楷傳〉提到對張角有重大影響的《太平清領書》時，也說「其言以陰陽五行為宗，而多巫覡雜語」。這說明東漢末年人們已經把道教和鬼巫之術等同了，反映了早期道教與巫術的關係。

第四章　楚文化與秦漢社會的生活世界

第一節　日常生活

　　這裡所說的日常生活主要指衣食住行，即最基本最日常的生活。其他如婚喪嫁娶等雖很重要但非「日常」，不在本節的研究範圍內。衣食住行是主要的民俗形式，也是形成地方生活特徵的重要因素。先秦時期的楚國是從江南地區成長起來的大國，特殊的地理環境促成了楚文化在衣食住行方面濃郁的地方特色。然而，歷史的合力在創造了獨特性時，也發展出引人注目的趨同因素，各具特色的區域文化不會以凝固和僵化的形態並存。秦漢王朝實現政治大一統後，各區域的經濟文化交流水準達到前所未有的程度，當時的主流意識也強調風俗的等齊劃一。加之，漢初君臣多為楚人而樂楚俗，「上有所好，下必甚之」，楚人在衣食住行方面的偏好對於形成中的漢俗影響甚大。當然，由於春秋戰國時期地處江南的楚國與中原地區的文化交流極為密切，反映在物質文化上也是互有影響，很多風俗都屬於通俗而不僅僅限於楚國或楚地。加之缺乏足夠的資料和實物作共時性的比較，要完全準確地區分秦漢社會的日常生活習俗中哪些承自楚文化無疑相當困難。這裡只選擇極有典型性的楚地衣食住行風俗在秦漢時期的延續情況作一介紹。

一、飲食

中國南方江漢流域氣候溫暖，江河交錯，湖泊眾多，楚人的飲食結構也鮮明地體現了魚米之鄉的特色，以稻米為主食而嗜好魚肉。《周禮·職方氏》記荊州「其穀宜稻」。《楚辭·招魂》提到「稻粢穱麥，挐黃粱些」，把稻放在主食之首。在楚故都紀南城內陳家臺發現五處被火燒過的稻米遺跡，「稻米遺址中成堆出現碳化大米，黑色」，「每處分布形狀不規則，最北的一處面積最大，東西長約3.5米，南北寬約1.5米，厚度為5—8釐米。」[1]《國語·楚語下》記觀射父說：「其祭典有之曰：國君有牛亨，大夫有羊饋，士有豚犬之奠，庶人有魚炙之薦。」魚炙為庶民祭祀與飲食所用，反映了食魚在楚國相當普遍。楚地也是先秦時期最早大規模養魚的地區。《藝文類聚》卷九十六引《吳越春秋》：「越王既棲會稽，范蠡等曰：『臣竊見會稽之山有魚池，上下二處，水中有三江四瀆之流，九溪六谷之廣，上池宜於君王，下池宜於臣，畜魚三年，其利可以致于萬，越國當富強。」《古今圖書集成》卷一百三十五引《吳郡諸山錄》也說「吳王魚城在田間，當年養魚於此」。可見，當時長江下游地區魚池的規模已不小。

漢代南方的居民直接承繼了楚人的習俗。當時江南地區水田廣布，稻米自然成為人們的主糧。又因河湖密布，魚鮮產品隨處皆有，既多且賤，所以魚蝦成為人們的重要菜肴。《史記·貨殖列傳》稱：「楚越之地，地廣人稀，飯稻羹魚，或火耕而水耨，果隋蠃蛤，不待賈而足。」「飯稻」是以稻米為主食，「羹魚」是將魚煮成羹湯，作為菜肴助食。《漢書·地理志》也說：「楚有江漢川澤山林之饒……民食魚稻，以漁獵山伐為業，果蓏蠃蛤，食物常足。」《風俗通義校釋·佚文》也稱「吳楚之人嗜魚鹽，不重禽獸之肉」。考古發現進一步證實了文獻的記載。江陵鳳凰山漢墓出土簡牘裡有粢米、白稻米、精米、稻穤米、稻粺米的記錄，墓葬出土有水稻。馬王堆漢墓出土有大量的稻粒，經鑒定有四個品種，分別類似今湖南晚稻品種紅米冬粘、華東粳稻、秈黑芒和粳型晚糯，而粳稻占主導地位。江西青雲浦漢墓銅鍋中的大量魚骨，則是漢代江南地區普通百姓嗜好食魚肉的寫照。[2]由於數量眾多，魚類動物在江南一些地區還

1　楊權喜，〈紀南城陳家臺的發掘〉，載湖北省博物館編，《楚都紀南城考古資料彙編》，湖北省博物館1980年版。

2　紀南城鳳凰山一六八號漢墓發掘整理組，〈湖北江陵鳳凰山一六八號漢墓發掘簡報〉，

被用作家畜的飼料。《論衡・定賢》指出：「彭蠡之濱，以魚食犬豕。」

秦漢時期稻田的種植與養魚業在北方也有了很大的發展，反映了當時北方居民飲食結構的變化。西漢後期記述北方耕作技術的《氾勝之書》，也專闢章目介紹稻的耕種方法。《後漢書・張堪列傳》東漢初年張堪引潮白河灌溉，「狐奴（今北京順義）開稻田八千餘頃」，是北京地區種稻的最早的確切記載。河南、河北、陝西、蘇北等地的漢代稻穀遺存，則是這些地區種稻的實物佐證。《史記・貨殖列傳》稱「水居千石魚陂」，收入可與千戶侯相等；《三輔故事》記載：「武帝作昆明池學水戰法。後昭帝少，不能復征戰，於池中養魚，以給諸陵祠，余付長安市，魚乃賤。」昆明池的面積，據《西京雜記》說是「周回四十里」，可見其養魚規模是非常宏大的。當時南方的一些優良稻米與魚類品種，還引起了北方地區居民的濃厚興趣。《藝文類聚》卷八五引北海人鄭眾敘述了當時北方地區婚禮上食用來自南國的「馥芬」、「秔米」的情形，《初學記》卷二六引北海人徐幹《七喻》談論的美味有「南土之秔，東海之菰」。《後漢書・方術列傳》記漢末曹操設宴，曾遺憾「珍羞略備，所少吳松江鱸魚耳」。

楚人講究烹飪，飲食品種十分豐富。〈招魂〉、〈大招〉盛讚楚宮飲食豐美，「食多方些」，並留下了兩張菜單，〈招魂〉列出的是：「室家遂宗，食多方些。稻粢穱麥，挐黃粱些。大苦咸酸，辛甘行些。肥牛之腱，臑若芳些。和酸若苦，陳吳羹些。腼鱉炮羔，有柘漿些。鵠酸臇鳧，煎鴻鶬些。露雞臛蠵，厲而不爽些。粔籹蜜餌，有餦餭些。瑤漿蜜勺，實羽觴些。挫糟凍飲，酎清涼些。華酌既陳，有瓊漿些。」〈大招〉中列出的是：「五穀六仞，設菰粱只。鼎臑盈望，和致芳只。內鶬鴿鵠，味豺羹只。魂乎歸來，恣所嘗只。鮮蠵甘雞，和楚酪只。醢豚若狗，膾苴蓴只。吳酸蒿蔞，不沾薄只。魂兮歸來，恣所擇只。炙鴰烝鳧，煔鶉陳只。煎鰿臛雀，遽爽存只。魂乎歸來，麗以先只。四酎並熟，不歰嗌只。清馨凍飲，不歠役只。吳醴白蘗，和楚瀝只。魂乎歸來，不遽惕只。」透過這兩張食單，我們可以看出當時楚貴族的飲食是十分講究的。從口味上看，酸甜苦鹹辛五味俱全；從烹調方法上講，有腼（燉）、臇（乾燒）、炮（烤）、煎、羹（熬湯）、蒸、露、酸（兩者均為鹵制、臘制）等十餘種手法，從食物類型看，有菜肴，有點心，

《文物》1975 年第 9 期。湖南農學院等，《長沙馬王堆一號漢墓出土動植物標本的研究・農產品鑒定報告》，第 2 頁，文物出版社 1978 年版。江西省文管會，〈江西南昌青雲浦漢墓〉，《考古》1960 年第 11 期。

有主食，還有冷飲。不僅有濃郁的魚米之鄉的情韻，而且注意到了主副食的相應搭配、作料的協調使用和上菜順序的銜接。

　　成就卓越的楚飲食文化，自然會給漢代飲食以巨大影響。漢代楚地的菜肴仍然表現出了楚國食俗豐盛、精美的特點。枚乘〈七發〉讚美楚食饌為「天下之至美」，《淮南子・齊俗訓》說：「荊吳芬馨，以啖其口。」長沙馬王堆漢墓、江陵鳳凰山漢墓都出土了大批食物實物和記載食物名稱的竹簡，僅馬王堆一號墓竹簡記載的隨葬食品就近一百五十種，出土的四十八個竹笥中有三十個盛有食品。其中能辨認的動物性食料，有鹿、豬、牛、羊、狗、兔、雞、雉、鴨、鵝、魚等十三種；香料有花椒、肉桂、高良薑、香茅草等；水果有棗、橙、梨、柿、菱角、梅、橄欖、仁稔等。而〈七發〉列出的「至味」有：「芻牛之腴，菜以筍蒲。肥狗之和，冒以山膚。楚苗之食，安胡之飯。摶之不解，一啜而散。於是使伊尹煎熬，易牙調和。熊蹯之臑，芍藥之醬，薄耆之炙，鮮鯉之鱠。秋黃之蘇，白露炎菇。蘭英之酒，酌以滌口。山梁之餐，豢豹之胎。小飯之歡，如湯沃雪。」而《鹽鐵論・散不足》列出了西漢時期民間酒席以及出現於食肆的菜單，「民間酒食，殽旅重疊，燔炙滿案，臑鱉膾鯉，麑卵鶉鷃橙枸，鮐鱧醢醯，眾物雜味」；「今熟食遍列，殽施成市，作業墮怠，食必趣時，楊豚韭卵，狗膌馬朘，煎魚切肝，羊淹雞寒，桐馬酪酒，蹇捕胃脯，腤羔豆賜，穀膹雁羹，臭鮑甘瓠，熟粱貊炙」，這兩個食單反映，漢人在飲食享受上受到了楚文化的影響。

　　楚人好食異味。《左傳・文公元年》記載，楚成王「請食熊蹯而死」，可見楚人與中原的飲食愛好，習俗大相徑庭。〈招魂〉、〈大招〉對楚人好食異味有比較集中的描寫，諸如「腒鱉炮羔」、「鵠酸臇鳧」、「煎鴻鶬些」、「露雞臛蠵」、「內鶬鴿鵠」、「味豺羹只」、「鮮蠵甘雞」、「炙鴰蒸鳧」、「粘鶊陳只」、「煎鰿臛雀」。鱉、鵠、鳧、鴻、鶬、蠵、豺、鴰、鶊、鰿、雀等飛禽走獸都被當作了珍饈美味。秦漢時期楚人好食異味的習俗依然流存，尤其是沿海粵、閩一帶民眾，表現得甚為突出。《淮南子・精神訓》稱：「越人得髯蛇以為上肴，中國得而棄之無用。」當時一般富戶舉辦宴席都是唯求珍稀。據文獻和文物考古資料，秦漢人食用的野生類獸類有麋、鹿、麂、豺、狼、貉、兔等，此外上層社會還食用熊、虎、豹、獐、狸、猩、猴等珍稀類動物；食用的野生禽類動物有雁、鶩、雉、鷹、鶜、鴇、鴣、鵰、鳩、鴿、鶉、燕等；

其他動物還有蛇、蟒、鼠、蛙、蟬、蠍等。[3]

　　楚人長於調味，嗜好酸食。楚人飲食強調味道厚重豐美，〈招魂〉所謂「厲而不爽」，一方面是要求菜肴味道濃烈，另一方面又強調濃烈的程度不能太過，應以不破壞人的口味為標準。楚人烹調所用調料，酸甜苦鹹辛俱全，而尤嗜酸食。〈大招〉謂：「吳酸蒿蔞，不沾薄只。」〈招魂〉描繪楚人習俗：「大苦鹹酸，辛甘行些。肥牛之腱，臑若芳些。和酸若苦，陳吳羹些。胹鱉炮羔，有柘漿些。鵠酸臇鳧，煎鴻鶬些。露雞臛蠵，厲而不爽些。」短短一段詩歌，竟出現了三個「酸」字。而且詩中帶酸的食物似乎還不只此三處，比如露雞即略帶酸味的鹵雞。漢代楚國故地的居民承繼口味較重的飲食習俗。馬王堆漢墓出土有薑、桂皮、花椒、辛夷、茱萸等用於調味的植物。先秦時期當地居民嗜酸的這一偏好也依然如故。《淮南子‧本經訓》說：「煎熬焚炙，調齊和之適，以窮荊吳甘酸之變。」《黃帝內經素問‧異法方宜論》也曰：「南方者，天地所長養，陽之所盛處也，其地下，水土弱，霧露之所聚也，其民嗜酸而食胕。」馬王堆漢墓遣策記錄了九種羹，其中苦羹兩種：「牛苦羹一鼎」、「狗苦羹一鼎」，酸羹七種：「牛首酐羹一鼎」、「羊酐羹一鼎」、「鳧酐羹一鼎」、「豚酐羹一鼎」、「狗酐羹一鼎」、「雉酐羹一鼎」、「雞酐羹一鼎」。[4]

　　在東周列國中，楚國飲酒風氣最盛。西元前575年，楚軍與晉軍戰於鄢陵，卻因主將子反醉酒而不得不連夜撤退。這個事例很典型地反映出楚人嗜酒的風習。楚墓中所見酒器在飲食器具中所占比例，要高於其它列國墓中所見。曾侯乙墓出土酒器中還有所謂「冰鑒」者，當中為一方酒壺，外為一大方鑒，鑒壺之間有較大空隙，估計夏天可鎮冰使酒變涼，冬天則貯沸湯使酒變溫，這都是楚人嗜酒的明證。出自楚地的漢初君臣同樣嗜好飲酒。《史記‧高祖本紀》記劉邦還歸故里，「置酒沛宮，悉召故人父老子弟縱酒。」《史記‧曹相國世家》記曹參任丞相後，「日夜飲醇酒……（群臣及賓客）至者，參輒飲以醇酒，閒之，欲有所言，復飲之，醉而後去。」在他們的帶動下，飲酒之風遂盛行天下。馬王堆一號漢墓就出土了白酒、米酒、溫酒、肋酒各兩罈，另有尚見酒類沉渣而可容七十升以上的貯酒鐘兩件、鈁四件。鳳凰山漢墓的遣策上也記載隨葬有酒，

3　詳見徐海榮主編，《中國飲食史》卷二，第438—445頁，華夏出版社1999年版。
4　周世榮，〈從《楚辭‧招魂》看馬王堆竹簡《遣冊‧飲食》〉，引自宋公文、張君，《楚國風俗志》，第26頁，湖北教育出版社1995年版。

墓中並出土有大量酒器。景帝之子中山王劉勝墓中出土的大酒缸達三十三個，估計當時隨葬的酒有五千多公斤。漢代文獻及出土畫像石、畫像磚等文物上，多有對宴飲情景的描繪。

楚人喜好飲用低度甜酒。在楚國最具傳統特色的酒是香茅酒。楚人向周天子進貢，祭祀神靈都使用香茅酒。〈招魂〉在鋪陳美酒時云：「腼鱉炮羔，有拓漿些」；「瑤漿蜜勺，實羽觴些」；「華酌即陳，有瓊漿些」。拓漿、瑤漿和瓊漿都是楚人發明、釀制的饒有楚地特色的、符合楚人口味的低度甜酒。于省吾曾指出：「《楚辭‧大招》的『清馨凍飲，不歠役只』，役字舊均不得其解。實則役應讀烈，烈謂酒之醲厚酷烈者。這是說，以清淡馨香涼爽之酒為飲，而不歠其酷烈者。」[5]而據周世榮介紹：「馬王堆漢墓簡文中有『麴一石布囊一』，三號漢墓中有『麴二石布囊一』……『麴』就是酒母……《漢書‧食貨志》載：『一釀用粗米二斛，曲一斛，得成酒六斛六斗』。這裡不僅規定了釀酒時米和用曲的比例，而且還有出酒的數量多少。根據這一比率推測，這種酒的濃度一定很低。在漢代，今湖南衡陽酃湖盛產『酃淥（醁）酒』，古籍中常載『酃湖水湛然綠色，取以釀酒，其味甘美。』馬王堆漢墓中出土的漆器大部分是酒器，據簡文記載：『鬃畫橦（鐘）一，有蓋，盛溫酒』，又有四件容『四斗』的枋壺盛『米酒』。其中還有十七件『君幸酒』漆耳杯，據記載其容量四至七升不等。根據酒杯的容量推知，當時酒的濃度一定不高，否則一般人不會有這麼大的海量。故『酃淥酒』也很可能是甜酒一類。」[6]顯然，馬王堆漢墓墓主的飲酒習尚及墓簡提到的溫酒、米酒和漢代即已聞名於世的酃淥酒，都屬於楚人的飲酒習尚、釀酒技藝和名酒品種的流傳。

茶作為飲料，最早的文獻記載出現在西漢。西元前59年王褒的《僮約》中提到了家僮煮茶、買茶等茶事。但是考古發現的材料卻證實，先秦時楚人已經有飲茶的習慣。在荊州博物館陳列的一隻楚墓出土的竹笥裡，並排放著兩個小竹笥，分別裝著茶葉和生薑。茶和姜是製作薑茶的原料。湘西民間有吃擂茶（由茶葉和生薑製作而成）的習俗，就是楚人飲茶習俗在民間的遺存。

楚國飲食不但講求色、香、味、形的美，而且還非常重視飲食器具的美。

5　於省吾，〈釋四方和四方辛的兩個問題〉，載《甲骨文字釋林》，中華書局1983年版。

6　周世榮，〈從《楚辭‧招魂》看馬王堆竹簡《遣冊‧飲食》〉，引自宋公文、張君，《楚國風俗志》，第32—33頁，湖北教育出版社1995年版。

色、香、味、形、器是楚國飲食文化不可分割的五個方面。楚國最富特色的是漆制飲食器具，楚墓中出土的木雕漆食器形制之精巧，紋飾之優美，常令人驚歎不已。漢代貴族的餐具也大量使用輕巧美觀的漆器，漆器食具種類很多，包括耳杯、盤、鼎、壺、盒、盆、碗、勺、筷子和食案等，顏色多是黑、紅或紫紅，漆器的圖案紋飾，絢麗多彩，還有鑲嵌金銀邊沿的。在形制與風格上都多承楚風。

二、服飾

服裝與佩飾屬於衣著的範圍，在民俗文化生活中占有重要的地位。楚人的服飾從基本種類與形制上看，與華夏服飾沒有什麼太大差別，但在有些種類和形制上卻有著鮮明的地方特色。所謂南冠、楚服，表明了楚人的服飾有較強的個性。

冠是服飾的重要組成部分，楚冠在先秦獨具特色。當時識別楚人的一個重要方法，就是從冠式來進行區分。《左傳》成公九年記載：「晉侯觀於軍府，見鐘儀，問之曰：『南冠而縶者誰也？』有司對曰：『鄭人所獻楚囚也。』」杜預注：「南冠，楚冠。」這種南冠是什麼形制，史載欠詳。但《墨子‧公孟》說：「昔者楚莊王鮮冠組纓，絳衣博袍，以治其國，其國治。」《莊子‧天下》說：「古之道術有在於是者，宋鈃、尹文聞其風而悅之，為作華山之冠以自表。」《楚辭‧離騷》有「高餘冠之岌岌兮，長余佩之陸離」，《九章‧涉江》有「帶長鋏之陸離兮，冠切雲之崔嵬」。王逸注：「切雲，冠名。其高切青雲也。」根據這些記載，楚國流行的冠，大概製作色澤特別華美，而且還高高上聳，與當時中原的習慣不同。長沙子彈庫出土〈人物御龍圖〉中的男子所帶頭冠，冠頂上向上伸出一曲狀物，兩側各有一纓交結於頷下。多數研究者認為，這種冠式就是《楚辭》中所說的高冠或切雲冠。

秦漢時期冠的式樣繁多。《續漢書‧輿服志》說當時的冠主要有冕冠、長冠、委貌冠、通天冠、高山冠、進賢冠、法冠、武冠、建華冠、方山冠、巧士冠、卻非冠、卻敵冠、樊噲冠、術氏冠等，這些冠很多都本為楚冠或由楚冠演變而來。其中比較典型的有長冠，即劉氏冠。《續漢書‧輿服志》說：「長冠，一曰齋冠，高七寸，廣三寸，促漆纚為之，制如板，以竹為裡。初，高祖微時，以竹皮為之，謂之劉氏冠，楚冠制也。民謂之鵲尾冠，非也，祀宗廟諸祀則冠之。」《漢書‧高帝紀》記載劉邦為秦亭長，「乃以竹皮為冠，令求盜之薛治，

時時冠之，及貴常冠，所謂劉氏冠也。」此冠係高祖劉邦微時所造，所以在漢代被用來作祭服，而且也是身分的象徵。高帝八年（前194年），劉邦明確規定「爵非公乘以上毋得冠劉氏冠。」杜佑《通典・禮典》對此又作了一點補充，說：「長冠，漢高帝采楚制。長冠形如板，以竹為裡，亦名齋冠。後以竹皮為之，高七寸、廣三寸。鄙人或謂之鵲尾冠。」《高帝紀》應劭注也說：「以竹始生皮作冠，今鵲尾冠是也。」然而《續漢書・輿服志下》卻明確指出：「民謂之鵲尾冠，非也。」漢冠名稱繁多，然形制多相似，或許劉氏冠與所謂鵲尾冠形制相同，區別僅在於所用材料。馬王堆一號漢墓「T」形帛畫上跪迎老嫗的兩個男子和戴冠著衣男俑頭頂上的冠，主要特點是頭頂冠上有向後伸出的似鵲尾狀的長板，當即文獻記載中的劉氏冠。

遠遊冠為漢朝太子及諸王所戴之冠，〈輿服志〉稱其「制如通天」，「高九寸」，也是一種楚制高冠。《淮南子》說：「楚莊王冠通梁，組纓。」注云：「通梁，遠遊也。」《通典・禮典》也說：「遠遊冠，秦采楚制。楚莊王通梁組纓，似通天冠，而無山述，有展筩橫之於前。漢因之。天子五梁，太子三梁，諸侯王通服之。」這種冠與齊國的高山冠比較類似，但後者沒有展筩。法冠又稱獬豸冠，楚王模仿獬豸角製成此冠。〈輿服志〉記載：「法冠，一曰柱後。高五寸，以纚為展筩，鐵柱卷，執法者服之，侍御史，廷尉正監平也。或謂之獬豸冠。獬豸神羊，能別曲直，楚王嘗獲之，故以為冠。胡廣說曰：『《春秋左氏傳》有南冠而縶者，則楚冠也。秦滅楚，以其君服賜執法近臣御史服之。』」《淮南子・主術訓》云：「楚文王好服獬冠，楚國效之。」蔡邕《獨斷》稱：「法冠，楚冠。」，因獬豸是一角羊，關於獬豸冠的具體形制，孫機曾推測說：「長沙馬王堆1號墓所出俑，大部分都在冠上直立一角形木棒，或即獬冠遺冠。」[7]據《續漢書・輿服志》，樊噲冠也是「廣九寸，高七寸」的高冠，一說為鴻門宴上樊噲怒斥項羽時所戴之冠；一說樊噲聞項羽欲殺劉邦，忙裂破衣裳裹住鐵盾，戴於頭上闖入軍門，世遂稱此種冠式為樊噲冠。樊噲為楚人，樊噲冠自然也是楚冠的演變。

楚人的服裝也有自己的特色。《戰國策・秦策五》記載：「異人至，不韋使楚服而見，王后悅其狀，高其知，曰『吾楚人也』，而自子之，乃變其名

7　孫機，〈深衣與楚服〉，《考古與文物》1982年第1期。

曰楚。」鮑彪注：「以王后楚人，故服楚制以悅之。」漢代馬王堆三號漢墓出土遣策上，仍然載有「美人四人，二人楚服，二人漢服。」

從服裝形制來看，楚人有穿短衣的習俗。〈離騷〉「製芰荷以為衣兮，集芙蓉以為裳」，描繪的就是上衣下裳的衣制。仰天湖遣策第一簡上有繻、第二簡上有縉、第三十三簡上有綎衣等等，這些名稱據史樹青考證，均指一種短促的厚衣和一種有黼紋的短衣。[8] 河南信陽長臺關楚墓出土漆瑟上彩繪獵戶一律短衣，緊身袴，頭戴尖錐式帽子，亦可作其證。《史記·叔孫通傳》記載，秦漢之際叔孫通著儒服見劉邦，受到劉邦厭惡，「乃變其服，衣短衣，楚制，漢王喜」。《索隱》孔文祥云：「高祖楚人，故其從俗裁制。」漢興以後，楚式短衣是人們的日常服裝。洛陽西漢壁畫墓二桃殺三士圖中的三勇士均衣齊膝短衣。[9]《史記·魏其武安侯列傳》記載：「元朔三年，武安侯坐衣襜褕入宮，不敬。」注：襜褕，「《說文》、《字林》並謂之短衣。」《漢書·景十三王傳》記載廣川惠王越「其殿門有成慶畫，短衣、大袴、長劍。」〈李廣傳〉記載「昏後，陵便衣獨步出營。」師古注：「便衣，謂著短衣小袴也。」〈武五子傳〉記載故昌邑王劉賀「衣短衣大絝，冠惠文冠，佩玉環，簪筆持牘趨謁」。〈王莽傳〉記載太傅唐尊「身短衣小袖，乘牝馬柴車」。《後漢書·羊續列傳》記載「其資藏唯有布衾、敝祗裯，鹽、麥數斛而已。」注：「《說文》曰：祗裯，短衣也。《廣雅》云即襜褕也。」

長衣是楚人著衣的另一種形制。沈從文根據戰國楚國彩繪木俑等材料，認為楚國長袍「和東周以來齊魯所習慣的寬袍大袖，區別明顯。特徵是男女衣著多趨於瘦長，領緣較寬，繞襟旋轉而下。衣多特別華美，紅綠繽紛。衣上有作滿地雲紋、散點紋或小簇花的，邊緣多較寬，作規矩圖案，一望而知，衣著材料必出於印、繪、繡等不同加工，邊緣則使用較厚重織錦，可和古文獻記載中『衣作繡、錦為緣』相印證。」[10] 一般而言，楚服的衣身緊小，袖口也較窄小，這與中原諸國的寬袍大袖區別明顯。〈人物龍鳳圖〉和長沙楚墓出土彩繪漆卮等上的女性，均袖口作窄式，腰間束絲織物大帶，腰身束得很細。而且據信陽

8　史樹青，《長沙仰天湖出土楚簡研究》，群聯出版社1955年版。轉引自熊傳新，〈長沙出土楚服飾淺析〉，載《湖南考古輯刊》，第2輯，嶽麓書社1984年版。

9　河南省文化局文物工作隊，〈洛陽西漢壁畫墓發掘報告〉，《考古學報》1964年2期。

10　沈從文，《中國古代服飾研究》，第60頁，上海世紀出版集團、上海書店2005年版。

楚墓出土彩繪俑摹本來看，這種束腰帶有種種不同花樣，製作得十分精美講究。這可能與「楚靈王好細腰」有關。這種服飾直接影響了漢代女性服飾的審美觀。漢代曲裾袍不僅男子可穿，同時也是女服中最為常見的一種服式，形象資料中有很多反映。這種服裝通身緊窄，衣服幾經轉折，繞至臀部，然後用綢帶繫束，衣袖有寬窄兩式，袖口大多鑲邊。馬王堆一號漢墓出土的素紗單衣，袖口均較窄。出土袍雖然袖口寬廣，但與《禮記》中深衣之制所要求的裳的腰圍「三袪」（三倍於袖口周長）的形制相去甚遠。漢代日常生活中束腰也比較普遍。南陽漢畫像石上的侍女即著束腰長裙。[11]

從「繞襟旋轉而下」看，沈從文在這裡講的是曲裾長袍。曲裾長袍在齊、秦、韓、趙、魏、中山等國的出土實物中也都見到過，因此，不應是楚國原有的服裝，而很有可能是從中原傳入楚地，後被楚人採用的。值得注意的是直裾長袍。馬山一號楚墓共出土了七件袍，這七件袍都是直裾。可分為三個形制。第一種形制，正身和雙袖斜裁，下裳正裁（素色錦袍）；第二種形制為正裁，兩袖平直（鳳鳥花卉紋繡淺黃絹面袍）；第三種形制也為正裁，但兩袖特長（小菱形紋錦袍）。信陽長臺關楚墓出土的木俑服飾是彩繪，正面與背面都表現得很仔細。木俑衣袍的下緣不像曲裾袍那樣一側較低，靠近腳面，另一側較高，離腳面較遠，而是平齊的。據學者推測，「直裾長袍很可能是楚民族的另一種民族服裝」。[12]這種直裾長袍在馬王堆漢墓出土的十二件長袍中有三件。到東漢，男子穿曲裾者已經少見，一般多為直裾之衣，但並不能作為正式禮服。

在領、袖等部位，緣有錦邊，錦上有條紋圖案，是楚服特色。楚地夏季炎熱，衣著主要部分多用極薄的綺羅紗縠。這種薄質衣料做成的衣服，穿起來顯得輕飄，需同時用較寬的織錦作邊緣，才有利於服裝形制的穩定及穿著時貼體。即所謂「衣作繡，錦為沿」，將實用與審美巧妙地結合，這種構思與製作方法也為漢代服飾所繼承。漢代的衣大多有衣緣，異於衣色，鑲在領口、袖口和衣襟的邊沿。《禮記》卷三九〈深衣〉鄭玄注：「名曰深衣者，謂連衣裳而純之以采也。」《爾雅》卷五〈釋器〉：「緣謂之純。」「純」即衣緣。《續漢書‧輿服志》稱：太皇太后、皇太后廟服「皆深衣制，隱領袖緣以條」。《漢書‧元后傳》稱王政君因衣「絳緣諸於」而出眾。注：「諸於，大掖衣，即襜衣之

11　閃脩山等，《南陽漢代畫像石刻》，圖23。

12　熊傳新，〈長沙出土楚服飾淺析〉，載《湖南考古輯刊》第2輯，嶽麓書社1984年版。

類也。」而《說文解字》說「絳，大赤也。」「絳緣諸於」，就是有深紅色衣緣的諸於。

　　楚人喜歡穿華麗多彩的服裝。中原諸國服飾形制比較規範，《禮制・王制》說：「禁異服」，「作淫聲、異服、奇技、奇器以疑眾，殺。」而楚國服飾較少受到禮法的約束，楚服多特別華美，色彩組合豐富多變，富於生機盎然的浪漫氣息。楚王公、封君追求和穿著奇異豔麗服裝的例子非常多。《左傳》昭公十二年記載：「楚子次於乾溪……雨雪，王皮冠，秦復陶，翠被豹舄，執鞭以出。」對此，楊伯峻注釋說：「復陶乃以禽獸毛絨為之，衣以禦寒者。」翠被之「被，當讀為披，《釋名・釋衣服》云：『帔，披也，披之肩背不及下也。』蓋以翠毛為之，所以禦雨雪。」楚靈王所著的王冠、復陶、翠被、豹舄可以說都屬於「奇裝異服」的範圍。屈原在〈離騷〉中曾自詡「余幼好此奇服兮，年既老而不衰」，在《九歌・雲中君》又描述五彩繽紛的楚服：「浴蘭湯兮沐芳，華采衣兮若英」。〈招魂〉「文異豹飾，侍陂陁些」，這是講侍從之人都衣虎豹之文，異彩之飾。漢代服飾承襲了追求「華美」的楚風。《漢書・賈誼傳》記載，早在西漢初期便是「今民賣僮者，為之繡衣絲履偏諸緣，內之閑中……白縠之表，薄紈之裡，緁以偏諸，美者黼繡，是古天子之服，今富人大賈嘉會召客者以被牆。古者以奉一帝一后而節適，今庶人屋壁得為帝服，倡優下賤得為后飾。」馬王堆一號墓漢墓出土的服飾有素紗禪衣、素絹絲綿袍、朱羅紗綿袍、繡花絲綿袍、黃地素緣繡花袍、絳絹裙、素絹裙、素絹襪、絲履、絲巾、絹手套等幾十種之多。顏色有茶色、絳紅、灰、朱、黃棕、棕、淺黃、青、綠、白等。花紋的製作技術有織、繡、繪。紋樣有各種動物、雲紋、卷草及幾何紋等。其中最使人感到驚奇的是素紗禪衣，整件服裝，薄如蟬翼，輕如煙霧，衣長 128 釐米，兩袖通長 190 釐米，在領邊和袖邊還鑲著 5.6 釐米寬的夾層絹緣，但全部重量只有 48 克，還不到一兩，是一件極為罕見的稀世之品。

　　楚人講究髮式。椎髻是戰國以來至秦漢下層社會的主要髮式，楚人的髮式也以椎髻為主。〈人物龍鳳圖〉上女子的髮式即挽椎髻於腦後，在髻的中間用巾繫住，使髻穩固而上翹。但除此之外，楚國的女性還採用了其它一些髮式。解放前長沙出土楚女俑頭上的髮式「以排束之式，梳於腦後並垂於頸部打結而成」。[13] 這種髮式在戰國時期其它地區均未見，故為楚髮式無疑。而在馬王堆一

13　熊傳新，〈長沙出土楚服飾淺析〉，載《湖南考古輯刊》第 2 輯，嶽麓書社 1984 年版。

號漢墓中出土的著衣木俑頭上，我們可以看到同樣的髮式。沈從文也注意到了漢人承繼這種楚人髮式的情況，指出：「楚俑有於後背長辮髮中部結成雙環的，西漢彩繪婦女俑也發現過。又有作單環的，近於由雙環簡化而成。又有下垂作圓錘形的。這種髮式處理似均為歌舞伎所採用。」[14]

以花草作為佩飾是楚人服飾習俗上一個鮮明的地區性特點。〈離騷〉說：「扈江離與辟芷兮，紉秋蘭以為佩。」男女佩飾香草，除起裝飾作用外，還可以香氣避邪、男女相悅。除此之外，楚女還以佩飾花草研末製成的香囊為俗尚。馬王堆漢墓出土的絲織品中有飾花香囊，繡績香囊和繡羅錦底香囊，當承自楚女以佩飾花草研末製成的香囊的俗尚，係楚俗遺風。楚人的化妝品也比較先進。〈大招〉說：「粉白黛黑，施芳澤只」，王夫之《楚辭通釋》說：「粉以塗面，黛以畫眉，芳澤香膏以塗髮。」這些化妝品中，黛為楚辭最先見，可能是楚人所首創。在〈人物龍鳳圖〉中的貴婦和眾多楚女俑面上，都可看到眉短而濃，明顯經過加工的特點。秦漢時期婦女施粉黛成風，《鹽鐵論·國疾》說「傅白黛青者眾」，當時長安城內還盛傳著張京兆張敞為妻畫眉的佳話。漢代婦女以細長的眉形為尚。蛾眉、一字形眉、愁眉在許多出土漢俑以及帛畫、銅人像中都可以看到。《後漢書·五行志》記載：「恆帝元嘉中，京都婦女作愁眉……所謂愁眉者，細而曲折。」

三、居所

自古以來我國的建築居住具有鮮明的地方特色和多樣形態。楚國的建築在春秋戰國時期極富特色，成為當時列國仿建的對象。《左傳》襄公三十一年，「公作楚室」，杜注：「適楚，好其宮，歸而作之。」秦漢統治者對楚建築也十分喜好。秦始皇曾仿建楚宮室，蕭何按楚制設計未央宮，漢武帝按楚俗建造建章宮，武帝還修建了「飛廉觀」，飛廉即楚人崇拜的風神。《三輔黃圖》卷三「竹宮，甘泉祠宮也，以竹為宮，天子居中。《漢舊儀》云：『竹宮去壇三里。』」宋公文等認為這種以竹子為材料做成的祠宮，當源於楚國民間的社祠。[15]

緣於楚地卑濕多雨而盛產竹木的地理條件，干欄是東周時期流行於楚地的一種建築形式。這種建築結構的特點在於，以木為主要構架，一般為上下兩層，

14　沈從文，《中國古代服飾研究》，第65頁，上海世紀出版集團、上海書店2005年版。

15　宋公文、張君，《楚國風俗志》，第94頁，湖北教育出版社1995年版。

上層住人；下層通風透光，飼養牲畜或放置雜物。干欄式建築在我國古代曾廣泛流行於長江流域及其以南地區，它不是來自中原的楚先民所創造，卻是在後來屬於楚文化圈的楚域內發生生長。〈招魂〉「欄層軒些」，王逸注云：「下有欄楯，上有樓板，形容異制，且鮮明也。」這種建築的下層只有明柱和圍欄，上層則是木結構的居室，具有典型的干欄建築風格和特徵。《左傳》成公十二年載：「晉郤至如楚聘，且涖盟。楚子享之，子反相，為地室而縣焉。郤至將登，金奏作於下，驚而走出。」地室就在殿堂下面，楚國宮室多近水邊，不可能掘地為室，很可能係利用殿堂的干欄式架空而形成。〈招魂〉又有「坐堂伏欄，臨曲池些。」王逸注：「言坐於堂上，前伏欄楯，下臨曲水清池，可漁釣也。」而《九歌・湘君》「水周兮堂下」，王逸注：「言己所居，在湖澤之中，眾鳥舍止我之屋上，流水周旋己之堂下。」可見水上或半築於水上的干欄在楚國也非常普遍。

　　秦漢時期干欄式建築得到很大的發展。戰國末年，秦每破諸侯，便在咸陽北仿建其宮室，其中就有楚宮。阿房宮閣道之類輕巧的雙層建築都滲透有干欄建築的影響。干欄式建築在南方的發展更臻於高潮。川南曾出土一畫像磚，畫像右側為一屋，屋簷底下有兩個 U 形的斗拱，下層是空的，右方有一梯，為登降之用。[16] 清張慶長《黎岐紀聞》說到黎族的房屋分高欄和低欄兩種。就梯旁的人看來，可知此屋離地甚遠，也正是後來所謂的高欄。湖北光化西漢墓有槨室，「內部作樓房結構，棺放於樓上」。[17] 從實物看，此處所謂樓房實即干欄。出土冥器陶屋有大量的各種形態的干欄建築模型，出土地點反映干欄式建築在當時不獨存在於長江中下游的平原湖澤地區，而且進入了山地。四川樂山崖墓中的陶樓房，「下部 6 根圓柱分成前後兩排，柱頭與柱子串聯。干欄內踐碓，可能是家庭糧食的加工處」。[18] 廣西合浦縣城東南望牛嶺出土銅屋模型，「係干欄式建築。屋為一大間，正中有門，懸山式頂，屋前有走廊，圍以欄杆，屋下有 8 根柱子」。[19] 孫機指出：「自干欄式房屋演變出來的陶樓，如廣州漢墓所出者，也多以下層為飼養牲畜或舂簸糧食之處。有的陶樓下甚至是空的，和畜欄連通

16　高文編，《四川漢代畫像磚》，圖 26，上海人民美術出版社 1987 年版。

17　湖北省博物館，〈光化五座墳西漢墓〉，《考古學報》1976 年 2 期。

18　向玉成，〈四川樂山崖墓所見漢代岷江中游地區建築形制略考〉，《四川文物》2003年 6 期。

19　《中國大百科全書・考古學》，第 186 頁，中國大百科全書出版社 1986 年版。

為一體。」[20]

〈招魂〉描繪楚宮「高堂邃宇，檻層軒些。層臺累榭，臨高山些。」臺榭建築也有楚人的獨創，楚人築臺追求高峻，以縱目遠望，楚人修榭追求空靈，便於游目四顧，而且在建造中還有層臺累榭的特點。「層臺」並非南方才有，更非楚人的發明。商人、周人就很重視高臺建築，其中著名的如鄭州商城、湖北盤龍城的夯土臺。不過，「累榭」為北方所罕見，這種取法於干欄式並有改進和增飾的空靈建築物是楚人的獨創。由干欄式建築發展為樓房，早在春秋晚年就能找到明顯的例證。江蘇鎮江丹徒縣東周墓出土銅盤上有建築紋飾，上圖是干欄式建築，屋蓋為疊簷，下面的干欄空間只有禽類活動；而下圖則是兩層的樓房，底層亦供人居住。[21]這是由干欄式建築直接演化為樓房的對照圖在同一器物上的反映。楚人崇尚多層樓臺建築，它們大多累石或夯土為臺，構木為榭，重重迭迭，高與雲齊。楚靈王所築章華臺，「高十丈，廣十五丈」。賈誼《新書·退讓》說：「翟王使使之楚，楚王欲誇之，故享客于章華之臺，上者三休乃至。」陸賈《新語》：「楚靈王作乾溪之臺，百仞之高，欲登浮雲，窺天文。」

秦漢建築深受其影響，地位顯貴、家產富有的郡縣豪門，所建住宅大都帶有樓閣。《水經注·沘水》載南陽樊氏「大起廬舍，高樓連閣。」《後漢書·酷吏列傳》稱陳人彭氏「造起大舍，高樓臨道」。〈宦者列傳〉稱外戚宦官所造館舍「凡有萬數，樓閣連接，丹青素堊」。〈橋玄傳〉記「有三人持仗劫執之，入舍登樓，就玄求貨。」此外，城門上有譙樓，市場中有市樓，倉儲有倉樓，瞭望有望樓，守禦有碉樓，並且根據「仙人好樓居」的說法，還有用於求仙活動的樓。《三輔黃圖》卷五記「武帝元封二年作甘泉通天臺」，「又稱候神臺、望仙臺，以候神明、望神仙也。」並引《漢武故事》：「築通天臺於甘泉，去地百餘丈，望雲雨悉在其下，望見長安城。」漢代各地墓葬中常出明器陶樓。如廣西梧州東漢墓出土陶閣樓前座是平房，後座是樓閣，樓上有涼臺，右邊為廂房。[22]湖北雲夢東漢墓出土陶樓為一組樓閣組成的宅院，前樓為兩層，下層東西並列三室，上層東西並列四室；後樓由碉樓、廚房、廁所、豬圈、院落五部

20　孫機，《漢代物質文化資料圖說》，第 188 頁，文物出版社 1990 年版。

21　鎮江博物館，〈江蘇鎮江諫壁王家山東周墓〉，《文物》1987 年第 12 期。

22　梧州市博物館，〈廣西梧州市近年出土的一批漢代文物〉，《文物》1977 年 2 期。

分組成。[23] 大量的畫像磚、畫像石中亦有漢代樓閣的形象。此外，東漢古詩〈西北有高樓〉云：「西北有高樓，上與浮雲齊。交疏結綺窗，阿閣三重階。」

雕刻藝術和髹漆都是楚人首先應用於建築之上。《新序‧雜事》載：楚「葉公子高好龍，鉤以寫龍，鑿以寫龍，屋室雕文以寫龍。」〈招魂〉說楚宮「網戶朱綴，刻方連些」。「網戶」是鏤空作網格狀的門，指的是透雕門扉的手法。方連即門楣，王逸注：「言門戶之楣，皆刻鏤綺文，朱丹其緣，雕鏤連木，使之方好也。」〈招魂〉又說「仰觀刻桷，畫龍蛇寫」。桷即方椽，是承載茅茨和瓦片的木條。在桷上雕刻，典型地反映出了楚人對建築細部美的追求。在楚國，尤其是宮廷建築的牆板、窗櫺、楹柱、欄圍、方連上髹漆也是一項很常見的裝飾手法。《九歌‧河伯》曾提到「朱宮」，王逸注：「朱丹其宮」。朱丹其宮就是在宮室木結構上塗上一層朱紅色的漆，這樣做既可以使宮室顯得光彩照人、富麗堂皇，還可防止木結構受潮腐朽。這些手法在漢代建築中被繼承了下來。《西京雜記》卷一記成帝寵妃趙合德居住的昭陽殿，「中庭彤朱，而殿上丹漆」，「椽角皆刻作龍蛇，縈繞其間，鱗甲分明，見者莫不兢栗」。《漢書‧外戚傳》也說昭陽宮「其中庭彤硃，而殿上髹漆」。

用顏料和彩漆施繪壁畫，是楚人裝飾朝寢廟祠的重要手法。關於《楚辭‧天問》最早的解釋之一，就是王逸《章句》說的，屈原被放逐後「見楚有先王之廟及公卿祠堂，圖畫天地山川神靈，琦瑋譎詭，及古聖賢怪物行事。周流罷倦，休息其下，仰見圖畫，因書其壁，呵以問之」。這種情形出現在秦漢建築中秦都咸陽第三號宮殿遺址三十米長的走廊上繪有包括車馬儀仗、植物紋飾、幾何紋圖案在內的彩色壁畫，這是目前所見的我國古代最早的壁畫實物。[24] 漢代表現得更為突出，丁晏《楚辭天問箋》說：「壁之有畫，漢世猶然。漢魯殿石壁及文翁禮殿圖，皆有先賢畫像，武梁祠堂有伏羲祝誦夏桀諸人之像，《漢書‧成帝紀》甲觀畫堂畫九子母。〈霍光傳〉有周公負成王圖，〈敘傳〉有紂醉踞妲己圖。《後漢‧宋宏傳》有屏風畫列女圖，〈王景傳〉有山海經禹貢圖。」[25]《文選》卷十一王延壽〈魯靈光殿賦〉描寫景帝子魯恭王劉餘宮殿中的壁畫「圖

23　雲夢博物館，〈湖北雲夢瘌瘌墩一號墓清理簡報〉，《考古》1984 年 7 期。

24　咸陽市文管會，〈秦都咸陽第三號宮殿建築遺址發掘簡報〉，《考古與文物》1980 年第 2 期。

25　游國恩編著，《天問纂義》，第 7—8 頁，中華書局 1982 年版。

畫天地,品類群生。雜物奇怪,山神海靈。寫載其狀,託之丹青。千變萬化,事各繆形,隨色象類,曲得其情。上紀開闢,遂古之初。五龍比翼,人皇九頭。伏羲鱗身,女媧蛇軀。鴻荒樸略,厥狀睢盱。煥炳可觀,黃帝唐虞。軒冕以庸,衣裳有殊。下及三后,淫妃亂主。忠臣孝子,烈士貞女。賢愚成敗,靡不載敘」。其繪畫內容與〈天問〉所描繪的相差不遠。《後漢書・西南夷列傳》說東漢時期「郡尉府舍皆有雕飾,畫山神海靈奇禽異獸,以眩耀之」,反映了當時在住宅牆壁和其它建築物上繪畫是比較普遍的。

楚人的住宅注重室內外環境的交融,相向延伸,「雖由人作,宛自天開」的園林環境空間構思早就有了體現。他們不但在戶外遍植蘭蕙,密栽灌木以為藩籬,而且在堂下開鑿曲池,種上芰荷、水葵。他們把殿堂樓閣建在谿谷之間,引水環抱,讓清風吹送蘭蕙的馨香,經常入奧。這在《楚辭》中被描述得淋漓盡致。《九歌・湘君》「鳥次兮屋上,水周兮堂下」;〈湘夫人〉「築室兮水中,葺之兮荷蓋。蓀壁兮紫壇,播芳椒兮成堂。桂棟兮蘭橑,辛夷楣兮藥房」,「芷葺兮荷屋,繚之兮杜衡。合百草兮實庭,建芳馨兮廡門」;〈少司命〉「秋蘭兮麋蕪,羅生兮堂下。綠葉兮素枝,芳菲菲兮襲予」。這種環境設計既著眼於視覺的安排,而且注重嗅覺上的變換,使人的肉體與精神都融合到大自然的環境中去了。《史記・秦始皇本紀》「夜出逢盜蘭池」,《正義》注引《秦記》云「始皇都長安,引渭水為池,築為蓬、瀛,刻石為鯨,長二百丈」。蘭池的環境和建築設計顯然本原於楚人的思想。秦漢都城附近大規模的皇家園林,主要利用自然地形,以野趣取勝。班固〈東都賦〉稱其「因原野以作苑,填流泉而為沼」。西漢後期,私家園林興起。《西京雜記》卷三記茂陵富人袁廣漢「於北邙山下築園,東西四里,南北五里,激流水注其內。構石為山,高十餘丈,連延數里。養白鸚鵡、紫鴛鴦、犛牛、青兕。奇獸怪禽,委積其間。積沙為洲嶼,激水為波潮,其中致江鷗海鶴、孕雛產𪃟。延漫林池,奇樹異草,靡不具植。」普通住宅也講究山水之趣。河南陝縣出土的漢代陶樓模型是矗立在水池中的三層樓閣。河南出土陶水榭係一四阿式重簷亭榭,由四根立柱支撐矗立在水池中央,亭榭與池岸有小橋相連,主人在榭中觀賞四周獵者追殺羊、鹿。[26]

26　黃河水庫考古工作隊,〈一九五六年河南陝縣劉家渠漢唐墓葬發掘簡報〉,《考古通訊》1957 年 4 期。郭燦江,〈明器略述〉,《尋根》1998 年第 3 期。

四、出行

在行旅方面，我國素有「南船北馬」的傳統習俗。這是緣於南方溪河江湖縱橫，人們外出多以船代步；而北方旱地遼闊，交通多靠車載馬馳。楚地水運發達，楚人開疆拓土就主要通過水路來進行。《左傳》記載，襄公二十四年「楚子為舟師以伐吳」，昭公十七年「楚子為舟師以略吳疆」，昭公十九年「楚子為舟師以伐濮」，昭公二十七年楚「令尹子常以舟師及沙汭而還」。雲夢睡虎地秦簡《日書》中可見所謂「可以行水」、「可以水」、「行水吉」、「不可以行船」等內容，說明戰國晚期江漢地區「行水」、「船行」已經成為十分普及的運輸方式。秦漢時期水路在南方仍是主要的交通方式。江陵鳳凰山漢墓出土「中䋍共侍約」，背面書寫中䋍䋍長張伯等人「相與為䋍約」的內容。或以為所謂「䋍」，根據字型構造以及簡牘字義分析，意同「販」字，大約是指從事販運的合作組織。「販」字從「舟」作「䋍」，正符合這一地區多利用舟船往返貿易的實際。[27]《史記・淮南王列傳》記載伍被言吳王：「上取江陵木為船，一船之載，當中國數十輛車，國富民眾」，反映了水路交通在南方的重要地位。北方地區的內河航運，在秦漢時期也更為發達。《史記・陳丞相世家》：「平身間行杖劍亡。渡河，船人見其美丈夫獨行，疑其亡將，要中當有金玉寶器，目之，欲殺平。平心恐，乃解衣裸而佐刺船。船人知其無有，乃止。」陳平在這裡所渡之河，係黃河。《東觀漢記・鄧訓傳》：「（鄧訓）為護羌校尉，諸羌皆喜，發湟中秦胡、羌兵四千人出塞，掩擊迷唐于雁谷，迷唐乃去。既復欲歸故地，乃發湟中六千人，令長史任尚將之，縫革為船置箄上，渡河掩擊，多所斬獲。」可見河西的河道當時也行船。

楚人開鑿的溝通江淮水系的邗溝，是我國人工運河的先導，為我國水利史開闢了一個與灌溉及防洪同樣重要而且有時規模更大、更為艱巨的領域。秦漢時期邗溝仍然通航，而且在各地又興建了許多以運輸為主要目的或兼及運輸效益的水利工程。靈渠是秦王朝為統一嶺南而完成的重要交通工程。《史記・平津侯主父列傳》記載：秦始皇「使尉屠睢將樓船之士南攻百越，使監祿鑿渠運糧，深入越，越人遁逃。」《淮南子・人間訓》說：「使監祿轉餉，以卒鑿渠通糧道。」唐人魚孟威〈靈渠記〉記載漢光武帝建武十八年（西元 42 年），伏

27　參看弘一，〈江陵鳳凰山十號漢墓簡牘初探〉，《文物》1974 年 6 期；黃盛璋，〈江陵鳳凰山漢墓簡牘與歷史地理研究〉，《歷史地理論集》，人民出版社 1982 年版。

波將軍馬援南下，也曾修整靈渠，運送軍糧。漕渠的開鑿也是為了改善航運條件。《史記‧河渠書》載武帝時，鄭當時為大農，言曰：「異時關東漕粟從渭中上，度六月而罷，而漕水道九百餘里，時有難處。引渭穿渠起長安，並南山下，至河三百餘里，徑易漕，度可令三月罷。」這條渠修成後，漕船不走渭水，節省關東與長安間運輸的一半時間。東漢建武年間開鑿的陽渠，在洛陽城西引洛水繞城而東，至偃師入洛，可使漕船可直抵洛陽城下。秦漢時期開鑿的人工河道尚多，《鹽鐵論‧刺復》曰「涇、淮造渠以通漕運」，這些渠道很多也可以為漕運服務。

　　舟船是水上的重要交通工具。在先秦時代，造船業最發達的地區無疑就是楚國。〈鄂君啟節〉銘文規定：「屯三舟為一舿，五十舿。」這就是說鄂君一人可以擁有一支由一百五十艘船隻組成的船隊。《水經注‧江水注》說：江陵「今城楚船官地也，春秋之渚宮矣」，所謂船官，即造船官作坊的省稱。秦漢時期的造船業主要承襲楚人的技術和規模而發展。楚國故地出土的漢代木船模型數量最多，水準最高。江陵鳳凰山 8 號漢墓遣策有文曰「大舟皆□廿三槳」，兩側各二十三槳，確實是較大的航船。[28] 長沙西漢晚期墓葬中，也曾出土一隻十六槳的大型木船模型。林劍鳴等指出：秦漢時期「從夷陵（今湖北宜昌）經過江陵、洞庭湖、豫章、廬江等地，直至東南沿海的會稽郡，都有造船的歷史。在這一地區，漢代的木船模型也屢有出土。《漢書‧地理志》記載，廬江郡設有樓船官，說明當地定有官營造船業的生產基地。東南沿海的會稽郡，是春秋時期的吳越故地，具有從事舟船製造的生產傳統。至秦漢時期，一些大規模的水戰，漢王朝的船隊都是以會稽郡為出發地點的，這顯然同當地發達的造船業不無關係。」[29] 而對於廣州發現的秦漢造船工廠遺址，郭仁存指出：「廣州是楚人開發的，秦漢之際在那裡建立的造船工廠，顯然與楚人的造船技術有很深的淵源關係。」[30]

　　《九章‧涉江》「乘舲船余上沅兮」，王逸注：「舲船，船有窗牖者也。」《淮南子‧俶真訓》有「越舲蜀艇，不能無水而浮」，可見舲船是一種具有南

28　長江流域第二期文物考古工作人員訓練班，〈湖北江陵鳳凰山西漢墓發掘簡報〉，《文物》1974 年 6 期。

29　林劍鳴主編，《秦漢社會文明》，第 106 頁，西北大學出版社 1998 年版。

30　郭仁存，〈屈賦中所見楚人的經濟生活〉，《求索》1983 年 1 期。

方特色的舟船形制。在南方有些以捕魚、擺渡和船運為生計的人，勞作、休息甚至住家都在舲船上，因此舲船又可稱為船屋。江陵鳳凰山 8 號漢墓及 168 號墓出土了形制相近的木船模型，船身平面呈梭形，首尾兩端齊平，船面上有一懸山頂艙房。長沙西漢晚期墓葬中出土木船模型，有三間艙房。通過這些船模，可以直觀地看到楚國舲船的基本形制。《漢官儀》載：「水家為樓船，亦習戰射行船。」《漢書・食貨志》載：「因南方樓船士二十餘萬人擊粵。」所謂水家就是以船為家的船民，漢代的樓船士也多從水家子弟中徵調組成，而水家的前身之一也就是楚國的船民。

除船之外，楚人的水上交通工具還有竹筏。《九章・惜往日》「乘氾汭以下流兮，無舟楫而自備」，汭，《說文》曰：「編木以為渡也。」氾汭就是竹木筏。這種工具在秦漢時期也得到了繼承。《後漢書・岑彭列傳》：「公孫述遣其將任滿、田戎、程汜，將數萬人乘枋箄下江關。」李賢注：「枋箄，以木竹為之，浮于水上。」又引《爾雅》曰：「舫，汭也。」《後漢書・西南夷列傳》哀牢夷王「賢栗遣兵乘箄船南下江、漢。」李賢注：「縛竹木為箄，以當船也。」前述鄧訓「縫革為船置箄上」，則是一種包有皮革的竹筏。

秦漢時期南方還有一些涉及水上行走和渡江的巫術，或許也是楚俗的遺存。《太平御覽》卷九四八引《淮南萬畢術》「取蜘蛛與水狗及豬肪，置翁中，密以新繀，仍懸室後，百日視之，蜘蛛廢，殺之以塗足，涉水不沒矣」；「取蜘蛛二七枚，內甕中，合肪百日，以塗足，得行水上，故曰：蜘蛛塗足，不用橋樑。」這是水上行走的巫術。卷七〇四引《淮南萬畢術》「鴻毛囊之，可以渡江。盛鴻毛滿囊，可渡江不溺也。」卷九一六引《淮南萬畢術》「鴻毛之囊，可以渡江。盛鴻毛於縑囊，可以渡江不溺也。」這是渡江巫術。

第二節　婚姻喪葬

婚喪是人類社會具有普遍共同性的生活現象，但圍繞婚姻、喪葬的相關習俗，卻富有濃郁的文化色彩，能顯示出民族或區域文化的個性。受中原文化影響，楚國的婚姻、喪葬儀式，從總體上看，與其它國家與地區差別不大。不過，婚姻、喪葬畢竟要受到區域文化、民族氣質、藝術傳統以及文化基因等多重因素的制約，楚國的相關習俗不可避免帶有自己的鮮明印記。秦漢時期的婚喪禮

俗中，有些重要內容頗具楚文化色彩，值得進行專門的論述。

一、婚俗

　　婚姻是人生大事，與傳宗接代有最直接的關係，在大多數社會中都是重要的人生關鍵。儘管楚國的婚俗禮儀與中原地區屬同一模式，但有自身的特點。

　　首先，男女雙方在婚姻上有很大的自主權。春秋戰國時期中原地區的婚姻重視父母之命，媒妁之言。《詩經・齊風・南山》稱：「娶妻如之何？必告父母。」《豳風・伐柯》稱：「取妻如何？匪媒不得。」而楚國比較尊重個人意願，父母兄弟較少干涉青年男女的婚姻。儘管楚國也有媒人，但媒人並不能主宰婚姻。劉向《新序・雜事第五》載宋玉曾對其友人說：「女因媒而嫁，不因媒而親。」《九歌・湘君》「心不同兮媒勞，恩不甚兮輕絕」，〈離騷〉「苟中情其修好兮，又何必用夫行媒」。楚國的媒人地位不像後世那樣高，一般只起一種傳遞資訊的作用。相應地，中原地區男女之間談情說愛、自由交往的權力被完全剝奪了，取而代之的是「男女授受不親」的道德觀念。《禮記・曲禮》說：「男女非有行媒不相知。」而楚國青年男女的社交活動比較自由，這是建立以個人性愛為基礎的婚姻的前提。〈招魂〉說：「蘭膏明燭，華容備些。二八侍宿，射遞代些。九侯淑女，多迅眾些」；「離榭修幕，侍君之閒些」；「士女雜坐，亂而不分些。放陳組纓，班其相紛些。鄭衛妖玩，來雜陳些」，〈離騷〉說：「及榮華之未落兮，相下女之可詒」；「和調度以自娛兮，聊浮游而求女」。從屈原作品所描繪的祭祀、歌舞一系列生動畫面，可以看出直到戰國晚期，楚國社會仍然有男女雜坐、亂而不分，以及行歌走寨，自由尋找戀人的風俗。

　　入漢以後，受楚人男女防隔觀念淡薄的影響，男女交往也相對鬆懈。當時男子可以和女子一起宴飲，可以結伴同路甚至同車而行，女子也能單獨會見男子。《史記・高祖本紀》記：高祖還鄉，置酒於沛宮，與「父兄諸母故人日樂飲極歡」。《史記・黥布列傳》記：「布所幸姬疾，請就醫，醫家與中大夫賁赫對門，姬數如醫家，賁赫自以為侍中，乃厚餽遺，從姬飲醫家。」《風俗通義・佚文》載：「巴郡宋遷母名靜，往阿奴家飲酒。遷母坐上失氣，奴謂遷曰：『汝母在坐上，何無宜適？』遷曰：『腸痛，誤耳，人各有氣，豈止我母。』」漢畫像石上多有這類男女同席宴飲情景的刻畫。《淮南子・齊俗訓》稱：「帝顓頊之法，婦人不辟男子於路者，拂之於四達之衢。今之國都，男女切踦，肩

摩於道，其於俗，一也。」《三國志‧蜀志‧麋竺傳》注引《搜神記》，東漢人麋竺乘車歸家，「未達家數十里，路旁見一婦人，從竺求寄載，行數里，婦謝竺去」。《漢樂府‧相逢行》則生動描繪了一對陌生少年男女在路上相逢，互相問候，親切交談，以致產生「易知復難忘」的感情。

漢代男女普遍自由成婚，既便是女子的個人意願在婚姻中也受到尊重。《漢書‧張耳傳》：「外黃富人女甚美，庸奴其夫，亡邸父客。父客謂曰：『必欲求賢夫，從張耳。』女聽，請決嫁之。女家厚俸給耳。」《後漢書‧梁鴻傳》：「同縣孟氏有女，狀肥醜而黑，力舉石臼，擇對不嫁。至年三十，父母問其故，女曰：『欲得賢如梁伯鸞者。』鴻聞而聘之。」外黃富人之女儘管是他人建議，自己決定，但總是表明了對婚姻有一定自主權，而孟光之嫁梁鴻則是完全自主的。又如漢武帝姐平陽公主，《漢書‧衛青傳》記其見大將軍衛青戰功顯赫，又有賢德，就主動找到衛皇后，「風白皇后，皇后言之，上乃詔青尚平陽主」。

其次，婚姻中的節烈觀念比較淡薄。《墨子‧明鬼》說：「燕之有祖，當齊之有社稷，宋之有桑林，楚之有雲夢也，此男女之所屬而觀也。」楚之雲夢是當時青年男女自由尋偶擇歡的戀場。《呂氏春秋‧直諫》記載：「荊文王得茹黃之狗，菌簵之矰，以畋於雲夢，三月不反；得丹之姬，淫，期年不聽朝。」儘管隨著個體婚制的穩定，雲夢之會這種原始遺俗，在楚國的中心地區逐漸銷聲匿跡。但楚人意識中的貞節觀念還很不牢固，社會風俗較為狂放不羈、性觀念相對開通。《尚書大傳》說：「吳越之俗，男女同川而浴。」楚人似乎沒有一女不事二夫的觀念，男子再取或女子再嫁乃為正常之事。

與之相應，秦漢時期兩性之間歡娛的快樂感和合理性也得到社會上層和下層的一致認可。馬王堆醫書《十問》稱性愛是一種「愛而喜之」的行為，《漢書‧藝文志》認為性愛是「樂而有節」的過程。當時性禁忌觀的淡薄，從人的裸體畫像和塑像在很多地區的發現也可以得到印證。如西漢長安城遺址出土了數量眾多的裸體男女塑像，形體造型十分逼真，塑像表面塗有肉紅色，與人體自然顏色十分相仿；洛陽西漢壁畫墓門額上有裸體長髮女子橫臥於樹下，繪製逼真，形象也頗為生動；江蘇漣水三里墩西漢墓出土了三件裸體銅制人俑，從人形象看是一男二女；山東曲阜顏氏樂園的漢畫像石中有一石上左右各雕刻三人，其中兩人裸體相搏；廣西貴縣東漢墓中出土一件裸體男子承燈俑，男子肌肉豐滿，面目安詳。尤其是四川新都近郊還出土了一塊漢代野合畫像磚，其畫像完全採

用寫實手法，反映出作者對男女野合毫無鄙意反而甚為欣賞的態度。

漢代婚姻同樣不關注婦女貞節，最高統治者對再嫁多持認可態度。《史記·文帝本紀》記文帝駕崩時遺詔說：「歸夫人以下至少使」，可以再嫁。《三國志·魏書·武帝紀》注引〈魏武故事〉曹操曾語其妻妾：「顧我萬年之後，汝曹皆當出嫁。」甚至皇帝、太子也不忌諱取再嫁之婦。高祖薄姬曾委身於魏王豹，景帝王皇后先嫁金王孫。《漢書·谷永傳》更記載：谷永見成帝無嗣，竟然奏勸皇上「急復益納宜子婦人，毋擇好醜，毋避嘗字，毋論年齒」，於是大將軍王鳳便將已嫁人的小婦張氏進獻給成帝做皇妃。西漢皇室選立后妃這樣不重貞節，不是孤立偶然的，當時社會上普遍認為婦女改嫁是正常行為。漢初丞相陳平的妻子，據說在嫁給陳平之前已五次守寡。吳景超在分析漢代女子再嫁情形時曾指出：張氏嫁給陳平的故事，「有好幾點值得注意。第一，嫁過五次的女子，不厭再嫁。第二，寡婦的尊長，不但不勸寡婦守節，還時時刻刻在那兒替她物色佳婿。第三，嫁過幾次的女子，也有男子喜歡她，要娶她。第四，寡婦的父親，並不以女兒為寡婦，而降低其擇婚的標準。」[31]《後漢書·宋弘傳》記漢光武帝姐湖陽公主愛慕大司空宋弘德才與儀表，雖然宋弘以「臣聞貧賤之知不可忘，糟糠之妻不下堂」拒絕了劉秀的撮合，但是湖陽公主給人們形成深刻印象的敢於主動追求有婦之夫的行為，可以看作反映當時社會風尚的重要資訊。

第三，婦女在婚姻關係中占據著較高的地位。春秋戰國時期，尤其是戰國後期，楚后、夫人預政的實例比比皆是，楚大臣和諸侯國使者中也有人專意獻媚求好於楚王后、夫人，以邀幸固寵或左右楚王的。《史記·楚世家》記張儀曾說：「臣善其左右靳尚，靳尚又能得事於楚王幸姬鄭袖，袖所言無不從者。」後張儀被楚懷王拘囚，「鄭袖卒言張儀於王而出之」。《史記·滑稽列傳》記在楚莊王做壽時，優孟扮成孫叔敖前去出席宮廷酒會。莊王大驚，以為孫叔敖復生也，欲以為相。優孟說：「請歸與婦計之，三日而為相。」莊王許之。三日後，優孟復來。王曰：「婦言若何？」孟曰：「婦言慎無為，楚相不足為也。如孫叔敖之為楚相，盡忠為廉以治楚，楚王得以霸。今死，其子無立錐之地，貧困負薪以自飲食，必如孫叔敖，不如自殺。」這則故事雖可能係虛構，卻反映了楚人遇事一般多與妻室商議，共同定奪。

31　吳景超，〈西漢寡婦再嫁之俗〉，《清華週刊》第 37 卷第 9、10 期合刊。

　　而婦女地位尊貴同樣是漢代家庭組織與生活習俗中的重要特點。陳登原《國史舊聞》卷二八指出：「漢人雖曰已輕婦女，如曰夫為妻綱，如曰二女為妖，如曰不敢仰視，然尚有不諱再嫁之事，尚有以妻為齊之說。」《漢書‧王吉傳》記載，漢宣帝時，王吉曾經上疏評論政治得失，談到「漢家列侯尚公主，諸侯國則國人承翁主」的情形，他認為：「使男事女，夫詘於婦，逆陰陽之位，故多女亂。」《漢書‧東方朔傳》記載：武帝姑母館陶公主寡居，寵倖董偃，一時「名稱城中，號曰董君」。他建議館陶公主以長門園獻漢武帝。漢武帝大悅，在探望館陶公主時尊稱董偃為「主人翁」，相見歡飲，一時「董君貴寵，天下莫不聞」。《漢書‧霍光傳》記載：漢昭帝的姐姐鄂邑蓋公主「內行不修，近幸河間丁外人」，上官桀等甚至依照國家以往「以列侯尚公主」的制度，「欲為外人求封」，遭到拒絕之後，「又為外人求光祿大夫」。絲毫不以為這是一種不光彩的關係。《漢書‧胡建傳》則稱丁外人為「帝姊蓋主私夫」。當時上層社會對於這種關係，似乎也沒有形成沉重的輿論壓力。在婚姻離異時採取主動，同樣是漢代婦女的權利。《漢書‧朱買臣傳》記朱買臣家貧，賣柴為生，常擔柴道中，誦書歌謳，「妻羞之，求去」，「買臣不能留，即聽去」。後來前妻與其夫家一同上墳，見朱買臣依然饑寒，還曾經「呼飯炊之」。《後漢書‧烈女傳》記東漢女子呂容之丈夫徐升「少為博徒，不理操行」，呂容之父「乃呼榮欲改嫁」。《漢書‧衛青傳》記平陽公主因曹壽有「惡疾」，而另覓賢者。這些事例中均是女方主動離婚，這種情況在後代是不多見的。

　　第四、婚禮上的慶賀和用樂。春秋戰國時期，中原地區的婚禮一般不用樂，親朋也不致賀，新郎迎娶新娘後，只設一個家宴而已。《禮記‧郊特牲》說：「婚禮不賀，人之序也。」又說：「婚禮不用樂，幽陰之義也。樂，陽氣也。」鄭玄注：「幽，深也。欲使婦深思其義，不以陽散之也。」婚為陰禮，而樂屬陽，陰陽兩性互不相干，不能攪在一起。《禮記‧曾子問》也說：「孔子曰：嫁女之家，三夜不熄燭，思相離也；娶婦之家，三日不舉樂，思嗣親也。」而楚人性格活潑，感情濃烈，經常用歌抒發胸懷，尋覓知音，楚國婚姻也充滿了歡快、別致的情調。歌在楚人的婚戀中具有重要地位和獨特作用。《禮記‧樂記》孔穎達疏：「今論說鄭國之為俗，有溱洧之水，男女聚會，謳歌相感，故云鄭聲淫。」楚國的雲夢之會應該也一樣是男女聚會時盛大的對歌會。

　　《漢書‧陳平傳》記陳平與張負孫女定親後無力辦宴，張負予其「酒肉

之資以內婦」，方得完婚。可見當時婚宴必非限於家宴，而且由於婚宴習俗盛行，既便家庭窮困也要勉強為之。漢初，儘管一些地方官吏也禁止人們在婚禮時相賀，但或許是楚俗影響日大的緣故，民間慣習的力量迫使統治者從禮法上也不得不作出讓步。《漢書‧宣帝紀》：「秋八月，詔曰：夫婚姻之禮，人倫之大者也。酒食之會所以行禮樂也。今郡國二千石或擅為苛禁，禁民嫁娶不得具酒食相賀召，由是廢鄉黨之禮，令民亡所樂，非所以導民也。」至此，婚禮相賀成為了合禮合法的事。《漢書‧田蚡傳》記田蚡取燕王女為夫人時，由於田蚡是太后同母弟，太后「詔召列侯宗室皆往賀」。《後漢書‧方術列傳‧李郃》記大將軍竇憲取妻，「天下郡國皆有禮慶」。當時的婚禮充滿了熱烈、嬉鬧和吉祥的氣氛。《鹽鐵論‧散不足》說：「今賓婚酒食，接連相因，析酲什半，棄事相隨，慮無乏日。」《初學記》卷一四引後漢蔡邕〈協和婚賦〉說：「婚禮以舉。二族崇飾，威儀有序。嘉賓僚黨，祈祈雲聚。車服照路，驂騑如舞。既臻門屏，結軌下車。」又引後漢秦嘉〈述婚詩〉：「群祥既集，二族交歡；敬茲新姻，六禮不愆。」而且通常有歌舞助興。《續漢書‧五行志一》注引《風俗通》載：靈帝時，「京師賓婚嘉會，皆作《魁欇》，酒酣之後，續以挽歌。《魁欇》，喪家之樂。挽歌，執紼相偶和之音。」

此外，楚國保留了較多的原始婚姻形態，婚姻存在不拘輩分、血緣、不論貴賤的現象。這種現象在漢代仍然存在，漢代的婚姻同樣極具開放性與自由性。西漢時期朝廷對入選后宮女子的家庭地位即沒有太高要求。《漢書‧外戚傳》記載：文帝竇皇后「家貧」；武帝衛皇后「生微也」，李夫人「本以倡進」。而據統計，傳世和出土文獻記錄的漢代貴族、官吏和平民的四百餘例婚姻個案，不符合等級婚姻的情形在西漢的比例是 14%。[32] 貴族間婚姻重親現象也比較嚴重。《史記‧齊悼惠王傳》載：「齊厲王，其母曰紀太后。太后取其弟紀氏女為厲王后。王不愛紀氏女。太后欲其家重寵，令其長女紀翁主入王宮。」《後漢書‧鐘皓列傳》記：「皓兄子瑾母，膺之姑也。瑾好學慕古，有退讓風，與膺同年，俱有聲名。膺祖太尉脩，常言：『瑾似我家性，邦有道不廢，邦無道免于刑戮。』復以膺妹妻之。」出於楚地的漢皇家對重親不但不禁止，而且競尚為之，婚姻不拘輩分的現象以西漢皇室尤其突出。惠帝張皇后是惠帝姐姐魯元公主的女兒，由呂后作主許配給惠帝，這是舅舅以外甥女為妻。昭帝上官后

32　參見彭衛，《漢代婚姻形態》附表一，三秦出版社 1988 年版。

是霍光外孫女，宣帝霍后是霍光女，則宣帝之娶霍后，是以叔祖母的姨母為妻。哀帝傅皇后是哀帝祖母傅太后娘家的姪女，這樣哀帝便是以外家的姑姑為妻。此外，成帝娶許后、靈帝娶宋后是以表侄娶表姑母為妻，桓帝納寇容之從孫女於后宮，是以妹婿之女或姪女為妻。

二、葬俗

楚人的葬俗與中原諸國有顯著區別，在墓址選擇、棺槨造型、葬具葬式、隨葬器物方面都是獨具匠心。秦與漢初，長江中下游地區、華南地區以及山東境內的墓葬都不同程度地承襲了楚墓的形制特點。馬王堆漢墓出土的帛畫，以及大量用漆器隨葬的習俗，甚至於南陽漢畫像石墓中的雕刻藝術，無一不浸透著荊風楚俗。「已發掘的長沙漢墓以西漢前期為多，約四百多座。墓葬形制和隨葬器物基本上保存楚文化面貌」；江陵鳳凰山漢墓「從墓葬形制看，仍然保留著當地楚墓的某些特點，如槨室由橫樑、立柱隔成棺室、頭箱、邊箱等幾個部分；槨蓋上覆蓋竹席或葦席；槨室四周填塞青膏泥；個別棺底還有雕花等床等」；「兩廣連接楚地，與楚文化關係最為密切。在墓葬形制，隨葬的鐵器、漆器、銅鏡和部分銅器、陶器的器型等方面，都與長沙出土的戰國至漢初的同類器物相同」；而且山東臨沂銀雀山、金雀山漢墓「和山東境內的西漢墓，從墓葬制度、隨葬品器類及其造型等方面來看，都與江漢、江淮原楚故地的同期墓沒有多少區別」。[33] 韓國河指出，由於漢初君臣多楚人，楚俗在西漢京都長安諸多漢墓的葬制也有反映。當地漢墓「表現出楚文化因素有四，一是陝西新安機磚廠漢初列侯『利成』墓，使用楚制『井槨』的形式；二是西漢早期京城龍首原中小型墓群中，用鼎為偶數的現象；三是諸多陵墓、大墓中出土『裸體陶俑』無臂的原因（吸收了楚地木俑的製作方法）；四是隨葬了許多楚墓中常見的樂器，如鳳鳥龜座鳥架鼓、琴、瑟、辟邪俑等等。」[34]

在槨外周充填青、白膏泥以加強埋葬設施的密封、防腐性能，是楚墓較其他地域墓葬更勝一籌的方面。學者指出：「長沙楚墓中棺槨葬具保存的好壞，是與白膏泥的多少或有無成正比的。凡填有白膏泥的墓葬都能發現棺槨或殘存棺槨的痕跡，反之，未填有白膏泥的墓葬，決不能發現棺槨的痕跡。」[35] 戰國時

33　《新中國的考古發現和研究》，第 419—438 頁，文物出版社 1984 年版。

34　韓國河，《秦漢魏晉喪葬制度研究》，第 56 頁，陝西人民出版社 1999 年版。

35　湖南省博物館，〈長沙楚墓〉，《考古學報》1973 年第 6 期。

期，墓壙填白、青膏泥的現象遍及楚國全境，越是大型墓葬，填白、青膏泥的情況越普遍。湖北江陵雨花臺 264 座單棺葬，有 117 座填青膏泥，占同類墓葬的 44％；248 座一槨一棺墓，其中 183 座填有青膏泥，占同類墓葬的 74％；兩座一槨並棺墓，均填有青膏泥。[36]1952 到 1956 年在長沙東南郊掘出的 60 座一槨一棺楚墓，填白膏泥者有 21 座。而信陽長臺關一、二號墓和壽縣楚幽王墓中填有白膏泥，則證明了今河南、安徽境內的楚墓也存在填白、青膏泥的習俗。[37]這一習俗在秦與漢初的楚國故地仍然盛行。長沙左家塘秦墓墓底有 10 至 20 釐米厚的白膏泥。[38]長沙馬王堆一號漢墓「在放置棺槨以前，墓底先鋪墊 15 釐米厚的白膏泥。棺槨上部及四周填塞木炭，在木炭外面，再填白膏泥，把整個墓室塞滿封固……白膏泥，灰色，厚 1—1.3 米」。[39]該墓屍體、葬具以及大量的隨葬器物得以保存完整，白膏泥和木炭的嚴密封閉應是主要條件之一。景帝至武帝初年的吳氏長沙王后咸嘉湖曹𡢃墓中仍有 0.3—0.7 米厚的白膏泥保護木槨。[40]在漢代，這一習俗還帶入了舊楚以外的地區，陝西紫陽白馬石漢墓漢墓同樣在土坑墓內填有青膏泥。[41]

　　楚棺有懸底和不懸底之分，其中懸底棺是楚國特有的葬具，而這種葬具當時在江漢地區尤其流行。郭維德指出：這一地區「楚墓中除極個別墓和極少數重棺郭的墓或其內棺，或其外棺為長方形盒狀外，棺底皆懸空。棺底板很薄，置於兩根橫墊木之上，下部空間約為棺身的 1/3 到 2/5」。[42]當陽趙家湖 130 座一槨一棺墓，保存完好的有 21 座，它們的底板，無一例外，全部「嵌於棺身中部」，「上下懸空」。[43]在江漢以外的楚地，懸底棺也隨處可見，只不過比例高低存在差異。有學者認為，楚人喜用懸底之棺，「一則是出於避濕防腐的考慮，

36　〈江陵雨花臺楚墓發掘簡報〉，《考古》1980 年第 5 期。

37　湖南省博物館，〈長沙楚墓〉，《考古學報》1973 年第 6 期；河南省文物研究所編，《信陽楚墓》，第 3 頁、第 72 頁，文物出版社 1986 年版；郭德維，〈關於壽縣楚王墓棺室形制復原問題〉，《江漢考古》1982 年第 1 期。

38　湖南省文物管理委員會，〈長沙左家塘秦代木槨墓清理簡報〉，《考古》1959 年第 9 期。

39　湖南省博物館、中國科學院考古研究所編，《長沙馬王堆一號漢墓》，第 5 頁，文物出版社 1973 年版。

40　長沙市文化局文物組，〈長沙咸家湖西漢曹𡢃墓〉，《文物》1979 年第 3 期。

41　安康水電站庫區考古隊，〈陝西紫陽白馬石漢墓發掘報告〉，《考古學報》1995 年 2 期。

42　郭維德，《楚系墓葬研究》，第 176—177 頁。

43　高應勤、王光鎬，〈當陽趙家湖楚墓的分類與分期〉，《中國考古學會第二次年會論文集》，文物出版社 1982 年版。

但更重要者，當是受靈魂升天觀念的支配。懸空的棺底可能象徵著天界，屍陳其上，反映了生者與死者棄地升天的理想欲念。」[44] 這種葬具在秦漢時期仍有遺存。湖北江陵王家臺 15 號秦墓墓坑底部放置單棺一具，長 186 釐米，寬 80 釐米，高 80 釐米，為長方形懸底木棺。[45]

棺內設透雕笭床也是楚人獨具的葬俗。所謂笭床，就是置於棺底用以薦屍的雕花木板。江陵雨臺山單棺單槨墓 248 座，棺形清楚者 173 座，其中設有「雕花板」的有 12 座；長沙地區 1951—1952 年掘出戰國楚墓 73 座，有 13 座多層棺槨與一槨一棺墓保存較好，其中 3 座一槨一棺墓內設「雕花板」。[46] 這種楚地流行的笭床，在咸嘉湖西漢曹娭墓中仍然保存著，該墓棺內出土了一間雕刻「雲紋拱璧」的笭床。[47] 楚人還有將竹席或葦席鋪墊於棺槨蓋底的習俗，其目的主要是抵禦填土的下瀉。楚地盛產竹子、蘆葦，這為楚人生前死後鋪用席子提供了豐富的物質前提。西漢馬王堆一、三號漢墓木槨上均鋪竹席，其中三號墓槨上鋪整塊竹席，與楚墓葬制一脈相承。

至今所發現的帛畫無一不是出土於楚漢墓葬，可見以旌銘帛畫隨葬，究其源頭也是楚文化。旌銘是在葬送儀仗隊列前打出的先鋒旗幟，當葬送禮儀結束之後，便覆蓋在死者的棺蓋上。其原本的用途主要在於標誌棺柩，《禮記・檀弓》說：「銘，明旌也。以死者為不可別已，故以其旗識之。」同時還具有代表死者神明（靈魂）的作用，《儀禮・士喪禮》「祝取銘置於重」下孔疏云：「必且置於重者，重與主皆是錄神之物故也。」但當時中原地區的旌銘都是書姓名的，只有楚國使用帛畫旌銘。《禮記・喪服小記》：「復與書銘，自天子達于士，其辭一也。男子稱名，婦人書姓與伯仲，如不知姓則書氏。」長沙陳家山大墓出土的〈人物龍鳳圖〉、子彈庫楚墓出土的〈人物御龍圖〉，屬於楚國旌銘帛畫的典型。整個構圖中心突出描繪墓主人的形象，然後在人物造型的上下左右描寫具有導引和護衛功能的龍鳳等神靈造型，用以比擬和表現墓主在神靈異獸的引導下升天而去的景象。

44　宋公文、張君，〈楚國風俗志〉，第 2222 頁，湖北教育出版社 1995 年版。

45　荊州地區博物館，〈江陵王家臺 15 號秦墓〉，《文物》1995 年第 1 期。

46　《江陵雨臺山楚墓》，第 17—18 頁，文物出版社 1984 年版；《長沙發掘報告》，第 63 頁，科學出版社 1957 年版。

47　長沙市文化局文物組，〈長沙咸家湖西漢曹娭墓〉，《文物》1979 年第 3 期。

漢代的旌銘帛畫出土於長沙、廣州、臨沂、武威等地，可見其傳播範圍有所擴大。漢墓以後，旌銘帛畫的裝飾內容逐漸變得複雜多樣，描繪也更加細膩生動，但表現的同樣是靈魂升天的主題。馬王堆一號漢墓帛畫詳細描繪出墓主人在龍鳳神靈、虎豹猛獸靈禽的加護和引導下，正準備經過天門登上天界的場景。臨沂金雀山帛畫在繼承了馬王堆帛畫關於天、地兩界的造型表現，還增加描繪了蓬萊、方丈、瀛洲等新造型，具體顯示出靈魂升天之後所達到的理想世界。而且漢墓出土帛畫中的很多內容，在《楚辭》、《山海經》和《淮南子》諸書中都能早到原型，具有強烈的楚文化色彩。

此外，馬王堆二、三號漢墓的斜坡墓道兩旁，各有兩個頭上插鹿角的跪坐俑。俑用木塊、草繩製成，外面敷草泥土，製作很粗糙。這種俑頭上有鹿角，當是從楚墓中常見的鎮墓獸發展而來。不過，戰國楚墓都把鎮墓獸放置在死者頭旁不遠，這時已轉入墓道之中，而且在製作上二者顯出精粗之別，這表現出從西漢開始，鎮墓獸遠不如以前那樣的受重視。

隨著秦漢大一統局面的形成和地域文化融合現象的加強，各地墓葬的風格也趨於一致。事實上，上述這些楚文化葬制中頗具地方色彩的膏泥、懸底棺、透雕等床、旌銘帛畫、鎮墓獸等特徵，在西漢中期以後已逐漸消失。因此，更值得注意的應該是楚墓對漢墓基本形制的影響。我國古代的埋葬設施，槨墓和室墓是最有代表性的墓葬形制。根據以往的調查與研究，漢代以後傳統的豎穴槨墓逐漸走向衰退，代之而起的是橫穴室墓的推廣和普及。所謂典型的漢墓，實際上應當以橫穴室墓為標誌。室墓形制的基本特點是在地下構築立體形埋葬空間，特別是通過造設玄門、羨道設施來開啟橫向通道，重視地下各埋葬空間的相互連通。據黃曉芬研究，室墓的形成經歷了三個階段，即槨內開通、向外界開通與祭祀空間的確立。[48]《禮記·郊特性》有「魂氣歸於天，形魄歸於地」的闡述，但注重鬼神的楚人相信升天的祖先神靈會降臨人世。《楚辭·招魂》「魂兮歸來，君無下此幽都也」，說明本來只是追求升天的祖靈，已經能夠自如往返於天地之間。同時將地下墓葬比做幽都的概念，表明楚人的思想觀念中開始對深埋於地下的鬼魄有所關注。在室墓形成的三個階段，我們都可以看到楚人喪葬思想的影響。

48　黃曉芬，《漢墓的考古學研究》，第 90—92 頁及相關論述，嶽麓書社 2003 年版。

在間切型槨內隔板上用雕刻或繪畫手法來表現門、窗造形，是戰國楚墓新穎而特殊的現象，其目的主要是為死者靈魂提供能夠自由迴旋的通道。湖北隨州曾侯乙墓，在槨內各廂的間隔板下側都開設一個方孔，高度在 0.35 至 0.60 米之間，寬 0.40—0.47 米，大約相當於隔板高度的十分之一。曾侯乙本人專用的大型彩繪漆木棺槨上，也發現有同樣的方孔造型。這是發現最早的象徵槨內各空間相互開通的例子。與此相應，該墓出土的大小漆棺外表都發現了用黑紅漆描繪的方框形門，以及連續方格式的窗造型。[49] 不久，這種裝飾性門窗就發展到了在槨內隔板上製作模造門扉。長沙留芳嶺 M3 在棺廂和側廂的隔板上各開設一組雙扇扉的模造門扉，構造雖然不大，但製作卻很精細。江陵李家臺 M4 也在棺廂與前廂之間，棺廂與側廂之間的隔板中間位置上都各製作一組高 0.71 米、寬 0.35 米的單扇模造門扉，而且還在門扉板面上再用浮雕的手法刻劃出門扉紋飾。長沙荷花池戰國墓是一個有棺廂和圍繞棺廂配列的前後左右四個側廂組成的間切型對稱式槨墓。棺廂的四塊間隔板都面向外側，各製作一組雙扇扉形式的模造門扉。[50] 楚墓槨內空間的開通，使地下的埋葬空間互相連通形成一個整體，可視為室墓形成過程中的第一步。

　　向外界開通的標誌是地下的埋葬設施具備了羨道和玄門，創出了象徵著內外完全開通的新型結構。這種新型設施目前所見的最早實例就是楚國故地的長沙象鼻嘴一號墓，這是西漢景帝時長沙國第五代長沙王吳著之墓。該墓一個很重要的變化是通向斜坡墓道一面的木構埋葬設施板壁上開設有實用性雙扇門扉，門扉高 2.10—2.40 米。這標誌著玄門的誕生與成熟，顯示出埋葬設施與外界已經達成了全面開通。其次，斜坡墓道的底部與墓壙底部落差已縮小至 0.60 米，象徵傳統型槨墓的重要指標已發生了顯著的變化。而且，從墓道底部通向玄門之間地面用枋木鋪墊，其墊木的厚度恰好補葺了上述 0.60 米的高低差，造成與墓道平齊的平坦面。特別是在這段用枋材鋪墊起來的平坦面兩側還樹立有板材，構成長 3.20 米、高 1.20 米左右的側壁。由於其上方構造坍塌，頂部原形不明，但可以從兩側木壁形制考察，其頂上原架有枋木，構成平頂。這種擁有

49　湖北省博物館，《曾侯乙墓》，文物出版社 1989 年版。

50　長沙市文物工作隊，〈長沙留芳嶺戰國墓發掘簡報〉，《湖南文物》第 1 輯，湖南大學出版社 1986 年版；荊州博物館，《江陵李家臺楚墓清理簡報》，《江漢考古》1985年第 3 期；長沙市文物工作隊，〈長沙市荷花池一號戰國木槨墓發掘簡報〉，《湖南考古輯刊》第 5 輯，嶽麓書社 1989 年版。

頂部構造的隧道式空間代表著羨道的完成和確立。[51]

　　至於祭祀空間的確立，在槨內開通的階段中，楚墓已開始出現將供獻祭祀一類的器物和食品集中放置於槨內一側的現象。特別是戰國中晚期楚墓較複雜的間切型槨當中，根據隨葬品的種類分別在各側廂內區劃放置，逐漸開始把供獻祭祀品集中放置在頭廂內，或有意識地放置在墓道通向棺廂方向的模造門扉之前。當地下的埋葬設施創出了羨道和玄門之時，供獻祭祀品則相對固定放置在玄門和棺室門之間。最早這一空間比較小，以後呈現逐漸加大的傾向，作為供獻祭祀的特殊空間固定下來。而以棺為中心的埋葬空間隨之逐漸後移。當祭祀空間和埋葬空間在構造上達到完全分離狀態，確立了祭祀前堂和後棺室的相對獨立空間時，則標誌著室墓的成熟。

　　在秦漢墓葬中出土的遣策、鎮墓瓶、買地卷，同樣與楚人的魂魄思想與祖靈觀念有關。在戰國中晚期楚墓中比較常見與祖靈有關的祈福卜筮類簡牘文字，即所謂「卜筮祈禱文」。湖北江陵秦家咀一號墓出土竹簡 7 枚，內容即為「祈福于王父」之類的卜筮祭禱之辭。[52] 這表明在楚人的觀念中，古人信奉的升天精魂和歸地鬼魄，已經趨於融合而變成為鬼神，相信鬼神能對現實社會和人們的日常生活發生重大影響。秦漢時期的冥界文書雖然記述形式也顯得比較多樣化，但實際上就是源於楚人的卜筮祈禱文。當時的遣策、告地策等，都顯示出人們對地下冥界抱有一種特殊的關心。江陵鳳凰山 168 號墓出土告地策說：「十三年五月庚辰，江陵丞敢告地下丞：市陽五大夫燧少言與大奴良等二十八人，大婢益等十八人，軺車二乘，牛車一兩，馱馬四匹，騮馬二匹，騎馬四匹，可令吏以從事。敢告主。」[53] 反映了漢人相信死者靈魂需要在地下世界繼續生存，故而由江陵丞轉告地下丞，再上奏「主」。進入東漢以後，這些記錄在竹簡、木牘上的冥界文書開始衍變成以買地券、鎮墓文等為代表的墓券文。河南靈寶張灣漢墓出土鎮墓文，全文如下：「天帝使者，謹為楊氏之家鎮安隱塚墓，謹以鉛人金玉，為死者解適，生人除罪過。瓶到之後，令母人為安，宗君自食地下租歲三千石，令後世子子孫孫仕宦位至三公，富貴將相不絕。移丘丞墓伯下當

51　湖南省博物館，〈長沙象鼻嘴一號西漢墓〉，《考古學報》1981 年第 1 期。

52　荊州鐵路考古隊，〈江陵秦家咀楚墓發掘簡報〉，《江漢考古》1988 年第 2 期。

53　湖北省文物考古研究所，〈湖北江陵鳳凰山一六八號漢墓發掘簡報〉，《文物》1977 年第 9 期。

用者，如律令。」[54] 可見這種墓券文也是上承楚卜筮祈禱文與秦末漢初冥界文書的內容，用途在於，一方面作為向各神靈、冥界諸官吏介紹或全權委託死者而發放的特殊的冥界通行證；另一方面則是企圖沉鎮地下作祟的鬼神，同時祈願天地神靈保佑墓主在世子孫出仕官宦、富貴延年。

三、喪俗

至於喪俗，楚國與中原差別不大。但與中原地區的喪俗完全立足於哀不同，楚地的喪俗是哀樂與共的。哀樂是楚地喪儀活動的組成部分。《莊子・擊樂》記載：「莊子妻死，惠子吊之，莊子則方箕踞鼓盆而歌。」〈大宗師〉：「子桑戶、孟子反、子琴張三人相與友……莫然有間，而子桑戶死，未葬。孔子聞之，使子貢往持事焉。或編曲，或鼓琴，相和而歌曰：『嗟來桑戶乎！嗟來桑戶乎！而已反其真，而我猶為人猗！』子貢趨而進曰：『敢問臨尸而歌，禮乎？』二人相視而笑曰：『是惡知禮意？』」子貢對於孟子反與子琴張臨尸而歌很不理解，正在於他對楚地喪俗的不瞭解或不認同。

秦代楚國故地的喪禮同樣將娛樂結合了進來，喪家對弔唁者，不僅饗以酒肉，而且娛之以音樂。《史記・絳侯周勃世家》記載，西漢開國功臣沛縣人周勃年少時曾「以吹簫給喪事」，《集解》如淳曰：「以樂喪家，若俳優。」瓚曰：「吹簫以樂喪賓，若樂人也。」《鹽鐵論・散不足》載：「今俗，因人之喪以求酒肉，幸與小坐而責辨，歌舞俳優，連笑伎戲。」民間辦喪多要表演歌舞。漢代又進而將哀樂引入了國家禮制，當時的哀樂主要有挽歌與鼓吹。《續漢書・禮儀志》注引丁孚《漢儀》說永平七年陰太后駕崩後，詔曰：「柩將發於殿，群臣百官陪位，黃門鼓吹三通，鳴鐘鼓，天子舉哀。女侍史官三百人皆著素，參以白素，引棺挽歌，下殿就車，黃門宦者引以出宮省。」關於漢代鼓吹助喪之俗的記載，又見於《晉書・禮志中》，「漢魏故事，將葬，設吉凶鹵薄，皆以鼓吹。」《後漢書・耿弇列傳》、〈楊震列傳〉記耿秉、楊賜死後，朝廷都曾提供「鼓吹」送葬。〈薤露〉、〈蒿里〉是漢代喪禮中的例行哀歌。《漢書・武五子傳》記載，廣陵厲王劉胥自殺前歌云：「黃泉下兮幽深，人生要死，何為苦心！何用為樂心所喜，出入無悰為樂亟。蒿里召兮郭門閱，死不得取代庸，身自逝。」《隸釋》卷八〈淳于長夏承碑〉亦有「永歸蒿里」之語。《太平御覽》卷五五二引司馬

54　湖南省博物館，〈靈寶張灣漢墓〉，《文物》1975 年第 11 期。

彪《續漢書》：「大將軍梁商二月上巳日會洛水，倡樂畢極，終以〈薤露〉之歌，坐中流淚。」此外還有〈魁儡〉一曲，《續漢書·五行志一》注引《風俗通義》云：「時京師賓婚嘉會，皆作魁欇，酒酣之後，續以挽歌。魁欇，喪家之樂。挽歌，執紼相偶和之音」。

　　一般認為挽歌由田橫門人所創，崔豹《古今注·音樂》：「〈薤露〉、〈蒿里〉並哀歌也。本出田橫門下，橫自殺，門人傷之，為作悲歌。言人命奄忽如薤上露，易晞滅也；亦謂人死魄歸於蒿里。至漢武帝時，李延年分為二曲，〈薤露〉送王公貴人，〈蒿里〉送士大夫庶人。使挽柩者歌之，亦謂之挽歌。」但近人越來越多地認為其源頭可溯至戰國楚聲。《世說新語·任誕》梁朝劉孝標注：「按《莊子》曰：『紼謳所生，必於斥苦。』司馬彪注曰：『紼，引柩索；斥，疏緩，若用力也，引紼所以有謳歌者，為人有用力不齊，故促急之也。』」尚秉和據此認為，周時即有挽歌，具體起源則在楚地。[55]〈薤露〉、〈蒿里〉是漢代葬禮中的例行哀歌。陳直根據《文選》記錄的宋玉〈對楚王問〉中「其為〈陽阿〉、〈薤露〉，國中屬而和者數百人」之語，推斷「蒿露之曲甚明顯，由橫門客，蓋仿楚聲而為辭也。」[56]

第三節　精神面貌

　　一定歷史時期人們的精神風貌，是該時期人們社會生活的折光。緣於政治經濟情況、風俗習慣、自然環境以及心理素質等方面的特徵，楚人在氣質、性格以及審美情趣上也有自己的特點。這些長期形成、世代相承的民族精神風貌，既體現於楚人的物質與精神生活之中，同時也影響了秦漢時期人們個性風格與行為習慣的形成。本節擬對秦漢人精神風貌中與楚文化息息相關的內容作以簡單介紹與論述。

一、喜好娛樂

　　《漢書·地理志》說，楚地「有江漢川澤山林之饒；江南地廣，或火耕水耨，民食魚稻，以漁獵山伐為業，果蓏蠃蛤，食物常足」。楚地優越的經濟

55　尚秉和，《歷代社會風俗事物考》，第229頁，上海書店1989年版。

56　陳直，〈漢詩作品之斷代〉，載氏著，《文史考古論叢》，天津古籍出版社1988年版。

地理環境使得謀生較為容易，楚人不僅閒暇時間比中原人相對更多，而且較少勞作之苦與生存之憂，生活情感自然較少壓抑而顯得活躍。這樣，也就有條件和閒情逸興來豐富和開展各項娛樂活動。

楚人酷愛歌舞。歌舞在楚國社會生活中蔚然成風，是一種非常重要的組織形式和娛樂方式，戀愛、祭祀、歲時節慶、宴饗、婚喪等都離不開歌舞。王逸《楚辭章句》說：「楚國南郢之邑、沅湘之間，其俗信巫而好祠，其祠必作歌樂鼓舞以樂諸神。」《楚辭·招魂》中描繪出宮廷中「娛酒不廢，沈日夜些」的歌舞娛樂場面：「二八齊容，起鄭舞些。衽若交竿，撫案下些。竽瑟狂會，搷鳴鼓些。宮庭震驚，發激楚些。吳歈蔡謳，奏大呂些。士女雜坐，亂而不分些。放敶組纓，班其相紛些。鄭衛妖玩，來雜陳些。激楚之結，獨秀先些。」在這樣的描寫中，展現出了楚國宮廷的歌舞娛樂活躍繁盛的景況。著名的「曲高和寡」的故事，則反映了楚國音樂活動的群眾性和參與性。《文選》錄宋玉〈對楚王問〉說：「客有歌於郢中者，其始曰〈下里〉、〈巴人〉，國中屬而和者數千人。」〈下里〉、〈巴人〉都是楚國的民間歌曲，一人發唱，自發和歌的居然有千人之多，可見楚國音樂的普及程度是相當高的。此外，《淮南子·說山訓》記載：「老母行歌而動申喜，精之至也。」高誘注：「申喜，楚人也。少亡其母，聞乞人行歌聲，感而出視之，則其母也，故曰精之至。」這個鬻歌假食的故事不僅說明歌唱音樂在楚國已成為表演形式，得以用來作為維生的手段，而且反映了楚國音樂活動兼及婦孺。《呂氏春秋·貴因》說：「墨子見荊王，衣錦吹笙，因也。」墨子以非樂而著稱於時，但他在拜見楚王時且入鄉隨俗，由此可知楚人歌舞之風已播於千里之外，聞達於列國之中。

秦漢時期，歌舞仍然是人們表達感情和精神風貌的手段，這在楚遺民及其後裔中表現得尤為明顯。《史記·項羽本紀》記項羽被漢軍圍困垓下，兵少糧盡，夜聞四面楚歌，哀大勢已去，面對虞姬，在營帳中酌酒悲歌：「力拔山兮氣蓋世，時不利兮騅不逝，騅不逝兮可奈何，虞兮虞兮奈若何？」隨侍在側的虞姬，愴然拔劍起舞，並以歌和之。《史記·留侯世家》記劉邦寵姬戚夫人欲以己子為太子，但被張良等所阻，戚夫人泣，上曰：「為我楚舞，吾為若楚歌。」歌曰：「鴻鵠高飛，一舉千里。羽翮已就，橫絕四海。橫絕四海，當可奈何！雖有矰繳，尚安所施！」《漢書·外戚傳》記劉邦死後，戚夫人被呂后囚禁舂米，戚夫人舂且歌曰：「子為王，母為虜，終日舂薄暮，常與死為伍！相離

三千里,當誰使告汝?」《漢書‧武五子傳》記昭帝時燕王旦謀反敗露,自知即將被捕,「王憂懣,置酒萬載宮。」王自歌曰:「歸空城兮,狗不吠,雞不鳴,橫術何廣廣兮,固知國中之無人!」華容夫人起舞曰:「發紛紛兮真渠,骨籍籍兮亡居。母求死子兮,妻求死夫。裴回兩渠間兮,君子獨安居!」《後漢書‧皇后紀》記東漢末董卓專權,少帝被酖殺前與妻唐姬宴別,王悲歌曰:「天道易兮我何艱!棄萬乘兮退守蕃。逆臣見迫兮命不延,逝將去汝兮適幽玄!」因令唐姬起舞,姬抗袖而歌曰:「皇天崩兮后土頹,身為帝兮命夭摧。死生路異兮從此乖,柰我煢獨兮心中哀。」歌是脫口而出,舞是隨意而行,把自己的感情通過歌舞完全暴露了出來。

保留下來的大量「街陌謳謠」,是當時普通民眾同樣喜好用歌舞表達情感與意見的明證。《史記‧曹相國世家》記漢初蕭何、曹參為相,實行無為而治,「百姓歌之曰:蕭何為法,顜若畫一。曹參代之,守而勿失。載其清淨,民以寧一。」〈外戚世家〉記武帝時衛子夫得寵,「天下歌之曰:生男無喜,生女無怒,獨不見衛子夫霸天下。」〈魏其侯列傳〉記灌夫在潁川為害一方,「潁川兒乃歌之曰:潁水清,灌氏寧。潁水濁,灌氏族。」《漢書‧元后傳》記王鳳等五侯爭為奢侈,「百姓歌之曰:五侯初起,曲陽最怒,壞決高都,連竟外杜,土山漸臺西白虎。」〈馮奉世傳〉記馮野王、馮立兄弟相代為五原太守,吏民「歌之曰:大馮君,小馮君,兄弟繼踵相因循,聰明賢知惠吏民,政如魯、衛德化鈞,周公、康叔猶二君。」〈酷吏傳〉記尹賞在長安收捕奸猾,殺人無數,「長安中歌之曰:安所求子死?桓東少年場。生時諒不謹,枯骨後何葬?」〈匈奴傳〉記高祖被困平城,「天下歌之曰:平城之下亦誠苦。七日不食,不能彀弩。」《後漢書‧廉范列傳》記其在蜀郡不禁民夜作,「百姓為便,乃歌之曰:廉叔度,來何暮?不禁火,民安作。平生無襦今五絝。」

秦漢時期的宴飲場所,不僅有歌女舞伎助興,而且參加者也要親自表演歌舞。《漢書‧景十三王傳》記景帝后二年(西元前 142 年)諸王來賀,「有詔更前稱壽歌舞。」這種風氣甚至發展成為了宴會的程序化禮儀,即「以舞相屬」。河南出土的對舞男性陶俑,一人兩臂張開,長袖上甩,身體斜仰,正在撤步後退;另一人則彬彬有禮地舉袖叉腰,上步欲舞,看來正是一輪舞畢的交接。[57]在宴會

57　彭松,《中國舞蹈史》(秦漢魏晉南北朝部分)圖 6,文化藝術出版社 1984 年版。

上不舞是一種失禮行為，在漢代出現過多起因此而激發雙方矛盾的事件。《漢書·竇嬰傳》記在竇嬰舉行的宴會上，「及飲酒酣，（灌）夫起舞屬（田）蚡，蚡不起。夫徙坐，語侵之。」《後漢書·蔡邕列傳》記蔡邕遇赦還鄉，五原太守王智為其餞行，「酒酣，智起舞屬邕，邕不為報」，王智「慚於賓客」，當眾辱罵蔡邕，並「密告邕怨於囚放，謗訕朝廷」，蔡邕被迫亡命吳地。《三國志·魏書·陶謙傳》注引《吳書》在丹陽太守張磐舉行的宴會上，其屬下舒縣縣令陶謙先是不應主人屬舞，「固強之，及舞，又不轉」，敷衍了事。張磐懷恨在心，以陶謙修建靈星祠，有餘錢五百，欲誣為贓款，逼得陶謙辭官離任。由此可見，歌舞在秦漢人生活中占有相當重要的地位，是每個人都必須精通的基本技藝。

聯歡是節日最基本的內容之一，楚人的節日安排相對更多、歡慶的時間也相對更長，這是楚人喜好娛樂的另一表現。楚人在中國古代年節建設過程中所起的作用，首先表現在端午節的形成上。儘管端午節正式形成應該是在漢晉之際，但是其醞釀期卻在先秦。聞一多認為，端午節本是吳越民族舉行圖騰祭祀的節日，而賽龍舟便是祭儀中半宗教、半娛樂性節目。[58]端午節的中心主題之一，也是最具有娛樂性的內容是飛舟競渡，而這又是具有南方特色的娛樂項目。晉杜臺卿《玉燭寶典》卷五說：「南方民又競渡……在北舳艫既少，罕有此事。」五月五日競渡在南方起源較早而且普遍，一般認為是吳越舊俗。〈荊楚歲時記〉引邯鄲淳〈曹娥碑〉「五月五日，時迎伍君。逆濤而上，為水所淹」。清顧祿《清嘉錄》說：五月競渡「趙曄《吳越春秋》以為起于勾踐，蓋憐子胥之忠而作。周櫟園〈因樹屋書影〉，以為（越國）習水報吳，托於嬉戲……然則荊楚自為靈均，吳越自為子胥耳。」兩漢時期南方各地繼承了這種龍舟競渡之俗，《藝文類聚》卷四引《會稽典錄》記東漢安帝時上虞巫者五月五日「于縣江泝濤迎波神」。

端午競渡本意在於祭神禳災，後來又與屈原傳說結合在一起。南朝吳均《續齊諧記》說：「楚大夫屈原遭讒不用，是日投汨羅江死，楚人哀之，乃以舟楫拯救。端陽競渡，乃遺俗也。」雖然這一說法起源不是很早，但楚地久已流傳屈原為水仙的傳說，為兩者的結合奠定了基礎。晉王嘉《拾遺記》卷十說：「屈原以忠見斥，隱於沅湘，披蓁茹草，混同禽獸，不交世務，採柏葉以合桂膏，

58 聞一多，〈神話與詩·端午考〉，載《聞一多全集》第1卷，三聯書店1982年版。

用養心神。被王逼逐,乃赴清冷之水。楚人思慕,謂之水仙。其神游于天河,精靈時降湘浦。楚人為之立祠,漢末猶在。」端午節有吃粽子的習俗,而粽子是南方民族的傳統食品,在江南稻作區源遠流長。荊楚地區很早就有了裹飯祭水神的風習。《拾遺記》卷二記載周昭王溺於漢水後,人們在水邊立祠祭祀,「至暮春上巳之日,禊集祠間,或以時鮮甘味,採蘭杜包裹,以沉水中;或結五色紗囊盛食,或用金鐵之器,並沉于水,以驚蛟龍水蟲,使畏之不侵此食也。」端午節又叫浴蘭節,有草藥浴、掛艾葉菖蒲、佩香囊的習俗,其主要目的是避瘟保健。楚人愛好佩帶香草的習俗已如前述,而且戰國時期楚地已盛行蘭草沐浴。宋玉〈神女賦〉「沐蘭澤,含若芳」,《九歌‧雲中君》描寫的「浴蘭湯兮沐芳華」,就都是當時草藥浴風行的寫照。秦漢時期在五月五日的一些特殊的辟邪習俗,也與楚文化有關。《風俗通義‧佚文‧辨惑》:「五月五日,以五彩絲繫臂,名長命縷,一名續命縷,一名辟兵繒,一名五色縷,一名朱索,辟兵及鬼,命人不病溫,又曰,亦因屈原。」由此可見,端午節實為楚文化遺風餘緒發揚光大而形成的一個大規模節慶活動。

華夏文化圈中已有節日中很多娛樂或祭祀性的內容,也是楚人發展出來,而為秦漢人所傳承的。〈荊楚歲時記〉記正月時俗,注引《莊子》佚文:「有掛雞於戶,懸葦索於其上,插桃符於旁,百鬼畏之。」《風俗通義‧祀典》說:「於是縣官常以臘除夕,飾桃人,垂葦茭,畫虎於門,皆追效前事,冀以衛凶也。」所謂「效前事」就是沿襲楚國舊俗,這一習俗後來演變為了貼春聯和門神像。又如正月觀燈,《藝文類聚》卷四歲時正月十五日條:「《史記》曰:『漢家以望日祀太一,昏時到明。』今夜遊觀燈,是其遺跡。」徐堅《初學記》卷四承襲此說,謂:「《史記‧樂書》曰:『漢家祀太一,以昏時祠到明。』今人正月望日觀燈,是其遺事。」兩書都謂正月十五日的夜遊觀燈,是起源於漢時的祭祀太一神。而太一是楚人的至尊神,漢時祭祀太一是繼承了楚人習俗,很可能楚人祭祀太一時也是整夜點燈。這一習俗後來發展成了元宵節正式形成後的顯著特徵。

楚地的遊藝活動非常豐富,拔河即是楚人的發明。〈荊楚歲時記〉記:立春之日「為施鉤之戲,以縆作篾纜相罥,綿亙數里,鳴鼓牽之。」其下注又謂:「按施鉤之戲,求諸外典,未有前事,公輸自游楚,為載舟之戲,退則鉤之,進則強之,名曰鉤強,遂以鉤為戲,意起於此。」《隋書‧地理志》說:「(南

郡、襄陽）二郡又有牽鉤之戲，云從講武所出，楚將伐吳，以為教戰，流遷不改，習以相傳。鉤初發動，皆有鼓節，群噪歌謠，振驚遠近，俗云以此厭勝，用致豐穰。其事亦傳於他郡。」南郡、襄陽均為楚國故地，故而保留了更多的楚地遺風。梁簡文帝為雍州刺史時，曾下令禁止牽鉤之戲，但它並未消失，反但在後世愈來愈盛。唐封演《封氏聞見記》明確記載：「拔河，古謂之牽鉤。襄漢風俗，常以正旦望日為之。相傳楚將伐吳，以為教戰。梁簡文臨雍部，禁之而不能絕。古用篾纜，今民則以大麻絙，長四五十丈，兩頭分繫小索數百條，掛於前。分二朋，兩朋齊挽。當大絙之中，立大旗為界，震鼓叫噪，使相牽引。以卻者為勝，就者為輸，名曰拔河。」

秦漢時期盛行的許多遊藝活動，都是楚人喜好的活動。博戲在秦漢時期得到廣泛的傳播，並成為宮廷和民間喜聞樂見的棋戲之一。《西京雜記》卷四記載：「許博昌，安陵人也，善陸博，竇嬰好之，常與居處。」其間，許博昌創編了一套六博棋的遊戲口訣，使得「三輔兒童皆誦之」，後來「又作〈六博經〉一篇，今世傳」。這裡展示了當時民間對六博戲的喜好，以至連京師周圍的小孩子都能順口而歌六博訣。成都、新都、新津等地都出土了描繪六博場景的畫像磚，其中成都市郊出土的畫像磚中，四人分成兩組，相對博飲，反映了當時聚眾博戲的情況。[59] 在喜好博戲風氣的浸潤下，漢代的女性對之也表現出了濃厚的興趣。《後漢書‧耿弇列傳》記耿恭出使烏孫時，大昆彌遣使「奉宣帝時所賜公主博具」，可見，宣帝時朝廷曾給遠嫁烏孫的江都王之女細君送去博具，供其解悶。而博戲在戰國時期的楚國已相當流行，《列子‧說符》有「登高樓，臨大路，設樂陳酒，擊博樓上」，《楚辭‧招魂》有「蓖蔽象棋，有六簿些。分曹並進，遒相迫些。成梟而牟，呼五白些」的描繪。而且六博術語還被用於了楚人的比喻之中，《戰國策‧楚策》唐且謂春申君：「夫梟棊之所以能為者，以散梟佐之也。夫一梟之不如，不勝五散亦明矣。今君何不為天下梟，而令臣等為散乎？」湖北雲夢睡虎地 11 號和 13 號秦墓出土的戰國末期的棋局，可以與《楚辭‧招魂》互為補充，使我們對楚地的六博棋有較為完整的認識。

《西京雜記》卷二載：「太上皇徙長安，居深宮，悽愴不樂，高祖竊因左右問其故。以平生所好皆屠販少年，酤酒賣餅，鬥雞蹴踘，以此為歡，今皆無此。

59　高文編，《四川漢代畫像磚》，圖 34、35、36、37，上海人民美術出版社 1987 年版。

故以不樂。高祖乃作新豐,移諸故人實之。太上皇乃悅。故新豐多無賴,無衣冠子弟故也。」劉邦的父親絕大部分時間當是在戰國時期的楚國渡過的,可見鬥雞、蹴踘在楚國是流行的活動。它們在秦漢時期同樣具有廣泛性。《漢書‧東方朔傳》記載武帝在宮中經常舉行鬥雞、蹴鞠比賽,有所謂「雞鞠之會」。《鹽鐵論‧刺權》載西漢社會承平日久,權貴人家以「臨淵釣魚,放犬走兔,隆豺鼎力,蹴鞠鬥雞」為樂;〈國疾〉載平民百姓也是「里有俗,黨有場,康莊馳逐,窮巷蹴鞠」。《史記‧貨殖列傳》稱:「博戲馳逐,鬥雞走狗,作色相矜,必爭勝者,重失負也。」《漢書‧藝文志》著錄有〈蹴踘〉25 篇。南陽漢畫像石和江蘇出土的漢畫像磚分別描繪了一男一女相向蹴踘和單人蹴踘的場面。[60]《史記‧衛將軍驃騎列傳》記霍去病在出征塞外時,「卒乏糧,或不能自振,而驃騎尚穿域蹴鞠」。《漢書‧枚乘傳》載枚皋賦辭曰:「弋獵射,馭狗馬,蹴鞠刻鏤,上有所感,輒使賦之。」《西京雜記》卷二載:「成帝好蹴踘。群臣以蹴踘為勞體。」《後漢書‧梁冀列傳》載:「(冀)性嗜酒,能……六博、蹴鞠」之戲。《史記‧袁盎傳》載:「袁盎病免居家,與閭里浮沉,相隨行,鬥雞走狗。」《漢書‧宣帝紀》記其年青時「亦喜遊俠,鬥雞走馬,具知閭里奸邪,吏治得失。」《漢書‧眭弘傳》記其「少時好俠,鬥雞走馬,長乃變節,從嬴公受《春秋》。」《漢書‧外戚傳》記:「奉光少時好鬥雞,宣帝在民間數與奉光會,相識。」

二、強烈的自尊意識

楚人由於歷盡艱辛而建國稱霸,民族自豪感和民族自尊心異常強烈,鐘儀南冠面晉,南音不改,屈原成為第一個偉大的愛國詩人都是典型的例子。而漢代精神世界的特色之一,就是對自尊人格及其相應而生的面子感的普遍認同。可以說,自尊人格是楚人與漢人在精神風貌中共同的特點。

在受到死亡威脅時,能堅持原則,義不受辱,是自尊人格的完美體現。《史記‧楚世家》記載,懷王三十年,秦昭王誘楚懷王入武關會盟,挾持懷王西至長安,使之「朝章臺,如蕃臣,不與亢禮」,企圖以楚懷王為要脅,坐收「巫、黔中之郡」。懷王怒而「不復許秦」,最終卒於秦國。楚懷王在受到挾持時,

---

60　吳曾德,《漢代畫像石》,圖 64,文物出版社 1984 年版;南京市博物館,〈江蘇高淳固城東漢畫像磚墓〉,《考古》1989 年第 5 期。

至死不願割讓故國尺寸疆土，是典型的義不受辱的實例。他的行為深獲楚人認同，在客死秦國後，「楚人皆憐之，如悲親戚」。〈項羽本紀〉記九十餘年後楚人舉義反秦，項梁仍「乃求楚懷王孫心民間，為人牧羊，立以為楚懷王，從民所望也」。漢人對待劫持，體現出了與楚人一樣的態度。儘管漢律有「原心定罪」的特色，受劫持者的行為往往能夠得到政府的寬大處理，卻很難得到漢人的認可。《漢書・酈商傳》記載，高祖功臣劫持酈商而令其子酈寄欺詐呂祿。「呂祿信之，與出遊，而太尉勃乃得入據北軍，遂以誅諸呂。」酈寄的行為是漢初功臣集團誅滅呂氏集團的關鍵，可以說起到了「安社稷」的作用，而且起因又在於其父為功臣所劫持，並非見利而忘義。但酈寄卻因此惡名遠播，酈寄字況，文帝時「天下稱酈況賣友」。

無論是出於求生亦或其他目的，而與劫持者妥協，甚至被劫持本身，在漢人看來都是一種恥辱。《後漢書・董卓傳》記伯玉、邊章、韓遂在叛漢後，「劫故信都令漢陽閻忠，使督統諸部。忠恥為眾所脅，感恚病死」。因此，漢代很多受挾持者在面對要脅時，往往寧願選擇自殺來保存自己的尊嚴。《後漢書・溫序傳》記其為隗囂別將苟宇所拘劫，苟宇希望溫序能為己所用，反覆曉譬之。溫序大怒而叱宇等曰：「虜何敢迫脅漢將！」因以節檛殺數人。並受劍，銜須於口，顧左右曰：「既為賊所迫殺，無令須汙土。」遂伏劍而死。《後漢書・列女傳》記河南樂羊子妻在盜人劫其姑令其相從時，亦「仰天而歎，舉刀刎頸而死」。這種不願受要脅的行為，當時甚至往往能得到劫持者本人的認同。《後漢書・徐璆傳》記其在獻帝時以廷尉徵，當詣京師，道為袁術所劫，授璆以上公之位。璆乃歎曰：「龔勝、鮑宣，獨何人哉？守之必死！」結果「術不敢逼」。而前引溫序不願受苟宇要脅，反而以節檛殺數人，但在賊眾因此而爭欲殺之時，宇止之曰：「此義士死節，可賜以劍。」河南樂羊子妻自殺後，「盜亦不殺其姑」。

《漢書・地理志》記吳、楚風俗，說其民「輕死易發」。這種好勇輕死民風的形成，很大程度上就與楚人注重對面子的維護有關。《史記・淮陰侯列傳》記韓信受胯下之辱時，「一市人皆笑信，以為怯」。楚國將領在兵敗以後，很多都選擇自殺。《左傳》成公十六年（前575年）載：楚因主將司馬子反醉酒而兵敗鄢陵，令尹子重促令子反自殺，子反言：「側（子反字）亡君師，敢忘其死？」即引劍自盡。《呂氏春秋・高義》記康王元年（前559年），令尹子囊攻吳失利，「遂伏劍而死」。《左傳》昭公二十三年（前519年）記吳太

子諸樊攻楚，擄走了平王夫人，楚司馬薳越追之不及，說：「再敗君師，死且有罪。亡君夫人，不可以莫之死也。」乃縊於薳澨。這與中原諸國將帥兵敗後往往官任如初，形成了鮮明對比。

　　漢代人在受辱時的表現同樣非常激烈。前面敘述漢代「以舞相屬」習俗時，就提到過多起因對方不舞而感覺受辱，並當眾相互辱罵的事件。司馬遷在受宮刑後，內心就極為苦楚，《漢書・司馬遷傳》記其在給任安的書信中寫道：「僕又茸以蠶室，重為天下觀笑。悲夫！悲夫！……人固有一死，死有重於泰山，或輕於鴻毛，用之所趨異也。太上不辱先，其次不辱身，其次不辱理色，其次不辱辭令，其次詘體受辱，其次易服受辱，其次關木索被箠楚受辱，其次鬄毛髮嬰金鐵受辱，其次毀肌膚斷肢體受辱，最下腐刑，極矣……所以隱忍苟活，函糞土之中而不辭者，恨私心有所不盡，鄙沒世而文采不表於後也……且負下未易居，下流多謗議。僕以口語遇遭此禍，重為鄉黨戮笑，污辱先人，亦何面目復上父母之丘墓乎？雖累百世，垢彌甚耳！是以腸一日而九回，居則忽忽若有所亡，出則不知所如往。每念斯恥，汗未嘗不發背沾衣也。」

　　《史記・絳侯周勃世家》記景帝居禁中，召周亞夫賜食，「獨置大胾，無切肉，又不置箸。條侯心不平，顧謂尚席取箸」。景帝視而笑曰：「此不足君所乎？」周亞夫感覺受辱，竟然不顧君臣禮節，拂袖而去。《漢書・李廣傳》記李陵被逼投靠匈奴，昭帝即位後，大將軍霍光、左將軍上官桀輔政，二人與李陵交情非常好，便派李陵故人隴西任立政等三人去匈奴招降陵，告之「漢已大赦，中國安樂，主上富於春秋，霍子孟、上官少叔用事」，請他「來歸故鄉，無憂富貴」。但李陵居然說「歸易耳，恐再辱」，「丈夫不能再辱」，而決意留在匈奴。《後漢書・逸民列傳》記周黨年輕時為鄉佐當眾所辱，周黨一直無法釋懷，「久懷之。後讀《春秋》，聞復仇之義，便輟講而還，與鄉佐相聞，期剋鬥日」。儘管「既交刃，而黨為鄉佐所傷，困頓」，但「鄉佐服其義，輿歸養之」。

　　彭衛指出，在兩漢時期人們的眼中，面子似乎比生命更重要，自尊型自殺是漢代自殺事件中最重要的類型。[61]《漢書・李廣傳》記李廣因期會失道，當下獄受刑，謂其麾下「廣年六十餘矣，終不能復對刀筆之吏」。遂引刀自剄。《漢

61　彭衛，〈論漢代的自殺現象〉，《中國史研究》1995 年第 4 期。

書‧蕭望之傳》記蕭望之飲鴆自殺前仰天歎曰：「吾嘗備位將相，年逾六十矣，老入牢獄，苟求生活，不亦鄙乎！」《漢書‧酷吏傳》記田延年聽聞自己會下獄後說：「何面目入牢獄，使眾人指笑我，卒徒唾吾背乎！」「即閉閣獨居齋舍，偏袒持刀東西步。數日，使者召延年詣廷尉。聞鼓聲，自刎死。」《漢書‧馮奉世傳》記馮參因連坐當詣廷尉而自殺。且死，仰天歎曰：「參父子兄弟皆備大位，身至封侯，今被惡名而死，姊弟不敢自惜，傷無以見先人於地下！」《後漢書‧宦者列傳》記蔡倫當下獄，「倫恥受辱，乃沐浴整衣冠，飲藥而死」。呂強被誣誹謗朝廷及貪污，怒曰：「吾死，亂起矣。丈夫欲盡忠國家，豈能對獄吏乎！」遂自殺。《華陽國志‧蜀郡士女》記：「廣柔長郫姚超二女，姚妵、饒，未許嫁，隨父在官。值九種夷反，殺超。獲二女，欲使牧羊，二女誓不辱，乃以衣連腰，自沉水中死。」

　　富貴歸鄉是從自尊人格與面子觀念衍生出來的一種心理狀態。出身楚國名將之家的項羽，典型地表現出了這種心理傾向。《史記‧項羽本紀》記載項羽入關後，人或說項王曰：「關中阻山河四塞，地肥饒，可都以霸。」項王見秦宮室皆以燒殘破，又心懷思欲東歸，曰：「富貴不歸故鄉，如衣繡夜行，誰知之者！」說者曰：「人言楚人沐猴而冠耳，果然。」項王聞之，烹說者。「錦衣夜行」這個成語就是由此延伸出來的。項羽最終拒絕隨烏江亭長渡江，執意不肯回江東，謂：「天之亡我，我何渡為！且籍與江東子弟八千人渡江而西，今無一人還，縱江東父兄憐而王我，我何面目見之？縱彼不言，籍獨不愧於心乎？」他悲劇人生的最終結局，也可理解為與楚人的自尊人格有關。

　　在漢代「富貴不歸故鄉，如衣繡夜行」成為了普遍的心態。《史記‧淮陰侯列傳》記韓信為楚王，至國後「召辱己之少年令出胯下者以為楚中尉。告諸將相曰：『此壯士也。方辱我時，我寧不能殺之邪？殺之無名，故忍而就於此。』」《漢書‧嚴助傳》記會稽人嚴助「家貧，為友婿富人所辱」，後得幸於武帝，「上問所欲，對願為會稽太守」。《漢書‧朱買臣傳》記武帝拜吳人朱買臣為會稽太守時，說「富貴不歸故鄉，如衣繡夜行，今子何如？」買臣感激得「頓首辭謝」。並且任職後在曾輕視自己的會稽吏前肆意顯擺，又對看不起自己的前妻故意羞辱。他們的行為很大程度上就是為了在家鄉鄰里面前顯示自我的成功，彌補喪失的面子。後漢時期，這種心態仍然存在。《後漢書‧景丹傳》記載：建武二年，光武帝定封馮翊櫟陽人景丹櫟陽侯。帝謂丹曰：「今

關東故王國，雖數縣，不過櫟陽萬戶邑。夫『富貴不歸故鄉，如衣繡夜行』，故以封卿耳。」丹頓首謝。《三國志‧魏書‧張既傳》記高陵人張既出為雍州刺史，太祖（曹操）謂既曰：「還君本州，可謂衣繡晝行。」

　　講信義、重節氣同樣是具有強烈自尊意識的一種表現。楚人歷來重義、重諾、重信。春秋時期楚莊王滅陳後，又因申叔之諫而復陳。《孔子家語‧好生》載：「孔子讀史至楚復陳，喟然歎曰：『賢哉楚王！輕千乘之國，而重一言之信。』」《左傳》宣公十五年（前595年）記楚圍宋達九月之久，宋大臣華元趁夜潛入楚營向楚將子反呈述宋國城內易子而食、析骸以爨的慘狀，要求楚軍退三十里再與宋簽約。楚莊王同意後，宋楚簽約，在上面寫上「我無爾詐，爾無我虞」。《史記‧蘇秦列傳》記楚威王認識到世為盟國的秦國「有舉巴蜀、並漢中之心」後，曾感慨「秦虎狼之國，不可親也」。《烈女傳‧貞順傳》記楚昭王與夫人出遊時，讓夫人留在漸臺上等他，不料突發大水，楚昭王趕緊使使者迎夫人。但夫人說：「王與宮人約令，召宮人必以符。今使者不持符，妾不敢從使者行」，又說「勇者不畏死，守一節而已。妾知從使者必生，留必死。然棄約越義而求生，不若留而死耳」。楚夫人終因臺崩而淹死。楚人重信義，一至於此。

　　秦漢人講信義的風氣也十分突出，其顯著的表現之一就是任俠的盛行。司馬遷在《史記‧遊俠列傳》中概括秦漢時的任俠精神說：「今遊俠，其行雖不軌于正義，然其言必信，其行必果，已諾必誠，不愛其軀，赴士之阨困，既已存亡死生矣，而不矜其能，羞伐其德。」《漢書‧季布傳》記其重然諾，時人傳說「得黃金百，不如得季布諾」，可見其講信義的精神。蘇武出使匈奴、持節不侮的史跡則是秦漢人重氣節的典型。當時類似蘇武這樣重氣節、輕生死的人，不勝枚舉。《後漢書‧黨錮列傳》概括當時的風氣，說：「及漢祖杖劍，武夫勃興，憲令寬賒，文禮簡闊，緒餘四豪之烈，人懷陵上之心，輕死重氣，怨惠必仇，令行私庭，權移匹庶，任俠之方，成其俗矣。自武帝以後，崇尚儒學，懷經協術，所在霧會，至有石渠分爭之論，黨同伐異之說，守文之徒，盛于時矣。至王莽專偽，終於篡國，忠義之流，恥見纓紼，遂乃榮華丘壑，甘足枯槁。雖中興在運，漢德重開，而保身懷方，彌相慕襲，去就之節，重于時矣。逮桓、靈之間，主荒政繆，國命委於閹寺，士子羞與為伍，故匹夫抗憤，處士橫議，遂乃激揚名聲，互相題拂，品核公卿，裁量執政，婞直之風，於斯行矣。」

三、粗率衝動的性情

楚人視人的「率性而行」為天經地義，《莊子·駢拇》言：「彼正正者，不失其性命之情。」因而處事顯得桀驁不遜，狂放不羈。《史記·楚世家》記西元前706年楚君熊通率軍攻隨時，隨侯指責熊通攻隨無理，他回答說：「我蠻夷也，今諸侯皆為叛相侵，或相殺。我有敝甲，欲以觀中國之政，請王室尊吾號。」當得知周天子不肯為他的子爵加封後，乾脆來了個「王不加位，我自尊耳」，自立為王。楚莊王問鼎，見周使拒絕回答鼎的大小輕重，當場表示「子無阻九鼎！楚國折鈎之喙，足以為九鼎」。以楚人為統治基幹的漢王朝，在其初年的政治生活中，疏闊狂放的作風也十分明顯。《史記·叔孫通列傳》記西漢草創之際，君臣之間沒有必要的朝儀約束，多為楚人的朝臣在殿上「飲酒爭功，醉或妄呼，拔劍擊柱」。楚國故地的諸侯王，其傅、相多由楚人擔任，耳聞目濡之下，大多驕縱不法。《史記·淮南衡山列傳》記載：淮南王劉長「自以為最親，驕蹇，數不奉法」，「不用漢法，出入稱警蹕，稱制，自為法令，擬于天子」，不僅擅殺漢朝大臣，而且還意圖勾結南越、匈奴謀反。司馬遷說：「淮南、衡山親為骨肉，疆土千里，列為諸侯，不務遵蕃臣職以承輔天子，而專挾邪僻之計，謀為畔逆，仍父子再亡國，各不終其身，為天下笑。此非獨王過也，亦其俗薄，臣下漸靡使然。夫荊楚剽輕，好作亂，乃自古記之矣。」司馬遷的總結雖然不是很全面，但率性而為的社會風尚確曾對這些諸侯王產生過很大影響。

率性而行，養成了楚人風風火火的性格。《左傳》宣公十四年（前596年）載楚使申舟被宋國殺害，楚王聞之，「投袂而起，屨及於窒皇，劍及於寢門之外，車及于蒲胥之市。」當年秋天九月，楚莊王就派兵包圍了宋國，反應十分迅猛剛強。《史記·禮書》稱：「楚人鮫革犀兕，所以為甲，堅如金石；宛之鉅鐵施，鑽如蜂蠆，輕利剽遬，卒如熛風」。秦漢之際，楚國故地仍然保留了急烈的文化節奏，故而有楚人剽疾的說法。[62]《史記·留侯世家》記張良曾對劉邦說：「楚人剽疾，願上無與爭鋒。」〈絳侯周勃世家〉記周亞夫曾說：「楚兵剽輕，難與爭鋒。」〈吳王濞列傳〉記周勃客鄧都尉也說：「吳兵銳甚，難與爭鋒。楚兵輕，不能久。」劉邦也因「患吳、會稽輕悍，無壯王以填之，諸子少，乃立濞於沛為吳王」。而《史記·三王世家》「大江之南，五湖之內，其人輕心」；

62　王子今，《秦漢區域文化研究》，第281—283頁，四川人民出版社1998年版。

《史記・淮南衡山列傳》「荊楚僄勇輕悍」；《漢書・地理志》「汝南之別，皆急疾有氣勢」；《論衡・言毒》「楚越之人，促急捷疾」，也都反映了同樣的民俗特徵。實際上，從整體上看，西漢社會也表現出了以急進為基本特徵的生活節奏。「當時人反映人生節奏態度的所謂『奮疾』（《史記・樂書》）、『馳騖』（賈誼：〈惜誓〉）以及『奔揚』（《史記・司馬相如列傳》）諸語，都體現出當時社會文化傾向積極進取的『銳氣』（《史記・淮陰侯列傳》）。」[63]「馳逐」是西漢社會盛行的競技運動。《史記・貨殖列傳》說：「博戲馳逐，鬥雞走狗，作色相矜，必爭勝者，重失負也。」《鹽鐵論・國疾》：「里有俗，黨有場，康莊馳逐，窮巷蹴鞠。」《漢書・東方朔傳》：「遊戲北宮，馳逐平樂。」「馳逐」運動的普及，正反映了當時社會生活輕急、狂放的風氣。

火爆倔強的脾性，是粗率衝動性情的重要表現。《史記・貨殖列傳》說西楚「其俗剽輕，易發怒」，而南楚「其俗大類西楚」。《漢書・地理志》記吳、楚風俗，說：「吳、粵之君皆好勇，故其民至今好用劍，輕死易發……本吳、粵與楚接比，數相並兼，故民俗略同。」楚人有愛劍之風，「銅劍是江陵楚墓中最重要的一種兵器，成年男性墓中幾乎都有一件銅劍隨葬」；江陵以外的士庶楚墓，隨葬銅劍也很普遍。湖南永州鷂子嶺楚墓，約有50%的墓中出劍；長沙東南郊的楚墓，約有39%的墓中出劍。[64]劍是防身與進攻的利器，楚國士民佩劍成習，反映楚人的尚武之風，但同時也與脾氣火爆容易引發鬥毆有關。

秦漢人脾氣同樣火爆，因而相互罵詈與鬥毆的事件屢見不鮮，甚至於為芥蒂小事也可能劍拔弩張。最著名的實例就是皇太子劉啟砸死吳王太子之事。《史記・吳王濞列傳》記載：「孝文時，吳太子入見，得侍皇太子飲、博。吳太子師傅皆楚人，輕悍，又素驕，博，爭道，不恭，皇太子引博局提吳太子，殺之。」這一因下棋而引發的命案，極大地惡化了漢廷與吳國的關係。高祖劉邦也以常罵人而著稱。《史記・高祖本紀》記呂后迎良醫給高祖治傷，高祖嫚罵之曰：「吾以布衣提三尺劍取天下，此非天命乎？命乃在天，雖扁鵲何益！」〈魏豹彭越列傳〉記魏豹曾說：「今漢王慢而侮人，罵詈諸侯群臣如罵奴耳，非有上

63　王子今，《秦漢區域文化研究》，第280頁，四川人民出版社1998年版。

64　郭德維，〈江陵楚墓論述〉，《考古學報》1982年第2期；零陵地區文物工作隊，〈永州市鷂子嶺戰國墓發掘簡報〉，載《湖南考古輯刊》第4輯，嶽麓書社1987年版；高至喜、熊傳新，〈楚人在湖南的活動遺跡概述〉，《文物》1980年第10期。

下禮節也，吾不忍復見也。」〈酈生陸賈列傳〉稱其「與人言，常大罵」。〈劉敬叔孫通列傳〉記劉邦曾怒罵劉敬曰：「齊虜。以口舌得官，今乃妄言沮吾軍。」〈田叔列傳〉記：「漢七年，高祖往誅之，過趙，趙王張敖自持案進食，禮恭甚，高祖箕踞罵之。」甚至是當時的文人，在言辭上也多不遜。《漢書‧儒林傳》記世為《魯詩》之宗的博士江公因妒忌王式，在宴會上破開大罵《禮記‧曲禮》「何狗曲也！」

　　由於不會控制自己的脾氣，不少人因激烈的言行而引來大禍。《漢書‧灌夫傳》記載：灌夫不滿丞相田蚡驕橫，在田蚡所設酒宴上怒曰：「今日斬頭穴匈，何知程（不識）、李（廣）。」激怒了田蚡。「藉福起為謝，案夫項令謝。夫愈怒，不肯順。」於是田蚡「劾灌夫罵坐不敬，系居室。遂其前事，遣吏分曹逐捕諸灌氏支屬，皆得棄市罪」。《史記‧大宛列傳》記漢通西域後，武帝「使壯士車令等持千金及金馬以請宛王貳師城善馬」，大宛王不肯，「漢使怒，妄言，椎金馬而去」，激怒了大宛貴族，「令其東邊郁成遮攻殺漢使，取其財物」。還有很多的人因心情鬱憤，而在短期內被氣死。《史記‧項羽本紀》記楚漢相爭時，范增被懷疑「與漢有私」，大怒而辭職返鄉，「行未至彭城，疽發背而死」。《史記‧韓長孺列傳》記韓安國遭斥疏，「意忽忽不樂。數月，病歐血死」。《漢書‧申屠嘉傳》記其悔不先斬晁錯而為錯所賣，「至舍，因嘔血而死」。《漢書‧王商傳》記其「免相三日，發病嘔血薨」。《後漢書‧祭遵傳》記祭「肜性沉毅內重，自恨見詐無功，出獄數日，歐血死」。《後漢書‧蘇章傳》記：李暠「捕求不韋，曆歲不能得，憤恚感傷，發病歐血死」。《後漢書‧袁紹傳》注引《魏志》曰：「紹自軍破後，發病歐血死。」《後漢書‧袁術傳》記其「因憤慨結病，歐血死」。

　　楚人脾性倔強，不輕易放棄自己的主張，又體現出了一種不隨和、不妥協的堅韌氣質。〈離騷〉說：「余心之所善，雖九死其猶未悔」，「伏清白以死直兮……惟昭質其猶未虧」，表現出來的是追求不捨的、寧願忍受無限孤獨和深沉憂患折磨，至死不改變初衷的自強不息的奮鬥精神。這種氣質影響了秦漢人氣質與靈魂的塑造，他們的行為同樣體現了對堅韌不拔的追求。《史記‧大宛列傳》記張騫出使西域，匈奴單于「留騫十餘歲，與妻，有子，然騫持漢節不失」，「堂邑父故胡人，善射，窮急射禽獸給食。初，騫行時百餘人，去十三歲，唯二人得還」。儘管《史記》對張騫經歷的艱難險阻沒有詳細敘述，

但這一細節與數字，足見張騫十三年內所經受的艱難苦困與磨難已達到非常人所能夠忍受的程度，沒有百折不撓的毅力和堅韌不拔的氣質，難以承受。《史記‧衛將軍驃騎列傳》記武帝為霍去病「治第」時，霍去病對曰：「匈奴未滅，無以家為也。」《後漢書‧馬援列傳》記馬援說：「方今匈奴、烏桓尚擾北邊，欲自請擊之。男兒要當死于邊野，以馬革裹屍還葬耳，何能臥床上在兒女子手中邪？」兩者所表現出來的，與楚人至死不屈、寧為國殤的倔強性格，如出一轍。

感情外露、情緒波動是性情粗率衝動的另一表現。〈離騷〉「長太息以掩涕兮，哀民生之多艱」，《九章‧哀郢》「望長楸以太息，涕淫淫其若霰」，〈悲回風〉「涕泣交而淒淒兮，思不眠以至曙」，反映了楚人我行我素、任情落淚的一面。秦漢之際的楚人仍然保留了感情外露的特徵。《史記‧淮陰侯列傳》記項羽「人有疾病，涕泣分食飲」。〈項羽本紀〉記項羽與虞姬訣別時「項王泣數行下，左右皆泣，莫能仰視」。〈高祖本紀〉記劉邦功成還鄉，「乃起舞，慷慨傷懷，泣數行下」。〈張丞相列傳〉記劉邦以沛人周昌相趙王，周昌泣曰：「臣初起從陛下，陛下獨奈何中道而棄之于諸侯乎？」〈傅靳蒯成列傳〉記高祖欲自擊陳豨，蒯成侯泣曰：「始秦攻破天下，未嘗自行。今上常自行，是為無人可使者乎？」

彭衛指出：「翻閱兩漢史籍，可以突出地感受到漢代人是那樣容易落淚，從皇帝、貴族、官吏，到普通百姓；從老人、青壯年，到少年兒童；地位、經歷、教養、年齡的差異，並不影響人們在衝動性格驅使下湧動著淚水——這是中國歷史上十分罕見的情形。」[65]《漢書‧韓安國傳》記其勸諫梁孝王守漢法時，是「入見王而泣曰」，「安國泣數行下」，「語未卒，王泣數行而下」。〈蘇建傳〉記蘇武在匈奴聽聞武帝去世，「南鄉號哭，歐血，旦夕臨」。〈趙廣漢傳〉記其在官場傾軋中敗北，被定為死刑後，「吏民守闕號泣者數萬人」，或言：「臣生無益縣官，願代趙京兆死，使得牧養小民。」〈酷吏傳〉記長安令尹賞活埋大批惡少，領屍之日「親屬號哭，道路皆歔欷」。尤其值得注意的是，《後漢書‧周舉列傳》記載：「六年三月上巳日，商大會賓客，宴于洛水，舉時稱疾不往。商與親暱酣飲極歡，及酒闌倡罷，繼以〈薤露〉之歌，坐中聞者，皆為掩涕。」從「酣飲極歡」到「皆為掩涕」不過在一瞬之間，突出反映了漢人的情緒也是多麼容易受到環境的感染。

65　彭衛，《古道俠風》，第27頁，中國青年出版社1998年版。

第五章 楚文化與秦漢社會的文藝世界

第一節 文學

　　楚國的文學反映了先秦時期中國文學創作所取得的最高成就，莊周的散文和屈原的詩歌都是前無古人的絕唱，開創了中國浪漫主義文學的先河，在文藝思想、創作精神、表現手法、體裁形式、修辭技巧等各方面都對秦漢時期的文學創作有著巨大而深遠的影響。劉勰《文心雕龍・時序篇》說：「爰自漢室，迄至成哀，雖世漸百齡，辭人九變，而大抵所歸，祖述楚辭，靈均餘影，於是乎在」，強調西漢文學創作受到了楚辭的影響。

一、楚辭的整理與研究

　　楚辭是戰國時代以屈原為代表的楚國人創作的詩歌，它是《詩經》三百篇以後的一種新詩體。至漢成帝時，劉向整理古籍，把屈原、宋玉等人的作品編輯成書，定名為《楚辭》，從此以後，楚辭就又成為了一部總集的名稱。楚辭具有濃厚的地域文化色彩，宋代黃伯思在《校定楚辭・自序》中概括曰：「蓋屈宋諸騷，皆書楚語，作楚聲，記楚地，名楚物，故可謂之楚辭。」從屈原去世甚或其作品產生之後，楚辭就受到了人們普遍的珍視和喜愛。《史記・屈原列傳》說：「屈原既死之後，楚有宋玉、唐勒、景差之徒者，皆好辭而以賦見稱，然皆祖屈原之從容辭令，終莫敢直諫。」班固〈離騷贊序〉說：「原死之後，

秦國滅楚，其辭為眾賢所悲悼，故傳於後。」王逸《楚辭章句・離騷序》說：「楚人高其行義，瑋其文采，以相傳教。」〈九章序〉又說：「楚人惜而哀之，世論其辭，以相傳焉。」漢代立國之初，「政承秦制，文尚楚風」，文壇幾乎全由「楚辭」的勢力所控制。尤其是在楚國故地，楚辭的影響和成就更大。《漢書・地理志》說：「壽春、合肥受南北湖皮革、鮑、木之輸，亦一都會也。始楚賢臣屈原被讒放流，作離騷諸賦以自傷悼。後有宋玉、唐勒之屬慕而述之，皆以顯名。漢興，高祖王兄子濞于吳，招致天下之娛遊子弟，枚乘、鄒陽、嚴夫子之徒興于文、景之際。而淮南王安亦都壽春，招賓客著書。而吳有嚴助、朱買臣，貴顯漢朝，文辭併發，故世傳楚辭。」

　　楚辭是戰國時代在南方楚國民歌基礎上發展而來，其本義當是泛指楚地的歌辭，以後才專指以屈原的創作為代表的新文體。西漢是楚聲風靡的時期，這為漢人對楚辭的接受奠定了基礎。秦末項羽作〈垓下歌〉，士兵亦好為楚聲，已開楚聲風靡之先。漢初因代表楚人的政治勢力擴展，策源於江淮流域的楚聲，隨著流行於黃河流域，成為社會上流行的即興抒懷的主要形式。高祖劉邦即好楚歌，《史記・高祖本紀》記劉邦在擊破英布軍，還過沛時，曾作〈大風歌〉，曰：「大風起兮雲飛揚，威加海內兮歸故鄉，安得猛士兮守四方？」〈留侯世家〉記其決定不立趙王如意為太子後，曾為戚夫人楚歌。武帝劉徹同樣是楚歌的佼佼者，存其名下的作品有〈瓠子歌〉、〈秋風辭〉、〈天馬歌〉、〈西極天馬歌〉、〈思奉車子侯歌〉。此外，現存的西漢楚歌作品還有戚夫人的〈春歌〉、趙王劉友的〈幽歌〉、淮南王劉安的〈八公操〉、司馬相如的〈琴歌〉、東方朔的〈嗟伯夷〉、李陵的〈別歌〉、昭帝的〈黃鵠〉、劉旦的〈王歌〉、劉旦妃的〈華容夫人歌〉、劉細君的〈悲愁歌〉、劉胥的〈瑟歌〉、息夫躬的〈絕命辭〉等。李陵為關西健兒，相如係蜀中寒士，他們也以楚歌來宣洩自己的情感。

　　西漢皇室對於由楚歌發展而來的楚辭尤為喜愛。《史記・張湯傳》記：「朱買臣以楚辭與嚴助俱幸，侍中，為太中大夫，用事。」《漢書・朱買臣傳》記：「會邑子嚴助貴幸，薦買臣，召見，說《春秋》，言楚辭，帝甚悅之。拜買臣為中大夫。」〈王褒傳〉記：「宣帝時，修武帝故事，講論六藝群書，博盡奇異之好，征能為楚辭，九江被公召見誦讀。益召高材劉向、張子僑、華龍、柳褒等待詔金馬門。」朱買臣、嚴助、劉向、王褒、九江被公等都以知楚辭而馳名遷升，自然會形成一種社會風氣，以楚辭的誦讀為雅事，以作為晉升之階。

西漢時期也的確出現了許多模仿屈原的作品。《漢書・藝文志》著錄的「屈原賦之屬」二十家三百六十一篇作品中，相當一部分都是著於漢前期，包括賈誼、枚乘、司馬相如、淮南王君臣、孔藏、劉隁、吾丘壽王、蔡甲、武帝、倪寬等的作品。

漢初擬楚辭的作品，大多是借悼念屈原抒發個人不得志的情懷，真正體現屈原思想的作品並不多。而且在這大量擬騷之作中，很多是抄襲屈原作品中的語句和文章。嚴忌〈哀時命〉「怊茫茫而無歸兮，悵遠望此曠野。下垂釣于溪谷兮，上要求於仙者。與赤松而結友兮，比王僑而為耦。使梟楊先導兮，白虎為之前後。浮雲霧而入冥兮，騎白鹿而容與。魂眐眐以寄獨兮，汩徂往而不歸。處卓卓而日遠兮，志浩蕩而傷懷」，就可以說是全然沿用或抄襲〈遠遊〉的文章。因此，宋黃伯思在其《校定楚辭・自序》中說：「自漢以還，文師詞宗，慕其軌躅，摛華競秀，而識其體要亦寡。」但也有部分藝術成就較高者，其中最突出的是淮南小山的〈招隱士〉。此篇採用鋪寫手法，十分生動地描繪出荒山谿谷的淒涼幽險，「桂樹叢生兮山之幽，偃蹇連蜷兮枝相繚。山氣巃嵸兮石嵯峨，溪谷嶄岩兮水曾波。猿狖群嘯兮虎豹嗥，攀援桂枝兮聊淹留」。非常成功地渲染出令人觸目驚心的氛圍，顯現了隱士幽居的寂寥艱危，急切地表達「王孫兮歸來，山中兮不可以久留」的意向，感情濃郁，意味深長，音節和諧，優美動人，歷來為人所重。朱熹《楚辭集注》稱「此篇視漢諸作最為高古」；明許伯清《詩源辨體》說：「屈宋楚辭本千古辭賦之宗，而漢人摹仿盜襲，不勝厭飫，惟小山〈招隱士〉一篇，聲既峻絕，而語復奇警，在屈宋後佼佼獨勝」；清王夫之《楚辭通釋》也說：「其可從類附離騷之後者，以音節局度，瀏漓昂激，紹楚辭之餘韻，非他詞賦之比。雖志事各殊，自可嗣音屈宋」，「其辭致磅礴弘肆，而意唯一致，真得騷人之遺韻」。

由於西漢統治集團的喜好，楚辭的編訂研究工作也應運而起。據現有材料來看，最早整理楚辭的應是武帝時的淮南王劉安。《漢書・淮南王傳》載：「初，安入朝，獻所作內篇，新出，上愛秘之，使為〈離騷傳〉。旦受詔，日食上之。」劉安都壽春，為楚國故都，有大批楚文化的風貌遺存。而且劉安是漢初招士最力的諸侯王之一，當時的許多著名學者與辭賦家都依附於他。據《漢書・藝文志》著錄，漢初創作「屈原賦」類作品最多的就是淮南王及其群臣，淮南王有賦 82 篇，其群臣有賦 44 篇。因此有條件收集整理楚辭作品，並根據屈原事蹟

為之作傳。西元前一世紀末劉向校定群書，寫定與編集了《楚辭》一書，其中既收錄了屈原、宋玉、景差等戰國楚人作品，又包括了漢代賈誼的〈惜誓〉、淮南小山的〈招隱士〉、東方朔的〈七諫〉、嚴忌的〈哀時命〉、王褒的〈九懷〉以及他自己的〈九歎〉等模擬之作。並且對楚辭開始了有重點與難點的研究。王逸《楚辭章句・天問序》說：「至於劉向、揚雄援引傳記以解說之，亦不能詳悉。」又〈離騷序〉說：「孝章即位，深宏道義，而班固、賈逵復以所見改易前疑，各作〈離騷經章句〉，其餘十五卷闕而不說。」東漢王逸在劉向輯本的基礎上，又增補了自己的作品〈九思〉，而成今本《楚辭》。其《楚辭章句》是流傳下來最早、最全的注本，下了很大功夫，也很有會心。

圍繞屈原楚辭而出現的文學論爭，構成了漢代文學批判的重要內容。《史記・屈原列傳》保留了劉安〈離騷傳〉的部分內容，這是最早的對屈原楚辭的文學理論評述，現錄之於下：「〈國風〉好色而不淫，〈小雅〉怨誹而不亂，若離騷者，可謂兼之矣。上稱帝嚳，下道齊桓，中述湯武，以刺世事。明道德之廣崇，治亂之條貫，靡不畢見。其文約，其辭微，其志絜，其行廉，其稱文小而其指極大，舉類邇而見義遠。其志絜，故其稱物芳；其行廉，故死而不容自疏。濯淖污泥之中，蟬蛻於濁穢，以浮游塵埃之外，不獲世之滋垢，皭然泥而不滓者也。」劉安的論述突出了屈原辭的社會思想內容，漠視了楚辭深沉的情感及其對現實困境的超越，同時也歪曲了楚辭馳騁想像、奇譎瑰麗的藝術風格，但給予了它很高的評價，而認定它符合儒家經典言志、美刺的詩教，似乎也有給當時逐漸取得獨尊地位的儒家文化接納楚辭尋找根據的意圖。

然而劉安的解釋畢竟牽強，不久即有司馬遷指出並論證了屈原楚辭「發憤抒情」的情感特點。《史記・屈原列傳》說：「屈平疾王聽之不聰也，讒諂之蔽明也，邪曲之害公也，方正之不容也，故憂愁幽思而作〈離騷〉。『離騷』者，猶離憂也。夫天者，人之始也；父母者，人之本也。人窮則反本，故勞苦倦極，未嘗不呼天也；疾痛慘怛，未嘗不呼父母也。屈平正道行直，竭忠盡智以事其君，讒人間之，可謂窮矣！信而見疑，忠而被謗，能無怨乎？屈平之作〈離騷〉，蓋自怨生也。」司馬遷在這裡肯定了〈離騷〉是屈原基於現實政治鬥爭而產生的激憤情感的宣洩，是一腔忠憤之情的結晶。

司馬遷以後儒家正統地位日益確立，在屈原楚辭受到廣泛重視的同時，也出現了從正統儒學立場出發，排斥楚辭的言論。班固在〈離騷序〉中說：「今

若屈原，露才揚已，競乎危國群小之間，以離讒賊。然責數懷王，怨惡椒、蘭，愁神苦思，強非其人，忿懟不容，沉江而死，亦貶絜狂狷景行之士。多稱昆侖冥婚宓妃虛無之語，皆非法度之致，經義所載。」然而，儘管班固視屈原為偏激，還是充分肯定了楚辭的文學價值。說：「然其文弘博麗雅，為辭賦宗。後世莫不斟酌其英華，則象其從容。自宋玉、唐勒、景差之徒，漢興，枚乘、司馬相如、劉向、揚雄騁極文詞，好而悲之。自謂不能及也。雖非明智之器，可謂妙才者也。」

　　東漢的王逸對屈原非常推崇，在儒家詩教之外指明了楚辭的價值，肯定了楚辭文采的華美。其《楚辭章句‧離騷經序》說：「凡百君子，莫不慕其清高，嘉其文采，哀其不遇，而愍其志焉。」同時也努力在主流文化中為楚辭尋找位置。他指出屈原繼承並發展了《詩經》的比興手法，又駁斥了對〈離騷〉素材不合經傳的批評。〈離騷經序〉說：「〈離騷〉之文，依詩取興，引類譬喻。故善鳥香草，以配忠貞；惡禽臭物，以比讒佞；靈脩美人，以媲於君；宓妃佚女，以譬賢臣；虬龍鸞鳳，以托君子；飄風雲霓，以為小人。其辭溫而雅，其義皎而朗。」又《楚辭章句敍》說：「夫〈離騷〉之文，依託五經以立義焉。『帝高陽之苗裔』，則『厥初生民，時維姜嫄』也。『紉秋蘭以為佩』，則『將翱將翔，佩玉瓊琚』也。『夕攬洲之宿莽』，則《易》『潛龍勿用』也。『駟玉虬而乘鷖』，則『時乘六龍以御天』也。『就重華而陳詞』，則《尚書》咎繇之謀謨也。『登昆侖而涉流沙』，則《禹貢》之敷土也。」針對班固對屈原處世態度、政治行為的指責，王逸給予了尖銳的批判。《楚辭章句敍》說：「人臣之義，以忠正為高，以伏節為賢。故有危言以存國，殺身以成仁。是以伍子胥不恨于浮江，比干不悔於剖心，然後忠立而行成，榮顯而名著。若夫懷道以迷國，詳愚而不言，顛則不能扶，危則不能安，婉娩以順上，逡巡以避患，雖保黃耇，終壽百年，蓋志士之所恥，愚夫之所賤也。今若屈原，膺忠貞之質，體清潔之性，直若砥矢，此誠絕世之行，俊彥之英也。」這種觀點突破了傳統儒家中和保身的論點，將敢於直言切諫、勇於殺身成仁轉變為士大夫自覺的人格精神，因而不會受到儒家文化的排斥。

二、楚辭與漢賦

　　楚辭、漢賦都是一代之文學。王國維曾經指出：「凡一代有一代之文學，楚之騷，漢之賦，六代之駢語，唐之詩，宋之詞，元之曲，皆所謂一代之文學，

而後世莫能繼焉者也。」¹劉向在編輯《楚辭》時標準分明，除收他認為是屈原的作品外，宋玉只收〈九辨〉和〈招魂〉，而漢代人的作品，收的都是類比楚辭的，如賈誼，不收〈吊屈原賦〉、〈鵬鳥賦〉，而收〈惜誓〉。〈惜誓〉是類比屈原的作品，從這裡可以看到漢代作家所作楚辭的特徵。不僅採用楚辭的形式，同時也模仿屈原的語氣，代屈原去抒發那種「信而見疑，忠而被謗」的怨憤情緒。而〈吊屈原賦〉則完全以詩人自己的身分表達了對屈原的仰慕和同情，並於其中寄託了個人身世的感慨，感情是深切的。但西漢又存在辭賦並稱的情況，如《史記‧司馬相如列傳》稱「景帝不好辭賦」，《史記》也有個別情況以賦稱辭的，如〈屈賈列傳〉稱屈原「乃作《懷沙》之賦」。到了東漢，班固在《漢書》中，多次以賦稱辭，並在《漢書‧藝文志》中，把辭與賦混編在一起，統稱為賦。這種情況反映了楚辭與漢賦在文體上應該具有相當多的共同之處。漢代漢賦的發展可分為三個時期，漢初六十年是騷體賦的時期；西漢武帝至東漢中葉是散體賦勃興、發展而衰落時期；東漢中後期則是漢賦走向抒情化、小品化的時期。下面擬分階段簡述楚辭對漢賦的影響。

漢初盛行的騷體賦直接採用了楚辭體。《楚辭章句》錄入的〈惜誓〉為賈誼所作，我們把它與賈誼〈吊屈原賦〉加以比較，可以看出除了後者的四言句稍多之外，兩者的句式基本相同，而且內容也有很多全同或雷同的地方。如兩篇中均有「所貴聖人之神德兮，遠濁世而自藏；使騏驥可得系而羈兮，豈云異夫犬羊？」又〈吊屈原賦〉云「鳳凰翔於千仞兮，覽德輝而下之；見細德之險徵兮，遙曾擊而去之」，而〈惜誓〉云「獨不見夫鸞鳳之高翔兮，乃集大皇之野。循四極而回周兮，見盛德而後下」；〈吊屈原賦〉云「橫江湖之鱣鯨兮，固將制於螻蟻」，而〈惜誓〉云「神龍失水而陸居兮，為螻蟻之所裁」；〈吊屈原賦〉云「鳳縹縹其高逝兮」，而〈惜誓〉云「獨不見夫鸞鳳之高翔兮」。同一作者相同體式的作品，有的稱賦，有的卻被視為楚辭，可見辭、賦兩者在漢初本為一體。從所收作家及其作品篇數比較看，《楚辭章句》所錄篇目當選自《漢書‧藝文志》「屈原賦之屬」。兩者在文體上並無顯著差異，均以「兮」字句作為其基本句型，只不過前者沒有以賦為名，而且在內容上以憫屈悼屈為主。故而南宋朱熹《楚辭集注》在王逸《楚辭章句》基礎上增入了賈誼的〈鵬鳥賦〉、〈吊屈原賦〉，人們並沒有提出太多的反對意見。

1　王國維，《宋元戲曲史》序，百花文藝出版社 2002 年版。

漢賦中最能代表漢代文學特色的是散體賦。這種賦體的奠基之作是枚乘的〈七發〉，而將之推向成熟的則是司馬相如的〈子虛賦〉和〈上林賦〉。楚辭長於言幽怨之情，具有幽深的藝術風格，既便是被朱熹《楚辭集注》認為「其詞氣平緩，意不深切，如無所疾痛而強為呻吟者」的〈哀時命〉、〈九懷〉、〈九歎〉，也終究是借悼懷屈原以抒寫自己的情緒。與之不同，漢散體賦以詠物或說理為主，且多為滿足君王的「聲色」之需而著意誇飾、精心雕琢之作，雖然規模壯闊，體制宏偉，但內容不夠充實，意境近乎浮誇，沒有陰沉抑鬱的氣氛，也沒有作者自己的個性、情感。然而，在形制結構、表現手法和語言風格等方面，散體賦都是繼承和發展楚辭而來。劉勰《文心雕龍‧詮賦篇》：「然賦也者，受命于詩人，拓宇于楚辭也。」

廖平認為《楚辭‧遠遊》「與相如〈大人賦〉如出一手，大同小異」，郭沫若也曾說：「只是〈遠遊〉整抄〈離騷〉和司馬相如〈大人賦〉的地方太多，而結構與〈大人賦〉亦相同，我疑心是〈大人賦〉的初稿。」[2]〈大人賦〉與〈遠遊〉一樣同為遊仙之作。《史記‧司馬相如列傳》載：「相如拜為孝文園令。天子既美〈子虛〉之事，相如見上好仙道，因曰：『上林之事未足美也，尚有靡者。臣嘗為〈大人賦〉，未就，請具而奏之。』相如以為列仙之傳居山澤間，形容甚臞，此非帝王之仙意也，乃遂就〈大人賦〉。」兩者結構也有相似之處，不僅首尾安排近似，而且寫上天下地遊仙的手法近似。比如寫離世遊仙，都是因為「悲時俗之迫阨」（〈遠遊〉）或「悲世俗之迫隘」（〈大人賦〉），最終或達到了「超無為以至清兮，與泰初而為鄰」（〈遠遊〉），或「乘虛無而上假兮，超無友而獨存」（〈大人賦〉）的真人境界。同時有很多相似的文句。如〈遠遊〉「悲時俗之迫阨兮，願輕舉而遠遊」，〈大人賦〉「悲世俗之迫隘兮，朅輕舉而遠遊」；〈遠遊〉「餐六氣而飲沆瀣兮，漱正陽而含朝霞」，〈大人賦〉「呼吸沆瀣兮餐朝霞」；〈遠遊〉「命天閽其開關兮，排閶闔而望予」，〈大人賦〉「排閶闔而入帝宮兮，載玉女而與之歸」；〈遠遊〉「使湘靈鼓瑟兮，令海若舞馮夷」，〈大人賦〉「使靈媧鼓瑟而舞馮夷」；〈遠遊〉「下崢嶸而無地兮，上寥廓而無天。視儵忽而無見兮，聽惝怳而無聞。超無為以至清兮，與泰初而為鄰」，〈大人賦〉「下崢嶸而無地兮，上寥廓而無天。視眩眠而無

2　見廖平《楚詞講義》，轉引自姜亮夫，《屈原賦校注》，第519頁，人民文學出版社1957年版；郭沫若，《屈原研究》，第42頁，新文藝出版社1952年版。

見兮,聽惝恍而無聞。乘虛無而上假兮,超無友而獨存」等等。〈遠遊〉和〈大人賦〉的相似之處,正好說明了楚辭對司馬相如漢賦的創作具有深刻的影響。

鋪陳是楚辭的基本手法之一。〈招魂〉是其中較有代表性的。〈招魂〉中的鋪排手法源於楚地諸族為招魂引魂而歷數四方之險、多陳祖地之樂的古老的招魂形式。楚地諸族民間招魂重疊的特點,轉化為〈招魂〉「外陳四方之惡,內崇楚地之美」的鋪陳結構,如描述楚王宮室:「翡帷翠帳,飾高堂些。紅壁沙版,玄玉梁些。仰觀刻桷,畫龍蛇些。坐堂伏檻,臨曲池些。芙蓉始發,雜芰荷些。紫莖屏風,文緣波些。文異豹飾,侍陂陁些。軒輬既低,步騎羅些。蘭薄戶樹,瓊木籬些。魂兮歸來,何遠為些!」而《文心雕龍‧詮賦篇》說:「賦者,鋪也。鋪采摛文,體物寫志也。」指出鋪陳同樣是漢賦在表現手法上最突出的特點。這種手法被散文賦作者用至極致,為了構築宏致博大、無所不包的體系,他們會由點及面,由小及大,由遠及近,由實及虛,大凡能想到的東西,便一股腦地鋪排出來,不嫌其多。揚雄〈解嘲〉中關於人才遭際的議論便有大段的鋪敘,成串的排比。「夫上世之士,或解縛而相,或釋褐而傅;或倚夷門而笑,或橫江潭而漁;或七十說而不遇,或立談間而封侯;或枉千乘於陋巷,或擁帚彗而先驅。是以士頗得信其舌而奮其筆,窒隙蹈瑕而無所詘也。當今縣令不請士,郡守不迎師,群卿不揖客,將相不俛眉;言奇者見疑,行殊者得辟,是以欲談者宛舌而固聲,欲行者擬足而投跡。鄉使上世之士處乎今,策非甲科,行非孝廉,舉非方正,獨可抗疏,時道是非,高得待詔,下觸聞罷,又安得青紫?」

漢賦還接受了楚辭的象徵手法。屈原的政治失意、人生哀怨、高潔志趣和完美的人格在〈離騷〉、《九歌》等作品中多以神話、香草美人、婚戀等多種象徵形式取譬言志表現出來。這種手法被漢代賦家所接受。趙壹在〈窮鳥賦〉中,即以窮鳥自比,把生當亂世正直文人的動輒得咎、難以全身的悲憤之情表達得淋漓盡致。漢賦對楚辭的這種象徵手法的接受比較普遍地表現在以女子求男而男子無信隱喻君臣關係的抒情模式中。司馬相如的〈美人賦〉和〈長門賦〉都以女子的口吻來敘說衷腸。東漢末年的王粲以女性口吻來抒寫美人自悼情懷,無論是〈閑邪賦〉中的「恨年歲之方暮,哀獨立而無依」,還是〈出婦賦〉中的「君不篤兮始終,樂枯黃兮一時。心搖盪兮變易,忘舊姻兮棄之」以及〈寡婦賦〉中的「坐幽室兮無為,登空床兮下幃」,所表現的均是一種被壓抑的怨

君心理和不遇傷感。

　　楚辭文章華麗，辭采四射。《文心雕龍・詮賦篇》稱：「其文辭麗雅，為詞賦之宗。雖為明哲，可謂妙方」；「驚采絕豔，難與並能」。《文心雕龍・宗經》云：「是以楚豔漢侈，流弊不還，正末歸本，不其懿歟！」劉勰主張文學創作應該宗經遵道，因此對楚辭之驚彩絕豔與漢賦之鋪張揚厲是持批評態度的，但他又確實指出了漢賦對楚辭語言風格的承襲。漢賦作者為了使他們的作品錯金鏤彩、紛繁絢爛，在遣詞造句上極下功夫。《西京雜記》載司馬相如之語云：「合纂組以成文，列錦繡而為質，一經一緯，一宮一商，此賦之跡也。」揚雄《法言》云：「詩人之賦麗以則，辭人之賦麗以淫。」追求結構的宏大，語言的華麗，句式的工整成為漢大賦的共通之點。楚辭的詭異之詞對漢大賦的影響也很明顯。《楚辭》充滿豐富而神奇的想像，利用神話傳說來構造奇特藝術氛圍的浪漫藝術特色。而漢大賦誇飾手法的運用比之屈、宋，有過之而無不及。《文心雕龍・誇飾篇》說：「自宋玉、景差，誇飾始盛。相如憑風，詭濫愈甚。故上林之館，奔星與宛虹入軒；從禽之盛，飛廉與鷦鷯俱獲。及揚雄〈甘泉〉，酌其餘波，語瑰奇則假珍於玉樹，言峻極則顛附於鬼神。」

　　此外，楚辭中不少篇章，如〈離騷〉、〈天問〉、〈招魂〉等隱含著對答的形式。這種形制結構也為漢賦提供了借鑑。枚乘的〈七發〉以及漢散體賦的典型代表作品〈子虛賦〉、〈上林賦〉的結構方式均是以主客問答為線索。

　　東漢中葉後興起的抒情小賦一掃散體大賦鋪采摛文，虛誇堆砌的手法，在短小的篇幅中以清麗的文句，較為貼近現實地抒發內心情感，表現作者對黑暗現實的不滿情緒，及在精神上不願與之同流合污的高潔志向。在這一點上，又同楚辭的傳統銜接了起來。而且楚辭體中的「兮」字詞也更多地出現在了這些賦作中。李尤〈函谷關賦〉〈辟雍賦〉、張衡〈南都賦〉〈溫泉賦〉〈定情賦〉、傅毅〈舞賦〉、馬融〈長笛賦〉、朱穆〈郁金賦〉、邊讓〈章華臺賦〉、蔡邕〈筆賦〉〈彈琴賦〉、禰衡〈鸚鵡賦〉等抒情賦中，都有或多或少的楚騷句式。散體賦還更多地直接引入楚歌，以增強其抒情色彩的。如傅毅〈舞賦〉云：「顧影形，自整裝，順微風，揮若芳，動朱唇，紆清陽，亢音高歌，為樂之方。歌曰：擢予意以弘觀兮，繹精靈之所束。馳緊急之弦張兮，慢末事之骫曲。舒恢怠之廣度兮，闊細體之苛縟。嘉〈關雎〉之不淫兮，哀〈蟋蟀〉之局促。啟泰貞之否隔兮，超遺物而度俗。揚激徵，騁清角，贊舞操，奏均曲。形態和，神意協，

從容得，志不劫」。

三、楚文學與秦漢詩歌、散文

　　就文學創作而言，漢代是辭賦的時代，並不是詩歌、散文的時代。在漢人的觀念裡，詩歌在很長時期是專指歌辭而言的，不稱詩歌，而稱歌詩。關於漢樂府與楚辭在藝術形式上的共通之處，在第二章論述漢初禮樂制度時已有過介紹，茲不贅述。需要補充的是，正是由於楚辭對漢樂府產生了極大的影響，以致於有人誤認為楚辭產生於漢代。何天行著《楚辭作於漢代考》，其所持理由之一就是：「今按《九歌》的內容與漢代廟堂樂歌相同。如《九歌‧大司命》：『廣開兮天門，紛吾乘兮玄雲』；漢〈樂歌〉有『天門開，詠蕩蕩』。又《九歌‧湘夫人》：『靈之來兮如雲』；漢郊祀〈樂歌〉亦有『靈之車，結玄雲』等句，從內容上看，必是同一背景的產物。又如《九歌‧東皇太一》：『奠桂酒兮椒漿』；漢〈郊祀歌〉亦有『奠桂酒，賓八鄉』句。又洪興祖《楚辭補注》引漢〈樂歌〉：『莫利酒，勺椒漿』。《九歌‧東皇太一》：『靈衣兮披披，佩玉兮陸離』；漢〈郊祀歌〉亦有同樣性質的辭句：『被華文，廁霧縠，曳阿錫，佩珠玉。』《九歌》云『五音紛兮繁會』，〈郊祀歌〉亦云：『靈已坐，五音飭』。幾乎《九歌》中的內容即〈郊祀歌〉的內容。除〈郊祀歌〉的形式比較嚴整外，內容上沒有多大的分別。」[3]

　　五言詩是我國古典詩歌的主要形式，其成熟時期在漢代，而其起源則受益於楚辭。魯迅《漢文學史綱要‧藩國之文術》就認為漢代五言詩的代表作〈古詩十九首〉「其詞隨語成韻，隨韻成趣，不假雕琢，而意志自深，風神或近楚〈騷〉。」鐘嶸〈詩品序〉明言：「夏歌曰：『郁陶乎予心。』楚謠曰：『名余曰正則。』雖詩體未全，然是五言之濫觴也。」《詩品》卷上又說漢都尉李陵贈蘇武的五言詩「其源出於楚辭，文多悽愴，怨者之流」。在戰國時期楚地就出現了五言詩的雛形。《孟子‧離婁上》載楚地民歌〈孺子歌〉：「滄浪之水清兮，可以濯吾纓；滄浪之水濁兮，可以濯吾足。」而目前可以見到的最早的五言詩，就是《史記‧項羽本紀》《正義》引《楚漢春秋》所記秦漢之際楚人虞姬的〈和項王歌〉：「漢兵已略地，四方楚歌聲。大王意氣盡，賤妾何聊生」。沈玉成曾說：「虞姬的這首歌，毫無疑問是一首即興創作的五言詩，而文學史

3　何天行，《楚辭作於漢代考》，第77—78頁，中華書局1948年版。

上卻不見提及，這似乎有點不公平。《楚漢春秋》九卷，《漢書‧藝文志》題陸賈撰。陸賈是漢初人，跟隨劉邦打過天下，所記應當十分可靠。所以如果把虞姬定為五言詩的最早一位作者，這是否可以得到專家們的承認呢？」[4] 此外，漢樂府中的〈江南〉也是五言體：「江南可採蓮，蓮葉何田田，魚戲蓮葉間。魚戲蓮葉東，魚戲蓮葉西。魚戲蓮葉南，魚戲蓮葉北。」它是傳世五言樂府中最早的一篇。而從其內容看，這首清麗可喜的情歌無疑採自吳楚地區，抒發了人們對江南水鄉優美恬靜生活的讚美之情。

　　七言詩也出現於漢代，同時也與楚歌詩有莫大的關聯。清錢大昕《十駕齋養新錄》卷十六〈七言在五言之前〉說：「楚辭〈招魂〉、〈大招〉多四言，去『些』、『只』助語，合兩句讀之，即成七言。」近人容肇祖也說：「七言詩大概是從楚聲起的。《九歌》中的〈山鬼〉、〈國殤〉，已有近於七言體的趨勢。楚漢之際，項王的〈垓下歌〉、高帝的〈大風歌〉，都是漢代的七言詩的濫觴，當然楚一帶地方間會盛行這種作品。武帝的〈秋風辭〉、〈瓠子歌〉，都是這種七言而帶楚聲的。」[5] 實際上，在楚辭句式「□□□兮□□□」的「兮」上，填上一個有意味的字，就能變成七言。〈安世房中歌〉中「大海蕩蕩水所歸，高賢愉愉民所懷。太山崔，百卉殖。民何貴，貴有德」一首，上兩句成七言，下半部分依然是楚歌體。《漢書‧烏孫傳》載細君的「吾家嫁我兮天一方，遠托異國兮烏孫王。穹廬為室兮氈為牆，以肉為食兮酪為漿。居常土思兮心內傷，願為黃鵠兮歸故鄉」，雖然也是楚歌體，但如果除去「兮」字，就成為七言。這些過渡的作品，大體反映了七言詩發展的軌跡。張衡是第一位創作完整的七言詩的詩人。他的〈四愁詩〉共四章，按東南西北的方位依次舒懷，情志綿邈，韻尾悠長，頗得楚辭一唱三歎的真諦。其每章第一句分別為「我所思兮在太山」，「我所思兮在桂林」，「我所思兮在漢陽」，「我所思兮在雁門」。這些「兮」字句明白無誤地顯示了這首七言詩的淵源所自。而且該詩以屈原「香草美人之意」傷世懷人，正如詩之〈序〉所云：「依屈原以美人為君子，以珍寶為仁義，以水深雪雰為小人」。

　　楚散文成就頗高。《莊子》不僅是一部哲學著作，同時也是一部有鮮明特色的散文著作。它思想奔放，文筆變化多端，具有濃厚的浪漫主義色彩。荀子

4　沈玉成，〈虞姬和五言詩〉，《文史知識》1994 年第 2 期。
5　容肇祖，《中國文學史大綱》，第 114 頁，樸社 1935 年版。

不僅是一位大思想家，而且也是一位文學家。《荀子》一書論理透徹，層次清晰，行文精煉，辭采繽紛，論點明確，每篇都是深刻有力的論說文。但作為一位文學家，其真正具有文學性質的作品則是〈成相篇〉和〈賦篇〉。〈成相篇〉是運用通俗文學形式來表達作者的政治見解的作品，表明作者已注重汲取民間文學的營養，借助民間喜聞樂見的曲調來傳播政治主張，在文學創作上作出了有益的嘗試。〈賦篇〉則是我國文學史上第一篇以「賦」名篇的作品，成為後世賦體的直接源頭。荀子在楚國從事寫作，無疑廣泛地吸收了楚國民歌的養料，這是荀子文學創作的一大特色。

「秦世不文」，有成就的散文作家只有楚人李斯一人，而且體現其散文成就的〈諫逐客書〉也是在秦統一中國前所寫，因而可以說秦文學是楚文學的餘緒。〈諫逐客書〉不僅說理全面透徹，論證嚴密，而且感情真實、鋪文排句、文筆精彩，頗具屈騷、宋賦之風。「今陛下致昆山之玉，有隨、和之寶，垂明月之珠，服太阿之劍，乘纖離之馬，建翠鳳之旗，樹靈鼉之鼓。此數寶者，秦不生一焉，而陛下悅之，何也？必秦國之所生然後可，則是夜光之璧不飾朝廷，犀象之器不為玩好，鄭、衛之女不充后宮，而駿馬駃騠不實外廄，江南金錫不為用，西蜀丹青不為采。所以飾后宮、充下陳、娛心意、悅耳目者，必出於秦然後可，則是宛珠之簪、傅璣之珥、阿縞之衣、錦繡之飾不進於前，而隨俗雅化、佳冶窈窕趙女不立於側也。」整段設喻形象，節奏明快，句式整飭又錯落有致，排比對仗，語彙連貫而有如珠玉擲地作聲。

體現楚文化特徵的辭賦在漢代的興盛，使得當時的散文也追逐時尚，受到辭賦的強烈影響。劉熙載在《藝概・文概》中評論說：「學〈離騷〉得其情者為太史公，得其辭者為司馬長卿。」司馬遷「究天人之際，通古今之變」，囊括一切前代知識，融匯現實生活，寫真人真事，抒真情實感，獨創出空前偉大的紀傳體散文煌著。魯迅稱《史記》為「史家之絕唱，無韻之〈離騷〉」，強調它是繼承和發言了屈騷精神的「發於情，肆於心而為文」的作品。而當時的很多散文，特別是辭賦家的散文也出現了鋪陳排比的辭賦特色。司馬相如的散文即與他的散體賦一樣雍容雅麗，講究聲韻對偶，鋪排藻飾。如〈諭巴蜀檄〉：「夫邊郡之士，聞烽舉燧燔，皆攝弓而弛，荷兵而走，流汗相屬，惟恐居後，觸白刃，冒流矢，議不反顧，計不旋踵，人懷怒心，如報私仇。彼豈樂死惡生，非編列之民，而與巴、蜀異主哉？計深慮遠，急國家之難，而樂盡人臣之道也。

故有剖符之封，析圭而爵，位為通侯，居列東第。終則遺顯號於後世，傳土地於子孫，事行甚忠敬，居位甚安佚，名聲施於無窮，功烈著而不滅。是以賢人君子，肝腦塗中原，膏液潤野草而不辭也。」這本是為征討巴蜀而寫的安民告示，但形容誇飾，排比跌宕，文辭富麗而近於漢賦。

漢代散文中最有先秦遺意、最明顯地體現了楚文學傳統的當屬《淮南子》。此書是淮南王劉安在楚國故地組織門下賓客集體編撰的哲理散文巨著。陳廣忠從十個方面清理了它與《楚辭》的承繼關係，包括道家思想、神仙思想、神話系統、天文星位與時令曆法、方言詞語、神話傳說中的地理位置、神話傳說中的人物、歷史人物的生平遭遇與治政功過、記述的草木、治世思想與政治理想。[6]該書與其它楚地著作一樣，保留了很多有價值的上古神話和傳說，如〈天文訓〉中的共工怒觸不周山、日出暘谷，〈覽冥訓〉的女媧補天，〈本經訓〉的后羿射日。而且從文風來說，也鮮明地體現了楚文學的格調，具有很強的藝術感染力和審美的價值取向。如首篇〈原道訓〉對「道」的闡釋，作者首先以直觀的形象描繪、酣暢淋漓的筆墨，將老莊哲學中抽象的道發揮得可視可感，引人遐思；接著又以古代得道善御的馮夷、大丙作喻，繼續表明道的無所不能；順勢再發揮豐富的想像，塑造出體道的大丈夫形象。神幻奇詭，宏偉富麗，令人目眩情迷，美不勝收，深得莊子遺韻。[7]劉熙載《藝概·文概》稱：「《淮南子》連類喻義，本諸《易》與《莊子》，而奇偉宏富，又能自用其才，雖使與先秦諸子同時，亦足以成一家之作。」宋高似孫《子略》就《淮南子》評述說：「淮南之奇，出於離騷；淮南之放，得于莊列；淮南之議論，錯于不韋之流。」

第二節　歌舞

楚歌舞文化是楚人創造的文體遺存。王逸《楚辭章句》說：「昔楚國南郢之邑、沅湘之間，其俗信鬼而好祠，其祠必作歌樂鼓舞以樂諸神。」《呂氏春秋·侈樂》說：「楚之衰也，作為巫音」。楚歌舞是娛神歌舞，屬典型的俗樂，與承擔移風易俗責任的雅頌之樂風格完全不同。它充滿了自由美妙、輕鬆浪漫的意境，不受任何束縛，任人展開無窮想像。秦朝的歌舞文化面貌由於歷史的

6　陳廣忠，〈論《楚辭》、劉安與《淮南子》〉，《中國文化研究》2000年第4期。
7　吳煒華，《中國秦漢文學史》，第98—99頁，人民出版社1994年版。

短暫和歲月的久遠而變得模糊，但《史記‧秦始皇本紀》記載：「秦每破諸侯，寫放其宮室，作之咸陽北阪上……所得諸侯美人鐘鼓，以充入之」，包括楚歌舞文化在內的七國歌舞文化都進入過秦朝的宮廷。漢興以後，先秦雅樂真正的精神已經失傳。《漢書‧禮樂志》說：「漢興，樂家有制氏，以雅樂聲律世世在大樂官，但能紀其鏗鏘鼓舞，而不能言其義。」而來自楚國的歌舞卻受到了來自楚地的漢代統治階層廣泛的喜愛，在漢代的宮廷歌舞中占有重要的地位，並成為時代風尚。

一、歌曲

楚地民歌有自己的特色，保留下來的〈接輿歌〉、〈孺子歌〉、〈越人歌〉、〈徐人歌〉等都不是四言體，而且都在隔句末尾用語助詞「兮」字，與中原地區的民歌在形式和風格上都有不同。在秦漢之際和西漢初，楚歌仍然在楚人中流行並受到喜愛。《史記‧項羽本紀》記載：「項王軍壁垓下……夜聞漢軍四面皆楚歌。」《史記‧留侯世家》：「戚夫人泣，上曰：『為我楚舞，吾為若楚歌。』」《漢書‧韓延壽傳》：「歌者先居射室，望見延壽車，嗷咷楚歌。」馬王堆三號墓出土的《遣策》中，不僅記有樂器名稱，而且明確提到「楚竽、瑟各一人，吹鼓者二人」，「楚歌者四人」。由於出身楚地的君臣的喜好以及楚歌達到的成就，漢代歌曲主要繼承楚歌而發展。《舊唐書‧音樂志》說：「惟彈琴家猶傳楚漢舊聲及清調、瑟調、蔡邕雜弄。」以楚漢連稱，可見其歌曲風格大體一致。流行於整個兩漢的楚歌，如高祖的〈大風歌〉、武帝的〈秋風辭〉、〈瓠子歌〉等，從文學的角度看，當為楚辭餘緒；從音樂的眼光看，則為楚聲遺響。張衡〈南都賦〉說：「齊僮唱兮列趙女，坐南歌兮起鄭舞。」高誘注：「南歌，取南音以為歌也。」反映了東漢時期上流社會仍以楚聲為尚。

西漢王朝創建伊始，宮廷雅樂沒有更多的程式可以借鑑，楚聲便成了漢代樂制的藍本。房中樂是祭祖所用的樂歌。《漢書‧禮樂志》記：「高祖樂楚聲，故房中樂楚聲也。孝惠二年使樂府夏侯寬備其簫管，更名安世樂。」〈禮樂志〉又記載，漢代郊祀要演奏《九歌》，即《郊祀歌‧天地》所謂：「千童羅舞成八溢，合好効歡虞泰一，《九歌》畢奏斐然殊，鳴琴竽瑟會軒朱。」泰一即太一，是楚人所祀之神；《九歌》則為故楚地沅湘之間廣為流傳的民間歌曲。武帝以後，加大了民間采詩的力度。《漢書‧藝文志》說：「自漢武立樂府而采

歌謠，於是有趙、代之謳，秦、楚之風，皆感於哀樂，緣事而發，亦可以觀風俗，知薄厚云。」相當多的楚地民間歌謠得到了收集、整理，構成了漢樂府的重要組成部分。從〈藝文志〉著錄的情況看，楚聲在漢樂府中，時代最早，地位最高，力量也最大。《漢書・藝文志》著錄了漢初至西漢末年樂府收集的「歌詩二十八家，三百一十四篇」。除了流傳下來的周代歌謠一百六十六篇外，包括〈高祖歌詩〉二篇、〈泰一雜甘泉壽宮歌詩〉十四篇、〈宗廟歌詩〉五篇等在內的八十一篇非民間之作當多為楚聲，餘下的采自各地的民間歌詩中，也以故楚之地的為多，包括〈吳楚汝南歌詩〉十五篇、〈淮南歌詩〉四篇、〈南郡歌詩〉五篇。

　　近人陳思苓認為，屈宋時期的楚聲用絲竹之器、清聲之律，其音高而激，其韻清而秀，其調哀而傷，音樂上的基本風格是悲怨淒美，哀惋動人。[8]《九歌・東皇太一》「陳竽瑟兮浩倡」，〈招魂〉「竽瑟狂會」，反映了戰國時期的楚聲主要使用竽、瑟伴奏的情況。絲竹在發音上具有哀怨的特色，符合楚人「以悲為美」的審美觀念。〈樂記〉「絲聲哀，竹聲濫」，《吳越春秋・王僚使公子光傳》「金石之清音，絲竹之淒喉，以之為美」，即指此而言。《宋書・樂志》說：「八音五曰絲。絲，琴、瑟也，築也，箏也，琵琶、空侯也。」先秦時期的楚國正是琴、瑟等樂器最流行的地區。《禮記・樂記》稱「昔者，舜作五弦之琴以歌南風。」歌中唱道：「南風之薰兮，可以解吾民之慍兮；南風之時兮，可以阜吾民之財兮。」歌辭顯現了楚歌的雛形，而所操樂器為絲竹類的琴。鐘儀是現存記載中最早的專業琴人。《左傳・成公九年》記他作為楚囚在晉國時，晉侯「使與之琴，操南音」。楚人瓠巴琴瑟雙絕。《荀子・勸學》：「昔者瓠巴鼓瑟，而流魚出聽。」《列子・湯問》：「瓠巴鼓琴，而鳥舞魚躍。」當時最著名的琴師伯牙也是楚人。《列子・湯問》、《呂氏春秋・本味》、《淮南子・修務訓》等都有「高山流水」的故事，他在彈奏〈高山〉、〈流水〉等琴曲時，鐘子期立即能理解其所彈的內容。

　　《漢書・佞幸傳》記載：李「延年善歌，為新變聲。是時，上方興天地祠，欲造樂，令司馬相如等作詩頌。延年輒承意弦歌所造詩，為之新聲曲。」魯迅《漢文學史綱要》指出：「延年輒承意弦歌所造詩，謂之『新聲曲』，實則楚聲之遺，

8　陳思苓，〈楚聲考〉，《文學雜誌》第 3 卷第 2 期，1948 年。

又擴而變之者也。」[9] 受楚聲影響，漢代絲竹管弦樂器為主體組成的樂隊，逐步取代了以金石樂器為代表的先秦雅樂的統治地位。在大量漢畫像樂隊圖像中，雖然出現了不少鐘、磬等禮樂重器，但這些樂器已不像先秦時期那樣成編使用，而只是零星的出現於以絲竹管弦樂器為主的樂隊中。漢代皇帝很多擅長絲竹之樂。《漢書・元帝紀》稱：「元帝多材藝，善史書。鼓琴瑟，吹洞簫，自度曲，被歌聲，分刌節度，窮極幼眇。」《北堂書鈔》卷一一○引《東觀漢記》：「桓帝好音樂，善琴笙」；阮籍《樂論》載「桓帝聞楚琴，悽愴傷心，倚房而悲」；《太平御覽》卷五八一引謝承《後漢書》：「靈帝善鼓琴，吹洞簫。」當時很多文人也好絲竹之樂。據《後漢書》本傳，桓譚「好音律，善鼓琴」；馬融「性好音，能鼓琴吹笛」；蔡邕「妙操音律，善鼓琴」。三人都擅長絲竹之樂。

從考古發掘情況來看，絲竹類樂器也主要出土於河南、湖南、湖北等楚國故地，而以春秋、戰國、秦、漢時期的居多。同時，漢代是我國古琴發展史上的一個重要時期，琴的形制結構、演奏技藝及琴曲的創作都在這時基本成熟。七弦就是漢代固定下來的。漢代的文獻如楊雄的《琴清英》，桓譚《新論》及許慎的《說文解字》等，對此都有明確的記載。湖南長沙馬王堆三號西漢墓所出之琴，全長 82.4 釐米，尾部為狹長的板狀實體，下有一琴足。中部到首部有底板，面、底板浮扣在一起組成音箱。弦的一端繞過岳山縛於面板內側「Ｔ」形槽橫端處的 7 個琴軫上，另一端經過琴尾的「龍齦」繫於下面的琴足上。演奏時不用或少用按音或泛音。面板的弦路上有明顯的 7 條磨損痕跡，這是長期彈琴的結果。馬王堆一、三號墓還各出土了一件瑟，與先秦楚瑟相差無幾。[10]

相和是漢代樂歌的主要演唱方式之一。《晉書・樂志》說：「相和，漢舊歌也。絲竹更相和，執節者歌」，「凡此諸曲，始皆徒歌，繼而被之管弦」。而這種演唱方式，又是在「街陌謠謳」的民歌基礎上繼承楚聲傳統發展而來。宋玉〈對楚王問〉：「客有歌於郢中者，其始曰〈下里〉、〈巴人〉，國中屬而和者數千人；其為〈陽阿〉、〈薤露〉，國中屬而和者數百人；其為〈陽春〉、〈白雪〉，國中屬而和者不過數十人；引商刻羽，雜以流徵，國中屬而和者不過數人而已。」可見楚人有和歌的風氣。司馬相如〈上林賦〉中，對漢代歌唱藝術也有「千人唱，萬人和」的描繪。《晉書・樂志》所載新興於漢代的但歌，採

9　《魯迅全集》（第九卷），第 406 頁。
10　程麗臻，〈論楚地出土的琴瑟箏築〉，《樂器》1996 年第 4 期。

用的就是「一人唱，三人和」的形式。《通志‧相和歌》首列〈江南曲〉，以為是相和歌的正聲。其前三句「江南可採蓮，蓮葉何田田，魚戲蓮葉間」應該為「一人唱」，後四句「魚戲蓮葉東，魚戲蓮葉西。魚戲蓮葉南，魚戲蓮葉北」，應該為「三人和」。《續漢書‧五行志》中東漢靈帝時的〈董逃歌〉，每句後的「董逃」二字也是和聲。漢代相和歌的部分曲目直接來自戰國楚國的舊曲。《淮南子‧說山訓》：「欲美和者，必先始于〈陽阿〉、〈采菱〉」，高誘注曰：「〈陽阿〉、〈采菱〉，樂曲之和聲。有陽阿，古之名俳，善和也。」而〈陽阿〉這首曲子在宋玉〈對楚王問〉中已經提及。相和曲中的〈陌上桑〉，又稱〈豔歌羅敷行〉。左思〈吳都賦〉：「荊豔楚舞，吳愉越吟。」《文選》李善注曰：「豔，楚歌也。」豔歌即楚歌的別稱，顯然相和曲〈陌上桑〉的樂曲依然使用豔歌楚聲。

在漢代，相和歌從最初的「一人唱，三人和」的清唱，漸次發展為有絲、竹樂器伴奏的「相和大曲」。《漢書‧禮樂志》記載：「初，高祖既定天下，過沛，與故人父老相樂，醉酒歡哀，作『風起』之詩，令沛中僮兒百二十人習而歌之。至孝惠時，以沛宮為原廟，皆令歌兒習吹以相和，常以百二十人為員。」〈大風歌〉就是一首以管樂器來和歌的相和歌。《西京雜記》卷一也載：「高帝戚夫人善鼓瑟擊築，帝常擁夫人倚瑟而弦歌。」漢畫像中有不少配以管弦的歌唱形式。四川資陽縣東漢墓奏樂歌唱俑，由奏樂者坐姿和聲歌唱。共出土奏樂歌唱等陶俑6件，保存完好4件。四俑皆呈坐姿，一擊鼓俑，面帶微笑，左手撫鼓，右手握鼓槌高舉過頭，邊擊鼓邊領先歌唱。鼓瑟俑技藝嫻熟，雙手鼓瑟，頭顱高抬，張口歌唱。另二撫琴俑亦面帶微笑，邊彈邊唱。這是一組由擊節者領唱，其他奏樂者和而歌之的相和歌的表現形式。南陽市軍帳營出土東漢墓相和歌演唱、演奏場面畫像石，圖中共有十二人，右起一人撫琴，第二人吹塤，第三人吹笙，第四人鼓瑟，另四人跽坐似吹排簫，左起三人站姿歌唱，這是一個典型的漢代相和歌及其伴奏樂隊的畫面。[11]

最初，相和歌是按平、清、瑟三調作樂曲的歸類，後來又增加了楚調和側調。《舊唐書‧音樂志》云：「平調、清調、瑟調，皆周房中曲之遺聲，漢世謂之三調。又有楚調、側調。楚調者，漢房中樂也。高帝好楚聲，故房中樂皆楚聲也。側調者，生於楚調，與前三調總謂之相和調。」楚調曲與「生於楚調」

11　李榮有，《漢畫像的音樂學研究》，第113頁，京華出版社2001年版。

的側調曲固然是楚聲，平調、清調、瑟調三曲也應屬楚聲系統。《儀禮・燕禮》：「若與四方之賓燕……則有房中之樂。」鄭玄注曰：「弦歌〈周南〉、〈召南〉之詩，而不用鐘磬之節也。謂之房中者，后夫人之所諷誦，以事其君子。」王運熙據此認為周「房中樂既是周召二南」。[12]〈周南〉、〈召南〉採自江漢流域，音樂上屬南方楚聲系統，不僅為弦歌之樂，不需鐘磬，而且歌詞中每每有楚辭體形式。如《周南・螽斯》：「螽斯羽，詵詵兮。宜爾子孫，振振兮。螽斯羽，薨薨兮。宜爾子孫，繩繩兮。螽斯羽，揖揖兮。宜爾子孫，蟄蟄兮。」《召南・摽有梅》「摽有梅，其實七兮。求我庶士，迨其吉兮。摽有梅，其實三兮。求我庶士，迨其今兮。」既然周房中樂為南方歌曲，作為其「遺聲」的平調、清調、瑟調自然就是楚風遺聲了。清人沈德潛《說詩晬語》卷上亦說：「〈安世房中歌〉係唐山夫人所制，而清調、平調、瑟調，皆其遺音，此〈南〉與〈風〉之變也。」此外，古人也有以清、平、側為三調的。沈括《夢溪筆談》卷五曰：「古樂有三調聲，謂清調、平調、側調也。」而凌廷堪《燕樂考源》卷一云「側調即《宋書》之瑟調」，又側調「生於楚調」，依此推斷，則瑟調原本就是楚調的旁支。

漢代樂歌發展到後來，形成了一種具「豔──趨──亂」的曲體結構。《宋書・樂志》收錄的十五首大曲中，四曲有豔有趨，一曲有豔，二曲有趨。《樂府詩集》卷二六：「諸調曲皆有辭有聲，而大曲又有豔、有趨、有亂。辭者其歌詩也，聲者若羊吾夷伊那何之類也。豔在曲之前，趨與亂在曲之後，亦猶吳聲西曲前有和後有送也。」這種曲體結構也來自對楚地歌曲與楚辭的沿用或借鑑。豔是歌曲的序歌，一般用作舞蹈伴歌的序歌，趨即樂曲後的尾聲。歌曲有豔有趨正是楚地歌曲的特色之一。左思〈吳都賦〉：「荊豔楚舞，吳愉越吟。」劉淵林注：「豔，楚歌也。」豔歌是楚歌的別名，曲前有豔應該是原初楚歌的體制特色。又崔豹《古今注》：「吳趨曲，吳人以歌其地也。」戰國時吳地為楚所有，故吳地歌曲也屬廣義的楚歌。亂與趨性質相同，均在歌曲末尾。亂辭為楚辭所特有，〈離騷〉、〈涉江〉、〈哀郢〉、〈招魂〉以及漢代的擬騷之作〈七諫〉、〈九思〉等，都有亂辭。清蔣驥《山帶閣楚辭餘論》卷上說：「余意：亂者，蓋樂之將終，眾音畢會，而詩歌之節，亦與相赴，繁音促節，交錯紛亂，故有是名耳。」東漢馬融〈長笛賦〉描述演奏將終的情形時說：「曲終闋盡，餘弦更興。繁手累發，密櫛疊重，踸踔攢仄，蜂聚蟻同，眾音猥積，以送厥終。」

12　王運熙，《樂府詩論叢》，第 24 頁，古典文學出版社 1958 年版。

其「眾音猥積」的情況，正與蔣驥所釋亂的內容符合。

《舊唐書‧音樂志》指出，早在唐代即「惟彈琴家猶傳楚漢舊聲」。〈廣陵散〉是在漢末即已出現了的古琴曲，應璩（190 年—252 年）〈與劉孔才書〉有「聽〈廣陵〉之清散」。現存〈廣陵散〉雖屢經後人加工，但還是能體現「楚漢舊聲」的特點。從內容上看，此曲描寫了聶政為父報仇刺殺韓王的故事，表現的是悽惻、悲憤的思想情緒。謝靈運〈道路憶山中〉詩有「惻惻〈廣陵散〉」，《琴苑要錄‧止息序》也指出這首樂曲在表達「怨恨淒感」的地方，曲調非常淒清輕脆；而在表現「怫鬱慷慨」之處，又有「雷霆風雨」、「戈矛縱橫」的氣勢。從宮調上看，宋郭茂倩《樂府詩集》將其列為清商三調中楚調曲，反映了它有受傳統楚聲的影響。從曲式上看，現存〈廣陵散〉「序——正聲——亂聲」三大部分，基本上還保持著相和大曲的結構特點。序是樂曲的引起部分，相當於相和大曲的豔；正聲是塑造音樂形象的主要部分；亂聲則起到概括全曲主旨的作用。

二、舞蹈

歌曲與舞蹈密切相關，楚人長於歌而擅於舞，漢人也既樂楚聲，又好楚舞。楚舞以其婉曲流動的藝術美和浪漫遐想的強烈色彩，與莊重嚴穆的雅舞迥然不同。漢朝在宮廷內仿照周代制禮作樂的傳統，設置了〈武德〉、〈文始〉、〈五行〉、〈昭德〉、〈盛德〉、〈四時〉、〈雲翹〉、〈育命〉等維護禮教的宮廷雅樂舞。但是，這些雅樂舞僅用於郊廟祭饗，代替不了漢代楚舞的美麗風貌。

從形體特徵來看，「楚國的舞人有兩個特點，其一是袖長，其二是體彎」。[13]《楚辭‧大招》也曾用「小腰秀頸，長袖拂面」來形容楚國舞女的美。楚國的舞者在不斷扭擺腰肢的同時，雙手甩動長袖，使袖子在空中翻騰飛舞，流動起伏，產生動律，憑藉長袖交衡飛舞的千姿百態來表達各種複雜的思想感情。嫋嫋長袖、纖纖細腰，飄繞縈回的舞姿，變化莫測，如浮雲、似流波，給人以虛幻縹緲之美。長沙黃土嶺出土的戰國彩繪舞女漆奩，圖中舞女都穿著長長的曳地寬袖舞服。其中有三個舞女，正在舞師的監督下練舞，她們雙手作抱拱狀，似正在做側腰或左右擺腰的練習。漢代舞蹈一直以楚舞的藝術表現和審美追求為根基。崔駰〈夏屋篷篷〉：「振飛縠以舞長袖，嫋細腰以務抑揚」，清楚地

13　張正明，《楚文化史》，第 272 頁，上海人民出版社 1987 年版。

指出了漢舞與楚舞一脈相承的基本特點。傅毅和張衡等漢代文人的作品對此更有形象描述。傅毅〈舞賦〉描述舞女的表演云：「羅衣從風，長袖交橫。駱驛飛散，颯擖合併⋯⋯體如游龍，袖如素蜺」。

　　漢代著名的舞人大都擅長「長袖折腰舞」。高祖劉邦好楚舞，其寵愛的戚夫人是西漢初年擅長楚舞的名姬，唐李昂有〈賦戚夫人楚舞歌〉一詩。而《西京雜記》卷一記戚夫人「善為翹袖折腰之舞」。所謂「翹袖折腰之舞」，顧名思義，就是一種以舞袖、折腰為主體動作的舞蹈。成帝皇后趙飛燕是漢代最著名的舞人，其舞蹈最大的特點是非常輕盈和會走一種獨特的舞步──「踽步」。〈趙飛燕別傳〉中有這樣的描述：「趙后腰骨尤纖細，善踽步行，若人手執花枝顫顫然，他人莫可學也。」關於趙飛燕的體態、舞姿有不少傳說。〈趙飛燕外傳〉記其有次在宮內太液池中高榭上迎風舞蹈，舞興正濃，大風驟起，后揚袖曰：「仙乎，仙乎！去故而就新，寧忘懷乎？」趙飛燕揚袖飛舞，好似欲乘風而去，能夠體現這種飄逸特徵的正在於其長袖。又相傳趙飛燕「身輕若燕，能作掌上舞」。成帝特為之造一水晶盤，令宮人托盤，趙飛燕在盤上起舞。在小小的水晶盤上起舞，限制了下肢的運動，要優美流暢的舞蹈，表達出仙女般御風凌雲之美，只能依靠腰部和手、袖的動作。「踽步」是一種特殊的小碎步，大概也是從楚國巫女降神的舞步「禹步」發展而來。唐朝詩人杜牧〈遣懷〉有「落魄江湖載酒行，楚腰纖細掌中輕」，正是趙飛燕擅長楚舞的寫照。

　　這種以腰、袖為主要展示對象的舞姿，在許多漢畫舞蹈圖中也均可見到。漢畫中舞女最普遍的造型，與安徽壽縣的楚國玉雕舞女一樣，長袖形成「S」形。舞者在舞動中，配合軀幹的曲線和曳地長裾的飄灑，運用臂膀含蓄的力量，將長袖橫向甩過頭部，在頭頂規則地形成一個弧形，與此同時，另一臂反方向將袖從體前甩過髀間，這樣兩袖形成一個弧度很大的「S」，身軀也同時形成一個弧度極小的「S」，兩個 S 套在一起，成為一個極優美的塑形。當然，漢畫中女樂舞蹈的姿態是豐富多彩的。以袖技而言，就有揚、甩、撩、抖、絞、拖，以腰肢動作而言，有擰腰出胯、左折右傾、衝向斜前、前俯後仰。[14] 南陽唐河縣湖陽辛店出土西漢新莽天鳳五年郁平大尹馮君儒人墓畫像石樂舞圖，圖中有二舞女前後並列表演翹袖折腰之舞。而她們折腰的方向不是通常所見的向後折，而

14　蘇丹，〈從漢畫看漢代女樂舞蹈的形態特徵〉，《南都學壇》2001 年第 4 期。

是向側面折九十度的「旁腰」，兩臂平伸，與上體平行，長袖悠然平飛，舞姿生動優美，有較高的難度。[15]山東微山縣出土的漢畫像石上的樂舞圖，也描繪了舞女揮動雙袖、側身折腰成九十度的形象。[16]河南南陽出土的東漢畫像石上的兩幅「舞樂百戲」圖中，一副畫像中的舞女，冠飾華艷，纖腰如蜂，長袖飄逸流暢若水波；另一幅的一舞女兩袖如長策，飄帶曳地，傾軀折腰，踏拊起舞。[17]都頗具楚舞翹袖折腰的風姿。

　　漢人在舞蹈時，往往還以盤、鼓作為道具。盤鼓舞與建鼓舞是當時常見的舞蹈形式。盤鼓舞是將盤、鼓置於地上，舞人踏在上面或環繞其表演。這種舞蹈形式也來自對楚舞的承繼。張衡〈南都賦〉描繪南陽富豪世家的歌舞宴會時寫道：「結〈九秋〉之增傷，怨〈西荊〉之折盤。」李善注云：「古樂府有〈歷九秋妾薄相行歌〉，辭曰：『齊謳楚舞紛紛，歌聲上徹青雲』。〈西荊〉，即楚舞也。折盤，舞貌。張衡有〈七盤舞賦〉，咸以折盤為七盤也。」這裡李善肯定了折盤舞就是楚舞。從舞蹈動作的甩長袖、折腰等基本形體，也能證明這是楚舞。南陽新野後崗西漢墓出土的雙人舞畫像磚，圖像生動地刻畫出其中一細腰女子身輕若燕，雲轉飄忽，長袖飛舞，而她的足下有六盤一鼓。[18]山東沂南北寨出土的石刻畫像中，舞者是一男子，舞者的左腳有一鼓，他的左側有七個倒覆的盤，分前四後三兩排置於地上，而對他舞姿的刻畫也是長袖直飄。[19]張衡〈舞賦〉描繪了一段精彩的盤鼓舞表演，說「盤鼓煥以駢羅。抗脩袖以翳面兮，展清聲而長歌……捬纖腰而互折，嬛傾倚兮低昂……連翩駱驛，乍續乍絕。裾似飛燕，袖如迴雪。」從張衡描繪的舞蹈形象看，腰功與袖功是盤鼓舞中重要的技巧。《淮南子‧修務訓》「今鼓舞者，繞身若環。曾撓摩地，扶旋猗那，動容轉曲，便媚擬神」，也描繪了表演鼓舞的演員柔軟的腰身。

　　建鼓舞是中置建鼓，二人自兩側且擊且舞。這類舞蹈，在南陽、山東、徐州、四川等地漢畫上甚多。而且有四人輪番擊鼓的情況，見於山東鄒縣漢畫像石，鼓前二人相背而行，反身擊鼓，另二人相向迎著鼓面奔來，似欲擊打。司

15　《南陽漢代畫像石》，圖 96，文物出版社 1985 年版。

16　《山東漢畫像石選集》圖 10 下層右邊，齊魯書社 1982 年版。

17　王建中、閃修山，《南陽兩漢畫像石》，文物出版社 1990 年版。

18　南陽地區文物研究所編，《南陽漢代畫像磚》圖版 73，文物出版社 1990 年版。

19　《沂南古畫像石墓發掘報告》拓本 34 左下，文化部文物管理局 1956 年版。

馬相如在〈子虛賦〉中對建鼓有過描述：「建翠華之旗，樹靈鼉之鼓。」關於建鼓舞的淵源，《禮儀・大射儀》云：「建鼓在阼階西，南鼓。」所謂南鼓，實際上就是楚國的大鼓，這在湖北隨縣和信陽楚墓中均有出土實物。建鼓伴舞的形象在楚國漆器彩繪中也有反映。湖北隨縣曾侯乙墓出土的漆繪鴛鴦壺上，有兩個裝扮怪誕的人物，一人執鼓槌，擊建鼓伴奏，一人腰佩短劍，展揚雙臂而舞，也許這就是漢代建鼓舞的源頭。畫中鼓的形狀是獸座上飾以旌羽，這不僅與山東、四川等地漢畫中的建鼓形狀大同小異，其畫面內容也與南陽石橋東出土的鼓舞畫面極為相似。[20]

　　楚舞具有輕柔飄逸的特點，飄逸得益於長袖，而細腰則是造成輕柔美的最佳形式和手段。但出於對強刺激的追求，楚國也不乏節奏比較急促的歌舞。盤鼓舞需要敏捷準確的縱跳騰越技巧，用腳在盤鼓上合著節拍的快慢嫻熟地踏出響聲。建鼓舞則隨著鼓點節奏快慢且鼓且舞，當節奏變快，動作劇烈，舞蹈達到高潮時，則偏重於宣洩激情，出現急速、熱烈奔放的特徵。〈招魂〉「衽若交竿，撫案下些」，證明了楚舞有急旋的特點。長沙出土的戰國楚漆奩上舞女皆戴圓頂帽並結帶於頷下，戴帽的目的就是避免髮髻因急旋而脫落。《九歌・東君》描寫歌舞娛神的場面曰：「翾飛兮翠曾，展詩兮會舞。」王逸注：「言巫舞工巧，身體翾然若飛，似翠鳥之舉也。」舞姿如同翠鳥一飛沖天，當然是輕快急促的。〈激楚〉就是情緒激昂、激烈，甚至帶有悲壯色彩的楚國樂舞。〈招魂〉寫道：「竽瑟狂會，搷鳴鼓些。宮庭震驚，發〈激楚〉些。」朱熹《楚辭集注》：「〈激楚〉，歌舞之名。即漢高祖所謂楚歌楚舞也。此言狂會、搷鳴、震驚，〈激楚〉即大合樂，而為高張急節之奏也。」蔣驥《山帶閣注楚辭》：「〈激楚〉，楚歌舞之名，其節最為漂疾。」漢代社會盛行楚歌楚舞，因而表演〈激楚〉的場面反復在文學作品中出現。枚乘〈七發〉說：「於是乃發〈激楚〉之〈結風〉，揚鄭衛之〈皓樂〉。」司馬相如〈上林賦〉：「鄢郢繽紛，〈激楚〉、〈結風〉。」李善注引文穎曰：「激，衝激，急風也。結風，回風，亦急風也。楚地風氣既自漂疾，然歌樂者猶復依激結之急風為節，其樂促迅哀切也。」

　　與楚人追求單純娛樂性的樂舞表演有關，楚樂舞的另一顯著特點就是與人們世俗生活緊密結合。漢代的樂舞同樣多與人們的世俗生活相聯，且具有自娛

20　湖北省博物館，《隨縣曾侯乙墓》圖版一八，文物出版社 1986 年版。《南陽漢代畫像石》，圖 475，文物出版社 1985 年版。

自樂的性質。漢畫像中的樂舞活動場面,「一般都描繪在廳堂、庭院、廣場及勞作的場面上,有小型、中型的結構布局,猶以小型歌舞活動的內容為多。」[21] 山東滕縣出土的一塊漢畫像石,畫面右側一女子跽坐鼓箏,箏的一頭放在腳上,一頭置於地下。旁邊放有斛、勺等酒器,左前一男子長服曳地,展臂揚袖,曲膝頓足而舞,畫面上方刻有帷幔。從其場景看,圖中沒有其它龐大的場面和內容,從舞者的服飾看,寬鬆的拖地長袍與常見的專職舞人的裝束也不相同,其舞姿及動作的幅度也較小,似為夫妻二人在後堂自娛自樂的樂舞。[22] 這類樂舞的性質決定了其無拘無束、由感而發的特徵。前面敘述的兩漢社會所盛行的「以舞相屬」,就是這種特徵的表現形式。除此之外,楚漢人還經常即興起舞。《史記‧項羽本紀》記鴻門宴上項莊以「軍中無以為樂,請以劍舞」,「項莊拔劍起舞,項伯亦拔劍起舞,常以身翼蔽沛公」。〈高祖本紀〉記劉邦還鄉「酒酣,高祖擊築,自為歌詩,令兒皆和習之,高祖乃起舞」。毫無疑問,劉邦這種豁達豪邁的歌舞之風,直接影響了兩漢民間歌舞藝術的繁榮發展。《漢書‧蓋寬饒傳》記平恩侯許伯入第,丞相、御史、將軍、中二千石皆賀,「酒酣樂作,長信少府檀長卿起舞,為沐猴與狗鬥,坐皆大笑」。在這種尊貴、龐大的宴會上,高級官員能欣然自舞愉悅助興,足以說明漢人生活中歌舞之風的普遍。

百戲是漢代文化娛樂生活中不可缺少的一部分。《漢書‧武帝紀》提到,「元封三年(前108年)春,作角抵戲,三百里內皆來觀」。這是一種在載歌載舞的同時夾雜角抵百戲的表演藝術。漢代百戲包括的表演項目十分豐富,但在由連場歌舞、雜耍組成的表演中,最大最重要的一個歌舞場面是〈總會仙倡〉。〈總會仙倡〉用舞蹈的形式創造了一個仙人仙獸同舞、人間天上共樂的和平幸福的理想場景。它對於神界的幻想,與戰國楚地祭神歌舞中的場景多有相似。張衡〈西京賦〉描繪了這組音樂舞蹈節目:「華岳峨峨,岡巒參差,神木靈草,朱實離離。總會仙倡,戲豹舞羆,白虎鼓瑟,蒼龍吹箎。女娥坐而長歌,聲清暢而委蛇;洪涯立而指麾,被毛羽之襳襹。度曲未終,雲起雪飛,初若飄飄,後遂霏霏。複陸重閣,轉石成雷,霹靂激而增響,磅礚象乎天威……海鱗變而成龍,狀蜿蜿以蝹蝹。」值得注意的是,它極易勾起人們對《楚辭‧遠遊》的追憶:「軒轅不可攀援兮,吾將從王喬而娛戲……仍羽人於丹丘兮,留不死

21　李榮有,《漢畫像的音樂學研究》,第116頁,京華出版社2001年版。

22　蕭亢達,《漢代樂舞百戲研究》,第197頁圖112,文物出版社1991年版。

之舊鄉……駕八龍之婉婉兮，載云旗之逶蛇……鳳凰翼其承旂兮，遇蓐收乎西皇……召玄而奔屬……祝融戒而蹕御兮，騰告鸞鳥迎宓妃。張〈咸池〉奏〈承雲〉兮，二女御〈九韶〉歌。使湘靈鼓瑟兮，令海若舞馮夷。玄螭蟲象並出進兮，形蟉虬而逶蛇。」〈總會仙倡〉的表演內容與程序，幾乎都可從《楚辭‧遠遊》中找到原型：如前者「女娥坐而長歌」與後者「二女御〈九韶〉歌」，「洪涯立而指麾」與「吾將從王喬而娛戲」，「白虎鼓瑟，蒼龍吹箎」與「使湘靈鼓瑟兮，令海若舞馮夷」，「海鱗變而成龍，狀蜿蜿以蝹蝹」與「玄螭蟲象並出進兮，形蟉虬而逶蛇」等，比比皆是。有學者指出，這種對比「足以使我們相信，楚國不僅有『總會仙倡』類型的演出，而且一直傳到了漢代，漢宮『總會仙倡』就是源自楚宮的同類演出。」[23]

第三節　美術

兩漢是中國美術發展史上一個非常重要的階段，所謂「稟三代鐘鼎玉器雕刻之工，開兩晉唐宋繪畫之先河」，在中國美術史上起著承前啟後、繼往開來的作用。兩漢的美術成就自然是融合各區域文化的結果，但由於先秦的美術水準，無論是繪畫、雕塑還是工藝美術，可以說以楚國最高，楚美術自然成為了兩漢美術發展的主要基礎。

一、繪畫

鄧以蟄指出：「漢賦源於楚騷，漢畫亦莫不源於楚風也。何謂楚風？即別於三代之嚴格圖案式，而為氣韻生動之作風也。」[24]楚國繪畫的形式、題材與表現手法，都給予了漢代繪畫以直接影響。

秦漢時期的繪畫，從材料上分，大致包括帛畫、壁畫、漆畫、木板畫、木簡畫、畫像磚石等不同的繪畫形式。至今所發現的全部帛畫無一不是楚漢墓葬中隨葬的絲織品繪畫，究其源頭自然是楚文化。傳世戰國時代的帛畫共有四件，其中湖北江陵馬山一號墓帛畫畫面無法看清楚，其它三件除了前面提及的楚〈人

23　宋公文、張君，《楚國風俗志》，第 357 頁，湖北教育出版社 1995 年版。

24　鄧以蟄，〈辛巳病餘錄〉，載《鄧以蟄美術文集》，劉綱紀編，人民美術出版社 1993年版。

物龍鳳圖〉、〈人物御龍圖〉外，就是出土於長沙的〈楚帛書圖像〉。帛書的四周繪有12個神像，每邊3個，均頭部向內，足部向外，四角各繪有一種植物，神像及植物用墨線勾成。神像為彩繪，有青、棕、朱等顏色，植物的顏色分別為青、朱、白、黑四色。這種繪畫形式發展到漢代，技術和繪畫技巧更加成熟並走向完善，開啟了魏晉南北朝卷軸畫的先聲。唐代張彥遠《歷代名畫記》記載：「漢武創置秘閣，以聚圖書；漢明雅好丹青，別開畫室；又創立鴻都學以集奇藝，天下之藝雲集。及董卓之亂，山陽西遷，圖書縑帛，軍人皆取為帷囊，所收而西，七十餘乘，遇雨道艱，半皆遺棄。」反映了當時帛畫創作的盛行。漢代帛畫現今發現的主要有武威磨嘴子銘旌、馬王堆一號漢墓非衣、長沙馬王堆三號漢墓帛畫、山東臨沂金雀山、銀雀山漢墓群帛畫（共發現6幅）、廣州象崗南越王墓帛畫殘跡等等。馬王堆一號漢墓T形帛畫是是我國已知畫面最大、保存最完整、藝術性最強的彩繪帛畫。這幅T形帛畫主要色彩為朱、黃、黑、白等色，人物、景物用墨線細描，還加上彩色。帛畫長205釐米，上寬92釐米，下寬47.7釐米，下邊的四角綴有條帶。內容豐富複雜，構圖繁複而巧妙，線條健挺流暢，形象刻畫細膩，表現技法純熟，代表了世界帛畫藝術高峰時期的最高水準。

　　漆畫指古代彩繪漆器上的裝飾畫，並非泛指一般的「髹漆工藝」。戰國時期楚及受楚文化影響的地區漆工藝最為發達，楚人也善於在漆器上繪畫。湖北荊門包山出土彩繪漆畫〈聘禮行迎圖〉用土黃、桔紅、海藍、棕四色繪於漆奩之上，有人物26個，駟車（三馬駕車）、駢車（二馬駕車）各兩乘，大雁9隻，狗2隻，豬1頭，樹5棵。畫面用樹木分隔為5段，又以犬為間隔，按其情節分為兩大部分。一部分以奔馳的車馬、冕冠垂纓的乘人、襦衣青幘的隨從及拜接者組成，表現的是一派聘問出行途中的景象。另一部分則由氣宇軒昂的褒衣博帶者與待發的駢車為主體，表現的是一幅主國出使迎賓的場面。秦漢時期漆畫的應用更廣，技藝也隨之提高。《續漢書·輿服志》提到當時有所謂「油畫軿車」，這種車就是在車屏上以油漆畫作為裝飾。兩漢漆畫發現很多，其中有不少精品。湖北江陵鳳凰山八號墓出土的西漢漆龜盾，正面畫一神人和一神獸。神人作人首，人身，禽足、眼、口、鼻，結構均很清楚，身著十字花紋的寬袖上衣和長褲。怪獸昂首曲身，伸開兩足，與神人同一方向，奔走欲飛。龜盾背面，畫兩個相向而立的人物，亦身穿十字花紋的寬袖上衣和長褲，腰束帶，足穿鞋。

右一人身佩長劍,是現實生活中的人物。江蘇連雲港市海州西漢墓也出土了一批精美的漆器。其中一件漆器上,彩繪了不同姿態的人物,形象生動。在器蓋和器身外壁上,以黃色為地,用黑漆勾繪出三個男子形象。頭頂均束髮,繫帕頭,衣右衽長袖袍。一人似奏樂,一人舞蹈,一人似坐聽。三人之間又飾以雲氣紋,畫法新鮮。

　　從題材上看,楚國繪畫具有濃厚的巫術氛圍,著重表現人神交融的浪漫意境,神話、歷史與現實混同一體、錯綜複雜。楚人相信,靈魂是永生的,死只是靈魂脫離了軀殼,進入了另一個世界。山川、草木、鳥獸等等亦皆有靈。長沙楚墓發現的〈人物龍鳳圖〉、〈人物御龍圖〉帛畫內容都是表現墓主人生前的地位、生活,以及死後靈魂升天的情景,充滿了神奇怪誕的故事情節。漢代繪畫同樣想像豐富,繼承了楚藝術譎怪莫測的獨特風格。現知西漢帛畫中最為完整的馬王堆一號墓彩繪帛畫,主題與戰國楚墓帛畫完全相同。此畫呈 T 形,分為上、中、下三個段落。上段是「天界」,人首蛇身者居中,右上角畫中有「金烏」的太陽,另有八個小太陽散在扶桑的枝幹之間。左上角畫一彎新月,月牙上有蟾蜍和玉兔。上段下方正中畫著天闕,闕內有拱手相守門人,闕上兩旁各有一神豹守衛通向天國之門。中段又分為兩部,上半部描繪華蓋下面的正中部位站著一個體態肥碩披錦繡的貴婦人,她身後有侍從婢女,有侍者跪迎,正準備升天。中段下部以幢帳玉磬象徵屋頂,屋內案上陳設鼎壺等飲食用具,兩旁有七人對坐,當是描繪向死者致祭或死者生前列鼎而食準備開宴的場面。下段圖像畫一個裸體巨人雙手舉承載地上所有物象的平板,立於交叉的兩條大魚的背上;兩旁又各有一隻背上站著貓頭鷹的大龜。這幅帛畫以充滿瑰麗想像力的浪漫主義手法描繪出當時人們眼中的天上、地下和人間,神仙幻覺與現實世界,神、人與獸,天堂與地府交織在一起,展現了一個五彩綻紛、琳琅滿目的世界,表達的正是墓主人祈求人生、幸福能夠永恆延續的強烈願望,蘊含著對現實人生的全面肯定和愛戀。山東臨沂金雀山出土的西漢帛畫的內容和馬王堆帛畫相近,上有日月仙山、下有龍虎鬼怪,中間部分描繪的是墓主人的人間生活景象。兩地相距千里,風格卻如此統一,說明了楚繪畫藝術的深遠影響。

　　漢代很多墓室壁畫的圖像配置也與馬王堆「T 形帛畫」有異曲同工之妙。洛陽西漢卜千秋墓壁畫,兩端分別繪有太陽及日中金烏、月亮及月中蟾蜍和桂樹,彩雲,人首蛇身的女媧;中間描繪女墓主乘三頭鳳並手捧三足烏、男墓主

乘蛇形舟，在持節仙人引導下，隨青龍、白虎、朱雀、梟羊、黃蛇等眾多神禽靈獸行進在縹緲的雲霧中；後壁則繪有豬頭大耳的鎮墓驅邪神靈「方相氏」。通過這些現實的或虛幻的事物，組成的正是一幅「升仙圖」畫卷。又如瀘寧白集漢墓，墓室門口兩個墓壁最上層刻西王母於天界昆侖山上；中層刻孔子拜老子的歷史故事；下兩層則刻現實生活，主人宴請賓客，鼓瑟吹笙；最下一層以半掩的門引出賓客相送的場面，形象生動自然。以從彼岸到今生的順序把畫面分割開來，彼岸世界已成為現世美好的延續，以寫意的方式表達了天人阻隔、時間流轉和空間變幻。

楚神話是漢代繪畫的重要內容，楚辭中上天入地、驅虎駕龍的奇幻意象，都可在漢畫中找到注腳。馬王堆「T形帛畫」中的內容與楚文獻中對天國、地府的描述即如出一轍。比如畫中天界的日月合於《淮南子》「日中有鳥，月中有蟾蜍」的記載，而《山海經・海東外經》有「湯谷上有扶桑，十日所浴」，「有大木，九日居下枝，一日居上枝」，又上段上方的人首蛇身形象即楚國始祖燭龍，上段下方天門左右為《九歌》中提到的大司命、少司命，神豹守門則見於〈招魂〉王逸注「言天門凡有九重，使神虎豹執其關閉」。武帝時的甘泉宮繪有「天地泰一諸神」，明帝時的宮中繪有娥皇、女英肖像。各地出土的壁畫畫像中的伏羲、女媧、蛇身人首、河伯開道、化翼羽人、獅虎猛龍大象巨龜，林林總總都瀰漫著遠古楚辭飄逸的氣息。王延壽〈魯靈光殿賦〉描述魯恭王劉余所建靈光殿壁上，「圖畫天地，品類群生。雜物奇怪，山神海靈。寫載其狀，托之丹青。千變萬化，事各繆形。隨色象類，曲得其情。上紀開闢，遂古之初。五龍比翼，人皇九頭。伏羲鱗身，女媧蛇軀。鴻荒樸略，厥狀睢盰。煥炳可觀，黃帝唐虞。軒冕以庸，衣裳有殊。下及三后，淫妃亂主。忠臣孝子，烈士貞女。賢愚成敗，靡不載敘。」這種混同天人、連通古今的浪漫主義表現，與〈天問〉中反映的楚國宗廟壁畫的藝術描繪一脈相承，展現了一個人神共在，琦瑋譎詭、流動飛揚、變幻神奇的神話般的世界。楚文化奇崛浪漫的特質在漢代繪畫中得到了充分的繼承。

從表現手法上看，楚圖畫形象中的動物、植物以及自然現象大都是變態的、抽象的，很多形象都形狀怪異，莫可名之，出現較多的鳳也不是現實中的鳥。湖北省隨縣曾侯乙墓出土的內棺漆畫，繪有龍紋、鳳紋，或繪有鳥首蛇身、人面鳥身、人身鳥身、人身獸頭等靈怪形象，以表示墓主得到神物的護佑。這些

漆畫構圖嚴謹，線描勻稱健勁，冷暖色調對比強烈，帶有濃郁的裝飾趣味。漢代繪畫也極力誇張天上人間各類事務，總體上不重視再現而重表現，充滿著誇張、變形和抽象。人面獸身，人身獸面，動物有些部位被大比例地強調，有些部位則略而不計。馬王堆一號漢墓中的「黑地彩繪棺所繪上百個圖像中，有怪神、怪獸、仙人、鷺鳥、鶴、豹、梟，以及牛、鹿、馬、兔、龜、多尾獸和蛇等，計十餘種。其中怪神、怪獸最多，計五十七個，占總數的一半以上。這些神怪和禽獸形態各不相同，描繪得栩栩如生，變化多端，在雲氣間安排得十分得體，富有濃厚的浪漫色彩，表現了作者豐富的想像和熟練的技法。」[25]其中出現最多的是一種面部似羊非羊、似虎非虎、頂豎長角，獸身有尾的怪物。這種怪物，往往銜蛇操蛇，也有袍服人立的，但四肢似猿，手足不分。與在長沙、信陽等地楚墓中發現的口吐長舌、頭有鹿角、兩手操蛇的木雕怪物，不無相似之處。南陽漢畫〈蹴鞠圖〉中的舞伎，腰部拉細得只成一根線，長袖則變成很長很細的兩條線，人物的細部則全部省略，給人以極強烈的印象。河南梁王墓的壁畫有龍、虎、朱雀、瑞獸、雲氣以及幾何圖案等內容，壁畫形象在構圖、造型以及色彩處理上突出裝飾風格，山巒、雲氣、植物的處理趨於符號化、圖案化。

　　楚國繪畫強調飄逸、流暢的動態美感。《人物龍鳳圖》、〈人物御龍圖〉是迄今為止發現的兩幅中國最早的，不依附建築物或工藝器物的獨立的主題性繪畫作品。這兩件作品以墨線勾畫為主，線條流暢且富於節奏變化，初步形成了中國畫線描人物的傳統風格。通過兩幅帛畫可以看出，畫工在描繪不同形象時，注意到運用不同的線來表現：面部的線是圓活的，鳳爪的線是挺拔的，龍體扶搖直上，線條蜿蜒而有彈性。表現服裝的線如行雲流水、春蠶吐絲。而且〈人物龍鳳圖〉通過加重畫面上方的分量，用鳳足奮飛的姿勢和女子的傾斜來傳達運動感。〈人物御龍圖〉則利用冠帶和頭上華蓋的流蘇向後飛揚，表現空中飛行的方向和速度，以此來傳達空間感和運動感。荊門包山出土漆畫〈聘禮行迎圖〉中無論是人物、車馬，還是動物、植物的描繪，線描都是起主導作用的技法。以線勾畫輪廓，然後敷以斑斕的色彩，兼以勾、點等技法。隨州擂鼓墩1號墓中出土的漆箱，在黑地上用粗重的朱筆描繪出青龍、白虎的圖像，線條洗煉流暢，粗纖隨意變化，龍虎形象栩栩如生，在線條的把握上展示出高超的技藝。

25　《長沙馬王堆一號漢墓》，第25頁，文物出版社1973年版。

　　從繪製方式看，漢代帛畫也與現存楚帛畫一樣，是採用了以線條為主的手法，構成形象的姿態。早已有美術史專家指出，馬王堆「T形帛畫」的「整個畫面是通過線條來擔負起複雜的造型任務的。用長短粗細、濃淡強弱的線條，表現對象的輪廓體積、動勢等，達到了造型的基本要求，整個畫面的線條組織得很好。在用色方面可謂大著色，濃重鮮豔，但沒有奪取線的地位，那老婦人身穿雲氣紋的服飾，從紋錦到色彩都很複雜，但線的主導作用沒有失去。一氣呵成的線條，增加了明快厚重的色調。」[26] 金雀山帛畫以紅色細線勾勒，用黃、綠、白、黑等色彩平塗，風格與馬王堆帛畫是一致的。漢代壁畫同樣以線描染色技法為主，與楚墓帛畫有承繼關係。只不過在衣紋勾勒、細部結構描繪等方面有了很大改進，技術上有很大進步；設色以平塗為主，用色也更加豐富而變化多端。洛陽卜千秋墓、洛陽八里臺墓、西安曲江池一號墓、河北望都墓等墓室壁畫，其技法均是在塗有白粉的墓磚上先用墨線勾畫輪廓，再平塗設色，然後再勾勒局部形象，常見的顏色有朱、紫、綠、黃、黑、赭石等。漢代漆畫多以黑漆為底色，兼采紅、黃、褐、綠諸色，運用線勾平塗等手法，使眾多的人、物組成色彩富麗、和諧別致、生動活潑的富有立體感和動感的畫面。湖北江陵鳳凰山八號漢墓出土漆龜盾上的幾個人物都是用粗線條勾勒出來的，線條流暢。江蘇連雲港海州西漢墓出土漆奩用黑漆勾繪人物形象，線條流暢，採用平塗法，填以紅、黃、綠等色彩漆。色彩鮮豔調和，與出土楚車馬、人物漆奩風格相似。

二、雕刻

　　戰國楚雕刻藝術有許多極具特色的代表性作品，如神奇的虎底座飛鳳、譎怪的「鎮墓獸」、形態輕盈優美的虎座鳳架鼓、具有抽象意味的木雕辟邪和蟠蛇樽等等，代表著楚雕刻藝術成就，以及楚人在運用雕刻藝術形式時所表現出來的一些審美意識。秦漢時期的雕塑，在藝術表現手法、審美觀念等方面與楚雕刻有明顯的承繼關係。

　　春秋戰國時期楚國的青銅雕塑作品一般均為各種青銅器物的附飾，如攀附獸或作為器耳、器首、器足的各種動物形象雕塑，也有用作大型器物的支架、底座或附件，如曾侯乙墓編鐘架銅人、虎形掛鉤、編磬架立獸、蟠龍建鼓座等。用鳥獸形底座或矮足來支撐青銅器的方式至少在西周就出現了，但總的來說仍

26　張光福編著，《中國美術史》，第95—96頁，知識出版社1982年版。

然顯得較小並從屬於容器。然而楚國作為器物附飾或支架、底座、附件的青銅雕塑大都具有相對獨立的藝術欣賞價值，可以看出設計者在考慮到它們作為附飾與附件的特殊功能，注意到它們與器物之總體藝術風格相統一的同時，是把它們當作一件獨立的藝術品來創作的。湖北隨州曾侯乙墓支撐編鐘的六個銅人是戰國人物雕塑的代表作。銅人束帶、佩劍、著彩繪的褶裙，用頭與上舉的雙手承托編鐘的橫樑。這類武士裝束的銅人被表現得肅穆、剛毅、有力。無論就作為支架的功能而言，還是從視覺效果上看，它們都是構成曾侯乙墓編鐘動人心魄的堂皇氣勢的極為重要因素。楚國的青銅雕塑，為秦漢時期青銅雕塑支座的擴展提供了榜樣。出土於河北滿城中山靖王劉勝之妻竇綰墓的「長信宮燈」不僅設計十分精巧，新穎別致，而且持燈宮女的形象逼真生動，富於性格特點，是一件實用和美觀高度統一的工藝美術品。她身穿廣袖長衫，動作自然而優美，面目端莊清秀，頭略向前傾斜，目光專注，神情疲憊而小心翼翼，表現出一個下層年輕宮女所特有的心理特徵。

秦漢時期的青銅雕塑受到了楚造型的影響，其中比較引人注目的有竇綰墓出土的雙聯鳥形錯金銀銅杯，這是一件立鳥抓一獸的造型。美國學者羅森指出：「它的直接的楚系前身……是一件展翅鳳鳥形雙聯漆杯，包山 2 號墓出土。這種漆器兼有簡單的圓筒形狀，如上面所述，和雕刻的鳥獸作支撐。竇綰杯底座與使用坐獸鳥造型的楚系青銅器更加相似。一個世紀前或更早，相似但更大的木雕鳥獸在楚墓中作鎮墓獸之用。這種造型縮微形式的重複使用似乎是楚傳統自覺引用的證明。鳳鳥形雙聯杯和動物支撐的造型因此可能是楚早期傳統的有意識的復興。」[27] 鏤空透雕是楚國青銅藝術的特色，它所展示的審美樣式，在東周列國中是鮮見的。曾侯乙墓曾出土一透雕上粗下細的圓筒銅熏香爐，在江陵雨臺山 264 號墓、信陽長臺關楚墓、江陵望山 1 號墓和荊門包山 2 號墓都曾出土過楚國的透雕青銅器。迄今為止，湖北和湖南以外的地區僅有東部江蘇和山東一帶有出土，這些地區可能在楚的政治勢力東向發展時採納了楚的習俗。漢代青銅器承繼了楚國的傳統。滿城竇綰墓出土的香爐，一個爐頂有透雕幾何紋飾，一個爐蓋有透雕動物紋飾，還有一個透雕蓋博山爐分成兩部分，下面是潛行的動物，上面為山巒形間有人物動物圖案。

27　〔美〕羅森，《中國古代的藝術與文化》，第 170 頁，北京大學出版社 2003 年版。

　　楚人有用木俑隨葬的習俗。由於楚人好喜樂，這些隨葬的木俑多為歌舞俑、奏樂俑和侍俑。就製作工藝而言，楚木俑多為整木雕刻而成，但這種雕鑿並不精製，只雕刻出人體的大致輪廓而不注重面部表情的細緻刻劃。比較注重的是外在裝飾效果，均身著複雜的彩衣，而且面部塗有豔麗的顏色，還有以假髮進行裝飾的，這是楚俑的特色。江陵馬山楚墓出土木俑 8 件，彩繪服飾或著絹類衣，頭頂、鬢角、眉目墨繪，朱唇。男俑頭頂有小撮假髮，耳口塗白粉後墨繪；女俑垂髻，面頸肉紅。武昌義地楚墓出土木俑 2 件，整木雕刻，彩繪服飾，著長裙，圓領繫領結，腋下繫帶，身上有成串佩飾。眉目發黑繪，服飾朱、墨繪。[28]秦漢時期相當多的地區沿用了楚人用木俑的傳統。雲夢大汶口一號漢墓出土木俑 10 件，彩繪服飾，衣領交於胸前，束髮，發眉目鼻黑色，朱唇。馬王堆漢墓出土木俑 266 件，有侍立、歌舞、奏樂等各種姿態。著衣俑著綢絹袍服，雕衣俑刻出衣紋和層次後加以彩繪，頭髮有雕繪也有假髮，墨繪眉目，朱繪雙唇。湖北江陵鳳凰山漢墓出土木俑 74 件，眉目發用黑彩描繪，衣飾為紅、黑色。[29]仍然保存著戰國楚木俑的風格。

　　楚國的雕刻藝術顯示了楚人近乎於孩童般的無羈無絆的想像力。江陵馬山出土的木雕辟邪，採用一支完整的天然樹根，依樹根自然形狀稍加雕飾，雕刻成一件虎頭龍身的神物。神物為長形彎曲的龍體，四足撐體作向前奔騰狀，其遊走撲騰之姿妙趣天成，顯示出強烈的動感和力度感。龍體作扁頭、圓身、高足、捲尾，龍首雕出眼、耳、鼻、嘴、鬚、齒，形象猙獰。四足雕作竹節狀，分別浮雕有蛇、蛇噬蛙、四足蛇吞雀及蟬的形象。這件作品一方面打破了對稱在形式上的要求，另一方面在非對稱性的整體造型中在局部遵循著對稱的規律。從整體上看，動物的四腳非對稱地分布著，但動物頭部的雙目又是依循著對稱的規律的。奇特的造型，使這件根雕作品具有了一種怪誕的美感。尖銳的形象誇張，使人們心目中正常的形象具有了非常離奇古怪的形式。

　　秦漢時期雖然沒有發現與楚雕刻藝術的極有特色的代表性作品一樣的雕

28　湖北省荊州地區博物館，《江陵馬山一號楚墓》，文物出版社 1985 年版；江陵縣文化局，〈湖北江陵武昌義地楚墓〉，《文物》1989 年第 3 期。

29　湖北省博物館，〈雲夢大汶口一號漢墓〉，《文物資料叢刊》第 4 輯，文物出版社 1983 年版；湖南省博物館、中科院考古所，《馬王堆一號漢墓》，文物出版社 1973 年版；〈長沙馬王堆二、三號漢墓發掘簡報〉，《文物》1974 年第 7 期；長江流域第二期文物考古工作人員訓練班，〈湖北江陵鳳凰山西漢墓發掘簡報〉，《文物》1974 年第 6 期。

塑，但卻繼承了楚雕塑藝術的浪漫精神。霍去病墓前的石雕是現存漢代雕塑作品中最重要的。這組石雕不求形真，但求神似，其中主題最為鮮明而突出的是「馬踏匈奴」。其主體是一匹戰馬和一個匈奴武士。戰馬的造型著重大體的輪廓和整體效果，略去細部的刻劃。戰馬神情泰然，峭然屹立，從它自信的神態和矯健的姿態中流露出勝利者的氣度。被踏在戰馬下的匈奴武士則在狼狽掙扎，手中執一兇器，短而寬闊的臉上的緊張神情愈發襯托出他的兇狠、絕望。靜態的戰馬與動態的匈奴武士形成鮮明的對比，誇張地表現了作品的主題。圍繞這一主題雕刻，為使其藝術形象更有說服力，這組雕刻還補充了兩類題材。一類是善良、溫順的動物，一類是兇惡的動物，如石虎、野人抱熊、怪獸食羊。在表現上，對於後者，強調其博大有力的外形，突出兇猛的神態。如怪獸食羊中的怪獸，誇大它的利齒、大嘴和三角眼等部分，以顯示其殘暴貪饞的本性。整組石雕沒有直接描寫霍去病的形象，卻以馬踏匈奴的精神，象徵英雄人物的性格，以「為塚像祁連山」的形式，表現典型的環境，以動物的溫馴和兇猛對比的手法，揭示了戰爭和和平的性質。這一系列的寓意手法，極富於浪漫主義色彩。

楚國雕塑表現出了對生命活力的張揚，對運動美的追求。曾侯乙墓出土的「鹿角立鶴」一對優雅的鹿角左右對稱呈圓弧形舒展開來；誇張的鳳頸欣長律動；雙翅展開，翩翩欲飛；雙足挺拔，四趾伸開，立於捲雲紋和蟠螭紋裝飾的基座上。整件作品突出了線條的造型優長，弧線、曲線、直線的綜合運用，體現出生命的活力與激情。江陵望山楚墓出土的「彩繪木雕座屏」裡有五十多個動物交錯穿插、迴旋盤繞、相摩相擦、生死搏擊，在方寸之地構創了一個生命湧動的世界，一種生命活力充溢其間。看到它們，很容易使人想起漢代有代表性的雕塑「馬踏飛燕」。「馬踏飛燕」是在甘肅武威的一座東漢墓中出土的。這件兩千年前製作的銅奔馬造型生動，鑄造精美，比例準確，四肢動勢符合馬的動作習性，為中外的許多考古學家和藝術家歎為觀止。奔馬正昂首嘶鳴，舉足騰躍，一隻蹄踏在一隻飛翔的燕子身上。從力學上分析，「馬踏飛燕」為飛燕找到了重心落點，造成穩定性。這種浪漫主義手法烘托了駿馬矯健的英姿和風馳電掣的神情，給人們豐富的想像力和感染力。既有力的感覺，又有動的節奏。

三、工藝美術

楚國的工藝美術對漢代美術產生了直接影響，最突出的表現就是秦漢漆器

工藝的繁榮。漆器是楚文化中最具特色的器具之一，湖北曾侯乙墓出土的漆器有 220 多件。這些漆器是楚墓中年代最早也是最為精彩的，而且品類全，器型大，風格古樸，這些精美的漆器體現了楚文化的神韻。長沙楚墓出土的漆器，品類從生活用具的漆羽觴、漆奩、漆盒，兵器中的劍鞘、箭杆、矢、矛、弓、皮甲，到死者的木棺、墊托屍體的雕花漆板，都是髹漆器物，這說明楚國對漆的應用已相當廣泛。漢代的用具，凡可以利用漆器的，大都以漆為原則。《鹽鐵論・散不足》說：「富者銀口黃耳，金罍玉鐘，中者野王紵器，金錯蜀杯。」《漢書・貢禹傳》載其言：「臣禹嘗從之東宮，見賜杯案，盡文畫金銀飾，非當所以賜食臣下也。」《漢舊儀》說：「大官令尚食，用黃金釦器；中官長私官長尚食，用白銀釦器。」就是指漆器的金銀鑲釦而言。

漢代漆器繼承了楚漆器神奇、瑰麗與靈動的風格，其裝飾藝術從內容到形式都保留著楚國漆器的遺風。楚漆器一般髹朱飾黑，或髹黑飾朱，以紅黑的強烈鮮明對比為基調，在此基調上再陳黃、藍、白等五彩，表現出富麗典雅的感覺，給人強烈的視覺衝擊，愉悅的審美感受。這種特點在曾侯乙墓出土漆器中可以清楚地發現，〈二十八宿圖〉漆木衣箱、漆鴛鴦形盒、漆蓋豆、皮甲冑、馬冑、墓主內外棺等都不離黑紅二色。與大多數楚漆器一樣，漢代漆器運用最多的也是黑、紅兩色。馬王堆出土的雲紋漆鼎，黑地朱繪，鼎蓋邊沿一圈寬線，器身自上而下同樣有三道寬線，當器蓋與器身重合時，四道紅線形成了一組奪目的裝飾帶。這條裝飾帶的底邊與器下部一根朱線，又規劃出了一條寬闊的黑帶，其上「雲紋」翻捲，躁動而彎曲的短線與四組洗煉的紅線形成了鮮明的對比。雖然上面只有九條環狀朱線，卻造成了十幾條明顯的裝飾帶。通過充分利用紅與黑的變化關係，從而獲得了完美有趣的視覺效果。

漆器裝飾，圖案紋樣占有主要地位。楚漆器注重以粗率簡練的線條或繁褥複雜的構圖表現，增強人或動物的動感與力度。漆器上常見的龍紋、鳳紋、雲紋，既奔放又多樣，給人一種飄逸之感。在紅與黑交織的畫面上，形成富有音樂感的瑰麗多彩的藝術風格，展現了一個人神共在，琦瑋譎詭、流動飛揚、變幻神奇的神話般的世界。這些圖案在漢代仍然是漆器紋樣裝飾的主流。漢代漆器尤其注重表現雲氣的飄蕩和在雲氣中飛走的動物。在馬王堆棺木彩繪上，我們可以看到兩匹騰越的天馬飛翔在一片雲紋之中，具有雲氣流動的蜿蜒之美。鳳凰山漢墓出土的漆盤，描繪的龍鳳只是單純的線條，形象極其抽象化，使人

看到的只是線的動感。另外有一件彩繪漆棺，以黑底為襯底，上面有一片迅速如游龍般的雲紋，雲紋四周用細的線條來輔助，富有韻律的線條，左右盤旋上下翻飛，加強了畫面的動感和速度感，與楚漆器的審美特徵一脈相承。

從戰國中期起，楚漆器與金工結合，如漆案四角包銅、加飾銅蹄足或銅鋪首銜環，扁圓盒加飾銅環，漆樽加飾銅蹄足與銅鋪首等，延至戰國中晚期之際，出現銅釦器的新工藝。這種裝飾技術在漢代得到了繼承和發展。不僅前引《漢書》、《鹽鐵論》等文獻有反映，而且有出土文物的證明。長沙馬王堆二號墓出土有銅釦漆器，砂子塘西漢前期墓出土有銀釦漆器，安徽阜陽雙古堆汝陰侯墓出土有銀釦漆器，山東臨淄西漢初年齊王墓出土有銀釦、銅釦器。河北滿城漢墓漆器尤為精美，它表明當時王府貴族所用漆器已普遍地採用了鑲嵌銀釦或鍍金銅釦技術。此外，北京大葆臺西漢墓、揚州西漢晚期「姜莫書」墓等都出土過銀釦或者鍍金銅釦漆器。貴州清鎮還出土了西漢元始年間廣漢郡工官造鍍金銅釦漆盤。東漢漆器中釦器比例也不小。揚州甘泉山廣陵王墓、徐州土山彭城王墓都埋藏有一批華貴的含釦漆器。

楚國地處南方，土壤潮濕，氣候濕潤，十分適宜於桑樹的生產。戰國時期，楚國的絲織業足以代表當時我國絲織工藝技術的最高成就。江陵馬山一號楚墓被譽為絲綢寶庫，其出土絲織品數量之多、種類之全、織造之精、染色之豔、刺繡之美，令人歎為觀止。漢代紡織繼承和發展了楚國的工藝水準，絲仍是最主要的原料之一。出土漢代絲織品不僅品種豐富，而且色彩紛呈，具有鮮明的楚文化的藝術風格。馬王堆一號漢墓保留了先前楚人的八大類品種，絹、綈、紗、羅、綺、錦、絛、組。而且新增加的綃和縑只在馬王堆一號漢墓竹簡中提到過，難以確指其實物。因為綃和縑都是比絹更為精細的雙緯平紋織物，很難將三者絕然區分開來。只有被稱之為繢的絨圈錦，或許是漢初新開發的品種。楚國絲織品絢麗多彩，其色彩以紅色和棕色為主，僅江陵馬山一號墓出土的絲織物，就有深紅、朱紅、桔紅、紅棕、深棕、棕、金黃、紫紅等數十種不同色彩的色號，給人以熱烈奔放的美感。馬王堆漢墓絲織品顏色多達三十六種，更顯豐富，而其主體色調依然為紅色，顯示出楚人尚赤的傳統。

絲織物的結構和織作方法，是衡量紡織技術水準的綜合標誌。楚國絲織品質地輕薄。長沙左家塘 44 號楚墓出士的一塊淺棕色絡紗手帕，其輕薄程度相當於現代的真絲喬其紗。這說明當時楚國在紡織生產上已經具有精湛的技巧。而

馬王堆一號漢墓出土的絲織物中，最引人注目的是墓中出土的兩件不足一兩重的素紗襌衣。其中一件襌衣身長一百二十八釐米，袖長一百九十釐米，重量（包括領和兩袖口鑲邊在內）為四十九克。說它輕若雲霧，薄如蟬翼，絕無誇張之嫌。最能反映楚國絲織技術水準的織物是錦。錦是一種經線提花織物，提花技術相當複雜。楚墓大量出土彩錦，江陵馬山一號墓出土的錦最多，不同花紋的就有十餘種，充分說明當時已有了先進的提花織機和熟練的織造技術。而馬王堆一號漢墓出土的文綺和織錦的提花工藝精湛，反映漢人從一開始就繼承了楚人用提花機織錦的技術。東漢王逸〈機婦賦〉，對漢代織婦使用提花織機紡織的情形，作了較全面的形象化的描述。

依賴於線條、塊面、輪廓、結構和色彩的結合，楚人創造出了品種繁多的花紋圖案，賦予紡織品以美的外觀。漢代紡織品圖案與楚紡織品總體風格頗為一致，其紋樣品種有包括龍、鳳、鸞鳥、鹿、茱萸在內的祥禽瑞獸、吉祥植物，有各種各樣的幾何紋、動物紋，這些都是古代藝術題材中常見的圖案，也是楚人經常使用的。其中值得注意的是各種雲紋。馬王堆漢墓出土的刺繡品中，有雲紋繡、乘雲繡、信期繡、長壽繡等。雲紋繡作簡單的蠶形雲紋；乘雲繡由帶有三色葉瓣的淺綠色雲紋組成，神獸出沒於五色祥雲之中；信期繡以穗狀流雲為主紋，候鳥燕子穿插在淺棕色或金黃色的雲層裡；長壽繡色彩變化在灰紫、紅橄欖之中，就像紫雲舒展在仙樹的枝葉內，神樹上的花蕾、葉瓣可能象徵長壽。這幾種紋飾總體效果為捲曲的雲態，細看又有茱萸、郁金等吉祥植物，並有鳳眼、龍爪、燕尾表現出雲中鳳、雲中龍、雲中燕等主題，這是戰國楚繡題材龍鳳紋抽象化演變的結果。它們與雲紋、花卉紋巧妙地結合在一起，也是戰國楚繡的浪漫主義傳統的延續。

銅鏡是青銅工藝的一種，漢代由於鐵器取代了青銅器的地位，加上漆器、釉陶的發展，日常用品大多為漆器、陶器代替，只有銅鏡沒有替代品，故而十分發達。銅鏡裝飾是在鏡背圓形的平面範圍內，以鏡鈕為中心進行的構圖設計。這種構圖的多樣變化，體現了多種藝術意匠。戰國銅鏡以其製作和裝飾，可分為北方和南方兩個體系。北方銅鏡，質樸簡略，較少裝飾。南方楚式銅鏡，精巧纖細，多花紋裝飾。漢代銅鏡總的風格保持了楚式鏡的特點，造型優美，技術絕精。西漢時代較多的構圖是向外放散式的：鏡的外緣是相連結的向內的若干圓弧，鏡鈕四周是動物及雲氣的紋樣，稱為「螭形鏡」及「星雲鏡」，或者

是在上下左右四方向外伸出的若干草葉形瓣狀的紋樣，稱為「草葉鏡」。西漢末和東漢初的「規矩鏡」，一般都用青龍、白虎、朱雀、玄武四神紋圖案作裝飾，在鏡緣上有著複雜的裝飾，常見的有鋸齒紋、捲雲紋、捲草紋等。銅鏡上方座鈕、八乳丁的方圓對比，形成一個優美的圖案結構。這種鏡發展到東漢後期，動物形象浮雕化，而且加入人物神仙等；外緣的雲紋複雜化，更自由、靈活。

國家圖書館出版品預行編目資料

中國文化研究叢書. 第一輯8,楚文化與秦漢社會 / 王勇著. -- 初版. -- 臺北市：
蘭臺出版社, 2024.06
　　冊；公分. --（中國文化研究叢書. 第一輯；8）
　　ISBN 978-626-96643-9-9(全套：精裝)

1.CST: 中國文化 2.CST: 文化史 3.CST: 中國史

630　　　　　　　　　　　　　　　　　　　　　112008792

中國文化研究叢書第一輯8

楚文化與秦漢社會

作　　者：王勇
總 編 纂：党明放　盧瑞琴
主　　編：沈彥伶
編　　輯：沈彥伶　凌玉琳
美　　編：陳勁宏
校　　對：楊容容　盧瑞容　古佳雯
封面設計：陳勁宏
出　　版：蘭臺出版社
地　　址：臺北市中正區重慶南路1段121號8樓之14
電　　話：(02)2331-1675或(02)2331-1691
傳　　真：(02)2382-6225
E - MAIL：books5w@gmail.com或books5w@yahoo.com.tw
網路書店：http://5w.com.tw/
　　　　　https://www.pcstore.com.tw/yesbooks/
　　　　　https://shopee.tw/books5w
　　　　　博客來網路書店、博客思網路書店
　　　　　三民書局、金石堂書店
經　　銷：聯合發行股份有限公司
電　　話：(02) 2917-8022　　傳真：(02) 2915-7212
劃撥戶名：蘭臺出版社　　　　帳號：18995335
香港代理：香港聯合零售有限公司
電　　話：(852) 2150-2100　　傳真：(852) 2356-0735
出版日期：2024年6月 初版
定　　價：全套新臺幣18000元整（精裝，套書不零售）
ISBN：978-626-96643-9-9

近代中日關係史

一套10冊，陳鵬仁編譯　　定價：12000元（精裝全套不分售）

精選二十世紀以來最重要的史料、研究叢書，從日本的觀點出發，探索這段動盪的歷史。是現今學界研究近代中日關係史不可或缺的一套經典。

第一輯
ISBN：978-986-99507-3-2

第二輯
ISBN：978-626-95091-9-5

中國藝術研究叢書第一輯　党明放 總編纂

從考古和人類學的角度看，各種生活內涵形成特有文化，藝術是其中之一。中國藝術博大精深是文化根源，在民族綿延數年中，因歷史悠久數量繁多且內容豐富，有大量珍貴的古籍文獻留存。今蘭臺出版社廣邀海內外各藝術領域研究專家，將藝術文獻普查、整理和研究成果，出版成《中國藝術研究叢書》，每輯十冊；擬以第一、第二輯、第三輯，陸續出版，除發揚前人文獻成果外，並期待文化藝術有所增益。

作者：
陳雪華、易存國、
柏紅秀、賀萬里、
張　耀、張文利、
李浪濤、黃　強、
劉忠國、羅加嶺

全套10冊不分售 精裝本
定價：新台幣18000元
ISBM：978-626-95091-6-4

《臺灣史研究名家論集》

　　這套叢書是四十三位兩岸台灣史的權威歷史名家的著述精華，精采可期，將是臺灣史研究的一座豐功碑及里程碑，可以藏諸名山，垂範後世，開啓門徑，臺灣史的未來新方向即孕育在這套叢書中。展視書稿，披卷流連，略綴數語以説明叢刊的成書經過，及對臺灣史的一些想法，期待與焦慮。

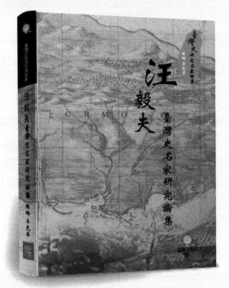

一編 ISBN：978-986-5633-47-9

王志宇、汪毅夫、卓克華、
周宗賢、林仁川、林國平、
韋煙灶、徐亞湘、陳支平、
陳哲三、陳進傳、鄭喜夫、
鄧孔昭、戴文鋒

臺灣史研究名家論集（套書）定價：28000

二編 ISBN：978-986-5633-70-7

尹章義、李乾朗、吳學明、
周翔鶴、林文龍、邱榮裕、
徐曉望、康　豹、陳小沖、
陳孔立、黃卓權、黃美英、
楊彥杰、蔡相輝、王見川

臺灣史名家研究論集二編（精裝）NT$：30000

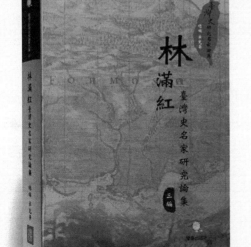

三編 ISBN:978-986-5633-70-7

尹章義、林滿紅、林翠鳳、
武之璋、孟祥瀚、洪健榮、
張崑振、張勝彥、戚嘉林、
許世融、連心豪、葉乃齊、
趙祐志、賴志彰、闞正宗

臺灣史名家研究論集二編（精裝）NT$：30000

錢穆著作選輯最後定稿版

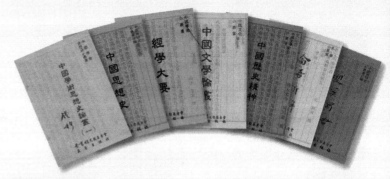

本版特色

1. 全書在觀點上和研究成果上已多不同於其他書局所出的同名書。

2. 對原書標點進行整理，全書加入私名號、書名號及若干引號，以顯豁文意，方便讀者閱讀。

3. 字體加大，清晰明顯，以維護讀者之視力。

4. 《經學大要》為首次出版；《中國學術思想史論叢》原八冊，新增了（九）、（十）兩冊，補入現代部份，選輯四十九本書，共新增文章二百三十餘篇，在內容上，本選輯是錢先生畢生著作最完整的版本。

ISBN:957-0422-00-9
9789570422009 02850
錢穆叢書系列套書 定價:2850元
一、中國學術思想史小叢書（套書）定價:2850元

ISBN:957-0422-12-2
9789570422122 01230
錢穆叢書系列套書 定價:1230元
二、孔學小叢書（套書）定價:1230元

ISBN:957-0422-17-3
9789570422177 01780
錢穆叢書系列套書 定價:1780元
三、中國學術小叢書（套書）定價:1780元

ISBN:957-9154-64-3
9789579154643 01460
錢穆叢書系列套書 定價:1460元
四、中國史學小叢書（套書）定價:1460元

ISBN:957-9154-62-7
9789579154628 00880
錢穆叢書系列套書 定價:880元
五、中國思想史小叢書甲編（套書）定價:880元

ISBN:957-9154-63-5
9789579154635 01860
錢穆叢書系列套書 定價:1860元
六、中國思想史小叢書乙編（套書）定價:1860元

ISBN:957-9154-61-9
9789579154611 02390
錢穆叢書系列套書 定價:2390元
七、中國文化小叢書（套書）定價:2390元

ISBN:957-0422-11-5
9789570422115 00290
八十憶雙親‧師友雜憶合刊本 定價:290元
《八十憶雙親‧師友雜憶合刊本》定價:290元

勞榦先生學術著作選集

　　勞榦是居延漢簡研究的先驅，他的相關考證和專題論文也開啟了此後研究的先河。漢代邊塞遺留下來的這些簡牘文書，內容十分豐富。它們直接、生動地記錄了大約從西漢中晚期至東漢初，當地軍民在軍事、法律、教育、經濟、信仰以及日常生活各方面活動的情形，為秦漢代史研究打開了一片新天地。

　　《勞榦先生選集1~4冊》，收錄其論著十一類一百二十四種，共分四冊出版，展現了勞榦先生畢生的研究成果，突出了論著之精華，為廣大學仁提供了研究之便利，更是對勞榦先生學術風範的繼承和發揚，意義非凡。

16開圓背精裝 全套四冊不分售
定價新臺幣 18000 元
ISBN：978-986-99137-0-6

9789869913706 18000